Découvrez l'histoire par les archives de presse

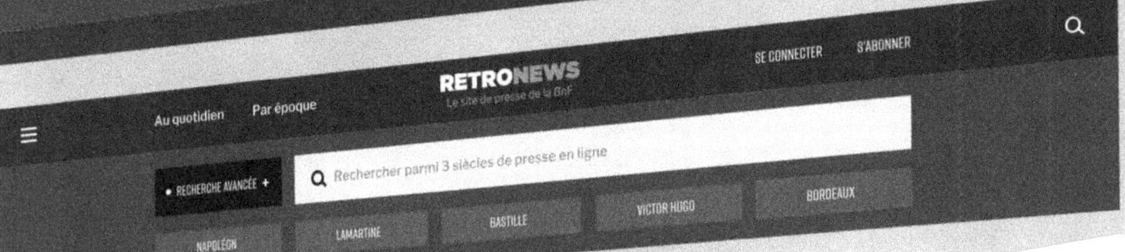

RETRONEWS

Le site de presse de la BnF

www.retronews.fr

2ᵉ SÉRIE : Nᵒ 13.   QUATORZIÈME ANNÉE : Nᵒ 53   JANVIER.

ARCHIVES
DE
LA FRANCE MONASTIQUE

REVUE MABILLON

Fondateur : DOM BESSE

SOMMAIRE

DIRECTION : ABBAYE SAINT-MARTIN DE LIGUGÉ (départ. de la Vienne) FRANCE

Société Mabillon
pour le développement
des Études d'Histoire Monastique en France

Sont inscrits à tire de :

1°) *Membre Fondateur*, les souscripteurs payant une cotisation annuelle de **200 francs.**

2°) *Membre Donateur*, les souscripteurs payant une cotisation annuelle de **100 francs.**

3°) *Membre Associé*, les souscripteurs payant une cotisation annuelle de **50 francs.**

Les souscriptions annuelles sont rachetables par un versement définitif de 1500, 1000, 500 fr.

Les noms des souscripteurs seront — à moins d'indication contraire des intéressés — inscrits en tête de la Revue avec le compte-rendu de l'exercice annuel.

La **Société Mabillon** a pour organe la **Revue Mabillon** (*trimestrielle*). Elle publie aussi *2 volumes* par an dans la collection des **Archives de la France Monastique.**

Le prix de l'abonnement simple (*Revue et volumes*) est de **30** francs, port en sus. — Cet abonnement part de janvier et est payable d'avance.

Pour l'Angleterre, **1 £** ; pour l'Amérique, **5** dollars ; pour la Suisse, l'Espagne, la Hollande et les pays au change supérieur, **30** francs **or.**

Les frais d'expédition sont au compte du destinataire.

France (port en sus)	3 fr. 25
Belgique (port en sus)	4 fr. 80
Pays d'Amérique (port en sus)	7 fr. 05
Autres Pays (port en sus)	6 fr. 30

L'abonnement à la *Revue Mabillon, seule*, est, pour la France, de **15** fr. (port compris).

Voir à la 4ᵉ page de la couverture l'état et les disponibilités de nos Collections.

AVIS

On est prié de tenir compte de l'*adresse unique* pour toutes les communications concernant la *Revue Mabillon* (Rédaction, administration, paiements et réclamations).

Les Revues de Sociétés savantes ainsi que toutes autres publications envoyées en échange de la *Revue Mabillon* doivent être de même adressées au **Directeur** de la **REVUE MABILLON** à **Ligugé** (*département de la Vienne*), **France.** Toute autre indication peut être une cause d'erreur ou de retard dans la transmission.

Compte chèques-postaux : *Paris, 487.06*

LA PRATIQUE DE LA PHLÉBOTOMIE
DANS LES CLOITRES

L'usage de la saignée prophylactique fut, on le sait, suivi anciennement par beaucoup de personnes tant religieuses que laïques et, parmi ces dernières, particulièrement, semble-t-il, par les gens appartenant aux classes sociales élevées. Mon intention est d'étudier ledit usage uniquement dans les cloîtres en recherchant suivant quelles règles, dans quelle mesure et dans quelles conditions il y fut observé.

Les documents qui nous éclairent le mieux sur ces divers points sont les coutumiers, ou recueils de coutumes des monastères. Les règles proprement dites ne contiennent guère que des généralités sur les observances religieuses ; les coutumiers au contraire nous initient au détail des observances de la vie courante des cloîtres. La grande règle monastique de l'Occident, celle de S. Benoît (VIᵉ siècle) est muette sur la phlébotomie, mais les coutumiers du moyen âge, bénédictins et autres, en réglementent l'usage, quelques-uns d'une manière assez détaillée. C'est donc à cette source que je puiserai le plus abondamment.

I. — QUEL ÉTAIT LE BUT DE LA SAIGNÉE PÉRIODIQUE ? — A cette question, qui se pose tout d'abord, diverses réponses ont été faites dans l'antiquité et au moyen âge. Nous allons voir ce qu'on a pensé de l'utilité de cette pratique médicale spécialement pour les religieux.

Le *De minutione sanguinis*, opuscule qui figure parmi les œuvres supposées du Vénérable Bède, recommande de se faire ôter du sang entre le VIII des calendes d'avril (25 mars) et le VII des calendes de juin (26 mai), attendu que c'est la saison pendant laquelle le sang se développe dans l'organisme (*quia tunc sanguis augmentum habet*). Mais, après le 26 mai, il ne faut recourir à cette opération qu'avec précaution en tenant compte des « qualités des temps et du cours de la lune (1) ».

---

(1) *De minutione sanguinis* (MIGNE, P. L., XC, 959).

L'ouvrage bien connu des historiens de la médecine, *Flos medicinae* ou *Regimen sanitatis Salernitanum*, traité de médecine et d'hygiène en vers où se trouvent exposés les principes de l'école de Salerne, vante en ces termes les bienfaits de la phlébotomie :

> Spiritus uberior exit per phlebotomiam.
> Spiritus ex potu vini mox multiplicatur,
> Humorumque cibo damnum lente reparatur,
> Lumina clarificat, sincerat phlebotomia,
> Mentes et cerebrum, calidas facit esse medullas,
> Viscera purgabit, stomachum ventremque coercet,
> Puros dat sensus, dat somnum, toedia tollit,
> Auditus, vocem, vires producit et auget.
>
> . . . .
> Exhilarat tristes, iratos placat, amantes
> Ne sint amentes phlebotomia facit (1).

La saignée a pour but d' « évacuer le sang redondant et superflu », suivant Jacques Delechamps, mort en 1587 ou 1588, auteur d'une *Chirurgie françoise*, où on lit encore ceci :

« A ceux qui ne sont encor malades et pour se preserver de l'estre, veuent estre saignez, le printemps est convenable. Quant a l'aage il ne faut point oster de sang iusque a 14 ans et ne faut point saigner apres 60 (2). »

Ce préservatif était-il particulièrement utile aux gens de religion ? Sur cette question particulière je citerai, en premier lieu, les réflexions du prieur d'une abbaye de chanoines réguliers, qui vécut au XVIIIᵉ siècle, et, en second lieu, celles d'un de nos contemporains qui s'est livré à des recherches sur la médecine en France au moyen âge.

Voici comment s'exprime Gosse, prieur de l'abbaye d'Arrouaise, en Artois :

« A quoi bon ces saignées? m'a-t-on demandé souvent. Plusieurs opinent qu'on les croyoit capables d'aider à remplir le vœu le plus délicat de la Religion. Cette opinion n'est point fondée. Mais écoutons saint Bernard : « Deux choses, dit-il, encouragent à saigner. Quelquefois, c'est la qualité, quelquefois c'est la quantité du sang. L'abondance immodérée n'est pas moins nuisible que la corruption... (3) » Il ne s'agit là que de santé. Je crois que ces fréquentes saignées et les bains avoient le même but. » Et Gosse continue : « Observons que le défaut de linge et l'obligation presqu'uni-

---

(1) *Regimen sanitatis salernitanum*, éd. Fr. R. Packard, London, 1922, p. 176-177.

(2) J. Delechamps, *Chirurgie françoise*, Paris, 1610, p. 159.

(3) « Minuendi sanguinis duplex est causa. Interdum qualitas, interdum quantitas obest : nec minus perniciosa immoderata abundantia quam corruptio. » (S. Bernard, *Sermo de div.*, 108, *De spirituali minutione sanguinis* (P. L., CLXXXIII, 734-735).

verselle parmi les personnes religieuses de se coucher avec ses habits, d'un autre côté le maigre continuel, sur-tout le poisson salé, dévoient beaucoup échauffer et altérer le sang. En falloit-il davantage pour donner lieu au système des institutions monastiques touchant la saignée ? (1) »

Et maintenant voici ce que le Dr L. Dubreuil-Chambardel déclare dans ses *Études sur la médecine en France du Xe au XIIe siècle :*

« La présence d'un phlébotomiste dans une abbaye n'est pas pour étonner, quand on sait que nos bons moines et chanoines abusaient de ce procédé thérapeutique dans le double but de remédier à la crasse du sang, conséquence de la vie calme des cloîtres, et de lutter contre les tentations de la chair (2). »

Je laisse aux savants ici présents le soin de fournir une explication scientifique de la prévalence de la phlébotomie dans les monastères et de nous dire si, selon eux, ce régime sanitaire peut avoir eu le résultat de faciliter l'observance du vœu de chasteté (3).

II. — FRÉQUENCE DE LA SAIGNÉE. — Parcourons les coutumiers des principaux ordres pour voir combien de fois les religieux étaient autorisés à se faire saigner annuellement.

Le synode de 816, dont les dispositions nous ont été conservées par les statuts dits de Murbach, et le capitulaire monastique du 10 juillet 817 défendirent de déterminer à l'avance les temps de l'année où les moines pourraient recourir à la phlébotomie. Ces textes écartaient donc l'usage de la *minutio generalis,* ou *conventualis,* c'est-à-dire l'usage de faire saigner une partie de la communauté à date fixe, et recommandaient l'adoption des minutions particulières suivant les besoins individuels (4).

Ainsi que Dom Martène en a fait la remarque, il n'y avait pas à Cluny de temps spécialement fixés pour la *minutio,* à l'époque où

---

(1) GOSSE, *Histoire de l'abbaye d'Arrouaise,* Lille, 1786, p. 71-72. — Voir, d'autre part, les raisons avancées par G. W. KITCHIN, dans *A consuetudinary of the fourteenth century for the refectory of St Swithun in Winchester,* London et Winchester, 1886, p. 43.

(2) LOUIS DUBREUIL-CHAMBARDEL, *Études sur la médecine en France du Xe au XIIe siècles; Les médecins de l'Ouest de la France,* Paris, 1914, p. 214.

(3) Cette étude a fait l'objet d'une conférence qui a été donnée à la *Royal Society of Medicine* de Londres, le 17 octobre 1923. On avait installé dans la salle une exposition rétrospective d'instruments autrefois employés pour la saignée, lancettes, ventouses et scarificateurs.

(4) « Ut tempus phlebotomiae certum non terminetur; nisi quando necessitas exposcit concedatur » *Statuta Murbacensia,* 12, éd. D. BRUNO ALBERS, *Consuetudines monasticae,* III, p. 86; *Capit. aquisgranensia* (817). 11, éd. BR. ALBERS, *op. cit.,* p. 117; éd. BÖRETIUS, *Mon. Germ., Capitularia,* I, p. 344.

Ulric († 1093) rédigea le coutumier de la grande abbaye bourguignonne (1), ni non plus à Saint-Bénigne de Dijon, au XIIIᵉ siècle (2).

Suivant les usages des monastères bénédictins d'Allemagne, une minution générale devait avoir lieu aux calendes de chaque mois, à moins qu'une fête importante ne vînt à tomber au début du mois. En ce cas, l'opération devait être avancée ou retardée (3). En effet, on évitait toujours avec le plus grand soin, dans les monastères, que le temps de la saignée ne coïncidât avec celui des solennités liturgiques, avec les fêtes de douze leçons ou même avec certaines fêtes de trois leçons (*in qua missa in cappis celebretur*), comme aussi avec les jeûnes canoniques, ainsi qu'on le voit notamment par les constitutions composées par Lanfranc († 1089) pour Christ Church dé Canterbury (4).

Le coutumier de l'autre grand monastère de cette dernière ville, Sᵗ Augustine's, permettait aux moines de se faire saigner seulement toutes les sept semaines (5). A Ely, l'intervalle réglementaire entre les minutions n'était que de six semaines (6). D'après le *Liber ordinarius* de Saint-Jacques de Liège (XIIIᵉ siècle), les saignées se pratiquaient cinq fois par an dans cette abbaye, après Pâques, aux environs de la Saint-Jean (24 juin), de la Saint-Gilles (1ᵉʳ septembre), de la Saint-Martin (11 novembre) et avant la Septuagésime (7).

Dans la congrégation allemande de Bursfelde de l'Ordre de Saint-Benoît, qui se forma en 1430, la *minutio generalis* n'avait lieu que quatre fois par an, savoir dans les jours qui précèdent l'Avent et la Quinquagésime et dans ceux qui suivent l'octave de Pâques et la fête de S. Barthélemy (24 août) (8).

Chez les Gamaldules fondés, en 1012, par S. Romuald, la minution avait lieu trois fois l'an : après l'octave de Pâques, aux environs de

---

(1) ULRIG, *Antiquiores consuetudines Cluniacensis monasterii*, II, 21 (P. L., CXLIX, 709-710). Cf. MARTÈNE, *De antiq. monach. ritibus*, Bassano, 1788, p. 84.

(2) *Coutumes de Saint-Bénigne* (XIIIᵉ siècle), 53, éditées par L. CHOMTON, *Histoire de l'Église de Saint-Bénigne de Dijon*, Dijon, 1900, p. 393-394.

(3) *Consuetudines monasteriorum Germaniae*, 43, éd. Br. ALBERS, *Consuetudines monasticae*, Montis Casini, 1912, V, p. 51.

(4) *Decreta Lanfranci*, 12 (P. L., CL, 494-495). Sur ce recueil de coutumes, voir A. ROBINSON, *Lanfranc's monastic constitutions* (*Journal of theological Studies*, 1909, X, p. 375-388).

(5) *Consuetudines S. Augustini Cantuariae*, éd. E. MAUNDE THOMPSON, *Customary of the Benedictine monasteries of St Augustine Canterbury, etc.*, London (Henry Bradshaw Society), 1902, I, p. 156.

(6) Voir JOHN WILLIS CLARK, *The Observances in use at the Augustinian Priory of St Giles and St Andrew at Barnwell*, Cambridge, 1897, p. LXIX.

(7) *Der Liber Ordinarius des Lütticher St Jakobs-Klosters*, 85, éd. P. VOLK, Münster i. W., 1923, p. 124-125.

(8) *Consuet. Bursfeldenses*, III, 14, citées par MARTÈNE, *loc. cit.*

la Saint-Michel (29 septembre) et aux environs de la Purification (2 février) (1).

Chez les Chartreux, ordre fondé par S. Bruno, en 1084, elle avait lieu cinq fois : après l'octave de Pâques, après la fête des saints Pierre et Paul (29 juin), dans la seconde semaine de septembre, dans la semaine qui précède l'Avent et dans celle qui précède la Quinquagésime (2).

Les Cisterciens se faisaient saigner quatre fois l'an : en février, en avril, en septembre et aux alentours de la Saint-Jean-Baptiste (24 juin) (3); les religieux des monastères doubles de Fontevrault, dont le fondateur fut Robert d'Arbrissel (vers 1110), seulement trois fois par an (4).

Passons maintenant aux congrégations de chanoines réguliers. Les chanoines réguliers d'Arrouaise (1097) adoptèrent les cinq mêmes dates que les Chartreux (5). La congrégation de Saint-Victor avait également cinq minutions aux dates suivantes : en septembre, avant l'Avent, après la Septuagésime, après Pâques et après la Pentecôte (6). Les Prémontrés, fondés par S. Norbert, en 1120, avaient six minutions générales : 1° le lundi qui suivait l'octave de Pâques, 2° après la Saint-Jean-Baptiste (24 juin), 3° après la Nativité de la Sainte Vierge (8 septembre), 4° après la Saint-Martin (11 novembre), 5° après la Purification (2 février), 6° à une date à fixer par l'abbé (7).

La congrégation anglaise des Gilbertins, fondée par S. Gilbert de Sempringham, en 1146, qui emprunta plusieurs de ses us à Cîteaux, adopta également les quatre dates choisies par Cîteaux (8).

D'après les *Observantiae regulares* du prieuré d'Augustins de St-Gilles et St-André de Barnwell (Cambridgeshire), que nous a conservées un manuscrit datant de 1295-1296, ces religieux pouvaient obtenir toutes les sept semaines la *licencia minuendi*, mais elle n'était accordée qu'à trois ou quatre frères à la fois pour que le convent ne fût jamais trop dégarni (*ne defectus sit in conventu*) (9).

---

(1) *Consuet. Camaldulenses* (A.D. 1253), ch. 44, éd. J.-B. MITTARELLI et COSTADONI, *Annales Camaldulenses*, Venetiis, 1755, VI, 2ᵉ part., col. 20.

(2) GUIDO I, *Consuetudines Carthus.*, 39 (P. L., CLIII, 715-716).

(3) *Usus antiquiores ordinis Cisterc.*, IV, 91 (P. L., CLXVI, 1466).

(4) *Praecepta recte vivendi*, 7 (P. L., CLXII, 1083).

(5) *Constitutions d'Arrouaise*, 185, éd. GOSSE, p. 68.

(6) *Consuet. canonic. regul. S. Victoris*, 72, éd. MARTÈNE, *De antiq. Eccles. ritibus*, Venetiis, 1788, III, p. 285.

(7) *Statuta primaria*, 19, éd. J. LE PAIGE, *Bibliotheca premonstratensis ordinis*, Parisiis, 1633, p. 798.

(8) *Constit. de Sempringham*, 34, éd. DUGDALE, *Monast. anglic.*, VII, p. xxxv.

(9) *Observantiae regulares*. 43, éd. J. W. CLARK, p. 198.

D'après des textes du XVᵉ-XVIᵉ siècle, chez les chanoines réguliers de Windesheim, près Zwolle, en Hollande, congrégation fondée en 1395, il y avait cinq *minutiones generales* par an pour les religieux de chœur et quatre seulement pour les frères convers (1).

Les Dominicains, dont l'origine remonte à l'année 1216, eurent quatre minutions, en septembre, après Noël, après Pâques et à la mi-été (2).

Les statuts de l'Hôpital Comtesse, à Lille, rédigés vers 1250, portent que

« li frere et les sereurs se pueent sainier six fois en l'an, le prumière fois apriès la Noël, la seconde devant quaresme, la tierche apriès Pasques, le quarte entour le fieste Saint Piere et Saint Pol, li quinte après aoust, li sisime apriès la Toussains. Et plus ne se doit nuls sainier sans cause raisnale et sans especial congiet (3) ».

Les mêmes dispositions se trouvent reproduites textuellement dans les statuts de l'Hôtel-Dieu de Pontoise, écrits en 1265 (4).

Remarquons que la phlébotomie s'est pratiquée aussi bien dans les monastères de femmes que dans ceux d'hommes (5). Dans les monastères doubles (Fontevrault, Sempringham), la fréquence est la même pour les religieux des deux sexes (6).

On sait que les gens du moyen âge et même encore ceux des siècles qui suivirent reconnurent une influence néfaste à certains jours de l'année. Ces jours qu'on appelait souvent *dies aegyptiaci* passaient pour porter malheur notamment à ceux qui se faisaient saigner. Mʳ Robert Steele dont les membres de cette Société connaissent le mémoire très étudié sur les *Dies aegyptiaci* lu le 18 décembre 1918, nous dit que les plus anciens textes où ces jours soient mentionnés à propos de la phlébotomie sont l'*Horologium* et le *De minutione sanguinis* attribués à Bède (7). Des tables de ces jours périlleux et des

---

(1) *Statuta Windesheimensia*, III, 15, IV, 11, éd. E. AMORT, *Vetus disciplina canonicorum regularium et saecularium*, Venetiis, 1747, p. 591-592 et 605.

(2) H. DENIFLE, *Die Constitutionen des Prediger-Ordens vom Jahre 1228 (Archiv. für Literatur und Kirchen-Geschichte des Mittelalters*, I, 1885, p. 200).

(3) *Statuts de l'Hôpital Comtesse*, I, 8, éd. LÉON LE GRAND, *Statuts d'Hôtels-Dieu et de Léproseries*, Paris (Collection de textes p. servir à l'ét. et à l'ens. de l'histoire), 1901, p. 73.

(4) *Statuts de l'Hôtel-Dieu de Pontoise*, 10, éd. L. LE GRAND, p. 137. Cf. *Statuts de l'Hôtel-Dieu de Vernon*, 16, *Ibid.*, p. 171.

(5) L'ouvrage *Causae et curae*, attribué à sainte Hildegarde, a une section intitulée *De mulieris minutione* (éd. P. KAISER, 1903, p. 121). Voir l'*Ancren Riwle*, éd. et trad. JAMES MORTON (Camden Society, 1853), p. 422.

(6) « Canonici et moniales quater in anno minuantur » (*Constitutions de Sempringham*. 35).

(7) ROBERT STEELE, *Dies Aegyptiaci* (*Proceedings of the Roy. Society of Medicine*, 1919, XIII, *Sect. of the History of medicine*, p. 120).

poèmes sur le même sujet ont été conservés et souvent reproduits dans les monastères (1). Un grand nombre ont trouvé place dans les calendriers et jusque dans les livres liturgiques et les livres d'heures (2). Cependant il est fort douteux que dans la pratique les moines en aient tenu compte pour eux-mêmes en matière de phlébotomie. En effet, pas un seul des nombreux textes monastiques que nous venons de mettre à contribution en étudiant la fréquence des minutions ne fait la moindre allusion aux jours périlleux (3).

III. — L'OPÉRATION ET LE TRAITEMENT DES PATIENTS. — Les religieux qui avaient obtenu du supérieur la *licentia minuendi*, laquelle se demandait pendant ou après le chapitre (4), sortaient de l'église après l'Évangile de la messe principale (*magna missa; missa major*) (5). Ils allaient d'abord au dortoir pour y déposer leurs chaussures de jour (*diurnales*) et chausser des pantoufles ou des chaussons (*nocturnales*), qu'ils gardaient pendant les trois jours de repos qui suivaient l'opération (6).

La saignée était exécutée dans une officine dépendant de l'infirmerie qu'on nommait *minutorium* (Bury St Edmund's, Ely) ou encore *phlebotomaria* (7). L'opérateur était appelé *minutor*, *phlebotomator* (*minutrix* dans les monastères de femmes) (8).

On préludait à l'opération par une courte prière commençant par le verset : *Deus in adjutorium meum intende* (9). Dans les monastères

---

(1) R. STEELE, *art. cité*, p. 121.

(2) R. STEELE, *loc. cit.* Voir, entre beaucoup d'autres exemples, le calendrier placé en tête des Heures d'York de 1536, reproduites par CHR. WORDSWORTH, *Horae Eboracenses*, Durham et London (*Surtees Soc.*, 132), p. 6 s., et consulter PAUL LACOMBE, *Livres d'heures imprimés au XV⁰ et au XVI⁰ siècle conservés dans les bibliothèques publiques de Paris*, Paris, 1907, LVI-LX. — On trouve aussi la figure de l'homme anatomique dans un grand nombre de livres d'heures. Voir FÉLIX SOLEIL, *Les heures gothiques et la littérature pieuse aux XV⁰ et XVI⁰ siècles*, Rouen, 1881, p. 26 s.

(3) Un passage de l'*Hist. eccles.* de Bède (v, 3) sera examiné plus loin.

(4) ULRIC, *Antiquiores consuet. cluniac. monasterii*, II, 21, éd. citée, col. 709; *Disciplina Farfensis*, II, 41 (P. L., CL, 1277); GUILLAUME D'HIRSAU, *Consuetudines Hirsaugienses*, I, 61, 62 (P. L., CL, 989 s.); *Decreta Lanfranci*, 12, éd. citée, col. 494; *Consuet. S. Aug. Cantuar.*, éd. E. M. THOMPSON, p. 305; *Observantiae regulares* de Barnwell, 43, éd. J. W. CLARK, p. 198; *Coutumes de Saint-Bénigne de Dijon*, 53, éd. L. CHOMTON, p. 394.

(5) *Ibid.*

(6) *Ibid.*

(7) Voir l'introduction de J. W. CLARK à l'édition des *Observantias regulares* de Barnwell, p. LXV.

(8) DU CANGE, *Glossar.*, s. v. *Minuere*; DUBREUIL-CHAMBARDEL, *Op. cit.*, p. 213; Dʳ CABANÈS, *Le cérémonial de la saignée*, dans *Mœurs intimes du passé*, 6⁰ série, Paris, 1920, p. 8.

(9) *Consuetud. monasteriorum Germaniae*, 43, éd. BR. ALBERS, *Consuetud. monast.*, V, p. 62; *Decreta Lanfranci*, 12, col. 494-495; ULRIC, *Antiq. cons. clun.*, II, 21, col. 709-

bénédictins, où le côté cérémonial était toujours parfaitement réglé, la prière était précédée d'une inclination du corps appelée *ante et retro*, fréquemment mentionnée d'ailleurs dans les coutumiers (1).

L'incision de la veine se faisait dans la matinée, sauf en carême où elle avait lieu après les vêpres (2). Les patients se munissaient de bandes de linge (*fasciae, fasciolae, ligaturae, ligamenta brachiorum, bendae*) servant à bander la plaie (3). On lit que certaines religieuses préparaient de ces bandes pour leurs amis ; elles en faisaient même en soie (4). Dans les anciennes coutumes de Cluny, Ulric recommande au moine qui doit être saigné de passer auparavant par la cuisine pour s'y chauffer le bras (5). A Saint-Bénigne de Dijon, cette opération préalable se faisait à l'infirmerie (6). On employait pour la *minutio* des ventouses (*ventosae, vascula*) et le scarificateur (*scarificatio ventosa, garsa, jarsa*) (7).

Les *Observantiae regulares* du prieuré d'Augustins de Barnwell, qui sont remplies de détails intéressants pour l'étude de la phlébotomie médiévale, prescrivent au serviteur de l'infirmerie de préparer pour le premier jour de la sauge et du persil lavé dans de l'eau salée et aussi, si la saison le permet, des œufs à gober (*salgiam et petrosillum in aqua lotum cum sale et, si tempus patitur, ova sorbilia*) (8).

Le même texte ordonne à l'infirmier d'entourer de tous les soins possible les *minuti* pendant leurs trois jours de repos. « Que ceux-ci soient gais, joyeux, contents et souriants ; qu'ils se gardent d'échanger entre eux des mots aigres ou blessants, qu'ils évitent aussi la bouffonnerie. » Il leur sera permis de s'aller promener dans les

---

710 ; *Disciplina Farfensis*, II, 41, col. 1277 ; GUILLAUME D'HIRSAU, *Consuet. Hirs.*, I, 61, col. 990 ; *Consuet. S. Augusti Cantuar.*, éd. E. M. THOMPSON, p. 201, 306.

(1) ULRIC, *loc. cit.* ; *Decreta Lanfranci, loc. cit.* ; GUILLAUME D'HIRSAU, *Cons. Hirs.*, I, 61, 62, col. 990.

(2) *Decreta Lanfranci*, 12, col. 494-495 ; *Consuet. S. August. Cantuar.*, p. 305.

(3) *Consuet. monast. Germaniae*, 43, éd. citée, p. 51, 62 ; ULRIC, II, 21, 709-710 ; GUILLAUME D'HIRSAU, *Consuet.*, I, 61, 990 ; *Consuet. can. regul. S. Victoris*, 72, éd. citée ; p. 285 ; *Consuet. S. Augustini Cantuar.*, p. 305 ; *Cout. de Saint-Bénigne de Dijon*, éd. citée, p. 394.

(4) E. POWER, *Mediaeval English nunneries*, Cambridge, 1922, p. 257-258. — « *Make no purse... not blodbendes of silk* » (*Ancren Riwle*, éd. et trad. JAMES MORTON, 1907, p. 318).

(5) ULRIC, *loc. cit.* — La saignée se faisait communément au bras ; quelquefois au pied (Cf. GUILLAUME D'HIRSAU, *Consuet.* I, 62, col. 991).

(6) *Coutumes de Saint-Bénigne*, éd. citée. p. 394.

(7) *Consuet. monast. Germaniae*, 43, p. 52 ; *Institut. rerum premonstratensium*, I, 20 (éd. MARTÈNE, *De ant. Ecclesiae rit.*, éd. de Venise, 1788, III, 328) ; *Consuet. can. reg. S. Victoris*, 72, p. 285 ; *historia monasterii de Abingdon* (*Chronicon monasterii de Abingdon*, éd. JOSEPH STEVENSON, Londres (Rolls) 1858, II, p. 409 ; *Consuet. S. Aug. Cantuar.* éd. E. M. THOMPSON, p. 305. Voir DU CANGE, *Glossar.*, *s. v. Ventosa, Garsa*.

(8) *Observantiae regul.* de Barnwell, 43, éd. J. W. CLARK, p. 200.

vignes et les jardins et de se distraire comme ils l'entendront. Toutefois, on leur interdit les jeux de dés et d'échecs comme ne convenant pas aux religieux (1).

Pendant leur période de confinement, les patients ne fréquentaient pas le chœur. Ils se levaient plus tard que les autres et récitaient l'office à part (2). Au cas où il leur arriverait de s'endormir pendant les nocturnes, on recommande, s'ils sont pris en faute, de ne pas les obliger à faire eux-mêmes la chasse aux dormeurs avec la lanterne sourde appelée *absconsa* ou *sconsa*, ainsi que cela se pratiquait au chœur (3).

Là où ils assistaient au chapitre des coulpes, ils remplaçaient la prostration par une inclination, et, s'ils étaient condamnés à quelque châtiment corporel, l'exécution en était différée (4).

Ces jours-là, les prêtres ne disaient pas la messe (5). Tant qu'ils restaient *extra chorum*, les religieux de Saint-Bénigne de Dijon étaient dispensés de fléchir les genoux (6).

Que la *minutio* ait eu pour résultat de délier les langues, c'est ce qu'on peut voir par l'insistance que mettent beaucoup de coutumiers à prêcher le silence et à interdire les conversations frivoles conduites soit avec la langue, soit avec les doigts (7), et c'est aussi ce qui ressort clairement de certain passage de la chronique de Jocelin de Brakelond, où le chroniqueur Anglais note qu' « en la saison de la saignée bien des moines se plaisaient à se dévoiler les uns aux autres leurs secrets les plus intimes (8) ». Pour obvier à cette tendance à l'indicipline, ici on recommande de joindre un certain nombre d'an-

---

(1) *Observ. reg.*, *loc. cit.* — Sur la culture de la vigne en Angleterre, au moyen âge, voir, *inter alia*, une note du Dᵣ Ch. Plummer dans son éd. de l'*historia ecclesiastica* de Bède, Oxonii, 1896, II, p. 5-6.

(2) Guillaume d'Hirsau, *Consuet.*, I, 62, col. 992 ; *Observantiae regul.*, p. 198 ; *Consuet. S. August. Cantuar.*, p. 306 ; *Constit. can. regul. S. Victoris*, 72, p. 285.

(3) « *Ad nocturnos his tribus noctibus si obdormivit nemo eum cum absconsa inquietabit.* » (Ulric, *Consuet.*, II, 21, col. 710). Voir la *Regularis concordia* (P. L., CXXXVII, 498), Guillaume d'Hirsau, I, 36 (P. L., CL, 968-969) ; *Coutumes de Saint-Bénigne*, 53, p. 394.

(4) *Constit. S. Aug. Cantuar.*, éd. E. M. Thompson, p. 306 ; *Acts of a chapter at St Frideswide's*, Oxford (A. D. 1234), éd. H. E. Salter, *Chapters of the Augustinian Canons* (Canterbury and York Society, LXX, 1922, p. 6).

(5) *Observantiae regul.*, p. 200.

(6) *Coutumes de Saint-Bénigne*, loc. cit.

(7) Ulric, *Antiq. Cons.*, II, 21, 709-710 ; *Decreta Lanfranci*, 12, 494-495 ; *Consuet. S. Augustini Cantuar.*, éd. E. M. Thompson, p. 156. « *Minuti caveant ne mutuo inordinate significent vel loquantur.* » (*Constit. de Sempringham*, 35, éd. Dugdale, VII, p. xxxvi).

(8) Jocelin de Brakelond, *Chronica*, 13, éd. Th. Arnold, *Memorials of St Edmund's Abbey*, London (Rolls), 1890, I, p. 221 ; trad. Sir Ernest Clarke, London, 1903, p. 21.

ciens aux *minuti* plus jeunes (1), là on prescrit des lectures faciles qui puissent servir de thème pour des colloques spirituels (2). L'*Ancren Riwle* permet aux recluses de s'entretenir avec leurs servantes, après la minution, et de lire ou de se raconter les unes aux autres des histoires instructives (3).

On servait aux *minuti* une nourriture plus substantielle et plus abondante. Là où les moines ne faisaient qu'un repas, on leur en servait deux (4). Dans la plupart des monastères, ils en faisaient trois, le *mixtum*, le *prandium* et la *coena* (5). En outre, les coutumiers énumèrent diverses faveurs gastronomiques dont ils bénéficiaient, c'est la *misericordia* (6), c'est la *pitancia* (7), c'est le *generale* (8), deux ou trois plats différents (*pulmenta, pulmentaria*) (9), trois œufs, le soir, et cinq si le *minutus* est abbé ou prieur (10). Presque partout, même à la Chartreuse, les patients avaient droit au vin (11). A Saint-Jacques de Liège, au XIIIᵉ siècle, l'interdiction de la viande pouvait même être levée en leur faveur (12). On voit par les comptes de l'abbaye d'Ely qu'il y fut dépensé, en 1388, pour nourrir sept *minuti* et onze autres patients pendant une semaine, la somme de douze schil-

----

(1) *Consuet. canon. reg. S. Victoris*, 72, p. 285.

(2) *Statuta primaria*, 19, éd. Le Paige, *Bibl. Premonstratensis*, p. 798.

(3) *Ancren Riwle*, éd. Morton (1853), p. 422.

(4) Guigo I, *Consuet. carthus.*, 39 (P. L., CLIII, 715-716); *Constit. d'Arrouaise*, éd. Gosse, p. 68.

(5) Ulric, *Ant. cons.*, II, 21; *Lanfranci decreta*, 12; *Consuet. Fructuarienses*, 3, 4, éd. Br. Albers, *Consuet. Monasticae*, IV, p. 11; *Consuet. S. Aug. Cantuar.*, éd. E. M. Thompson, p. 306.

(6) *Constit. camald.*, II, 27, éd. Mittarelli et Costadoni, col. 198.

(7) Ulric, *Ant. cons.*, *loc. cit.*; Guillaume d'Hirsau, *Cons. Hirsaug.*, I, 62, col. 990; *Usùs antiquiores ordinis Cisterc.*, IV, 91 (P. L., CLXVI, 1467); *Observant. regul.* de Barnwell, 43, éd. J. W. Clark, p. 200.

(8) Ulric, *loc. cit.* — « *Generale appellamus quod singulis in singulis datur scutellis Pitancia, quod in una scutella duobus* » (Ulric, II, 32); Guillaume d'Hirsau, *loc. cit.*

(9) *Consuet. monast. Germaniae*, 43, p. 52; *Consuetudines Farfenses*, 123, éd. B. Albers, *Cons. mon.*, I, p. 119. (Les coutumes dites de Farfa sont en réalité des coutumes de Cluny, voir notamment sur ce point D. A. Wilmart, *Le convent et la bibliothèque de Cluny vers le milieu du XIᵉ siècle* dans *Revue Mabillon*, 11ᵉ année, 1921, p. 89 s.); *Consuet. Fructuar.*, 3, 4, éd. Br. Albers, IV, p. 11 s.; Guillaume d'Hirsau, I, 62, col. 991.

(10) *Consuet. mon. Germaniae*, *loc. cit.*; Ulric, *loc. cit.*; *Consuet. Fructuar.*, 4; Guigo I, *Consuet. earth.*, 39, col. 717-718. — A Cluny, au début du XVᵉ siècle, « illi qui minuuntur seu fleubothemantur (*sic*) recipere debent in mixto quilibet duo ova cum sua tassia puri vini. » (André Vaquier, *Une réforme de Cluny en 1428*, dans la *Revue bénédictine*, XXXV, 1923, p. 192).

(11) *Consuet. mon. Germ.*, *loc. cit.*; Ulric, *loc. cit.*; *Cons. Fructuar.*, *loc. cit.*; Guigo I, *loc. cit.* — « Item chascun d'iceulx doit avoir pour sa saignee, chascun mois, deux pos de vins. » (*Statuts de la léproserie des Andelys* [rédigés avant 1380], éd. Le Grand, *op. cit.*, p. 350.

(12) « [Minuti] carnibus tempore suo vescantur..., qui autem in adventu et in septuagesima sagimine non utantur » (*Liber Ordinarius*, 85, éd. P. Volk, p. 125).

lings avec laquelle furent payées les viandes et denrées suivantes : bœuf, mouton, porc, veau, poulet, chapons, sel, poissons frais, œufs, lait, crème, moutarde, fromage et épices (1).

En Suisse de langue allemande on se sert encore du mot « Lässe » pour dire « congé, vacances », terme qui s'explique évidemment par l'usage des jours de repos qui suivaient la saignée, opération dont le nom en allemand est *Aderlass* (2).

IV. — LES ABUS. — Que souvent il se soit rencontré des religieux peu ou prou observants qui aient été portés à sacrifier à la phlébotomie à cause des jours de relâche et du traitement privilégié qui suivaient la saignée, c'est ce qui ressort d'un grand nombre de textes. Mais aucun n'est aussi instructif à cet égard que le suivant que j'emprunte au coutumier de Saint-Augustin de Canterbury et qu'on voudra lire dans l'original :

> Item sunt aliqui qui in quadragesima et aliis temporibus anni nimis frequenter et sine necessitate faciunt se flubotomari (*sic*), cum non indigeant, sed causa negligenciae, solacii et substraccione servicii hoc faciunt, et, ut possint bene eum cipho et dissolucionibus longo tempore vigilare et dormire. Talibus namque nolumus, cum petunt licenciam, negare, quia aliter possent dicere quod essemus causa infirmitatis eorum, si evenerit. Sed possumus prohibere talibus ne extra conventum fleubotomati (*sic*) sint, nisi de septem in septem septimanis (3).

Il paraît que des femmes — et même des religieuses — demandèrent à la phlébotomie de les gratifier d'un teint qui ne les fît pas prendre pour des filles rustiques. Cette invention de la coquetterie féminine nécessita l'intervention de l'autorité ecclésiastique dès avant la fin du VIII⁰ siècle (4). Des vers satiriques d'Alexandre Neckam († 1217) — qui fut surnommé Alexandre Nequam — feraient croire que certaines femmes, au XII⁰ siècle, abusaient encore de la phlébotomie pour le même motif :

---

(1) Cité par J. W. CLARK, *The observances in use... at Barnwell*, p. LXIX.

(2) Je tiens ce détail du P. ODO CASEL, O.S.B., de Maria-Laach, lequel a eu l'amabilité d'attirer, en outre, mon attention sur le chapitre plusieurs fois cité du *Liber ordinarius*, récemment édité par son confrère, le P. PAULUS VOLK.

(3) *Éd. citée*, p. 156. — Attirés par la dextérité et le dévouement de certains *minutores* claustraux, des laïques venaient se faire saigner dans les monastères. Voir à ce sujet les textes cités par Du Cange au mot *Minuere* (p. 403, 3⁰ col).

(4) « ... et de pallore earum propter sanguinis minutationem (*sic*) » (*Duplex legationis edictum* [23 mars 789], can. 19, dans *Capitularia*, éd. BORETIUS, I, p. 63.

> Altera jejunat mense minuitque cruorem,
> Ut prorsus quare palleat ipsa facit.
> Nam quae non pallet sibi rustica quaeque videtur,
> Hic decet, hic color est verus amantis, ait (1).

V. — ANTIQUITÉ ET DURÉE DE L'USAGE. — Les textes les plus anciens dont nous ayons fait état dans ce travail sont :

1° L'*Horologium* et le *De minutione sanguinis* attribués à Bède († 735) (2);

2° Le sommaire d'une série de canons ecclésiastiques, daté du 23 mars 789 (3);

3° Le synode du mois d'août 816, représenté par les statuts de Murbach, interdisant la phlébotomie à dates fixes (4);

4° Le capitulaire monastique du 10 juillet 817 prescrivant déjà un régime spécial « *in cibo et in potu* » pour les *minuti* (5).

Que la phlébotomie ait été en usage dans les établissements monastiques avant le VIIIᵉ siècle, cela est fort probable. Cependant Isidore de Séville († 636), qui connaît la lancette à saigner (*phlebotomum*) (6), si je ne me trompe, ne dit rien de la pratique de la phlébotomie dans les monastères.

Racontant, dans son *Histoire ecclésiastique*, la guérison miraculeuse par S. Jean de Beverley († 721) d'une religieuse qui s'était fait saigner un jour néfaste, Bède note que le saint aurait cité à ce propos l'opinion

---

(1) AL. NECKAM, *De vita monachorum*, éd. TH. WRIGHT, *Satirical Poets of the 12*ᵗʰ *Century*, London (Rolls), 1872, II, p. 186. Voir encore GUALIONIS *Invectio in monachis* (*Ibid.*, p. 206). Neckam se souvenait évidemment du vers d'Ovide (*Ars amat.*, I, 729) :

> Palleat omnis amans : hic est color aptus amanti.

D'ailleurs, tel n'est pas l'idéal de beauté féminine qui a prévalu au moyen âge, comme le savent bien ceux qui ont pratiqué les poètes de cette époque. Citons, entre autres, les textes suivants : « Euz vairs, cleir vis vermillet » (Chanson, chez BARTSCH, *Romances et pastourelles*, II, 45, 13) — « Ge te querrai une pucele — Clere comme rose novele » (*Floire et Blancheflor*, 2ᵉ version, 2739, éd. DU MÉRIL) — « La face vermellete comme rose de pré » (*Fierabras*, 2009) — « Si a clor le viaire et bien encolorós » (*Jugement d'amours*, str. 156, éd. CH. OULMONT, *Les débats du clerc et du chevalier*, p. 220) — « Meuton fourchu, cler vis traictiz » (VILLON, *Grand testament*, 499, éd. LONGNON, p. 41).

(2) MIGNE, P.L., XC, 951-956 et 959-962.

(3) *Vide supr.*

(4) *Statuta Murbacensia*, 12, éd. BR. ALBERS, *Consuet. mon.*, III, p. 86. Sur l'origine et l'âge de ce texte, voir les remarques de BR. Albers (*op. cit.*, p. XVI-XVII), qui s'appuie sur une étude d'O. SEEBASS (*Zeitschrift f. Kirchengeschichte*, XII, p. 322 s.).

(5) *Capitulare monasticum*, can. 11, éd. BORETIUS, *Capitularia*, I, p. 344. Voir *Statuta Murbacensia*, 12 [A. D. 816], éd. BR. ALBERS, *Consuet. monast.*, III, p. 86.

(6) ISIDORE, *Etymol.*, IV, 11, 2 (P.L., LXXXII, 194). Sur le *phlebotomum*, voir JOHN STEWART MILNE, *Surgical instruments in Greek and Roman times*, Oxford, 1907, p. 32-36.

de Théodore, archevêque de Cantorbéry († 690), d'après laquelle il
était périlleux de se faire saigner le quatrième jour de la lune (1).
Mais il n'est pas sûr qu'il s'agisse dans ce passage de Bède d'une
saignée périodique.

Il est fort possible que ce qui subsistait des traditions médicales
de l'antiquité, que la lecture des ouvrages des anciens médecins,
notamment du *De curandi ratione per venae sectionem* de Galien, aient
conduit, d'assez bonne heure, les moines d'Orient et ceux d'Occident
à la pratique de la phlébotomie périodique (2).

Au X° siècle, elle était universellement entrée dans les habitudes
monastiques. Le biographe de Jean, abbé de Gorze († 974), nous dit
que ce personnage se faisait saigner fréquemment (3).

Dans les temps modernes, la saignée périodique perdit graduelle-
ment du terrain dans les monastères comme dans le siècle. On a vu
que la congrégation de Bursfelde, formée en 1440, avait déjà réduit
à quatre le nombre des minutions annuelles. Au XVII° siècle, et surtout au XVIII°, les commentateurs de coutumes monastiques consi-
dèrent l'usage comme à peu près tombé en désuétude.

L. GOUGAUD, O. S. B.

---

(1) BÈDE, *Hist. eccles.*, v, 3, éd. CH. PLUMMER, I, p. 285. Cf. II, 275.

(2) A la fin du XIII° siècle, la bibliothèque du monastère de Christ Church de
Cantorbéry possédait un nombre considérable d'ouvrages de médecine, les traités
de Galien notamment, et plusieurs ouvrages salernitains ou pseudo-salernitains :
*Liber de regimine sanitatis ; Practica domine Trote ad provocanda menstrua ; Experimenta
Salernitana : Tractatus Alfani salernitanensis ; Libellus de fleobotomia (sic)*, etc. (Voir
ED. EDWARDS, *Memoirs of Libraries*, London, 1859, I, p. 159 s. ; M. R. JAMES, *The
ancient libraries of Canterbury and Dover*, Cambridge, 1903, p. 56 s.).

(3) *Vita Johannis Gorz.*, 93 (BOLL., *Febr.* III, p. 712).

L'ABBAYE SAINT-MICHEL DE GAILLAC EN ALBIGEOIS

(Suite) (1)

PIÈCES JUSTIFICATIVES INÉDITES

CHARTE I. — *Conditions de la dépendance de Saint-Michel de Gailla*
vis-à-vis de Saint-Robert de La Chaise-Dieu. — A l'occasion de s
visite canonique, le Père abbé, Albert de la Molette (1260-80), fa
reconnaître par le chef de l'abbaye filleule, Bernard de Riom (1263
1277), et ses religieux certains articles des constitutions de la Cor
grégation qui avaient été méconnus. — Gaillac, 23 novembre 127c
(Bibl. nat. Fonds De Camps, vol. 104, f° 99.)

Nos, Bernardus, permissione divina abbas monasterii Galliaci, Albiens
dioecesis, totusque ejusdem loci conventus, notum facimus universis, quoc
cum monasterium nostrum sit monasterio Cazaedei, Claromontensis dioc(
sis, immediate subjectum, recognoscimus et confitemur sponte et sciente
quod venerabilis pater et dominus Arbertus, Dei gratia ejusdem monaster
Cazaedei abbas, monasterii sui nomine habet in nos, monasterium et mem
bra nobis subdita, in spiritualibus et temporalibus, visitationem, inquisiti(
nem, correctionem et reformationem, in casibus cuilibet superiori a jui
permissis, prout extitit hactenus observatum ;
  — item, quod, vacante monasterio nostro, monachi Galliacenses ad hoc pr
conventu ipsius loci Galliacensis destinati, debent sibi abbatem eligere v(
postulare in capitulo Cazaedei et de professis in monasterio Cazaedei, et ele(
tionem praedictam vel postulationem tenentur praesentare dicto domin
abbati Cazaedei, et ab eo electionis confirmationem vel infirmationem reci
pere, prout a superiore cui de jure competit fieri consuevit; aliter electio
nobis facta nulla sit ipso jure et facto; electus autem sic et confirmatus p(
dominum abbatem Cazaedei eidem domino abbati Cazaedei in capitul
Cazaedei obedientiam tenetur facere etiam manualem ;
  item, cum abbas Cazaedei primo venerit ad monasterium Galliacensen
in sua novitate, abbas Galliacensis iterato sibi tenetur facere obedientia(
manualem, et conventus monasterii Galliacensis similiter eidem tunc faci(
obedientiam manualem, prout ista extiterunt hactenus observata ;
  item, abbas praedicti monasterii Galliacencis qui est et pro tempore fu(
rit, mittat monachos suos, et, si necesse fuerit, compellat eosdem, ut apu
Cazamdei ad profitendum et recipiendum benedictionem quae dari praesen(
bus consuevit; facta autem professione et benedictione recepta, dictus dom
nus abbas Cazaedei qui est et pro tempore fuerit, illos eosdem monach(
ad dictum monasterium Galliacensem remittat, cum per abbatem Galli(

(1) Voir *Revue Mabillon*, octobre 1923, pp. 211-38.

censem viva voce vel per litteras fuerit requisitus; si vero dictus abbas Galliacensis eosdem differet requirere, dictus dominus Cazaedei eos ad dictum monasterium Galliacensem remittat, si sibi expediens videatur, sicut hactenus extitit observatum;

item, abbas Galliacensis tenetur ire ad capitulum generalem Cazaedei, vel se per suas patentes litteras sufficienter excusare.

Protestamur autem, nos, abbas Galliacensis et conventus praedicti, quod non volumus, non intendimus quod, ista praesenti recognitione, quantum ad missionem et revocationem monachorum nec quantum ad quae ad praemissa vel aliqua de praemissis pertinent petenda, jus novum dicto domino abbati Cazaedei vel suis monasteriis acquiratur, nec nobis novum prejudicium generetur.

Nos vero Arbertus, abbas Cazaedei, et conventus ejusdem loci, et nos Bernardus, abbas Galliaci et ejusdem loci conventus, sigilla nostra praesentibus apponi fecimus et appendi, in praemissorum omnium et singulorum a nobis plene intellectorum perpetuum testimonium et robur.

Actum et datum apud Galliacum nono kalendas decembris, anno domini millesmo ducentesimo septuagesimo.

Note. — Cette pièce témoigne que les liens entre le chef d'ordre et les filleules tendent à se relâcher. Au même moment, Saint-Théodard de Montauban cherchant aussi à s'émanciper, le différend est soumis à l'arbitrage de l'abbé de Moissac qui tranche en faveur du chef d'ordre. Cf. *Gallia chr. nova*, II, 340; XIII, 231, et Instr. 193-5.

———

Charte II. — *Même sujet. L'abbé de La Chaise-Dieu peut-il disposer à son gré du personnel de Gaillac, envoyer ses sujets à Gaillac et réciproquement? La question est soumise à la décision du Saint-Siège.* — Gaillac, 24 novembre 1270. (De Camps, 104, f° 98.)

Noverint universi quod, cum inter nos Arbertum, Dei gratia abbatem monasterii Cazaedei, Claromontensis diocesis, nomine monasterii nostri, ex una parte; et nos, Bernardus, ejusdem permissione abbatem monasterii Galliacensis, diocesis Albiensis, et conventus ipsius loci, nomine monasterii nostri, ex altera, quaestio verteretur super eo videlicet : quod nos, dictus abbas Cazaedei, dicebamus nos posse mittere ex debito [jure] monachos monasterii nostri, quos et cum nobis placeret, ad dictum monasterium Galliacensem, ibidem pro claustralibus moraturos, ac abbatem et conventum dicti loci teneri ad recipiendum eosdem, propterea etiam nos posse vocare ad monasterium Casaedei monachos nutritos ac oblatos originaliter in dicto monasterio Galliacensi, [et eos], quantum ad praedicta, nostris teneri obedire mandatis, nobis praedictis abbate et conventu Galliacensi asserentibus in contrarium et dicentibus, eos ad praedicta nullo jure teneri et praemissa fieri non debere; fuit inter nos ordinatum, pro bono pacis, ut praedictam quaestionem diffinitioni Summi Pontificis relinquamus, ut per ipsius providentiam quid super hoc faciendum fuerit determinatum. In cujus rei testimonium, nos, Arbertus et Bernardus, abbates praedicti, et nos, conventus Galliaci et Cazaedei, sigilla nostra apponi praesentibus fecimus et appendi.

Datum apud Galliacum VIII° Kalendas decembris anno Domini millesimo ducentesimo septuagesimo.

CHARTE III. — *Procès-verbal de la visite canonique faite à Gaillac par l'archi-abbé, Albert de la Molette, Pierre étant abbé de Saint-Michel (1278-1289). Examen de l'administration temporelle de l'abbé : budget du monastère, le passif. Sommaire des points de la règle sujets à correction et réforme. —* Gaillac, 1ᵉʳ et 2 juillet 1280. (De Camps, vol. 104, f° 94.)

Anno Domini millesimo ducentesimo octuagesimo, kalendas julii et die sequenti, cum nos, Arbertus, Dei gratia abbas monasterii Cazae Dei in Arvernia, essemus in monasterio Galliaci, Albiensis diœcesis, causa exercendi ibidem debitum officii nostri, scilicet visitationis, correctionis et reformationis, tam in capite quam in membris, et in abbate, fratribus et aliis personis pertinentibus ad id, assistentibus nobis venerabilibus fratribus nostris, Joanne, priore majore monasterii nostri, et Rigaldo, priore prioratus nostri Sancti Baudilii, et Guillelmo, priore prioratus nostri Capellae Dandalou, sic processimus :

Primo, requisivimus ab abbate in virtute obedientiae et sub poena excommunicationis, injungentes eidem quod veritatem diceret nobis plenam et veram de his quae sciret vel crederet corrigenda in personis et locis tam in spiritualibus quam in temporalibus ; et super his de quibus requireretur a nobis : Quid ad haec? respondit quod ipse nihil sciebat et credebat in monasterio aut in personis corrigenda quae non ipse corrigere posset et vellet ; et aliqua nobis expressit de quibus erat in corrigendo, et modum nobis correctionis expressit, quod et vidimus. Nos vero quod ab eo factum fuerat et fiebat supra his duximus approbandum.

Requisitus de debitis sui monasterii, dixit quod debebat circa trecentas marchas argenti. Cumque moti essemus et exasperati plurimum contra eum, eo quod monasterium pauca debebat tempore suae promotionis quam de eo fecimus, cœpimus diligenter inquirere de monasterii statu ; et vocatis ad nos fratre Ra[mundo ?], heleemosinario dicti monasterii Gualliaci, et fratre David Orgi, donato monasterii praedicti, et Petro Tot, familiare, dixerunt quod monasterium Gualliaci percipit de blado communiter novem centum sextaria ad mensuram Gualliaci, et totum est necessarium tam ad comedendum quam ad liberandum. Est autem mensura ejus : tres eminae sunt honus dorsi unius equi viantis. Item et de vino, circa trecenta LX cuvelotz ; ista trecenta sexaginta possunt vendi, retento vino necessario ad victum domus, quod est circa LX cuvelotz. Item de feno ad opus hospitii, satisfactis de ipso feno expensis in colligendo, et aliquid superius de ipso feno. Item percipit in pecunia tam in proventibus quam in censibus omnibus obvenientibus communiter computatis circa sex millia solidorum.

Item acquisivit circa trecentas sextariatas terrae pretio ducentarum librarum turonensium. Item acquisivit quoddam hospitium cum quibusdam censibus et aliis quae debebantur Raymundo Guillelmi militi, domino praedicti hospitii, pretio viginti septem mille solidorum caturcensium, quorum emptorum redditus praeter proventus alios valent quindecim libr. catur. annui redditus. Hospitium vendidit et habuit de eo XVIII milla sol. catur. Item quaedam alia emit.

Item expendit, tam ad colligenda vina quod vulgariter dicitur *cays* quam in aliis edificiis, viginti millia sol. catur. et amplius. Item amplius in aquaeductus claustri et paxeriae edificio. Item in edificiis de Montelhs quinque millia.

Item, debet hodie, omnibus computatis, CC libras; et ulterius haec sunt expensae futurarum vindemiarum.

Requisiti de his quae sibi obvenerunt, et a tempore quo fuit abbas, responderunt quod nihil praeter id quod supra dictum est de hospitio vendito; item dixerunt quod amisit quasi ex toto proventus bladi et vini duorum annorum.

Requisiti de vita dicti abbatis, si esset honesta et administratio utilis, responderunt quod vita nulla suspicione penitus vacillabat et quod defensio sua multum erat et fuerat necessaria monasterio et membris; de administratione satis apparebat per ea quæ dicta et scripta sunt superius.

Requisiti si scirent aliqua in fratribus vel conversis monasterii vel membrorum quae notabili correctione indigerent, responderunt cum admiratione quod non.

Quare, tam ex dicto abbate quam ex dictis aliorum praedictorum, habentes nos pro certioratos, cessavimus procedere ad alia inquirenda ad praesens.

Praedicta autem die sequenti officii nostri de ipso capitulo, de divinis officiis inibi faciendis, item de confessionibus, vestibus et lectis, de proprietatibus resignandis, de jejuniis regularibus, de comestione carnium et silentio et de quibusdam de quibus non poterat confessio fructuosa haberi et quibusdam aliis quae spectare ad regulares observantias videbantur, de quibus, etsi ordinavimus pro magna parte aliquam causam, ex eis providentiae abbatis ad praesens relinquimus corrigenda.

In cujus rei testimonium, nos, abbas praedictus, sigillum nostrum una cum sigillis nobis assistentium praedictorum, et prioris Bullionis qui nobis assistebat in praedictis praesentibus apponi fecimus et appendi. Actum, anno, mense, die quibus supra.

NOTE. — Saint-Baudile de Nîmes, ancienne abbaye connue de Grégoire de Tours, ruinée par les Sarrasins au VII⁰ siècle, relevée, affiliée à La Chaise-Dieu par le comte de Toulouse, Raymond de Saint-Gilles, à la fin de 1084, réduite à la condition de prieuré conventuel. Cf. *Gallia chr. nova*, VI, 469-71; *Hist. gén. Lang.* Privat, IV, 835-6. — Pierre, dit de Gaillac, ancien prieur de Salvagnac, élu par compromissaires au chapitre de La Chaise-Dieu et confirmé par l'abbé général, en 1276 ou 1277, excommunié par l'évêque d'Albi, le 5 février 1278, pour avoir fait acte d'administrateur de Saint-Michel sans avoir obtenu de lui confirmation de son élection, jure solennellement à La

Chaise-Dieu, le 28 mars 1278, entre les mains de son chef hiérarchique, de ne pas entrer en composition avec l'évêque sans le consentement de son supérieur, à peine pour lui d'excommunication majeure. Ainsi s'expliquent les termes : « 1° tempore suae promotionis *quam de eo fecimus*; 2° amisit quasi ex toto proventus... *duorum annorum* ». Cette perte de revenus provenait des effets de l'excommunication fulminée par l'évêque d'Albi contre l'élu et la communauté de Gaillac. Le mandat d'exécution de la sentence, adressé à M° Pierre de Volio, recteur de Fiac, renferme les instructions suivantes : « Monentes vel moneri facientes canonice et peremptorie omnes et singulos publice per ecclesias dioecesis Albiensis ne dictis fratribus Petro et monachis solvant aliquid vel eis provideant de dicti monasterii juribus vel intendant, quamdiu per absolutionis beneficium sibi non providerint de remedio salutari ; in contrarium facientibus ex nunc et ex tunc excommunicationis sententiam scriptis praesentibus, cum in mora possit esse periculum, promulgantes. » (Doat, 106, f° 278.) La réconciliation dut avoir lieu, après deux ans écoulés, au printemps 1280. — *Cays*, en français *chai*. — *Paxeria*, en roman *paissiera*, chaussée de moulins, ici barrage dans le Tarn. — Le setier à Gaillac, sous l'ancien régime, valait 137 litres : il se divisait en émine, quartière, demi-quartière et boisseau, l'unité supérieure valant deux fois l'unité inférieure. La charge d'un cheval était donc, d'après notre texte, d'environ deux hectolitres. — La séterée de terre valait 61 ares 10 centiares.

—

Charte IV. — *Le pape Clément VI confirme de son autorité une constitution perpétuelle de l'abbaye de Gaillac, établie conjointement par l'Ordinaire d'Albi, l'abbé et les religieux de Saint-Michel, aux termes de laquelle le monastère, vu l'état de ses revenus et de ses charges, ne sera tenu dorénavant d'entretenir que trente moines, y compris d'une part l'abbé et son socius, de l'autre les prieurs ne résidant pas au monastère et leurs socii, et en outre huit donats et convers, les membres de la communauté ayant juré d'y rester fidèles.* — Avignon, 27 juillet 1346. (Arch. Vat., Reg. Vat., vol. 176, f° 107 r° et v°.)

Ad perpetuam rei memoriam !

Ecclesiarum et monasteriorum utilitati et tranquillitati consulit cum numerus personarum domino famulantium in eisdem iuxta ipsorum facultatum exigentiam provide ordinatus apostolice firmitatis munimine roboratur.

Sane petitio pro parte dilectorum filiorum Petri Rogerii abbatis et conventus monasterii de Galliaco ordinis sancti Benedicti Albiensis diocesis nobis nuper exhibita continebat, quod dudum dilectus filius Fortius de Buxo, decretorum doctor, vicarius venerabilis fratris nostri Pictavini episcopi Albiensis, habens ad hoc ab eodem episcopo plenam et liberam potestatem, deliberatione prehabita cum nonnullis aliis ipsius episcopi vicariis etiam ad hoc ab eodem episcopo comissariis deputatis, et abbas prefatus cum dicto conventu, facultatibus ipsius monasterii et oneribus diligenter inspectis ac omni solemnitate iuris consueti in talibus fieri diligentius observata, de communi consensu et concordia, ordinaverunt, statuerunt, voluerunt et perpetuum fecerunt edictum quod ex tunc imperpetuum esset et esse deberet in eodem monasterio perpetuus numerus triginta monachorum dumtaxat et non ultra, in quo quidem numero comprehenderentur et includerentur abbas ipsius monasterii qui esset pro tempore cum uno suo socio monacho, et priores qui tunc morabantur et morari consueverant quibusque cum suo socio monacho extra monasterium memoratum, et quod etiam esse deberet in predicto monasterio numerus perpetuus octo tam donatorum quam etiam conversorum, quodque abbas et conventus prefati numeros monachorum et donatorum predictos iuraverunt ad sancta Dei evangelia eorum manibus corporaliter tacta servare ac tenere nec unquam contravenire de iure seu de facto prout in quodam instrumento publico inde confecto curie episcopalis Albiensis sigillo munito continetur.

Quare Petrus Rogerii abbas et conventus predicti nobis humiliter supplicarant ad trigenta monachorum et octo tam donatorum quam conversorum numeros predictos fulare apostolico munimine dignaremur. Nos itaque ipsorum abbatis et conventus huiusmodi supplicationibus inclinati prefatos numeros per Fortium vicarium comissarium, ac abbatem et conventum predictos, ut prefertur, ordinatos, statutos ac factos, ratos et gratos habentes, illos ex auctoritate apostolica ex certa scientia confirmamus et presentis scripti patrocinio communimus. Nulli ergo, etc... nostre confirmationis infringere, etc...

Datum Avinioni, VI° kalendas augusti, anno quinto.

Note. — L'abbé de Gaillac porte exactement le même nom que le pape Clément VI auquel il s'est adressé, fils lui-même d'autre Pierre Roger, seigneur de Rosières, domicilié au château de Maumont (Corrèze). Il est de la famille. Sacriste à Lagrasse (Aude) où Nicolas Roger, oncle du pape, était abbé (*Gallia chr.*, VI, 957), il a été promu à l'abbaye de Gaillac par Benoît XII, le 10 octobre 1341 (J.-M. Vidal, *Benoît XII. Lettres communes*, n° 8436). — Peitavi de Montesquiou est évêque d'Albi depuis le 27 janvier 1339, date de sa translation du siège de Maguelonne, et sera élevé au cardinalat le 17 décembre 1350. — Son vicaire général, Fortius de Buxo, est signalé en cette qualité, de conserve avec ses deux collègues, Pierre de Jaussens et Guilhem Foulques, dans un acte officiel de la commune d'Albi, en date du 20 décembre 1342 (Arch. com. d'Albi, HH. 2, édité par A. Compayré, *Études historiques sur l'Albigeois*, p. 203).

CHARTE V. — *Récit officiel de la visite canonique du monastère de Gai*
lac par le cardinal Jean Jouffroy, évêque d'Albi, le 17 août 1471
extrait du Procès-verbal de Brémond de Saint-Félix, conseiller à
Parlement de Toulouse, sur l'exécution de l'arrêt rendu par la di
cour entre le cardinal Jouffroy et Pierre de Caraman, abbé comme
dataire de Gaillac, au sujet de la juridiction de l'Ordinaire sur l'a
baye. (Doat, vol. 116, f° 369.)

Nous transportasmes tous ensemble en ladite église de Saint-Michel c
Gaillac de laquelle issirent huit ou dix religieux ou prestres dudit mona
tère, entré lesquels y estoient le prieur cloustrier et [le sindic] dud
monastere, habillés de leurs chappes processionalz, portant une grand
croix et autres reliques, et venant au lendevant dudit Mᵍʳ le Cardina
lequel reçeurent en grand houneur et humilité, chantant *Ecce Sacerd*
magnus et autres antiphonies, comme il est accoustumé de faire en tel ca
et, les cloches sounans, ledit cardinal et évêque, avec lesdits religieux c
plusieurs autres, tant gens d'église que séculiers, qui illec estoint venu
pour accompagner le dit cardinal et évêque, tous ensemble s'en entrarer
en ladite église de Sainct-Michel et *processionaliter* s'en allarent au gran
autel des moynes de la dite église de Saint-Michel, davant lequel le dit ca
dinal et évêque s'aproucha et dit une oraison, et après donna la bénédictio
au peuple; et d'illec s'en alla au chapitre accompagné de tous les dits reli
gieux et prestres et autres plusieurs qui illec estoint survenus pour visite
le dit chapitre; et après qu'il fut entré dedans le dit chapitre, en fit alle
tous les lais et autres qui n'estoint *de gremio*, excepté nous commissair
dessusdit et le sindic dudit monastère, et ung ou deux de ses secrétaires; e
en présence de nous commissaire dessusdit, le dit Mᵍʳ le Cardinal par led
prieur cloustrier se fit porter *Regulam Beati Benedicti*, laquelle fit ouvri
par ledit prieur cloustrier, et lui commanda à lyre le premier chapitre qu
lui viendroit davant les yeux selon que le dit livre se seroit ouvert à l'aven
ture, disant que « *Spiritus Sanctus daret ei eloqui* » ce qui lui plairoit; et s
advint par cas d'aventure, comme dit est, que aud. chapitre estoit fait men
tion « *de gravi peccato et de obedientia religiosorum* »; sur lequel chapitre led
Mᵍʳ le cardinal print ses parolles et prescha les dits religieux en si haut estill
et par si haultes et grans parolles, et fondées par droit divin, que c'estoi
une belle chose de l'ouïr. Et, à la parfin, leur dit qu'ils et leur abbé estoin
excommuniés pour la rebellion et la désobéissance et dénégation qu'il
avoint commis en ce qu'ils avoint résisté et eu recours à court laye pour l
garder qu'il ne visitast ladite Eglize et monastère et les chappitre, dormi
teur et reffecteur d'icellui et faire son devoir comme il est tenu de faire
tanquam pastor bonus; touteffois qu'il estoit contant de les absoudre, c
qu'il fit en nostre présence; c'est à scavoir, lesdits abbé, combien qu'il fus
absent, et les religieux qui illec estoint presans, et aussi les absens. Et pou
ce que l'heure estoit tarde, il continua sa dite visitation pour les refecteur e
dormiteur et autres lieux, places, églises et choses nécessaires, au lendemain. Après, ensuivant de ce que dit est et à tant, nous retraymes au lougi
dudit Mᵍʳ le cardinal, duquel prisme congé; et le lendemain de ce que di
est, nous en retournasmes en ceste ville de Tholose. En tesmoing desquelle

choses nous, commissaire dessusdit, avons cy mis à Tholose noz scel et seing manuel, le 28 jour d'aoust, l'an 1471.

B. DE SANCTO FELICE, signé.

NOTE. — Dans les considérants de l'arrêt (f° 398 v°) il est fait mention d'une visite de Bernard de Casillac, prédécesseur immédiat du cardinal Jouffroy sur le siège d'Albi. « Caeterum Bernardus de Casillaco, episcopus Albiensis, praedecessor immediatus praedicti appellati, monasterium ipsum Galliaci in capitulo, refectorio, dormitorio et omnibus aliis eius partibus visitaverat. »

L. DE-LACGER,
professeur d'histoire ecclésiastique
au grand séminaire d'Albi.

LES ANNIVERSAIRES CÉLÉBRÉS A SAINT-DENIS
AU MILIEU DU XIVe SIÈCLE

On peut voir à Londres, dans une vitrine du Victoria et Al[
Museum (South Kensington), un très beau missel de l'abbaye
Saint-Denis, qui faisait partie, jusqu'en 1891, de la collec[
W. H. Crawford à Cork. Je ne saurais rien dire des avatars de
volume ; mais c'est un fait bien connu que l'ancienne bibliothè[
de Saint-Denis a été très tôt dispersée, et qu'elle n'est plus repré[
tée maintenant que par un petit nombre de manuscrits (1). Le mi[
conservé à Londres remonte au XIVe siècle, à première vue (2).

Il offre, au commencement (fol. 10-15), un calendrier liturgique
sont marqués avec minutie les degrés des différentes fêtes (3), et
garantit la provenance. Les fêtes les plus solennelles sont désigr[
par le terme *Annuale* et leur notice est tracée en lettres d'or. Il
en a que six de ce genre : *Dedicacio ecclesie beati Dyonisii* (24 févri[
Pâques, Pentecôte, Assomption, *Sanctorum martyrum Dyonisii F*
tici et Eleutherii (9 octobre), Noël. Le second groupe est app[
Semiannuale et comprend onze fêtes, également énoncées en or,
onzième exceptée : Épiphanie, Purification, Annonciation, *Inve[*
corporum Dyonisii Rustici et Eleutherii (22 avril), Ascension, Apôt[
Nativité de N.-Dame, *Octava b. Dyonisii sociorumque eius* (16 octob[
Toussaint, Conception de N.-Dame, Jean l'Évangéliste. Parmi

---

(1) Cf. *Revue Bénédictine*, XXVIII, 1911, p. 369, n. 3.

(2) W. WEALE a publié les séquences qui remplissent la dernière partie du vol[
(fol. 370-430), série très complète et entièrement notée ; cf. *Analecta Liturgica,
Prosae*, II, 1892, p. 530-541, et voir *Prosae*, I, p. 357. Mais la date donnée en c[
occasion, XVe siècle, n'est justifiée par rien.

(3) Les catégories sont : *Annuale, Semiannuale, Duplum, Semiduplum, XII lc., III
M(emori)a.* Ce calendrier n'est pas fort chargé et n'a rien d'insolite. Je signale[
seulement : *Consecratio alt(aris)* (28 juillet) ; *Bernardi abb.* « duplum » (23 aoû[
Francisci conf. « XII » (4 octobre) ; *Oct. s. Eustachii* (9 novembre) ; *Eadmundi r[*
et m. (20 novembre). Le missel est lui-même normal, sans addition, excepté tout[
commencement, après la bénédiction de l'eau, un *ordo ad sponsalia facienda*
comprend le rite de la bénédiction de l'anneau (fol. 4^v-8^v).

fêtes « doubles », on remarque aussi : *Detectio corporum Dyonisii Rusticii et Eleutherii* (9 juin).

D'autre part, la même main calligraphique qui a transcrit les articles du calendrier a disposé selon les quantièmes une série d'obits qui se réfèrent aussi à Saint-Denis et méritent d'être examinés.

On compte au total trente-six de ces mentions nécrologiques, donnant trente-neuf noms (le n° 23 est double, le n° 31 triple). Quatre mentions sont tracées en lettres d'or (n°⁵ 4, 10, 17, 27); pour les distinguer du reste, je les reproduis en lettres capitales.

Le copiste a peut-être été parfois négligent ou a mal compris son modèle; je ne sais trop. Plusieurs noms sont déformés, évidemment. Il est certain aussi que les Philippes portent un numéro d'ordre fautif, supérieur d'une unité au chiffre convenu. En outre, il est possible que le quantième ne soit pas toujours correctement donné; car on s'aperçoit de légères différences entre la date du décès et celle de l'anniversaire. Toutefois, en ce dernier cas, différence n'est pas nécessairement erreur. En général d'ailleurs, les quantièmes concordent bien avec ceux qu'indique l'ancien nécrologe. J'ai renvoyé aux notices de celui-ci aussi souvent qu'il convenait.

J'aurais pu allonger considérablement la matière des notes; il m'a paru qu'une référence précise suffisait le plus souvent. Pour les décès des personnages historiques, je m'en suis tenu d'ordinaire aux indications de Mas-Latrie et de Chevalier; j'ai l'impression que ces dates ne sont pas toujours bien assurées. Enfin, au sujet des abbés de Saint-Denis et de leur succession, j'ai suivi les renseignements donnés par Félibien dans son histoire de l'abbaye (1706) et par les auteurs du *Gallia Christiana* (t. VII, 1744).

JANUARIUS.

          III n.   Ob. philippus rex. VI^{us}

          II id.   Ob. suggerus abbas

          xv kl.   Ob. philippus comes bol.

         xiiii kl.   Ob. DAGOBERTUS REX

5   v kl.   Ob. ysabellis regina

         III kl.   Ob. karolus rex

FEBRUARIUS.

         VII id.   Ob. Petrus de autolio abbas

         xvi kl.   Ob. Yuo Abbas

         xi kl.   Obiit adam abbas

10   IX kl.   Ob. GUIDO DE CASTRIS ABBAS

MARCIUS.

            iiii n.   Ob. Guillelmus de maucourris abbas
            v id.   Ob. Reginaldus abbas
            iiii kl.   Obiit martinus papa

APRILIS.

            xiiii kl.   Ob. Hugo abbas

MAYUS

15   iii n.   Ob. Odo archiepiscopus rotho.

JUNIUS.

            Nonas   Ob. ludouicus rex

JULIUS.

            ii id.   Ob. PHILIPPUS REX. III[us]
            xvii kl.   Ob. Innocentius papa
            xiii kl.   Ob. robertus rex
20   iiii kl.   Ob. Guillelmus med. abbas
            iii kl.   Ob. Iohannes cholet cardinalis

AUGUSTUS.

            iiii n.   Ob. Ludouicus grossus rex
            ii n.   Ob. Henricus et ludouicus reges
            vi kl.   Ob. Alfunsus comes pictauens.

SEPTEMBER.

25   vi kl.   Ob. Matheus abbas

OCTOBER.

            iii n.   Ob. Philippus rex quartus
            ii n.   Ob. KAROLUS CALUUS REX
            Nonas   Ob. constancia regina
            xi kl.   Ob. henricus troon abbas
30   vii kl.   Ob. hugo fouq(ua)ut abbas
            iii kl.   Ob. Hylduinus. Odo. et Odo abbates

NOUEMBER.

            vii id.   Ob. Ludouicus p(ate)r sancti ludouici
            v kl.   Ob. blancha regina
            iii kl.   Ob. philippus rex. V[us]

DECEMBER.

35   x kl.   Ob. Margareta regina
        iii kl. Ob. Egydius abbas

1. 3 janvier : Philippe V le Long † 3 janvier 1322.

2. 12 janvier : Suger 36° abbé de St-D. † 13 janv. 1151.

3. 18 janvier : Philippe Hurepel comte de Boulogne et de Clermont, deuxième fils de Philippe-Auguste, inhumé à St-D. † 17 janvier 1234.

4. 19 janvier : Dagobert † 639 ; le nécrologe du XIII° siècle marque le même jour et annonce : « Anniversarium domini Dagoberti regis Francorum ecclesiae beati Dionysii incliti fundatoris. »

5. 28 janvier : Isabelle d'Aragon femme de Philippe le Hardi † 28 janvier 1271. On notera que cette princesse occupe ainsi la place assignée à Charlemagne dans le nécrologe du XIII° siècle ; Charlemagne, comme chacun sait, s'était fait inhumer à Aix-la-Chapelle. L'inscription subsiste du tombeau que Philippe le Hardi fit élever en 1271 en mémoire de sa jeune épouse, morte à Cosenza en Calabre à la suite d'un accident ; cf. F. de GUILHERMY, *Inscriptions de la France du V° siècle au XVIII°*, II, 1875, p. 200 (n° DXXXVIII).

6. 30 janvier : il y a peut-être ici quelques erreurs de date ; en tout cas, la notice ne peut se rapporter qu'à Charles IV le Bel † 1 février 1328.

7. 7 février : Pierre d'Auteuil 44° abbé de St-D. † 6 février 1229 ; la dalle de son tombeau a été conservée (cf. GUILHERMY, *op. l.*, p. 180).

8. 14 février : Yves II 39° abbé de St-D. † 14 février 1173 (ou 1172) ; c'est bien aussi le quantième indiqué par le *Gallia Christiana* (le « 4 février » donné par U. CHEVALIER, *Bio-bibl.*, n'est sans doute qu'une faute d'impression).

9. 19 février : Adam 35° abbé de St-D. † 19 février 1123 ; c'est le seul abbé du moyen-âge, avec Pierre d'Auteuil, dont une partie du tombeau existe encore (cf. GUILHERMY, *l. c.*).

10. 21 février : Guy de Castres (ou de Châtres) 51° abbé de St-D., démissionnaire en 1343 † 22 février 1350 (la notice d'U. CHEVALIER, *Bio-bibl.*, a subi quelque accident, les deux dates données étant considérablement fautives).

11. 4 mars : Guillaume de Macouris 46° abbé de St-D. † 4 mars 1253 (1254) ; le nécrologe du XIII° siècle, rédigé apparemment au lendemain de sa mort, consacre à son anniversaire une longue notice liturgique.

12. 11 mars : Renaud Giffart 49° abbé de St-D. † 10 mars 1304.

13. 29 mars : Martin IV (Simon de Brion, chancelier de France en 1260), élu en 1281 † 28 mars 1285.

14. 18 avril : Hugues VI dernier du nom, 42ᵉ abbé de St-D. † (11 avril) 1204 ; le 11 avril (« III id. ») est indiqué par le nécrologe de Saint-Germain-des-Prés, mais celui de St-D. confirme la date du 18.

15. 5 mai : Eudes IV dit Eudes Clément 45ᵉ abbé de St-D., archevêque de Rouen en 1245 † 5 mai 1247 ; c'est Eudes Clément qui commença de construire, en 1231, la quatrième église de l'abbaye, achevée par Mathieu de Vendôme en 1281.

16. 5 juin : Louis X le Hutin † 5 juin 1316.

17. 14 juillet : Philippe-Auguste † 14 juillet 1223.

18. 16 juillet : Innocent III † 16 juillet 1216 ; le nécrologe du XIIIᵉ siècle a cette notice : « Anniversarium Innocentii papae III qui dedit nobis corpus s. Dionysii Chorintiorum episcopi. »

19. 20 juillet : Robert II le Pieux † 20 juillet 1031.

20. 29 juillet : Guillaume *Medicus* (voir sur ce titre le *Gallia Christiana*, VII, 1744, c. 380) ou de Gap, 40ᵉ abbé de St-D., démissionnaire en 1186 (le *Gallia* n'indique rien quant à son décès).

21. 30 juillet : Jean Cholet de Nointel, chanoine de Beauvais, cardinal en 1281 † 2 août 1292 ; la chronique de St-Denis nous apprend qu'il réunit un concile à Paris en qualité de légat le 18 août 1284 et vint à Saint-Denis en grand cortège, de plus, qu'il célébra les obsèques de Philippe le Hardi le 3 décembre 1285 (cf. Félibien, *Histoire de l'abbaye royale de St-Denys en France*, 1706, p. ccvii : Pièces justificatives ; voir la nouvelle édition d'E. Berger, *Bibliothèque de l'École des Chartes*, XL, 1879, p. 270 ss.). L'anniversaire du cardinal Cholet avait été fondé dès l'année 1287 par l'abbé Rainaud (cf. *Gallia* ib., p. 396.)

22. 2 août : Louis VI le Gros † 1 août 1137 ; le nécrologe dit de même correctement : « Kal. aug. ».

23. 4 août : le nécrologe porte à la même date : « Ob. Ludouicus pius rex Henricus rex » ; le texte du missel est dès lors certain. Les deux personnages mentionnés ne sauraient être finalement, si l'on procède par élimination, que Louis III fils de Louis le Bègue, qui fut en effet inhumé à St-Denis † 5 août 882, et Henri Iᵉʳ † août 1060, inhumé de même à St-Denis. Pour ce dernier, Mas-Latrie et Chevalier indiquent le 29 août, je ne saurais dire d'après quels documents ; plus probablement, c'est un quantième fautif, et le 4 août, donné par le nécrologe et le missel ensemble, doit être la date véritable, à tout le moins approximative ; F. Soehnée (*Catalogue des actes de Henri Iᵉʳ roi de France 1031-1060*, Paris 1907, p. 129) marque simplement « le mois d'août 1060 » comme terme du règne de Henri Iᵉʳ.

24.   27 août : Alphonse comte de Poitou et de Toulouse, frère de saint Louis † (21 août) 1271. Le quantième du missel est certainement correct (cf. FÉLIBIEN, *op. l.*, p. 250).

25.   26 septembre : Mathieu de Vendôme 48° abbé de St-D. † 25 septembre 1286 (voir ci-dessus n° 15).

26.   5 octobre : Philippe III le Hardi † 5 octobre 1285.

27.   6 octobre : Charles le Chauve † 6 octobre 877; le nécrologe précise : « Ob. Karolus imperator tertius et cultor beati pretiosique martyris Dionysii studiosissimus monasterii. »

28.   7 octobre : Constance de Castille seconde femme de Louis VII en 1154 † 4 octobre 1160; on possède encore l'épitaphe de l'effigie faite par les soins de saint Louis en 1263 : « Constancia regina que venit de Ispania » (cf. GUILHERMY, *op. l.*, p. 151, n° DXXXIII).

29.   22 octobre : Henri I°ʳ Troon 43° abbé de St-D. † 22 octobre 1221.

30.   26 octobre : Hugues V ou Hugues Foucault 41° abbé de St-D. † (22 octobre) 1197; le nécrologe du XIII° siècle marque l'anniversaire au 25 octobre, et le *Gallia Ch.* le décès au 24.

31.   30 octobre : le nécrologe réunit de même les trois noms : « Anniversarium istorum trium abbatum », et nous avons en effet une pièce importante d'Eudes Clément qui règle ce triple service en l'année 1241 (cf. *Gallia Ch.*, *ib.*, Chartes, CXXXVII, 102). Hilduin avait été le 18° abbé de St-D. † 22 novembre (vers) 842; Eudes II de Deuil, le 37° † vers 1162; Eudes III de Taverny, le 38° † vers 1169 ; les dates ne sont qu'approximatives, et pour les deux Eudes, le quantième reste inconnu, à part les indications concordantes du règlement de 1241, du nécrologe et du missel.

32.   7 novembre : Louis VIII le Lion † 8 novembre 1226 ; le nécrologe donne aussi le 8 : « vi id. Ludouicus rex francorum filius Philippi regis. »

33.   27 novembre : Blanche de Castille femme de Louis VIII (1200) † 1 décembre 1252.

34.   29 novembre : Philippe IV le Bel † 29 novembre 1314.

35.   23 décembre : Margueritte femme de saint Louis (1234) † 20 décembre 1295.

36.   30 décembre : Gilles de Pontoise 50° abbé de St-D. † 30 décembre 1325.

Chaque mention ayant été précisée sans grande difficulté, rien n'est plus aisé que de prendre une idée claire de l'ensemble; il suffit de reformer les groupes des personnages désignés, suivant la qualité de ceux-ci, et d'établir une suite chronologique, autant qu'il est besoin. Ce petit travail nous donne le tableau suivant :

I. LES ROIS DE FRANCE.

Dagobert (4).
Charles le Chauve (27). Louis III (23).
Robert le Pieux (19). Henri Ier (23).
Louis le Gros (22).
Philippe-Auguste (17). Louis VIII (32).
Philippe le Hardi (26). Philippe le Bel (34). Louis X (16). Philippe le Long (1). Charles le Bel (6).

II. LES REINES DE FRANCE.

Constance femme de Louis VII (28). Blanche de Castille femme de Louis VIII (33). Margueritte femme de saint Louis (35). Isabelle femme de Philippe le Hardi (5).

III. LES PRINCES DU SANG.

Philippe Hurepel oncle de saint Louis (3). Alphonse de Poitiers frère de saint Louis (24).

IV. LES ABBÉS DE SAINT-DENIS.

Hilduin (31).
Adam (9). Suger (2). Eudes de Deuil (31). Eudes de Taverny (31). Yves II (8). Guillaume Medicus (20). Hugues Foucault (38). Hugues VI (14). Henri Troon (29). Pierre d'Auteuil (7). Eudes Clément (15). Guillaume de Macouris (11). Mathieu de Vendôme (25). Renaud Giffart (12). Gilles de Pontoise (36). Guy de Castres (10).

V. AUTRES PERSONNAGES ECCLÉSIASTIQUES.

Innocent III (18). Martin IV (13). Cardinal Cholet (21).

Cette répartition fait voir que la liste totale a été arrêtée après la mort de l'abbé Guy de Castres (22 février 1350), dont le nom, aussi bien, est inscrit en lettres d'or ; c'est-à-dire, du vivant de l'abbé Gilles Rigaud († 1351 ou 1352). La série des rois de France permet, peut-être, d'être encore plus précis. Le dernier roi mentionné est Charles le Bel († 1er février 1328). Philippe de Valois serait donc régnant († 22 août 1350), et la rédaction définitive de la liste, plus exactement celle du missel lui-même, devrait être placée en l'année 1350, entre le 22 février et le 22 août.

Il n'est pas moins évident que les diverses catégories se situent en plein moyen-âge, jusqu'à la date susdite, et qu'à fort peu d'exceptions près ces anniversaires sont ceux de personnages inhumés dans l'église de l'abbaye.

Les deux premières races ne sont représentées que par trois noms; ceux de Dagobert et de Charles le Chauve étaient trop liés à l'histoire de Saint-Denis pour être jamais oubliés; ils sont justement notés en lettres d'or.

La lignée capétienne est à peu près continue depuis Robert le Pieux. On constate, sans pouvoir l'expliquer, l'absence de Hugues Capet († 24 octobre 996), chef de la dynastie; le nécrologe du milieu du XIIIe siècle indique bien encore, au IX des calendes de novembre : « Hugo rex ». Il n'y a ensuite que deux omissions réelles, et l'une et l'autre s'entendent : Philippe Ier († 29 juillet 1108) et Louis VII († 18 septembre 1180) n'ont pas été inhumés à Saint-Denis, mais le premier en l'abbaye de Fleury-sur-Loire, le second en celle de Barbeaux. Quant à saint Louis, il a sa place, naturellement, dans le corps même du calendrier ; bien plus, sa fête est « double » et pourvue d'une octave.

Des anciens abbés de Saint-Denis, un seul a été maintenu, le célèbre Hilduin. Mais la succession reprend avec le prédécesseur de Suger et 35e abbé; il n'y manque que Henri II Mallet, 47e abbé (1254-1257), dont le gouvernement fut la cause de discordes et qui dut, pour cette raison, se démettre.

Les autres personnages commémorés appartiennent au XIIIe siècle; on voit même que leur obit tombe plutôt dans la seconde moitié de ce siècle.

Si ces données sont rapprochées de celles du nécrologe publié par Félibien (1), on est presque forcé de conclure qu'une revision attentive des services anniversaires a été décidée vers la fin du XIIIe siècle. Le grand nécrologe fut rédigé très probablement aussitôt après la mort de Guillaume de Macouris (1253); mais j'y verrais surtout un état de toute la tradition antérieure. On y trouve la plupart des anciens abbés, nombre d'évêques, et aussi, entre autres, les mentions de Charlemagne, Louis le Pieux, Eudes, Hugues Capet, Philippe Ier, Louis le Jeune. Quelqu'un a dû vouloir, un peu plus tard, mettre au point, pour la pratique, cet immense legs de souvenirs. Or c'est vers ces temps-là, par les soins de saint Louis, qu'eurent lieu les translations des anciens rois et reines (1263 et 1264) et que de somptueux

---

(1) *Histoire de l'abbaye royale de Saint-Denys en France*, Paris, 1706, p. ccvii-ccxix (partie documentaire). Félibien remarque avec raison (p. ccxix) : « Ce Nécrologe paroist avoir plus de 400 ans d'antiquité... »

monuments furent érigés (1); vers ce temps-là, encore, que la construction de l'église fut achevée (1281). Il semblerait, tout considéré,
que les abbés de la seconde moitié du XIIIe siècle, Mathieu de Vendôme (1258-1286) et Renaud Giffart (1286-1304), aient fixé les grandes
lignes de l'obituaire liturgique; il fut admis dès lors, en tout cas, que
les rois et les abbés défunts y seraient seuls inscrits.

ANDRÉ WILMART, O. S. B.

---

(1) Cf. GUILHERMY, *op. l.*, p. 149 sq. ; et sur les tombeaux, voir du même auteur :
Monographie de l'église royale de Saint-Denis, Paris, 1848, p. 7-9, 27 ss., 54 sq. ; en outre,
il va sans dire, FÉLIBIEN, *op. l.*, p. 545 ss.

NOTE ADDITIONNELLE. — J'ai remarqué, trop tard pour en tirer parti
dans la notice qui précède, plusieurs documents nécrologiques concernant Saint-Denis et qui ont été publiés. Ils m'auraient aussi épargné
beaucoup de menues recherches. Mais ils me permettent de constater
maintenant que je n'avais pas trop mal apprécié, en gros ou en détail,
l'état des anniversaires célébrés dans l'abbaye de Suger. D'autre part,
le missel de South Kensington complète heureusement, pour sa date,
les renseignements recueillis par ailleurs et donne le moyen de se
reconnaître, si je puis dire, dans le fourré des obituaires proprement
dits.

Les trois premiers textes ont été publiés par A. MOLINIER : *Obituaires
de la province de Sens (Recueil des historiens de la France*, I, 1re partie), 1902, p. 334-342 ; le dernier, dans la *Revue Mabillon*, I, 1905, p. 61-
72. — De plus, il peut être utile de savoir que Molinier a réimprimé
(*op. l.*, p. 306-342) et pourvu de dates le grand nécrologe de Félibien,
dont le manuscrit n'a pas été retrouvé.

La liste officielle de l'année 1350 prendrait donc place dans le cadre
suivant et donnerait lieu, par comparaison, à quelques observations.

1° Une liste d'anniversaires insérée pareillement dans trois missels
du XIIIe siècle (Paris, B. N. *1107*, Mazarine *526*, et Rome, B. C asa-
nate *603*). — Cette liste est à peu près uniforme et me paraît avoir
été fixée en 1271, à tout le moins entre 1271 et 1285. Par suite, sont
omises treize de nos notices ; savoir : 1, 5, 6, 10, 12, 13, 16, 21, 25,
26, 34, 35, 36. En revanche, on trouve au 5 août la mention de Jean,
comte de Nevers († 1270), et deux autres notices (24 avril, *Hebertus...
preceptor* ; 3 novembre, commémoraison générale des familiers). —

A noter deux erreurs : l'abbé Hugues marqué au 19 mars dans le manuscrit *1107* n'est sûrement là que par confusion avec Hugues VI, 18 avril ; la reine Constance (7 octobre) est identifiée fautivement (et de même dans les deux textes suivants) avec la femme du roi Robert.

2° Un obituaire assez étendu compris dans un registre de comptes pour l'année 1325-1326. — Il ne peut valoir strictement que pour ladite année et n'est pas tout à fait complet : manquent trois de nos mentions pour février, nᵒˢ 8, 9 et 10 ; en outre, normalement, les deux mentions postérieures à 1326, nᵒˢ 6 et 11. — A noter une erreur : l'anniversaire de Louis le Gros au 5 novembre résulte d'une confusion avec celui de Louis VIII qui n'est pas nommé, tandis que Louis le Gros a déjà son anniversaire régulier le 2 août.

3° Un obituaire proprement dit, rédigé au temps de Charles V (1364-1380). — Toutes nos notices y figurent, moins une, celle de Philippe le Bel (34). — A remarquer que le cardinal Cholet, outre son anniversaire régulier du 30 juillet (21), en a un autre six mois auparavant, 30 janvier ; il en est de même dans l'obituaire de 1325.

4° Une liste d'anniversaires insérée dans le bréviaire de 1550. — Il suffit d'indiquer que, dès cette époque, l'ancienne tradition a été modifiée d'une manière considérable. On ne compte pas moins de seize omissions : 1, 5, 6, 8, 9, 10, 14, 16, 20, 28, 30, 31, 32, 33, 34, 35 ; elles ont peut-être été réclamées pour rendre plus faciles les additions.

A. W.

DEUX LETTRES DE DOM COSTANTINO GAIETANI,
FONDATEUR DU PREMIER COLLÈGE BÉNÉDICTIN DE ROME,
A RICHELIEU ET A MAZARIN

Sans être vraiment le lettré et l'érudit célèbre qu'exalte le plus
enthousiaste de ses biographes (1), dom Costantino Gaietani (2), abbé
de Baronte et président fondateur du collège bénédictin de Saint-Gré-
goire, ne peut passer, même hors d'Italie, pour l'homme « senza
veruna memoria » dont parle un voyageur du XVIII° siècle plus
épris sans doute d'œuvres d'art et de paysages que de manuscrits et
de recherches historiques. La *Bibliotheca sicula* d'Antonino Mongitore
et la *Bibliotheca casinensis* d'Armellini (3) lui consacrent de longs
articles, et notre Moréri en a fait le sujet d'une notice, plus courte, il
est vrai, et surtout moins louangeuse.

Né à Syracuse en 1560, de la famille des marquis de Sortini et des
princes de Caffari, Costantinò Gaietani entra en 1586 dans l'ordre de
Saint-Benoît. Membre de la congrégation du Mont-Cassin, il prouva
que celle-ci comptait des travailleurs aussi acharnés que la congrégation de Saint-Maur (4). Ses qualités d'érudit furent appréciées par plusieurs cardinaux, dont Baronius, et par les papes eux-mêmes. S'il n'a
pas été gardien de la Vaticane sous Paul V, Grégoire XV, Urbain VIII
et Innocent X, comme le dit Mongitore, combattu en cela par Armellini, il faut du moins lui reconnaître une situation officieuse auprès

---

(1) Mongitore, *Bibliotheca sicula*, t. 1 (Panormi, 1708), pp. 143-145.

(2) Nous adoptons pour son nom la forme admise par le *Catalogue Général* des
imprimés de la Bibliothèque Nationale. Lui-même signait parfois Gaetano, parfois
Caietani.

(3) Pars prima (Asisii, 1731), pp. 123-126.

(4) « Totum vitae cursum, dit Mongitore, in pulverulentis archiviorum angulis
impendit et e tinearum injuriis memorabilia et illustriora ecclesiasticae historiae
monumenta laudabiliter liberavit. »

du Saint-Siège justifiant le titre d' « archivista apostolico » qu'on lui donnait, celui d'historiographe du Souverain Pontife qu'il prenait et expliquant les relations étroites qu'il assure avoir eues avec plusieurs papes. Ceux-ci ne l'oublièrent pas dans leurs libéralités : nommé par eux abbé de San Baronte, au diocèse de Pistoie, il le fut ensuite de San Nicola di Latina en Sicile. On prétend que la jalousie seule l'empêcha de devenir cardinal. Il mourut à Rome le 17 septembre 1650 et fut enseveli dans l'église de San Benedetto in Piscinula.

Costantino Gaietani consacra toute sa vie et presque tout son œuvre à la gloire de son ordre, dont il aimait à se proclamer le vengeur. Moréri l'en plaisante un peu lourdement (1) ; il est vrai que cette extrême dévotion à saint Benoît n'était pas pour lui une raison d'indulgence. Qui voudra avoir une idée plus exacte du labeur de l'abbé de San Baronte parcourra la longue liste où la *Bibliotheca casinensis* donne les titres de vingt-six ouvrages imprimés, dont une édition longtemps classique de saint Pierre Damien, et de soixante manuscrits. Et sans doute partagera-t-il l'indulgente admiration d'Armellini : « Incredibile dictu est quot lucubrationes scripserit, quot opera aggressus fuerit, licet non omnia perpolire et ad severioris critices amussim corrigere potuerit. »

Gaietani ne se contentait pas d'aimer son ordre dans le passé ; il se préoccupait aussi de sa prospérité présente. A vrai dire, celle-ci n'était pas ce qu'il aurait voulu. Il déplorait l'absence d'unité, le défaut d'une direction d'ensemble et les rivalités qui opposaient l'une à l'autre des congrégations jalouses de leur indépendance. La préparation scientifique et théologique donnée aux novices lui semblait trop variable d'un monastère à l'autre et, en général, insuffisante pour des hommes qui auraient à lutter contre l'hérésie. Enfin le manque d'en-

---

(1) « Il crut, dit-il, qu'il étoit de son honneur de donner à son ordre quantité de grands hommes que l'on croit communément n'en avoir pas été. Il commença par Amalarius Fortunatus sur lequel il fit un livre imprimé en 1612... Il fit ensuite un écrit sur le monachisme bénédictin de saint Grégoire, qui fut réfuté par Gallonius ; Cajetan y fit une réplique en 1620. Il composa en 1627 un écrit pour montrer que saint Colomban avait suivi la règle de saint Benoît. Il a composé plusieurs écrits pour prouver que l'*Imitation de J.-C.* est d'un abbé bénédictin nommé Jessen. Enfin il a publié en 1641 à Rome un livre dans lequel il soutient que S. Ignace de Loyola a été bénédictin et que son livre des *Exercices* a été presque tout tiré de celui de Garcias Cisneros, abbé du Mont Serrat... A l'égard de saint Ignace, la congrégation du Mont-Cassin désavoua Cajetan en 1644, et celle des Bénédictins de Portugal en fit autant l'année suivante. Cajetan faisoit encore de S. François d'Assise, de S. Thomas d'Aquin, etc., autant de bénédictins ; et il étoit si accoutumé à voir des bénédictins partout que cela fit dire au cardinal Scipion Corbellucci qu'il craignait que Cajetan ne transformât saint Pierre en bénédictin. »

tente entre les bénédictins était cause, à Rome même, d'un scandale qui le faisait rougir. De tous les « membres » de l'ordre de Saint-Benoît, seul celui du Mont-Cassin avait alors une maison dans la Ville éternelle. Les Pères des autres congrégations qui se rendaient à Rome par piété, pour y poursuivre leurs études ou pour affaires, étaient obligés de loger à l'hôtel ou chez l'habitant. De plus, leurs ressources une fois épuisées par la longueur du voyage, les frais du séjour ou la maladie, ils en étaient réduits pour la plupart, s'il faut en croire Gaietani et Grégoire XV lui-même, à mendier de porte en porte et parfois à dépouiller un froc que leur indigence exposait aux risées (1).

Ce triste spectacle inspira à Don Costantino un projet qui, dans sa pensée, devait contribuer a rendre à l'ordre sa vigueur passée. Il s'agissait de la création, à Rome, d'un établissement commun à toutes les congrégations bénédictines, dont toutes profiteraient pour y loger leurs Pères et qui tenterait de leur inculquer à toutes l'esprit d'union, d'étude et peut-être de soumission au Saint-Siège qui leur manquait quelquefois. La nouvelle institution serait à la fois un « hospicium » où les bénédictins présents à Rome trouveraient le gîte et le couvert et un « collegium » où ils utiliseraient leurs loisirs à compléter leur instruction, en attendant que l'on y formât des novices.

Le projet, on le voit, était intéressant. Gaietani le soumit aux protecteurs des congrégations du Mont-Cassin et de Bursfeld qui étaient alors les cardinaux évêques d'Albano et de Préneste, Allessandro Peretti Montalto, neveu de Sixte V, et Ottavio Bandino. Ils l'approuvèrent, et Alessandro, dont dépendait Gaietani, l'autorisa à construire et à recueillir des dons à cet effet.

Le lieu choisi était situé dans le Transtevere, près de la petite église de San Benedetto in Piscinula. Gaietani y possédait peut-être quelque chose ; il en parle du moins comme ayant appartenu à sa famille. Ce souvenir, bien que remontant au plus haut Moyen Age, ne suffisant pas, il y ajoutait ceux de saint Benoît, qui aurait été élevé dans ces parages, et même de saint Paul, qui y aurait habité. Il acheta donc plusieurs bâtiments sis dans ce quartier à Tiberio Arberini et aux filles de feu Lorenzo Castellani, Vittoria, Laura et Lucrezia ; Giovanni

---

(1) Cf. le préambule de la bulle d'institution du Collège bénédictin : « Quin etiam, plerique, consumptis in longinquis itineribus et peregrinacionibus sive negociis quas asportaverant pecuniis, ad inopiam redacti seu morbo aliquo correpti ostiatim et ad singula privatarum aedium vestibula cum maxima monachalis habitus atque status indecentia sacerdotalisque dignitatis vilipendio mendicare coguntur. Alii etiam, quod pejus est, ex rubore et verecondi proprii status et mendicitatis, religiosum habitum non sine gravi laïcorum scandalo deponant. »

Battista et Paolo Mancini y joignirent, en pur don, une maison attenante (1).

Ayant ainsi préparé la réalisation de son projet, Gaietani soumit celui-ci à Grégoire XV. Le Souverain Pontife donna son assentiment, et une bulle du 18 mai 1621 (2) institua le « Collegium Gregorianum domus sancti Benedicti in Urbe » avec le cardinal Peretti Montalto comme protecteur et dom Costantino comme président; à la mort de celui-ci, le collège devait passer sous l'administration de la Congrégation du Mont-Cassin. La nouvelle fondation était enfin chaudement recommandée à l'aide des bénédictins du monde entier.

Elle en avait en effet besoin. Gaietani avait bien promis de lui attribuer tous ses meubles et tous ses livres, et il lui consacrait bien la majeure partie de son avoir (3) ; mais celui-ci ne pouvait suffire aux frais d'établissement et d'entretien. Il était d'ailleurs naturel que l'ordre tout entier contribuât à une œuvre dont il profiterait tout entier. Aussi le président-fondateur adressa-t-il, quelques mois après l'obtention de sa bulle, aux abbés bénédictins ses collègues une « epistola encyclica (disons en style moderne une circulaire) de erectione ipsius collegii (4). » La lecture n'en est certes pas ennuyeuse : on y voit la dévotion extrême que Dom Costantino portait à saint Benoît, au demeurant un peu son parent, paraît-il (5), et l'admiration enthousiaste qu'il avait pour les mérites d'un ordre assez béni du ciel pour avoir fourni quinze mille, trente mille, trente-sept peut-être cinquante mille bienheureux à l'Église triomphante, trente et un papes à la chrétienté (6), tant de savants aux belles lettres qu'il faudrait un volume pour les énumérer seulement, et des apôtres aux nations les plus éloignées et jusqu'au Nouveau Monde (7). L'appel à

---

(1) Nous empruntons tous nos renseignements sur le Collège de Dom Costantino Caietani à la bulle d'institution et à la circulaire que le fondateur envoya, ainsi que nous le dirons, aux abbés bénédictins.

(2) Cette bulle se trouve dans le *Bullarium Casinense*, t. I, pp. 300 et sqq.

(3) *Ibid.* Gajetani «... diversas domos... acquisivit de pecuniis ex parsimonia atque industria sua licite acquisitis ad opus dicti hospicii sive collegii ad quod, si instituatur, omnem suam supellectilem omnesque libros, quod magna in quantitate magnique valoris habet... aliaque omnia sua... donare et relinquere intendit. »

(4) Romae, ex typographia Camerae Apostolicae. MDCXXII.

(5) Gaietani rattachait son origine aux Caetani de Rome et voyait la source de cette grande famille, comme de celles des Frangipani et des Pierleoni, dans la gens Anicia d'où seraient sortis saint Benoît et sainte Cécile.

(6) *Epistola encyclica.*

(7) Nous citerons en entier le passage suivant qui est vraiment assez curieux : « Quid de illis insuper edisseram Benedictinis, qui munus Apostolicum sibi creditum, Evangelii lumine ad Christi fidem multas in occidente praesertim Provincias perducendo, fidelissime administrarunt? Fidem quippe christianam Benedictinis debet apostolis, Franconia, Vestphalia, Taxandria, Frisia, Svevia, Helsinga, Sorabia,

la contribution financière de tous les monastères bénédictins dis]
raît un peu au milieu de ces exclamations d'une surprise reconna
sante que clôt une apostrophe à saint Grégoire le Grand.

Il ne semble pas qu'il ait été entendu comme l'aurait voulu s
auteur. En vain celui-ci avait-il rappelé la grandeur de l'ordre
Saint-Benoît, en vain avait-il expliqué les avantages de son projet,
vain même avait-il exhorté ses confrères à ne pas se laisser devan
par les autres religieux qui, peut-être, profiteraient de leur nég
gence. Le *Bullarium Casinense* n'a conservé qu'une bulle relative
Collège Grégorien, et cela n'indique point une très grande prospéri
Armellini assure, sur la foi de Mongitore qui le laisse entendre, q
la fondation de Gaietani n'eut jamais une existence réelle ; du moi
peut-on penser qu'elle ne subsista, et difficilement, que grâce à s
président. Les congrégations bénédictines n'avaient pas compris
projet de l'abbé de San Baronte ou avaient craint qu'il ne nuisît
leur indépendance. Quant aux successeurs de Grégoire XV, ils]
préféraient naturellement les établissements en certains points fc
analogues dont ils étaient les inspirateurs ou les protecteurs. C'
ainsi que l'adoption par Benoît VIII du collège « De propaganda fide
fondé par Mgr Vivès, porta sans aucun doute un coup sensible
collège grégorien dont il réalisait une partie du programme,
défense de l'orthodoxie et la propagation de l'influence romaine sa
être aussi étroitement lié à un Ordre particulier (1).

Le fait est qu'en 1640 dom Costantino Gaietani avait, s'il faut l'

Brabantia, Flandria, Saxonia, Pomerania, Vasconia, Boemia, Hungaria, Polon
Slavia, Russia, Prussia, Lituania, Vandalia, Gothia, Dania. Quid caeteras Europ
Provincias recenseam ? Novus etiam Orbis suum agnoscit Patronum, Bartholomaeu
Buylt, Montis Sarrati in Catalonia Abbatem. Hic namque anno Christi MCCCCXCI
Alexandri VI P. M. auctoritate, primus Novi Orbis verus Apostolus, primus Indiaru
Occidentalium Praeco, cum quo plures se associavere Sacerdotis Benedictini, Chr
tophoro Columbo Navarcho duce, ad ejus incolas in Christi fide instruendos, ele
tus Indiarum Archiepiscopus, Patriarcha, et Romani Pontificis Vicarius, ut apei
testantur Petrus Cieza, Consalvus Ferdinandus, Gilbertus Genebrardus, Fumus,
Honorius Philoponus, vir etiam eruditus, qui hanc Buylt novam novi Orbis nav
gationem Apostolicam singulari commentario latissime assertam demonstrav
Nihil nunc de Lusitanis Benedictinis Indiae Orientalis Apostolis dicendum put
Nihil quoque de Palaestina, et Armenia, atque Persiâ Regionibus, in quibus Ben
dictorum Monasteria, nec quidem fauca, ad hanc usque diem existant. Nobile
tandem illam Africae partem Æthiopiam S. P. N. Benedicti legibus illustrata
fuisse, non parum gloriantur Æthiopes. Qua de re Magnum Benedictum non mo
Abbatem et Patrem, sed etiam Angelum vocitant. Ea enim illorum lingua vox es
Abba, Bruk, Amlak, quod latine sonat : Abbas, Benedictus, Angelus. Sed proveh
longius, quam volebam. »

(1) D'après Mongitore et Armellini, le Collège Grégorien aurait même été absorl
par le Collège de la Propagande du vivant de Dom Constantino Gaietani. Ma
nous n'avons rien trouvé qui appuie cette assertion.

croire, dépensé quarante mille écus à soutenir son œuvre, et peut-être
ne lui en restait-il plus beaucoup à lui consacrer. Mais surtout il était
âgé de quatre-vingts ans et devait s'inquiéter de ce que, après sa
mort, deviendrait sa fondation. C'est alors qu'il chercha dans la
France la protectrice puissante qui en assurerait le maintien. Des
relations personnelles avec Mazarin et sa famille, le crédit qu'il avait,
comme historien et comme ami du R. P. Jean Morin (1), auprès du
lettré qu'était Richelieu, lui permettaient de s'adresser à ces deux
hommes d'État. On lira plus loin les lettres qu'il leur envoya, à la
date du 3 mars 1640 (2).

Le ton et le texte lui-même diffèrent bien curieusement de l'une
à l'autre. La réquête que Gaietani fait entendre à Richelieu se dissi-
mule sous l'annonce de l'envoi d'un manuscrit ; mais ce manuscrit a
été soigneusement choisi : c'est une vie de saint Autpert, chancelier
de Pépin le Bref et gouverneur de Charlemagne enfant, intercesseur
en effet tout désigné auprès d'un cardinal, du premier ministre de
Louis XIII et du protecteur du jeune Dauphin. Et d'ailleurs la requête
est fort modeste ; c'est plutôt même une offre, celle de céder à la
France, à l'usage de ses nationaux, une partie du Collège Grégorien.

La lettre à Mazarin est d'un autre ton et dom Costantino ne s'y
embarrasse guère de la vie de saint Autpert. Pour lui, l'actuel pléni-
potentiaire du roi de France est encore un peu le capitaine Giulio
Mazarino dont il connaît bien les parents, un compatriote que l'on
est sûr d'intéresser en lui parlant d'un quartier qui fut le sien, mais
un compatriote d'origine inférieure et qui ne peut se refuser à plai-
der la cause d'un ami dont la famille s'enorgueillisait. Le lecteur
appréciera aussi toute la saveur de la proposition faite par Gaietani
à son correspondant : car il s'agit de rien de moins que de transformer le Collège Grégorien en une annexe de l'ambassade de France,
qui en servirait fidèlement les desseins au gré des occurrences, « alla
giornata », en même temps qu'elle jouerait le rôle de séminaire
français et peut-être aussi bien d'École d'archéologie et d'histoire. Il
suffirait des revenus d'une abbaye pour entretenir une fondation si
utile à la couronne très chrétienne.

Dom Costantino essayait de sauver son œuvre et parlait le langage
le plus propre, croyait-il, à être entendu de ceux auxquels il s'adres-
sait. Richelieu dut étudier le projet qui lui était soumis ; sa prudence,
comme disait l'abbé de San Baronte, ne négligeait aucun moyen de

---

(1) Une lettre de Dom Gaietani au R. P. Morin est conservée à la Bibliothèque
Nationale.

(2) Elles sont extraites du ms. lat. 5917 de la Bibliothèque Nationale, folios 57 et 74.

servir le roi et il ne pouvait lui être indifférent d'avoir une position
de plus à Rome, mais nous ne savons s'il fut donné une suite à l'é
faire.

Cinq ans après, le collège existait toujours. Était-ce seulement
nom ? N'ayant pu en assurer le maintien et sentant venir la mo
dom Costantino se mit en mesure de cataloguer sa belle bibliothèq
pour que quelque chose du moins lui survécût (1). Cela aussi fut va
car, lui disparu, ses livres et ses manuscrits allèrent enrichir les co
lections de la Propagande. Et il ne resta bientôt plus de l'effort
toute une vie qu'un souvenir, une épitaphe et le buste de l'abbé
San Baronte. Depuis peu les lieux où vécut ce fils dévoué de sai
Benoît sont devenus une école ; le grand bénédictin qu'est l'actu
bibliothécaire de l'Église romaine a recueilli le buste dans son pal
de San Calisto (2). La trace même du « Collegium Gregorianu
domus S. Benedicti in Urbe » s'est effacé ; mais l'œuvre de Do
Costantino Gaietani revit sur l'Aventin, à Saint-Anselme.

Émile-J. Léonard.

---

(1) Voici, d'après Armellini, le titre de ce catalogue : « I. M. B. Index librort
Bibliothecae Anicianae Collegii Gregoriani ordinis Sancti Benedicti de Urbe, ordi
alphabetico confectus ; quos omnes libros bono publico atque alumnorum praes
tim Benedictinorum acquisivit Rmus P. Costantinus Cajetanus, Syracusanus, mon
terii S. Nicolai de Arana Catanen. professus, abbas praesidens et fundator aposto
cus ejusdem Collegii Gregoriani, Romae, die 31 mensis januarii, anno Christi 16
Dividitur in tres partes : I, Nominum ; II, Cognominum ; III, Rerum sive mater
rum. » Un article de la bulle instituant le Collège concernait cette bibliothèqu
« Postremo autem tam praefato Constantino abbati quam pro tempore existe
hospicii seu collegii abbati praesidenti caeterisque personnis... sub excommunic
tionis majoris paena ne ullo unquam tempore libros aliquos qui tam ab ipso Co
tantino quam a quibusvis aliis eidem hospicio seu collegio... seu donati et assign
seu empti et in particulari inventario quod desuper fieri debeat descripti et adi
tati fuerint, ex illius bibliotheca, Aniciana nuncupanda, mutare, vendere aut qu
quomodo distrahere audeant seu praesumant districtius inhibemus. » Malgré
menaces, la bibliothèque anicienne fut l'objet d'un vol assez important pour q
Dom Gaietani ait pu deesser un catalogue spécial des livres dérobés, sous le ti
suivant : « Libri rubati da Gioseffo Visca da Piperno nel mese di giugno, luglio
primo d'agosto 1636 nella libraria dell' Abbate D. Costantino Gaetano, di cui
servitore, cho perciò fu messo in prigione a di 7 agosto. » Après la mort de l'ab
de San Baronto, le recteur du Collège de la Propagande, Vincenzo Greco, reconn
avoir reçu 308 volumes, tant manuscrits qu'imprimés, provenant de la bibliothèq
du défunt ; les manuscrits en furent distraits plus tard sur l'ordre d'Alexandre
et passèrent dans les collections de la Sapienza. Il y a lieu cependant de penser q
ces 308 volumes ne formaient pas tout ce que dom Gaietani avait amassé com
livres. Armellini vit plusieurs de ses manuscrits auprès de Dom Estiennot, al
procureur général de la Congrégation de Saint-Maur à Rome, « qui omnia huj
generis mittebat in Galliam. »

(2) Nous devons ces renseignements à Dom Henri Quentin, à qui nous adresso
ici nos meilleurs remerciements.

I

Em™° e Reverendiss° Sig™ mio Colendiss°

Son doi ò tre mesi, che mandai a V. E. li nostri Commentarii sopra la Vita di S. Gelasio Papa 2° di Casa mia Gaetana, al quale l'Italia diede la vita mortale, e fastidiosa, ma la Franza le diede l'Immortale e gloriosa per sempre, il cui Santo Corpo ritiene il suo sacro Cluni. Hora con la commodità del P. Giovanni Morino, per segno altresi della mia gran devotione vero l'Em™ᵃ persona sua le mando da un manoscritto di questa nostra Biblioteca Aniciana (1) la Vita di S. Autperto Francese, Gran Cancelliero di quel gloriosissimo Regno sotto Pipino Re, Maestro che fu nelle lettere humane di Carlo Imp. il Grande, e poscia monaco et abbate del monasterio di S. Vincenzo appresso il Fiume Valturno, e non longe da Monte Cassino, persona di dottrina, santità, e miracoli (2). La cui vita fin qui da niuno e stata vista, et anche alcune sue opere che ne tengo scritta apenna, si come ancora di S. Bertario Abbate Cassinense e martire, nato in Francia del sangue regio di Carlo il grande. E di l'uno e dell'altro se V. E. gustara, io l'ordinaro per la stampa, e gliene mandero prontamente.

Ho fundato in Roma un Collegio universale per tutti Monaci Benedittini, che verranno in Róma per studii, o negotii, come ancora per notrirvi giovani secolari in virtù e lettere. Offerisco a V. E. parte del sito, se forse si compiacesse fabricarvi per i Benedittini, e nobili giovani Francesi, essendo in Roma dell'uni, e l'altri, ancor hoggi che dimorano in Camere locande con non molto decoro, e commodità. Perdona mi V. E. l'ardire, quale nasce dal gran desiderio che tengo di servirla, con che a V. E. supplico da Dio continuata felicità.

In Roma 3. Marzo 1640.
Di V. E.

(*De la main de Don Gaetano :*)   Devotiss° servitore,
         L'Abbate Don Costantino Gaetano.

II

Ill™° et R™° Sig™ mio Osservandiss° (3)

Si come mi son ralegrato con il Sᵣ Padre di V. E. Ill™ᵃ del felice arrivo suo e regie accoglienze, et altresi congratulato della regia autorità di Plenipotentiario del Regno di Franza, per la pace universale del Cristianesimo, collocata nella sua persona, cosi con questa mia ho conosciuto particolar obligo di passare officio e dell'una gratia concessali da Dio, e dell'altra fattali da

---

(1) Parmi les ouvrages manuscrits de Dom Gaietani cités par Armellini se trouvent des *opuscula quaedam sancti Ambrosii Authperti*.

(2) Cette « Vie » dont le texte est joint aux lettres que nous publions a été incomplètement éditée dans les *Historiae Francorum scriptores*, t. III, pp. 675-678, les *Acta Sanctorum Benedict.*, 1ᵉ éd., IV, II, pp. 259-61, 266-7, et les *Acta Sanctorum*, Jul. IV, pp. 649-651.

(3) Au bas de la page, de la main de Dom Gaietani : Monsᵣ Mazzarino Parigi.

quella beneficentissima Maestà. Gratia veramente da stimarsi per tutti secoli,
e per l'importanza di se stessa, et per l'importantissime consequenze, e per
le gioiose contentezze di servi devoti di V. S. Illma, fra quali non dubitarò
mai, che vi numeri ancora la mia persona, gia anni annoverata da quella
tromba del Spirito Santo, la felice memoria del P. Giulio zio di V. S. Illma
con elogio particolare nel quarto suo tomo delle sue stimate opere.

Con una mia scrivo all'Em^{mo} Sr Cardinale di Richeliu, il quale per obli-
garmi perpetuamente, in più di occasione ha fatto memoria del nome mio,
come non indegno della gratia di S. E. E li mando un'historietta di S. Autperto Abbate, stato prima Grancancilliero di quel regno sotto Pipino Re, e
Maestro di Carlo il Grande Imperatore. Spero li sarà grata, atteso che non
è stata più vista da persona vivente. E con questa occasione non voglio las-
ciare di rappresentare a S. E. per mezzo del valore di V. S. Illma, si forse
potesse essere di gusto di accrescere le glorie Francese, anche in questo mio
particolare, in una Città di Roma (1). Dico dunque che io ho fondato un
Collegio, e vi ho speso da quaranta mila scudi in conpre e fabriche, acque,
Giardino, Libraria piena di libri manoscritti e stampati particolari, che non
si trovino cosi facilmente, sito gia della Gran Sinagoga, dove per prima stette
S. Pietro sette anni, per fondar la Chiesa Romana, e S. Paolo ancora, lo
hebbe per Hospitio. Luogo ameno, e di buonissima aria appresso anche la
Chiesa di S. Benedetto, stata la Casa paterna, e di sua habitatione. E tutto
questo con autorità Apostolica per mezzo di sue bulle, piene di gratie e
Privileggi importanti, la cui copia mando. Chiamato Gregoriano, da S. Gre-
gorio Papa il Grande, grandissimo benefattore di quel Regno e di suoi Re,
come per le sue epistole si vede. Hora io desiderarei farne Fondatore quella
Cristianissima Corona, e che in esso sotto la disciplina de Monaci di S. Benedetto, si nutrissero ancora nobili giovanetti Franzesi in virtù e lettere, gia
che hoggi in Roma ve ne sono molti, quali ne con decore, ne con commodità stanno nelle Camere locande. Potriano ancora li Padri di questo Collegio in Roma servire quella Cristiannissima Corona in molte cose occorrenti
per suo servitio alla giornata : e li sudetti giovani guadagnare più sode virtù,
e migliori empieghi. Con altre consequenze opportune, quali la prudenza
di S. E. e di V. S. Illma potrà imaginarsi più meglio, che io. Da me se ne farà
istrumento, per confermarsi per Breve, dovendo io con ogni voluntà fare
tutto quello, che in questo fatto sarà necessario, potendosi conchiudere
facillissimamente il negotio, con ciò che S. M^{tà} si degnasse unirci una Badia
per il resto della Fabrica, e vitto dell'operarii. Et à V. S. Illma supplico da
Dio continuata felicità, e le b. l. m.

In Roma li 3 di Marzo, 1640. Degnandosi rispondere, la risposta la mandi
sotto piego del Sig^r suo Padre.

Di V. S. Illma e R^{ma}.

    (*De la main de Don Gaetano :*)   Aff^{mo} servitore,
                                   L'Abbate Don Costantino Gaetano.

---

(1) *di Roma* ajouté en marge, de la main de Dom Gaetano.

CHRONIQUE BIBLIOGRAPHIQUE

Histoire Monastique Générale

Dom L. Gougaud : *Questions d'Archéologie religieuse : Les Sites et les Noms des Moustiers de France* (1).

Dans ces notes suggestives l'auteur essaie de préciser les idées, les traditions qui inspirèrent les moines dans le choix de l'emplacement et du nom des anciens monastères ; il indique par là même ce que fut l'influence monastique sur la topographie de la France, où un si grand nombre de localités ont gardé ces noms « empreints de poésie, de piété et de bénignité » que leur donnèrent jadis les moines.

J.-J. Laux : *Der heilige Kolumban. Sein Leben, und seine Schriften* (2).

Bonne étude sur la vie et les écrits de saint Columban. L'ouvrage suit le saint dans ses étapes successives : les origines et la formation en Irlande, le fondateur en France et sa discipline monastique (étude de sa règle), le missionnaire dans les régions allemandes, sa fin et le rayonnement de son œuvre à Bobbio. Dans les nombreuses notes en appendice, l'auteur discute différentes questions ayant trait à ses ouvrages ou précise certains points de la vie du saint.

M. Léon Levillain, après un examen approfondi et méthodique sur *Le formulaire de Marculf et la critique moderne* (3), conclut à l'autorité incontestable de ce précieux recueil de documents concernant le droit public et le droit privé à l'époque franque. Composé vers 650 par le moine parisien Marculf, il est dédié à l'évêque de Paris Landri.

Le Rme Dom Cabrol vient de publier la savante et substantielle communication faite par lui le 12 avril 1923 au V° Congrès international d'histoire à Bruxelles sur *Les écrits liturgiques d'Alcuin* (4), dans laquelle, étudiant

---

(1) *Les Lettres*, 15 sept. 1922, p. 349-362.
(2) Fribourg en Br., Herder, 1919, in-12, 290 p. avec 7 fig.
(3) Bibliothèque de l'Ecole des Chartes, janvier-juin 1923, p. 21-91.
(4) Revue d'Histoire ecclés. de Louvain, octobre 1923, p. 507-521.

l'activité d'Alcuin, il précise l'état où en sont les recherches sur ce point et le sens dans lequel il faut les poursuivre pour arriver à une solution.

Intéressante étude, aussi suggestive que fort documentée, sur *Hucbald de Saint-Amand (c. 840-930) et sa place dans le mouvement hagiographique médiéval* (1), par L. Van der Essen.

Méditations et Prières de saint Anselme (2), traduites par Dom A. Castel avec introduction de Dom A. Wilmart.

Ce volume de la « Collection Pax », le onzième, est à la fois un travail de critique littéraire et un recueil de piété. Et de fait, avant de livrer au public pour son édification les suaves et substantielles prières connues sous le nom de saint Anselme que Dom Castel a traduites d'une plume élégante et sobre, il s'ouvre par une longue introduction de Dom Wilmart pareille à une clairière dans les œuvres attribuées confusément au saint Docteur. Dom Wilmart y dégage ce qui est vraiment du saint, « une vingtaine de morceaux dont la qualité est parfaite, chefs-d'œuvre d'une spiritualité sévère et fortifiante ». A ce groupe on a joint de bonne heure une douzaine de pièces dont l'auteur est un abbé de Fécamp du XI⁵ siècle, Jean ou Jannelin. Autour de ces deux groupes, dont nous trouvons ici la traduction, gravitent des pièces disparates et d'origine très diverses.

Exercitia S. Gertrudis Magnae, O.S.B. (3).

La nouvelle collection *Scripta Monastica* que les Bénédictins de l'abbaye de Praglia à Padoue ont inaugurée s'annonce vraiment très bien. Groupant ses publications sous trois séries : ascèse et mystique, histoire et hagiographie, liturgie, elle vient de donner une traduction de l'ouvrage de Dom Bérengier : *Quadro Storico del Monachismo Occidentale*; une autre de Dom Claude Martin : *Parafrasi del Suscipe me Domine.* — Le 3⁵ opuscule est une édition en latin, que suivra bientôt une traduction italienne, des Exercices de sainte Gertrude. Cette collection vise tout d'abord à être pratique et à répandre, dans des conditions abordables, les meilleurs ouvrages de piété d'auteurs bénédictins souvent trop ignorés.

ÉMILE MALE : *Les influences arabes dans l'Art roman* (4).

De cette remarquable étude si suggestive par ses aperçus originaux nous voudrions dégager ce qui a trait particulièrement à l'histoire et à l'art monastiques. Dans le fragment de transept, seul vestige de la grande basilique de

---

(1) Revue d'Histoire ecclés. de Louvain, juillet 1923, p. 333-351 ; octobre, p. 522-552.
(2) Paris, Lethielleux et Desclée, 1923, in-8 de LXII-240 p.
(3) Padoue, Badia di Praglia, 1923, in-8 de 113 p.
(4) Revue des Deux Mondes, 15 nov. 1923, p. 311-343.

Cluny, M. Mâle avait été frappé par un motif de décoration du triforium emprunté à l'art arabe. Une étude approfondie lui permet de déterminer l'origine et les étapes de l'influence arabe dans l'art roman en France. C'est par Cluny d'abord, qui eut avec l'Espagne des rapports si fréquents dès le XIe siècle. Ce furent en effet les abbés de Cluny « qui organisèrent le pèlerinage de Saint-Jacques de Compostelle et firent surgir sur les routes de France et d'Espagne les prieurés clunisiens » ; Cluny fut encore l'âme de la croisade espagnole formée en partie par les barons bourguignons.

Dans les libéralités des souverains à l'égard de la grande abbaye, une part très grande revient aux rois d'Espagne. Alphonse VI contribua par ses largesses à la construction de la basilique, qui fut commencée en 1088. Or, par l'Espagne, l'art arabe mit sa marque sur l'église clunisienne ; nous en avons deux preuves : le triforium à lobes du transept qui subsiste et le portail encadré de l'abbatiale (que nous ont conservé d'anciennes gravures). Ce dernier détail est le seul dont l'auteur ait connaissance dans les églises de France, alors qu'il est fréquent en Espagne et rappelle l' « arrabâ ». M. Mâle note ensuite les indices d'influences arabes par l'Espagne à Tournus, à La Charité-sur-Loire dans les arcatures polylobés, au Monastier, à Chanteuges, à Chamalières. Puis suivant les quatre grandes routes qui conduisaient les pèlerins de France vers l'Espagne, M. Mâle relève les traces des influences arabes dans l'art de nos monastères et de nos églises, notamment à Bénévent-l'Abbaye, Déols, Vézelay, Moissac, etc., pour ne citer que les monastères.

Dom U. Berlière : *Les Monastères doubles aux XIIe et XIIIe siècles* (1).

Il s'agit de l'existence de communautés de femmes dans le voisinage d'un monastère d'hommes, fait que l'on constate dès les origines du cénobitisme, que l'on retrouve dans les habitudes irlandaises et qui se développe avec la règle de saint Colomban. L'Angleterre connut les monastères doubles dès le VIIe siècle, l'Allemagne dès le VIIIe ; au XIe siècle les chanoines réguliers adoptent cette institution, dont le droit canonique a réglé d'ailleurs le mode d'existence afin de prévenir les abus. Le milieu et la fin du XIIIe siècle marquent la disparition graduelle de ces monastères doubles.

Dom U. Berlière : *Honorius III et les monastères bénédictins, 1216-1227* (2).

Sombre est ce tableau de la vie intérieure de l'Église au moment où Honorius III succédant à Innocent III reprend l'œuvre de réforme religieuse vigoureusement menée par ce dernier. Comme lui, il s'appuie sur l'ordre cistercien, qui lui semble alors le type de l'observance monastique et dont

---

(1) Mémoires Acad. royale de Belgique (classe des Lettres), coll. in-8, 2e série, t. XVIII. Tiré à part, Bruxelles, Hayez, 1923, in-8 de 32 p.

(2) Extrait de la *Revue belge de Philologie et d'Histoire*, avril et juillet 1923, p. 237-265, 461-484.

il étend davantage encore aux bénédictins et aux chanoines réguliers l'institution des chapitres généraux. Il est vrai que Cîteaux est à son apogée, et sa forte organisation centraliste peut masquer encore les « nombreuses manifestations d'une décadence réelle et progressive qu'un avenir assez prochain ne tardera pas de dévoiler ». Aussi l'effort réformateur d'Honorius III se porte « avec plus de courage que de succès » sur l'ordre bénédictin. C'est que, ajoute Dom U. B., la décadence était déjà trop générale pour pouvoir être enrayée et que la particularité de chaque monastère défiait et annulait à l'avance toute action d'ensemble. Et puis, « les papes ne portèrent pas la cognée à la racine du mal : le recrutement était assez souvent déplorable, laissé à la merci des influences séculières et des convoitises intéressées, la formation défectueuse et incomplète, la vie trop souvent réduite à une exonération fatigante d'offices multipliés à l'infini, ou à l'administration matérielle de propriétés étendues ; les chapitres provinciaux et les visiteurs étaient désarmés en face des résistances locales ; il manquait un idéal nettement défini, approprié aux besoins de l'époque et conséquemment un programme. Il faudra attendre le XVe siècle pour voir infuser à l'ordre bénédictin une vie nouvelle : elle viendra non de Rome, mais elle sortira de son propre sein. »

Dom U. Berlière : *Les processions des croix banales* (1).

Il semble que les processions qui ont encore lieu dans beaucoup de régions le lundi de la Pentecôte sont un vestige de l'ancien usage pour les paroissiens des églises filiales de se rendre aux environs de cette fête en procession à leur église-mère pour y déposer leur offrande, soit à l'église cathédrale, soit à un sanctuaire désigné. En ce qui concerne les églises cathédrales il est à noter que cette visite coïncidait très souvent avec la tenue du synode ; cette coutume se rencontre en Angleterre dès le XIIe siècle, en France dès le Xe. Ces processions banales se rendaient parfois aussi à des monastères ou des collégiales désignés pour remplacer la visite annuelle due, semble-t-il, à l'église cathédrale. La visite aux églises mères par les filiales devenues autonomes était une reconnaissance de leur origine ; elle se traduisait en outre par le paiement d'un cens. Les processions aux abbayes de Tournus dès 949, de Bèze dès 1008, de Saint-Sauveur de Redon, de Remiremont étaient célèbres.

H.-M. Delsart : *Marguerite d'Arbouze, abbesse du Val-de-Grâce, 1580-1626* (2).

L'auteur a eu raison de ne pas se laisser décourager par ce que dit l'abbé Brémond du biographe naïf de Marguerite d'Arbouze dans ce qu'il a de

(1) Académie royale de Belgique, Bulletin de la classe des Lettres et des Sciences morales et politiques, août 1922, p. 419-446.
(2) Paris, Lethielleux et Desclée, 1923, XII-349 p.

meilleur : « Quand il raconte et interprète à la bonne ce qu'il a vu et entendu, il est si parfait que nul homme de cœur et de goût n'essaiera jamais d'écrire à nouveau l'histoire de Marguerite d'Arbouze ». Car après les 1200 pages de Ferraige, confesseur de l'abbesse du Val-de-Grâce, après « la façon de chef-d'œuvre » de Claude Fleury, après le délicieux raccourci de l'abbé Brémond il restait encore quelque chose à dire sur cette grande abbesse et la place qu'elle occupe dans l'œuvre de réforme de son ordre. Et puis « tout aussi bien que l'histoire, la mystique et l'ascèse bénédictines sont intéressées à cette nouvelle étude. *Le Traité de l'Oraison* reste, avec les *Constitutions* du Val-de-Grâce, avec les paroles de Marguerite conservées par des historiens, avec, enfin, sa vie tout entière, comme une belle interprétation de la règle bénédictine, et qui mérite qu'on s'y arrête. »

Provinces ecclésiastiques de Paris et de Sens

De M. L. Auvray : *L'historiographie à l'abbaye de Saint-Victor* (1).

La notice à la fois historique et archéologique que nous donne M. le chanoine Chenesseau sur *Le Mausolée de Saint-Benoît dans l'église abbatiale de Saint-Benoît-sur-Loire* (2) se distingue par les qualités de précision et de goût qui caractérisent les études du savant historien de *Sainte-Croix d'Orléans*. Ce fut sur l'initiative du prieur Grégoire de Verthamont que fut élevé par Antoine Charpentier, « maistre sculpteur de la ville de Tours », ce « Mausolée » achevé en juillet 1661 et destiné à recevoir la nouvelle châsse des reliques de saint Benoît. Cette châsse en argent doré, pesant 388 marcs d'argent, coûtant 19330 livres, provenant d'une sorte de souscription de nombreux monastères bénédictins, est l'œuvre d'un orfèvre parisien, « le sieur de Poilly ». Elle fut solennellement placée sous l'arcade du mausolée en 1663 à l'occasion du Chapitre général tenu cette année dans l'ancienne abbaye.

Communication de M. Jacques Soyer au 56ᵉ Congrès des Sociétés Savantes (3) concernant l'identification du domaine de *Mons Belleni* donné par Charles le Chauve à l'abbaye de Saint-Mesmin de Micy ; il s'agit de la ferme actuelle de Baulin, commune de Mézières-lès-Cléry (Loiret).

M. Léon Delessard a pris pour sujet de sa thèse d'admission à l'École des Chartes : *L'abbaye de Montier-en-Der des origines à la fin du XVᵉ siècle* (4), dans laquelle il étudie l'histoire de l'abbaye fondée avant 664-665 par saint Berchaire jusqu'à sa chute en commende en 1499. Le chapitre second est

(1) Bulletin Soc. de l'hist. du Protestantisme français, 1921, p. 27-30.
(2) Paris, Frazier-Soye, 1923, in-8, 31 p., gravures. En vente à la Cure de St-Benoît-sur-Loire (Loiret) et Orléans.
(3) Section de philologie et d'histoire. Journal Officiel du 4 avril 1923, p. 3393-3394.
(4) Paris, Picard, Positions des Thèses, 1923.

consacré aux rapports de l'abbaye avec les puissances laïques : rois de France, comtes de Champagne, comtes de Brienne, seigneurs de Joinville, seigneurs de Vignory; le chap. 3ᵉ étudie les relations avec les puissances spirituelles ; le chap. 4ᵉ est consacré à l'administration et à la vie intérieure de l'abbaye ; enfin la seconde partie a trait à la formation, description et exploitation du temporel de l'abbaye.

Dans les 29 chartes inédites des XIIᵉ-XIIIᵉ siècles concernant la famille Courtenay qu'a publiées M. Henri Stein, la plupart se rapportent à l'abbaye des Echarlis : *Chartes inédites relatives à la famille de Courtenay et à l'abbaye des Echarlis* (1).

Province ecclésiastique de Cambrai

Dans les Positions de thèses pour l'École des Chartes (1923), nous remarquons les *Études critiques sur les Chartes des Comtes de Flandre pour l'Abbaye de Saint-Bertin* (2) dans lesquelles M. Pierre Bernard établit que sur les dix chartes qui nous restent de Baudoin V, de Robert le Frison et de Robert de Jérusalem, il n'y en a que trois d'authentiques, dont : le premier diplôme de Baudoin V en date du 6 janvier 1042, le premier diplôme de Robert de Jérusalem daté de 1102.

M. le chanoine Bled a recueilli de précieuses et abondantes notes sur *L'École Bertinienne. I. Abbés et religieux de Saint-Bertin Chroniqueurs, copistes et enlumineurs* (3). Cette abbaye, une de celles où le développement intellectuel se maintint très élevé dès le haut Moyen-Age, a laissé de nombreux manuscrits.

Publication par M. R. Rodière de *Cinq chartes inédites de l'abbaye de Beaulieu* (4) dont la première est une bulle de Grégoire IX du 13 mai 1227 ; les autres pièces sont de juin 1234, de mars 1243-1244, d'avril 1257, de mai 1270.

Signalons *Le Nécrologe des Récollets de Couvin (1577-1771)* (5) publié par le Père Ubald d'Alençon.

Provinces ecclésiastiques de Rouen et de Tours

De M. Ch. de Mecquenem, notice biographique sur *Antoine Bohier, abbé*

---

(1) Annales de la Société histor. et archéol. du Gâtinais, 1923.

(2) Paris, Picard, 1923. Positions des Thèses.

(3) Bulletin histor. de la Société des Antiq. de la Morinie, mai-juil. 1923, p. 99-115.

(4) Bulletin de la Société Académique... de Boulogne-sur-Mer, tome X, 1913-1921, p. 300-307.

(5) Extrait de la Revue « Franciscana », Iseghem, 1923, p. 195-231.

de Saint-Ouen (de Rouen), abbé commendataire de Fécamp et d'Issoire, archevêque de Bourges (1515-1519), cardinal (1517) (1).

Communication faite par M. Léon Coutil au 56ᵉ Congrès des Sociétés Savantes (2), au sujet de l'emplacement du monastère de Pentale à Saint-Samson-la-Roque (Eure), fondé vers 55o et restauré à la fin du XIᵉ siècle.

Fin de l'étude de M. le chanoine Porée sur *Le Monastère de Pental et l'église de Saint-Samson* (3).

Continuation de la biographie d'*Une abbesse bénédictine du XVᵉ siècle. Mme Scholastique-Guyonne de Rouxel de Médavy, première abbesse de Saint-Nicolas de Verneuil, 1627-1669* (4).

Dans l'analyse que fait M. le Chanoine Guéry du *Grand Pouillé du diocèse d'Évreux conservé aux Archives de l'Eure, G. 22 à G. 35* (5), nous relevons ce qui a trait à la cure de Chaise-Dieu, dépendant de l'abbaye de Fontevrault, à la cure de Chandé et au prieuré de Chanday, relevant de l'abbaye de Saint-Pierre-en-Vallée, à la cure de Chéronvilliers, dépendant de l'abbaye de Lyre.

Dans l'étude de M. le chanoine A. Ledru sur *Le Maine sous les premiers Mérovingiens* (6), notons ce qui a trait à la fondation du monastère de Saint-Calais et à celle des petits monastères de Sainte-Marie (Le Mans) et de Saint-Georges (de Lavardin), de Saint-Julien-du-Pré, de Sainte-Marie-de-Baugé (Saint-Pavin), des Saints-Vincent-et-Laurent.

Communication (7) de M. Auvray à propos d'un manuscrit du XIᵉ siècle actuellement perdu concernant Saint-Florent de Saumur, auquel l'*Histoire de l'abbaye de Saint-Florent près Saumur* (inédite) (vers 1643-1647) par Dom Jean Huynes fait de nombreux emprunts.

Étude historique et archéologique sur *L'abbaye de Beauport* (8), par M. Morvan.

Nous devons à M. l'abbé Branchereau une compacte et sérieuse monographie sur *Le monastère des Couëts avant la Révolution* (9). Fondé dans les premières années du XIIᵉ siècle ce prieuré de religieuses était une dépendance de l'abbaye de Saint-Sulpice de Rennes suivant les constitutions de Rober d'Arbrissel. Il disparut en 1792.

Dans la notice consacrée par M. l'abbé Bourdeaut à *La légende de S. Gilles et les peintures murales de Loroux-Bottereau* (10) on trouve quelques indica

---

(1) Mémoires de la Société histor. du Cher, 1922, p. 1-47.
(2) Section d'Archéologie. Journal Officiel du 5 avril 1923, p. 3.438-3.439.
(3) Revue Catholique de Normandie, janvier 1924, p. 7-26.
(4) Ibidem, p. 36-47.
(5) Ibidem, p. 48-53 (*à suivre*).
(6) La Province du Maine... 1923, nov.-déc. p. 241-261.
(7) Congrès des Sociétés Savantes. Section de philologie et d'histoire. Journal Officiel du 4 avril 1923, p. 3.393-3.394.
(8) Mémoire de la Société d'émulation des Côtes-du-Nord, 1920, p. 33-69.
(9) Bulletin de la Société Archéol. de Nantes et de la Loire-Inférieure, 1922, p. 151-200.
(10) Ibidem, p. 201-213.

tions concernant le Prieuré de Saint-Laurent dépendant de l'abbaye poitevine de Saint-Jouin-de-Marnes.

Dans l'étude de M. le Comte de Calan sur *Le Clergé séculier et les Congrégations religieuses en Ille-et-Vilaine de 1790 à 1792* (1) nous relevons ce qui concerne les abbayes bénédictines de Saint-Melaine de Rennes, de Saint-Sauveur de Redon, du Tronchet, les prieurés de Notre-Dame de Vitré, les bénédictins anglais de Saint-Malo, l'abbaye cistercienne de la Vieuxville.

Province ecclésiastique de Bourges

Communication faite par M. de Font-Réaulx au 56ᵉ Congrès des Sociétés Savantes (2) à propos d'une charte concernant les droits de tonlieu concédés par Pépin le Bref à l'abbaye de Saint-Sulpice-les-Bourges.

Étude de M. A. Brunereau sur *La danse macabre de la Chaise-Dieu* (3) : origines, personnages, caractères de cette fresque.

Début d'une monographie de M. J. Pouget sur *Les Chazes* (4), abbaye bénédictine fondée vers l'an 800.

Communication de M. René Fage au 56ᵉ Congrès des Sociétés Savantes (5) concernant l'influence de l'abbaye Saint-Martial sur le développement de Limoges, et celle de la présence des reliques des saints Junien et Yrieix sur les destinées des deux villes qui portent leur nom.

Signalons de Dom Wilmart : *Le Prologue d'Hervé de Bourgdieu pour son commentaire de la Cena Cypriani* (6). Hervé, moine de Déols ou Bourgdieu, mort vers 1050, composa un commentaire de la fameuse parodie connue sous le nom de *Cena Cypriani*. Dom Wilmart en publie le prologue d'après le ms. 447 de la bibliothèque de Troyes provenant de Clairvaux.

Dans la revue qu'il fait des *Titres et documents sur le Limousin et le Quercy* (5ᵉ partie), M. l'abbé Albe vient de publier sur *La Bastide de Tauriac, Paybrun, sa charte communale* (7), une pièce des plus intéressante. Il s'agit de la charte de coutumes des privilèges accordés par le roi de France Philippe III et l'abbé de Dalon (O. C.) à cette localité le 2 mai 1282.

Courte notice de M. de Terline sur *La princesse Bénédicte de Gonzague* (8) *(1617-1638)*, abbesse d'Avenay (Marne).

---

(1) Bulletin et Mémoires de la Soc. archéol... d'Ille-et-Vilaine, t. L, 1923, p. 109-127.

(2) Section de philologie et d'histoire. Journal Officiel du 4 avril 1923, p. 3.393-3.394.

(3) Almanach de Brioude et de son arrondis., 1923, p. 21-32.

(4) Ibidem, p. 111-122.

(5) Section des sciences économiques et sociales. Journal Officiel du 4 avril 1923, p. 3.395-3.397.

(6) Revue Bénédictine, oct. 1923, p. 255-263.

(7) Bulletin de la Société... archéol. de la Corrèze, sept.-déc. 1923, p. 270-295.

(8) Bulletin Soc. nivernaise des lettres, sciences et arts, 1922, p. 25-27.

Aperçu historique très sommaire et sans intérêt nouveau sur *Le prieuré de Saint-Étienne à Nevers* (1), par M. Bouchacourt.

Quelques indications de M. le chanoine Clément sur *L'église Saint-Martin de Bellenaves* (2), dépendant de l'abbaye de Menat, dans laquelle se retrouvent réunis le plan auvergnat et la décoration d'inspiration clunisienne.

Provinces ecclésiastiques de Bordeaux et d'Auch

Dans sa communication au 56ᵉ Congrès des Sociétés Savantes (3) sur *La formation de la vie urbaine dans la région Ouest de la France au moyen-âge*, M. P. Boissonnade établit que presque toutes les villes se sont formées autour d'abbayes et de châteaux-forts, de centres commerciaux et industriels.

Description par M. R. Charbonneau d'une église du XIIᵉ siècle bijou d'art roman poitevin depuis peu heureusement classée : *Une beauté archéologique inconnue. L'église de Villesalem* (4). Cette église était celle d'un prieuré fondé en 1099 dépendant de l'abbaye de Fontgombault (Indre) et qui fut cédé dans la suite à l'ordre de Fontevrault.

A signaler le début d'une étude de M. Max Martin sur *Les anciens évêques de Maillezais* (5), d'autant plus désirable que jusqu'à ce jour on ne sait presque rien des premiers évêques de ce diocèse fondé en 1317 avec l'abbaye de ce nom pour siège.

Dans un article sur *Geoffroi du Louroux, archevêque de Bordeaux de 1136 à 1158, et ses constructions* (6), M. J.-A. Brutails parle des monastères de Fontaine-le-Comte (dioc. Poitiers), Sablonceaux (dioc. Saintes), Pleineselve et l'Isle (dioc. de Bordeaux). Il donne, en pièces justificatives, deux actes concernant la construction du monastère de l'Isle, datés de 1130 et 1153.

M. G. Marmier nous donne, d'après le procès-verbal de l'enquête qui s'ensuivit, des détails concernant *Le meurtre d'Armand de Stapone, abbé de Sarlat (1273-1280)* (7).

Dans ses *Notes à ajouter au Pouillé historique de l'Angoumois. Anciens prieurs et curés de Saint-Léger de Cognac* (8), M. P. Martin signale trois nouveaux noms de prieurs antérieurs à 1220 : Bernard (vers 1113), Gérald, Bernard (vers 1217) et un quatrième, Jacques Chauvet du milieu du XVᵉ siècle.

(1) Ibidem, p. 52-56.
(2) Bulletin de la société d'émulation du Bourbonnais, sept.-oct. 1923, p. 438-444.
(3) Section des sciences économiques et morales. Journal Officiel du 4 avril 1923, p. 3.395-3.397.
(4) Revue du Bas Poitou, 1923, p. 152-158.
(5) Ibidem, p. 172-178.
(6) Bibliothèque de l'École des Chartes, janvier-juin 1922, p. 54-64.
(7) Bulletin Soc. histor. et archéol. de la Dordogne, mai-juin 1923.
(8) Bulletins et Mémoires de la Société archéol. de la Charente, 1922, p. cxvi-cxviii.

Publication par M. l'abbé Jarry d'un *Bail à cheptel consenti par dom François Lebrun, syndic de l'abbaye cistercienne de Peyrouse, près de Saint-Saud, en 1733, en faveur de Pierre de Grandcoingt* (1).

Peu de choses à signaler dans les articles du Marquis de Cumond sur *La commenderie générale d'Aubeterre de l'ordre de Saint-Antoine en Périgord (1100-1838)* (2).

Quelques notes de M. Dusolier sur *Le prieuré du Chalard de Ribérac* (3).

Aperçu historique de M. Lavergne sur *Le prieuré de la Daurade à Périgueux* (4). Église donnée en 1207 à l'abbaye de Cadouin, devint plus tard une léproserie.

A propos des *Anciens établissements religieux de Montflanquin* (5), quelques notes sur le prieuré bénédictin situé dans cette localité.

Après avoir établi dans son *Étude critique sur la Vie de saint Savin* le texte ancien de la *Vita*, Dom Romary nous donne une biographie du saint qui aurait vécu vers l'an 500 : *Un saint hispano-aquitain au temps des Wisigoths. Histoire de saint Savin de Lavedan, moine de Ligugé, ermite des Pyrénées* (6). L'auteur décrit le milieu dont est originaire saint Savin, son arrivée et sa situation en Gaule, son entrée dans la vie monastique à Ligugé, sa vocation érémitique et son établissement à Bigorre. Dans le chapitre 10e consacré à *Ligugé au temps de saint Savin* (p. 169-180), l'auteur a réuni de nombreuses indications sur l'histoire de ce monastère qu'on ne trouve pas dans l'ouvrage de Dom Chamard et qui complètent son récit.

A propos d'une bulle d'Alexandre III confirmant les biens de Saint-Savin, M. A. Meillon relève : *Les possessions de l'abbaye de Saint-Savin de Lavedan à Saragosse au XIIe siècle* (7) et identifie le nom de *Syracustanensi* (Sarragosse et non Syracuse).

Provinces ecclésiastiques de Toulouse, Albi et Narbonne

Notice de M. l'abbé Milhau sur l'abbaye cistercienne de *Sainte-Marie-du-Désert* (8).

Excellente monographie, par M. l'abbé Pons, de l'abbaye, de la paroisse et de la ville de Souillac : *Histoire, archéologie, tourisme. Souillac et ses envi-*

---

(1) Ibidem, p. 182-183.

(2) Bulletin Soc. histor. et archéol. du Périgord, 1922, tome XLIX, p. 85-94 ; 164-173 ; 209-218 ; 258-269 ; tome L, p. 53-68 ; 89-103.

(3) Ibidem, p. 94-108.

(4) Ibidem, p. 160-163.

(5) Revue de l'Agenais, 1922, p. 418-432.

(6) Revue des Hautes-Pyrénées, 1923, p. 1-26 ; 50-66 ; 81-102 ; 161-188 (à suivre).

(7) Bulletin de la Soc. des sciences... de Pau, 1923, p. 7-21.

(8) Revue histor. de Toulouse, p. 58-70.

rons (1). L'étude archéologique de l'ancienne église abbatiale est tout particulièrement bien menée, et l'illustration abondante de l'ouvrage a été très judicieusement choisie. Ouvrage sérieusement fait et agréable à lire.

M. l'abbé Allemand, dans un volume consacré à *Fons en Quercy. Région figeacoise* (2), retrace l'histoire de l'ancien prieuré clunisien dépendant de l'abbaye de Figeac et celle de la localité de Fons. Bon travail fait en très grande partie sur les documents tirés des Archives du Lot.

Excellente étude de M. le chanoine Hermet sur : *Les bénéfices du diocèse de Vabres avant 1789* (3), dans laquelle l'auteur a recueilli des renseignements d'autant plus utiles que sont plus rares les sources sur ce diocèse.

L'abbé Chaillan nous donne une étude sur *Le Studium du pape Urbain V à St-Germain de Calberte* (4).

Rapide *Aperçu historique sur l'abbaye d'Arles-sur-Tech* (5), par l'abbé Cibrat. Le besoin s'y fait sentir d'une étude critique des sources concernant les origines et les premiers développements de l'abbaye qui remonterait au VIIe siècle.

Provinces ecclésiastiques de Vienne et de Lyon

M. l'abbé J.-B. Therme a donné une copieuse *Étude sur une donation de dix manses faite par Noble Étienne au monastère de Saint-Châffre du Monastier du 5 au 26 décembre 955* (6).

A signaler aussi dans les notes de M. L. Cuchet : *Aubenas. Vieilles églises, vieux couvents* (7), ce qui concerne les Dames de Saint-Benoît dont l'auteur indique les établissements ainsi que le nom d'un certain nombre d'abbesses. Il s'agit de l'abbaye de Lavilledieu de l'ordre de Cluny et du prieuré Saint-Maurice.

Dans une étude très importante sur *La vie économique dans le Vercors méridional et ses abords, d'après le cartulaire de l'abbaye de Léoncel (1137-1790)* (8), M. Toutant décrit le genre d'exploitation de cette abbaye cistercienne qui consistait surtout en pâturages et forêts et quelque peu en culture.

Notons de M. Henri David quelques *Remarques sur les thèmes de sculpture religieuse dans la région dijonnaise à la fin du moyen-âge* (9).

---

(1) Aurillac, 1923, in-8 de 223 p. avec gravures.

(2) Avignon, 1923, in-8 de 198 p. avec gravures.

(3) Revue historique du Rouergue, 1922, p. 341-344 ; 353-356 ; 364-367 ; 375-378 ; 386-389 ; 399-401 ; 413-415 ; 424-427.

(4) Bull. trim. de la Soc. d'agriculture... de la Lozère. Archives Gévaudanaises, t. III, 1915-1916, p. 73-107.

(5) Céret, Roque, 1922, in-8 de 93 pages.

(6) Aubenas, Habauzit, 1921, in-8 de 47 p. Extrait de la Revue du Vivarais, 1921 passim.

(7) Revue du Vivarais, 1921, p. 194-203.

(8) Revue de géographie alpine, Grenoble, 1922, p. 547-607.

(9) Mémoires, Académie de Dijon, avril 1923, p. 141-147.

Dans une communication au 56ᵉ Congrès des Sociétés Savantes (1),
M. Maury a exposé quelques réflexions sur « l'inventaire du cabinet d'histoire naturelle de Clairvaux à la Révolution ».

Notes très utiles sur le *Prieuré bénédictin de Saint-Martin d'Aime* (2), ses
propriétés et ses prieurs, par les abbés Richermoz et Emprin.

De G.-M. Villefranche : *Vie de dom Marie-Augustin (marquis de Ladouze)
premier abbé de Notre-Dame-des-Dombes* (3).

Courte biographie du premier abbé cistercien de Balerne : *Burchard,
erster Cistercienser Abt in Balerne* (4), mort le 19 avril 1163, abbé de Belles-
vaux. Cette notice n'apporte aucune indication nouvelle.

Diocèses de l'Est

Reprenant l'examen critique des quatorze plus anciens privilèges accordés par les carolingiens à l'abbaye d'Andlau, M. Philippe Lauer prouve que
Le diplôme du roi de France Charles III le Simple pour l'abbaye d'Andlau (5),
donné à Châtenois le 3 février 912 est un faux habilement fabriqué, à l'époque, semble-t-il, où Charles IV confirma tous les privilèges et donations de
l'abbaye (1347).

L'abbaye cistercienne de Baumgarten (Bongart) dont M. Stintzi : *Kloster
Baumgarten* (6), résume l'histoire, fondée en 1125, a été détruite en 1525
pendant la guerre des paysans.

Dans son ouvrage : *Topographie von Alt-Colmar* (7), M. Scherlen donne de
nombreux renseignements sur les établissements religieux de cette ville.
Notons entre autres que Colmar était un domaine royal cédé en 959 par
Othon le Grand à l'abbaye de Payerne, ainsi que ce qui a trait à la commanderie de Saint-Jean, aux couvents de Franciscains, Dominicains, Augustins, Dominicaines des Unterlinden, aux Catherinettes.

A propos des fouilles faites récemment sur l'emplacement de l'ancienne
église abbatiale d'Eschau, M. Guth : *Eschau, ein Beitrag zur elsässischen Geschichte* (8), rappelle la fondation de l'abbaye en 803, donne la liste de ses
abbesses, relate sa transformation en chapitre noble, sa disparition pendant
la Réforme, la vente de ses biens à la Révolution et la destruction des bâtiments.

(1) Section d'histoire moderne et contemporaine (depuis 1715). Journal Officiel
du 5 avril 1923, p. 3.441-3.442.
(2) Mémoires et documents de l'Académie de la Val d'Isère, 1922, p. 407-416.
(3) Bourg, impr. du « Journal de l'Ain », 1922, in-16, XI-223 p., fig.
(4) Cistercienser Chronik, sept. 1923, p. 145-147.
(5) Comité des travaux historiques et scientifiques. Bulletin philologique et historique, 1923.
(6) N. Els. Kalender, 1920, p. 78-79.
(7) 1 vol. in-4° de XXII-414 p. avec plans et vues.
(8) Bulletin Ecclés. Strassbourg, 1920, p. 20-26 ; 49-55.

Parmi les Catalogues des anciennes bibliothèques d'anciens couvents d'Alsace, signalons de M. Gass : *Elsässische Büchereien der Zisterzienser, Augustiner und Dominikaner* (1).

Du même : *Franziskaner Bibliotheken in Elsass* (2) ; ainsi que : *Die Karthäuser und Stiftsbibliotheken in Elsass* (3).

Nous avons déjà cité l'étude de M. Laugel sur : *Les origines de l'abbaye d'Ebersmunster* (4) ; mentionnons du même auteur ses recherches concernant l'*Origine des abbayes de Neuwiler et de Marmoutier* (5), bien que ses déductions ne semblent pas infirmer les conclusions de Hauck : *Kirchengeschichte Deutslands*, 1re partie, p.304, 350, qui ne croit pas leur fondation antérieure au VIIe siècle. Quant à Ebersmunster, d'après M. Laugel il faudrait en rattacher la fondation, non point à Attic, mais à des moines venus de Toul.

M. Waldner publie une très intéressante *Lettre de Charles Marchand, abbé de Munster, en Alsace, à un confrère* (6), qui nous renseigne sur la situation juridique de cette abbaye; entre autres vœux, l'abbé désirerait que le roi de France s'emparât des territoires dont la ville de Munster a dépouillé jadis l'abbaye.

Dans l'étude de M. Barth : *Die Augustinereremiten zu Rappoltsweiler im 17 und 18 Jahrhundert* (7), d'après un ms. du prieur Ignace Klein, on trouve des renseignements intéressants sur la reconstitution du couvent en 1657, ainsi qu'une liste des prieurs de 1657 à 1772.

De M. Gass : *Les religieuses en prison pendant la Révolution* (8); listes de ces religieuses incarcérées à Strasbourg en 1793 et 1794.

De M. Cava : *Kasimir Friedrich von Rathsamhausen, 1698-1786, der letzte Ordensabt der fürstlichen Benediktinerablei Murbach* (9). Notice biographique sur le dernier abbé de Murbach ; c'est sous son gouvernement qu'eut lieu la sécularisation de l'abbaye.

A noter encore de H. Degand : *Abbayes Vosgiennes. I. Niedermünster* (10) ; de E. Muller : *Plan de l'église et du cloître romans d'Eschau* (11); de H. Rathgens : *Zur Baugeschichte des Klosters Sindelsberg* (12).

Dom G. Charvin, O.S.B.

---

(1) Ibidem, 1920, p. 115-125.
(2) Ibidem, 1920, p. 275-280.
(3) Ibidem, 1920, p. 305-310.
(4) Revue d'Alsace, 1914, p. 332-362.
(5) Ibidem, 1919, p. 25-36 ; p. 186-203.
(6) Revue Historique, sept.-oct. 1921, p. 53-56.
(7) Bulletin ecclés. de Strassbourg, 1921, p. 176-182.
(8) Ibidem, 1921, p. 87-90.
(9) Colmar, Société alsacienne d'édition, 1920, in-8 de 119 p.
(10) A travers les Vosges, 1920, p. 253-254 ; 269-271.
(11) Cahiers archéol. 1920, p. 1176-1177.
(12) Ibidem, 1918, p. 957-973.

COMPTES RENDUS

Abbé Tanquerey : *Précis de théologie ascétique et mystique.* (Paris, Desclée, 1926, in-12, xxxiii-396 et 27 p.)

Les ouvrages de M. Tanquerey se distinguent par une grande clarté dans l'exposition ; cette qualité se retrouve dans cet essai de synthèse qui peut être considéré comme un manuel vraiment pratique pour l'étude et l'enseignement de la théologie ascétique et mystique. Ce volume comprend une bonne bibliographie et une introduction ; puis il expose en cinq chapitres : les origines de la vie surnaturelle, la nature de la vie chrétienne, la perfection de la vie chrétienne, l'obligation de tendre à la perfection, les moyens généraux de perfection. Tel est l'exposé des principes généraux que l'auteur nous donne dans ce premier volume, se réservant dans un second de traiter des voies purgative, illuminative et unitive.

Dom G. Charvin.

R. P. Raus : *De Sacrae Obedientiae virtute et voto* secundum doctrinam divi Thomae et S. Alphonsi, juxta normas ac codicem juris canonici. Tractatus canonico-moralis. (Paris-Lyon, Vitte, 1923, in-8 de xx-308 p.)

Étude très détaillée de la question de l'obéissance au point de vue théologique, juridique et ascétique. Travail précis, clair et bien documenté.

Dom G. Charvin.

A. Valensin : *Traité de Droit naturel. T. I*er : *Les Principes.* (Paris, Action Populaire, 1920, in-8 de 231 p.)

Quels sont les fondements du droit ? quelles sont les modalités diverses de son application ? A ces questions d'une importance capitale et qui se posent à tout homme de réflexion, l'auteur a voulu, pour y répondre, faire œuvre à la fois de science et de vulgarisation. Afin d'orienter la pensée à travers les systèmes vers les points essentiels de la doctrine, il expose d'abord les principes du droit naturel étudiés dans cinq chapitres : la fin de l'action humaine, la moralité, l'agent moral, la loi divine, la conscience. Un second volume sera consacré aux applications générales du droit naturel dans les relations sociales et politiques. Peu d'ouvrages de ce genre existent en français et ils sont de date peu récente; celui-ci a l'avantage d'être très au courant des discussions et théories modernes.

Dom G. Charvin.

Paul Bureau : *Introduction à l'étude de la sociologie. La science des mœurs.* (Paris, Bloud, 1923, in-8, 328 p.)

Depuis longtemps on réclamait, de divers côtés, un ouvrage solide et sérieux sur la sociologie, sa méthode et sa fonction dans la direction de la conduite privée et des affaires humaines. M. Paul Bureau vient enfin nous donner, après de très longues études, une analyse exacte de la méthode d'observation appliquée aux phénomènes sociaux. Il démontre que le fait social n'est pas seulement composé d'éléments d'ordre matériel et économique, comme on l'a prétendu si souvent : des doctrines morales, la représentation de la vie, y tiennent une grande place, et donc on ne saurait étudier méthodiquement la réalité sociale, si l'on n'est préparé aux analyses subtiles de la vie psychologique et des consciences.

X.

Commentarius in Actus Apostolorum. Editio septima emendata et adaucta, opera A. Camerlynck et A. Vander Heeren, S. T. D. et professores in Sem. Brugensi, in-8 raisin, 422 pages. — Brugis (Belgii), Carolus Beyaert, 1923.

La disposition extérieure de cet ouvrage nous paraît être excellente : en haut des pages de gauche se trouve le texte latin de la Vulgate d'après la dernière édition de Hetzenauer. En note sont les variantes du texte grec d'après Soden, Nestle, Vogels.

En haut des pages de droite, l'auteur a inséré une paraphrase, dans laquelle il s'est efforcé de faire ressortir la substance des annotations les plus importantes qui se trouvent à la partie inférieure des pages. Cette paraphrase reproduit de nouveau le texte de la Vulgate. Mais cette fois-ci, de nombreuses corrections, rendues apparentes par la typographie, y sont apportées d'après le texte grec. De plus, des mots ou des membres de phrases, en caractèes italiques, sont incorporés à ce texte ainsi amendé, partout où cela est nécessaire pour en faciliter l'intelligence.

Un lecteur pressé pourra, en s'en tenant à la paraphrase, bénéficier des résultats des travaux récents sur les « Actes ». Celui qui lira les commentaires du bas des pages verra que l'auteur « a séparé soigneusement les unes des autres les annotations de nature diverse et mis en lumière les questions les plus importantes ». Cinq « Excursus » peuvent devenir le point de départ d'études approfondies sur les points les plus délicats. Ainsi l'auteur nous semble avoir pleinement atteint son but qui était « avant tout pratique ».

Signalons dans la préface une étude de la condition politico-religieuse des Juifs au I" siècle et un examen sérieux de la chronologie des « Actes ». Nous regrettons une lacune bibliographique : Commentaire des Actes par Loisy.

Dom P. DE CORBIAC.

Dom ODO CASEL, O. S. B. : *Jahrbuch für Liturgiewissenchaft.* (Munster, Westph., Aschendorf, 1922, gr. in-8 de 188 p.)

L'activité du foyer d'études liturgiques qu'est devenue l'abbaye de Maria-Laach ne se dément pas malgré les difficultés matérielles actuellement inhérentes à toute publication de caractère scientifique ; ce volume de mélanges et de bibliographie en est un témoignage de plus. La première partie est composée d'études diverses et d'essais sur différentes questions de liturgie ; nous y relevons « une exposition de la messe ambrosienne » par Dom Wilmart. La partie bibliographique groupe et analyse ce qui a paru dans les branches diverses des sciences liturgiques durant les années août 1921-août 1922 ; elle remplit à elle seule 75 pages de texte compact : c'est dire son importance et le soin apporté à sa rédaction.

Dom G. CHARVIN.

R. P. CH. VILLÉ, Rédemptoriste : *Le Bréviaire expliqué,* 2° édition, 2 volumes, 319 et 383 pp. (Paris, Téqui — St-Étienne, bureaux de l'*Apôtre du Foyer* — Esschen (Belgique), librairie St-Alphonse.)

Ces deux volumes donnent une explication très pratique de l'office de tous les jours. Précédé d'une longue et très instructive introduction où l'histoire et la liturgie de l'office sont très clairement exposées, le premier volume donne l'office du dimanche et la traduction des hymnes du temps ; le second volume donne les offices de tous les autres jours de la semaine ainsi que l'Office de la Ste Vierge, les communs et l'Office des Morts. La traduction des psaumes est comprise d'une façon fort intelligente et pratique. Quoique très au courant de l'état actuel de la science scripturaire, l'auteur, tout en en tenant un compte judicieux, a su ne pas se laisser hypnotiser par elle et a fait un travail utile au point de vue de la prière liturgique.

Dom F. M.

HENRY MARTIN : *L'art gothique,* 1 vol. 16×23, avec 78 illustrations (3° vol. de la « Grammaire des Styles »). (Librairie d'Art R. Ducher, 3, rue des Poitevins, Paris-6°.)

Pour comprendre l'art gothique né en France dans le premier quart du XII° siècle, il est nécessaire d'étudier l'admirable système de construction imaginé à cette

époque. Voici un petit volume qui condense sous une forme claire et vivante tout
ce qu'il faut connaître sur la question souvent complexe de la stabilité des édifices
gothiques dont la hauteur prodigieuse nous remplit d'admiration. L'auteur étudie
d'abord le rôle primordial joué par l'arc-boutant et la voûte sur croisées d'ogives;
il expose ensuite les caractères de l'art gothique aux XIII*, XIV*, XV*, XVI* siècles.
Il consacre plusieurs chapitres à la statuaire, aux vitraux, au mobilier, aux tapisseries, à l'architecture civile et militaire et termine par le style Louis XII, dernière
expression d'une des plus belles époques de notre histoire de l'art.

X.

GABRIEL ROUCHÈS : *Eustache Le Sueur* (Collection *Art et Esthétique*).
Paris, Alcan, 1923, in-8 écu, 148 p.

Il manquait sur Eustache Le Sueur une étude critique d'ensemble dégageant sa
biographie des légendes qui l'ont obscurcie et caractérisant son œuvre. M. G. Rouchès reconstitue la véritable existence de Le Sueur, toute simple, entièrement
écoulée à Paris. C'est seulement par des dessins, estampes ou copies que l'artiste
connut l'Italie ; il subit d'ailleurs toute l'influence de Raphaël, mais il garde un
accent bien français. Son œuvre accuse, en effet, une filiation avec les imagiers de
la vieille France. En même temps, certaines caractéristiques de sa technique en
font un précurseur du XVIII* siècle. M. Rouchès montre l'importance de Le Sueur
comme décorateur. Il met enfin en valeur le sentiment religieux doux et profond
tout ensemble qui s'est exprimé en des compositions telles que la *Mort de Saint-
Bruno* ou la *Messe de Saint-Martin*.
Telle est la substance de cet ouvrage, fruit d'une solide érudition et d'un esprit
critique toujours en éveil.

X.

L. MARION : *Histoire de l'Église*, 8ᵉ éd. revue par L. Lacombe (Paris,
Roger et Chernoviz), 1922. — 4 vol. in-8 : 1ᵉʳ vol., Age Romain
(des origines à 476) ; — 2ᵉ vol., Le Moyen-Age, les trois premières
périodes (de 476 à 768, de 768 à 1049, de 1049 à 1305) ; — 3ᵉ vol.,
Le Moyen-Age (suite), 4ᵉ période (1305-1517). L'Age Moderne,
1ʳᵉ pér. (1517 à 1648) ; — 4ᵉ vol., L'Age Moderne (1648 à nos jours).

L'auteur a voulu, dans cet ouvrage, destiné surtout aux séminaires, donner aux
étudiants les idées justes sur l'histoire et la vie de l'Eglise. On appréciera la façon
très claire dont il sait dégager les idées générales et mettre en pleine lumière la
partie de l'histoire qui peut rendre service aux théologiens. Les divisions sont nombreuses et faciliteront grandement le travail des étudiants.
On aimerait cependant une bibliographie tenant compte des derniers travaux,
une foi moins aveugle dans les assertions d'un Pastor, dont le ridicule parti-pris
contre ce qui, de près ou de loin, touche à la France, rend l'impartialité et la véra-
cité du récit qu'il fait des événements plus que suspectes.
On pourrait reprocher à l'auteur de n'être pas toujours exact ni assez impartial
dans quelques-unes de ses appréciations. Par exemple : ne fait-il pas du schisme
byzantin une histoire un peu fantaisiste en le faisant remonter à Accace ? Le schisme
exista-t-il, comme il l'affirme (t. III, p. 59), à l'état latent de Photius à Michel Céru-
laire ? Du reste, tout ce qui regarde l'Église byzantine (grecque et russe) n'est pas
suffisamment au point et risque même de donner de néfastes préjugés à ceux qui
se fieraient trop à l'auteur.
Sera-t-il permis de demander à l'auteur de bien vouloir, dans sa prochaine édition, ajouter (t. IV, § 454 *bis*) quelques précisions sur les périlleux efforts des Protestants anglo-saxons, en France, depuis 1914 ? Ce serait rendre service aux catholiques que de leur signaler un danger d'autant plus grave qu'il est plus appuyé sur
la richesse.
De trop nombreuses erreurs typographiques montrent que les imprimeurs aussi
souffrent de la vie chère et ne peuvent plus s'offrir de correcteurs ni de protos
connaissant leur métier.

Dom F. M.

ABBÉ BOULENGER : *Histoire de l'Église*. (Paris-Lyon, Vitte, 1923, gr.
in-16 de 650 p., illustré. Prix 11 fr.)

Les ouvrages de M. B. se distinguent par une méthode excellente ; celui-ci constitue un très bon manuel à la fois clair et bien ordonné, condensé et abondant. La classification est parfaite, et l'auteur a soin de dégager la pensée générale, de marquer les points essentiels des sujets étudiés. Chaque chapitre, précédé d'un sommaire, se termine par un questionnaire précis et une bibliographie judicieuse.

Dom G. Charvin.

Chanoine Audollent : *Histoire de l'Église par les Saints.* (Paris-Lyon, Vitté, 1923, 2 vol. petit in-4°, illustrés de 399 et 416 p. Prix, le vol. 8 fr.

Montrer l'action de Dieu dans son Église par l'intermédiaire des Saints depuis les origines apostoliques jusqu'à nos jours, tel a été le but de l'auteur, qu'il a réalisé dans une suite de 120 notices concernant les figures les plus représentatives parmi les martyrs, docteurs, moines, fondateurs d'ordres religieux, saints isolés parfois en apparence, mais qui furent en réalité l'âme de leur époque. C'est une galerie hagiographique attrayante et instructive.

Dom G. Charvin.

J. Dupont : *Sainte Jeanne d'Arc.* (Paris-Lyon, Vitté, 1923, petit in-4° de xx-364 p. avec illustrations. Prix, 8 fr.)

Ouvrage clair, sobre, bien ordonné et ne faisant pas double emploi après les travaux qui ont paru ces dernières années. Après une introduction sur la situation religieuse et politique de la France au début du XV° s., l'auteur étudie la paysanne et l'inspirée, la vierge guerrière, la martyre, la vie posthume.

Dom G. Charvin.

Geschichte der Päpste seit dem Ausgang des Mittelalters von L. Pastor, t. IX. (Fribourg-en-Brisgau, Herder, 1923, in-8, xlv-933 pp.)

Malgré les traverses de toutes sortes, M. Pastor poursuit la publication de sa monumentale histoire des Papes. Le neuvième volume de l'édition allemande est consacré aux treize années du pontificat de Grégoire XIII (1572-1585). Les diverses archives et bibliothèques de Rome, de l'Italie, de l'Autriche et de l'Allemagne du Sud ont fourni un grand nombre de documents inédits. Les précieuses archives privées de la famille Boncompagni, à laquelle appartenait Grégoire XIII, lui ont été largement ouvertes. La composition de l'œuvre est d'une simplicité magistrale. Dans un premier chapitre M. Pastor étudie l'élection de Grégoire XIII, sa vie antérieure, sa famille, son caractère. Il passe ensuite à l'œuvre de la réforme catholique et suit l'action du Pape pour l'application des décrets du Concile de Trente, la réforme des anciens ordres, l'organisation des nouvelles congrégations, dont les principales sont alors l'Oratoire de S. Philippe de Néri, les Carmélites de Ste Thérèse, les Jésuites qui fondent alors leurs principaux collèges romains. Le rôle de Grégoire XIII dans le mouvement de la science ecclésiastique est l'objet d'un chapitre spécial. La majeure partie du volume traite des rapports du Souverain Pontife et de ses nonces avec les différents États, république de Venise, Espagne, Portugal, Grande-Bretagne et Irlande, France (la Saint-Barthélemy, la Ligue, les Jésuites), Pays-Bas, Pologne, Russie, Suède. Les questions relatives à l'Allemagne et à la Suisse sont étudiées avec un soin particulier, et l'œuvre de réforme catholique est examinée dans chaque Etat et chaque diocèse allemand. Les derniers chapitres sont relatifs aux Missions catholiques et à l'administration temporelle de l'État pontifical. Un appendice de cent cinquante pages contient un recueil important de pièces justificatives. Il faut souhaiter que l'on mette bientôt à la portée du grand public français les derniers volumes de cette grande œuvre, instrument de travail et guide indispensable pour l'étude et l'enseignement de l'histoire ecclésiastique au XVI° siècle.

Dom P. de Monsabert.

Les États de Bourgogne aux quatorzième et quinzième siècles, par M. Joseph Billioud. 1922, in-8, xviii-498 pp. (publication de l'Académie de Dijon).

M. Billioud étudie dans un mémoire de forte érudition l'histoire des États de

Bourgogne durant les deux premiers siècles de leur existence. Des recherches étendues dans les pièces de comptabilité conservée aux Archives de la Chambre des Comptes de Dijon, dans les archives municipales de Dijon, et dans les copies exécutées au XVIII' siècle par Dom Plancher, lui ont permis de suppléer dans une large mesure au manque de procès-verbaux de délibérations. Ne pouvant reconstituer l'histoire détaillée de chaque session, M. Billioud examine les aspects les plus importants de l'organisation et du fonctionnement des Etats. La première assemblée se tint à Dijon en mai 1352 ; la seconde est de janvier 1356. On en compte environ deux cent trente-cinq jusqu'à la fin du XV' siècle; toutes avaient pour but l'octroi au duc de ressources financières. La composition des États, leur convocation, le mode de désignation des députés, le lieu des sessions, le vote et la nature de l'impôt, les séances non relatives à l'impôt, sont l'objet d'une première partie. Vient ensuite l'étude sur le personnel fiscal des États et la levée de l'impôt. Sous le titre de : « Contrôles des États sur l'administration du duché », on trouve dans la troisième partie un tableau du rôle des États dans l'histoire politique, judiciaire et économique du duché de Bourgogne aux XIV' et XV' siècles. A plusieurs chapitres sont joints des tableaux très importants : Seigneuries convoquées de 1356 à 1476 ; listes des chanceliers, gouverneurs et maréchaux de Bourgogne, des gouverneurs et lieutenants du roi, des présidents du conseil de Dijon, des élus nommés par les États pour la levée des impôts, des ambassadeurs envoyés aux ducs et aux rois de France. Des notices biographiques sont jointes à ces listes. En annexe, une étude sur les états des pays adjacents : comté d'Auxonne, Charolais, Mâconnais, Auxerrois, diocèses de Langres et d'Autun. Le volume est complété par un catalogue ou plutôt un regeste des sessions, trente-cinq pièces justificatives et une table des noms propres. M. Billioud aime à relever dans l'histoire des États de Bourgogne l'union entre les trois ordres, le souci du bien public, la défense des intérêts des tenanciers, la modicité des charges fiscales imposées à la province.

Dom P. DE MONSABERT.

Les Sources de l'Histoire de France, XVIIe siècle, t. III. Biographies, par ÉMILE BOURGEOIS et LOUIS ANDRÉ. (Paris, Picard, 1923, in-8, XII-373 pp.)

Le tome troisième des *Sources de l'histoire de France au XVII' siècle* est consacré aux biographies. Sous ce titre les auteurs ont rangé non seulement les compositions historiques antérieures à 1715, mais aussi les éloges et oraisons funèbres de la même époque. Leur répertoire comprend deux parties : 1' recueils de biographies; 2' biographies individuelles. Les recueils sont groupés de la manière suivante : 1° Rois, reines, ministres, généraux, personnages de cour — 2° Clergé séculier. — 3° Clergé régulier — 4' Familles Nobles (copieuse bibliographie, critiques des nobiliaires, armoriaux, recherches de noblesse, histoires généalogiques — 5' Parlementaires — 6' Littérateurs et artistes (histoires et éloges académiques) — 7' Divers. — Les biographies individuelles sont classées par ordre alphabétique. Le choix a été très large et l'on n'a éliminé que des personnages de situation secondaire et de rôle strictement local, ainsi on trouvera l'indication de toutes les biographies d'évêques ou d'intendants. Tous les documents biographiques relatifs aux personnages cités sont signalés et leur valeur documentaire est sobrement appréciée. Tous ceux qui s'occupent de l'histoire du XVIII' siècle devront consulter cet indispensable répertoire.

Dom P. DE MONSABERT.

Histoire des Corporations de Métiers par M. MARTIN SAINT-LÉON. (Paris, Alcan, 1922, in-8, XXVII-876 pp.)

Un durable succès a consacré le mérite de l'*Histoire des Corporations de Métiers,* œuvre du savant bibliothécaire du Musée Social. La troisième édition a paru en 1922 — les deux premières étaient de 1897 et 1909 ; — elle est augmentée d'une importante étude historique sur le mouvement syndical depuis la loi du 21 mars 1884 jusqu'en 1922 (pp. 650-859). D'après les journaux et les comptes-rendus des congrès, M. Martin Saint-Léon décrit l'action des premiers syndicats, des bourses du travail, l'histoire de la Confédération générale du Travail avant, pendant et après la guerre. On trouvera dans cet exposé très clair les plus utiles renseignements sur les diverses tendances des syndicalistes et notamment sur les deux confédérations actuelles séparées à la fin de 1921 et rattachées l'une à l'Internationale d'Admsterdam, l'autre à celle de Moscou. Plusieurs chapitres sont consacrés au syndicalisme catholique, aux syndicats des professions libérales, aux syndicats patronaux. L'ensemble forme un excellent guide pour l'étude de cette question compliquée d'histoire contemporaine.

Dom P. DE MONSABERT.

Un rameau de l'Ordre Bénédictin : Dom Leduc, moine de Solesmes, et l'œuvre des Oblates servantes des pauvres par Dom GABRIEL MEUNIER, de l'abbaye de Farnborough. (Angers, éditions de l'Ouest, 40, rue du Cornet ; Tours, Mame et Fils. Un volume de xx-531 pp., 15 fr.)

On aurait tort de croire, comme certains se l'imaginent, que le bénédictin est un religieux bien capitonné dans son monastère, employant ses pieux loisirs à une prière qui l'absorbe au point de lui faire oublier et les intérêts de l'Église et jusqu'aux ordres de Dieu qui, après la chute, a condamné l'homme à manger son pain à la sueur de son front.

Cette vie de Dom Leduc, écrite par un confrère, est bien de nature à dissiper ces préjugés inexacts. Le moine dont il présente la vie au public fut un de ceux formés par Dom Guéranger lui-même et qui tint à honneur de ne jamais s'écarter du véritable esprit du restaurateur des Bénédictins en France.

C'est une histoire très captivante que celle de ce jeune lycéen orphelin de mère, se sentant appelé par Dieu et, malgré son père entrant au Séminaire. Sentant une vocation plus haute, il entre à Solesmes à l'insu de son évêque. Ce fut alors une lutte qui dura plusieurs années et qui valut à l'imprudent jeune homme un retard considérable pour ses ordinations. Sa vie monastique fut plus remplie de péripéties que n'en comporte généralement une existence religieuse. Il était encore novice, qu'on dut le charger d'une lourde administration et qu'il lui fallut parcourir la France en quêtant. Envoyé à Rome, après une profession très retardée par les événements cités, il fut demandé comme maître des novices à l'archiabbaye du Mont-Cassin fort peu de temps après sa tardive ordination ; son influence dans ce monastère fut considérable, et un certain nombre des novices formés par Dom Camille Leduc devinrent dans la suite des princes de l'Église. Les événements politiques voisins du brigandage dont l'Italie était alors le théâtre firent en 1862 quitter à Dom Camille Leduc le Mont-Cassin. Il vint à Rome et contribua pour la plus grande part à l'installation de son éminent confrère le Cardinal Pitra. Sa santé le fit rentrer en France à sa chère abbaye de Solesmes. Il y fut professeur de droit canonique, tout en faisant un peu de ministère. La mort de son père, qu'il eut la consolation de ramener à Dieu, lui donna l'occasion de fonder une œuvre dont les fruits augmentent chaque jour. Il consacra la maison paternelle à une communauté religieuse destinée au soin exclusif des malades pauvres. Bientôt il dut prendre la direction complète de ces religieuses et en faire une congrégation nouvelle qu'il plaça sous la Règle de S. Benoît en en faisant des Oblates. Son rôle dans cette fondation, ses efforts, sont largement racontés dans l'ouvrage de Dom G. Meunier. On y voit les progrès de l'œuvre, ses développements, et on comprend alors et sa diffusion, et le bien qu'elle est appelée à faire et les encouragements que lui ont donnés les évêques qui l'ont vue à l'œuvre. Dom Guéranger approuvait cette initiative dont il vit les débuts. Il n'a point arrêté son fils dans cette voie où cependant celui-ci devait vivre presque sans cesse hors de son monastère.

Ce volume, d'un grand intérêt, est un document fort instructif pour l'histoire de la vie bénédictine au XIXᵉ siècle. On y suit les vicissitudes de la Congrégation de France, celle de la Congrégation du Mont-Cassin, et l'on y voit l'éclosion d'un rameau nouveau sur le vieux tronc de l'Ordre de S. Benoît. Le livre est rempli de cet amour de l'Église qui caractérisait Dom Guéranger et ses premiers disciples, il sera lu avec profit et intérêt pour tous ceux qui veulent connaître une des manifestations de l'idéal bienfaisant de la vie bénédictine telle qu'elle a été restaurée par le fondateur de la Congrégation de France.

Dom F. M.

Bibliographie Alsacienne (1).

Les publications de la Faculté des lettres de l'Université de Strasbourg se sont augmentées d'un volume hors série des plus utiles au point de vue régional, car il donne la « revue critique des publications concernant l'Alsace » parues depuis novembre 1918 jusqu'à la fin de l'année 1921. La bibliographie de ce volume comporte dix-sept chapitres groupant les diverses questions ayant trait à : la géogra-

phie; aux généralités historiques, travaux se rapportant à différentes périodes ; à
l'archéologie préhistorique et gallo-romaine; au Moyen-Age ; à l'époque moderne,
réforme et période française jusqu'à la Révolution ; à l'Alsace française de 1789 à
1871 ; à la période contemporaine de 1871 à 1918; à l'histoire des arts; à la linguis-
tique; au folklore: à l'histoire littéraire; à l'économie et finances; à l'économie
rurale, aux questions sociales; à l'hygiène générale et sociale; aux questions admi-
nistratives et financières; au droit international privé en Alsace et Lorraine. Chacun
de ces chapitres est divisé en autant de paragraphes que le comportent les divers
aspects du sujet traité; en tête des paragraphes sont énumérés les titres des ouvrages et des articles qui font ensuite l'objet d'une analyse critique. Le volume se termine par une table générale des noms d'auteurs.

Dom G. Charvin.

Almanach Catholique Français pour 1924, publié sous le patronage du
Comité catholique des Amitiés française à l'étranger. Préface de
Mgr Baudrillart, de l'Académie française. Un volume in-8, 592
pages, 500 illustrations. Prix : 5 francs. (Librairie Bloud et Gay, 3,
rue Garancière, Paris 6e.)

L'Almanach Catholique Français paraît pour la cinquième fois. Jeune d'allures et
riche d'expérience, il se présente cette année encore comme une encyclopédie d'un
intérêt de premier ordre. On y trouve un écho marquant de tout ce qui a constitué
la vie catholique en 1923, et un avant-goût de tout ce qui peut se prévoir pour
1924. L'actualité y est suivie de très près, sous la forme la plus vivante, et elle ne
fait tort à rien de ce qui est permanent et durable.

Tous les renseignements nécessaires sur la vie religieuse du temps, les autorités
ecclésiastiques, les personnalités catholiques, les grands événements sociaux, politiques, littéraires, artistiques, gymnastiques et sportifs y sont concentrés avec de
vivantes et intéressantes notes sur les coutumes, les traditions et les usages chrétiens.

X.

Ouvrages envoyés à la Direction

Abbé Ch. Grimaud : *Futurs Prêtres.* (Paris, Téqui, 1923, in-12, VI-
320 p. Prix, 5 fr.)

Cet ouvrage, qui s'adresse au Clergé, aux parents, aux éducateurs chrétiens, traite
des questions concernant le recrutement sacerdotal.

Abbé J.-M. Texier : *L'Oraison et la Messe avec Marie Reine des Cœurs.*
(Paris, Téqui, 1923, in-12 de VI-388 p. Prix, 7 fr. 50.)

Méditations, au nombre d'une soixantaine, sur les caractères de la dévotion à la
T. S. Vierge et sur ses principales fêtes.

Abbé L. Jaud : *Œuvres du R. P. Faber,* abrégé textuel et méthodique.
Tome Ier : *Tout pour Jésus. — Le Progrès de l'Ame. — Le T. S. Sacre-
ment.* (Paris, Téqui, 1923, in-12 de 450 p. Prix, 7 fr. 50.)

« Répandre et populariser la doctrine si élevée et l'esprit si profondément surnaturel du P. Faber en condensant la meilleure substance de ses œuvres en chapitres
assez courts pour servir de lecture ou de méditation quotidienne », tel est le but
de ce travail qui, de plus, mettra à la portée de toutes les âmes et aussi de toutes
les bourses, les écrits du P. Faber.

M. de Laval : *Une âme de lumière. Le Baron François d'Yvoire.* (Paris,
Téqui, 1923, in-12 de LXIII-380 p. Prix, 7 fr.)

Biographie intéressante d'une attachante figure de grand chrétien qui par ses relations personnelles et comme directeur de *La Défense*, puis du *Journal de Rome*, eut son rôle dans le mouvement religieux et social du siècle dernier.

R. P. Hébert : *Sous le joug des Césars.* (Paris, Téqui, 1923, in-12 de xvi-292 p. Prix, 7 fr.)

Dans ces « Causeries à des étudiantes » l'auteur trace un tableau très exact de la société chrétienne, de ses épreuves et de ses luttes durant la période des persécutions aux II° et III° siècles.

J. Leday : *Initiation au Catéchisme.* (Paris, Téqui, 1923, in-8 illustré, 108 p. Prix, 3 fr. 5o.)

Excellent essai, qui nous donne un exposé du Catéchisme dans une série d'histoires qui sont autant de leçons de choses concrètes, précises, vivantes et qui par là même constituent un enseignement fort bien adapté à des intelligences d'enfants.

Mgr de la Porte : *Une mère de Prêtre, Marguerite Bosco.* (Paris, Téqui, 1923, in-12 de 3o p. Prix, 1 fr. 15.)

Mgr Janssens, O. S. B. : *Peut-on être à la fois Chrétien et Théosophe?* (Paris, Téqui, 1923, in-8 de 54 p. Prix, 1 fr. 15.)

Mgr Chapon : *La Foi chrétienne devant la raison et le cœur.* (Paris, Téqui, 1923, in-12 de x-174 p.)

Conférences apologétiques sur les motifs de crédibilité rationels.

G. Dirheimer : *Anne-Catherine Emmerich, la visionnaire stigmatisée de Dülmen, et Clément Brentano, son secrétaire. Étude sur l'authenticité des visions d'A.-C. Emmerich.* (Paris, Téqui, 1923, in-12 de xvi-240 p.)

L'auteur, après un examen critique très serré, conclut que « la sincérité et la loyauté scrupuleuse d'Anne-Catherine Emmerich et de Clément Brentano apparaissent indiscutables » et que « leurs ouvrages remplis d'une science et d'une sagesse vraiment surnaturelles peuvent être goûtés sans arrière-pensée ».

Abbé Lecomte : *Le don de Dieu.* (Paris, Téqui, 1923, in-12 de vii-79 p.)

Pages de doctrine et d'édification sur la grâce.

Abbé Millot : *L'œuvre des Vocations.* (Paris, Téqui, 1923, in-18 de 336 p.)

Exposé de ce qui s'est fait à Versailles, depuis dix ans pour le recrutement sacerdotal et des résultats obtenus.

Abbé Monnin : *Esprit du Curé d'Ars. Le B^x Vianney dans ses catéchismes, ses homélies et sa conversation.* (Paris, Téqui, 1923, in-32 de ix-367 p.)

C'est la 28° édition de cet opuscule.

Henri Bibert : *Eugène Gilbert, « roi des ailes », sa vie, ses exploits, ses évasions, sa mort.* (Paris, Téqui, 1923, in-8 de x-176 p.)

Biographie captivante du célèbre aviateur.

P. **Delaporte**, S. J. : *Récits et Légendes.* Paris, Téqui, 1923, 3 vol. in-12 (Rééditions). — *La Revanche de Jeanne d'Arc* (17 juin 1434). Drame historique en 4 actes, en vers). — *Les Trente sous de Vincent de Paul.* Idylle dramatique enfantine, 1 acte en vers.

R. P. **Erhard** : *La famille redevenue païenne ou la famille modernisle.* (Avignon, Aubanel, 1923, in-18 de 120 p.)

R. P. **Erhard** : *La vie idéale.* — (Avignon, Aubanel, in-18 de 389 p.)

Dom G. Charvin.

Imprimerie E. Aubin. — Ligugé (Vienne).

LE TOMBEAU DE SAINT MARTIN A TOURS

I. — Les translations du corps à l'intérieur et à l'extérieur de la basilique. — Son culte à terre et ses reliquaires successifs.

La vie de saint Martin de Tours a été écrite par Sulpice-Sévère et par Grégoire de Tours, ses miracles ont été rapportés par des témoins oculaires et publiés plusieurs fois, son culte a fait éclore des manifestations nombreuses et surgir des basiliques somptueuses dans toute la Chrétienté, et, malgré tous ces témoignages de vénération, le public lettré demeure avide de connaître tous les détails de l'histoire de ce grand évêque gallo-romain dont les mœurs évangéliques ont atténué la brutalité des siècles mérovingiens. La librairie moderne seconde ce mouvement en offrant à notre curiosité un bon nombre d'ouvrages qui nous invitent à étudier de près la série des hommages rendus à la sépulture de Martin, sujet archéologique et mystique dont la controverse est traitée dans les livres ci-après :

J. Quicherat, *Restitution de saint Martin de Tours d'après Grégoire de Tours et les autres textes anciens.* Paris, Didier, 1869, in-8, réédité dans les Mélanges de Lasteyrie. Paris, Picard, 1885;

Abbé Bourassé, *Revue rétrospective des travaux archéologiques occasionnés par les fouilles du sol des basiliques de saint Martin autour de son tombeau.* Tours, Deslis, 1879, in-8;

Lecoy de la Marche, *Saint Martin de Tours.* Tours, Mame, 1885, 1 vol. in-8;

Abbé Chevalier, *Le tombeau de saint Martin de Tours, étude historique et archéologique.* Tours, 1880; — *Les fouilles de Saint-Martin de Tours.* Péricat, 1888;

Ratel, *Les basiliques de saint Martin de Tours.* Bruxelles, Vromant, 1886, in-8;

Idem, *Le lieu de sépulture.* Péricat, Tours, 1889; — *Les basiliques de saint Martin.* Paris, Picard, 1890;

R. de Lasteyrie, *L'église de Saint-Martin de Tours. Étude critique* *sur l'histoire et la forme de ce monument du Ve au XIe siècle* (Mémoires de l'Institut, t. XXXIV, Paris, 1891);

Dom BESSE, *Le tombeau de saint Martin de Tours*. Tours, Péricat, 1922, 1 vol. in-4°.

A mon tour, je voudrais essayer de préciser les conclusions qui ressortent de tous ces travaux et de rechercher à quel point ils se rapprochent ou s'éloignent des coutumes ecclésiastiques qui étaient autrefois en vigueur. Ce sera un moyen de réparer l'omission que j'ai commise, en 1910, quand j'ai présenté aux lecteurs du Bulletin de la Commission historique de la Mayenne une étude sur le culte des saints dans la province de Tours.

Bien que le grand Thaumaturge de Tours n'ait pas été ensépulturé dans une crypte dans les conditions habituelles, il ne reste pas moins beaucoup de particularités à signaler aux lecteurs qui s'intéressent aux rites funéraires de la Chrétienté.

Saint Martin a reposé d'abord dans un cimetière commun, sous l'abri d'une petite chapelle dédiée au premier martyr, et le jour où l'évêque Perpet lui érigea une basilique speciale, au Ve siècle, son sarcophage fut déposé sur le pavé comme celui d'un simple mortel. On ne le distinguait des autres que par sa place privilégiée et par une grande pierre qui recouvrait le toit de son tombeau. Cette pierre grossière n'y demeura pas longtemps, elle excita la répugnance d'un visiteur, l'évêque d'Autun, nommé Euphrone, qui promit de suite d'envoyer une table de marbre pour remplacer la première. Celle-ci était digne de l'illustre défunt, elle servit à graver l'inscription suivante : « *Depositio sancti Martini III id. Nov. Pausavit in pace Domini, nocte media.* »

Les fidèles ont vénéré, pendant des siècles, le marbre et l'inscription à tel point qu'après la profanation des Huguenots, ils ramassèrent les débris pour les joindre aux reliques. Le culte de Martin grandit assez vite par suite des guérisons miraculeuses qu'il opérait sur les infirmes, sous cette réserve qu'il n'eut pas de suite les honneurs de l'autel ni la jouissance d'une confession liée à la célébration des saints mystères d'une façon complète, comme dans les catacombes. Son corps n'était pas couché sous la table d'un autel; il reposait dans une auge de pierre depuis deux siècles, quand saint Éloi obtint sa translation dans un reliquaire en forme de coffre. L'éclat des métaux précieux et des pierreries ne fit pas de tort à la vogue du monument de pierre abandonné à la dévotion des pèlerins; on écornait les bordures du couvercle pour en emporter des morceaux que réclamaient les malades. Sa place était toujours à terre, à côté du monument d'orfèvrerie.

L'accès des tombeaux était alors très facile, puisqu'ils étaient exposés derrière le dernier autel dans un espace réservé qui était défendu simplement par quelques marches et une barrière peu élevée. Non seulement la tête du sarcophage était prise dans la masse de l'autel, mais encore les pieds à l'ouest pénétraient dans la maçonnerie. Je m'explique sur cette méthode qui est peu connue et sur laquelle l'opinion s'est égarée. Il n'est pas superflu de rappeler qu'il était d'usage d'ériger l'autel, non pas contre le mur du fond du chevet, mais à une certaine distance en arrière. Le sarcophage du saint patron occupait cette place privilégiée, de telle façon que la tête était appuyée contre le revers de l'autel, pendant que les pieds touchaient le fond du chevet. On connaît des cas où la maçonnerie était entamée pour insérer le bout des pieds du tombeau dans la muraille. Ce cas s'est présenté dans la paroisse de la Couée, diocèse du Mans : quand on dégagea les pieds du tombeau de saint Fraimbault de Gabrone, l'auge pénétrait sous l'abside (1). Ce n'était pas un effet du hasard ; il était dans l'intention des gardiens du corps de favoriser les pèlerins qui désiraient honorer les pieds du saint sans entrer dans l'église, en stationnant contre la paroi extérieure. Il n'y a pas de doute que les gardiens du tombeau de saint Martin ont été guidés par la même pensée : nous le verrons plus loin.

Aujourd'hui, nous savons pourquoi toutes les règles ont été violées pour la sépulture de saint Martin ; pourquoi le sanctuaire de sa basilique ne contenait pas de sous-sol dans la partie inférieure du maître-autel, comme la plupart des églises consacrées à la mémoire des martyrs et des confesseurs de la Chrétienté. Le jour où M. Ratel, poursuivant son projet de réédifier la basilique romane sur ses anciennes bases, voulut faire des sondages préalables pour connaître la résistance du terrain, il s'aperçut que, descendant à plus de 3 m. 90, les ouvriers découvraient une nappe d'eau qui pouvait être aggravée par les inondations de la Loire. Avant nous, les architectes du XIe et du XIIe siècle avaient déjà soupçonné ou pressenti la menace de cet obstacle ; les pilotis employés dans les substructions du chevet démontrent leur clairvoyance.

Afin de réaliser une installation pieuse et convenable, l'architecte du Ve siècle résolut de dresser un chœur avec un sanctuaire dont les dimensions seraient telles que l'érection du maître-autel n'em-

----

(1) Chappée, *Le tombeau de saint Fraimbault*. (Revue de la province du Maine, t. XV, 241-305.)

(2) Ratel, *Les basiliques de saint Martin à Tours*. Bruxelles, Vromant imprim.-édit., 1886, 1 vol. in-8.

pêcherait pas de consacrer l'arrière-chevet au développement d'une chapelle dédiée à saint Martin, où son tombeau pourrait être honoré et encensé par le clergé et les fidèles. C'est ce qui arriva; telle est la vraie raison pour laquelle la basilique de Tours a eu des proportions considérables sans recourir à deux niveaux.

Nous sommes également renseignés sur la forme du chevet contre lequel était appuyé le sarcophage, nous le savons grâce aux progrès de la science archéologique et aux démonstrations du professeur Lasteyrie. Pas de rond-point à jour, pas de déambulatoire avant la fin du Xe siècle. Telles sont ses conclusions, qui sont, du reste, conformes à la vraisemblance. Il est établi que les manifestations des pèlerins ne s'arrêtaient pas au reliquaire seulement, qu'ils avaient une grande vénération pour les pieds; or ce culte ne pouvait se développer à l'aise qu'à l'extérieur, contre le mur oriental touchant le sarcophage (1).

Sur l'étendue exceptionnelle du chevet nous avons le témoignage de Grégoire de Tours quand il rapporte qu'il était éclairé par 32 fenêtres qui envoyaient du jour dans le chœur, dans le sanctuaire et dans la partie postérieure que le peuple appelait la *chapelle Saint-Martin* et qui servait de confession faute de crypte.

En supposant des jours percés sur une double ligne d'étage, il faut encore se représenter des murs assez longs pour recevoir 8 fenêtres par rang, à gauche comme à droite. Si on n'admet pas un chevet aussi allongé, fermé au moins par 2 clôtures, il faut renoncer à comprendre le récit de Grégoire de Tours, et à placer les accessoires que comportait l'insigne sépulture de saint Martin, sans parler des ex-voto et des décorations murales dont les premiers chrétiens étaient prodigues.

Quicherat a pressenti ces diverses distributions (2); il a essayé de les décrire en nous disant que les deux dernières avaient des clôtures figurées par deux colonnades sur plan courbe, qui étaient opposées l'une à l'autre, c'est-à-dire deux demi-cercles ouverts en sens inverse. Les intervalles étaient remplis par des balustrades et des marches sur lesquelles les pèlerins pouvaient s'agenouiller. Il y avait encore des grilles devant l'autel et autour des tombeaux, elles sont indiquées dans les descriptions sous le nom de *cancelli*. Les malades poussés par le désir de leur guérison étaient sans cesse en mouvement et passaient d'une section dans l'autre. La scène de la femme aveugle qui resta, trois jours, prosternée devant le chanceau du sépulcre n'est

---

(1) Il faut supposer que ce mur était percé d'une fenêtre à hauteur d'homme.
(2) *Revue archéologique*, 1869.

pas facile à expliquer quand le rapporteur ajoute que ce chanceau était en dehors, *extrinsecus* (1). Les barrières en question existaient déjà au VIe siècle ; elles sont citées dans le compte-rendu du concile de Tours de 567, à propos des choristes ; elles laissaient des espaces libres où chaque pèlerin attendait son tour pour éviter le désordre (2).

Les vides apparaissent nettement à gauche et à droite des enceintes tracées sur le plan n° 2. On les appelait des aîtres, *atria* ; ces aménagements avaient leur raison d'être dans une basilique où les malades étaient admis à stationner plusieurs jours (3). Il est sensible dans certains textes que l'auteur représente un malade étendu dans l'intérieur de l'église, en attendant qu'il puisse pénétrer dans l'enceinte de la confession. Ceux qui demeuraient trop longtemps près du sarcophage étaient invités à se retirer dans l'aître voisin pour faire place à d'autres (4). Toutes ces divisions et ces stations différentes à l'intérieur ou à l'extérieur étaient utiles au maintien du bon ordre par le gardien du tombeau.

L'aître extérieur était une annexe indispensable de la dévotion des *pieds du saint* avant la création du déambulatoire du Xe siècle ; il suppléait au défaut de place dans l'intérieur et à l'absence d'une crypte : on contentait ainsi l'ambition des pèlerins qui étaient avides de manifestations pieuses autour des reliques. Les textes qui opposent les dévotions du dedans à celles du dehors reviennent souvent dans les pages des historiens (5).

Je reviens sur l'aspect de la première sépulture de saint Martin pour persuader le lecteur que l'exposition à terre était dépouillée de tout luxe et invitait les pèlerins à s'agenouiller en toute liberté à proximité des reliques, du ciborium et des offrandes suspendues à la *freda* ; on peut supposer tout au plus quelques appareils utiles pour accrocher les lampes et les ex-voto. Elle se distinguait plus tard du reliquaire surtout par la belle table de marbre qui était superposée au moyen de colonnettes sans doute, et par son inscription mortuaire.

---

(1) « Mulier cœca prostrata per triduum ad cancellos qui ante sepulcrum Sancti antistitis habentur extrinsecus » (*Miracula,* c. 47). Ce doit être une erreur de copiste, à moins que l'auteur n'ait voulu dire qu'elle se tenait en dehors du chanceau.

(2) « Pars illa quæ a cancellis versus altare dividitur choris psallentium pateat clericorum » (Labbe, *Conciles,* t. V, 854).

(3) « Rogat se ad ejus basilicam deportari, in cujus atrio diebus multis jacens. »

(4) « Ad sepulcrum Sancti prosternitur. Exinde egressa per paucum tempus in atrio commorata est. »

(5) Grégoire de Tours parle des luttes violentes qui se passaient dans l'aître extérieur (*Historia Francorum,* VII, 22). Dans ses relations de miracles, il cite une femme paralysée qui y resta couchée sur une charrette pendant 8 ans et qui fut guérie (*Miracula,* IV, 6).

Cette position du tombeau sur le sol de la basilique n'avait rien d'insolite dans les premiers siècles chrétiens : elle était conforme aux usages. C'est ainsi que reposait saint Benoît au Mont-Cassin avec deux dalles superposées pour lui faire honneur. A Bourges, la sépulture de l'évêque Félix, visible au VIᵉ siècle, était un tombeau en marbre de Paros gisant à terre, qui fut remplacé par du marbre d'Héraclée (1). L'usage des tables funéraires avait sans doute été répandu par les Papes comme un témoignage de leur vénération envers les martyrs. Sixte III envoya une *platoma* sur le corps de saint Laurent; sainte Agnès avait reçu la même offrande du pape Libère. Les pèlerins de Tours n'avaient donc pas lieu d'être surpris en s'agenouillant devant la table d'Euphrone.

L'envoi d'une dalle était un hommage personnel qui accompagnait le sépulcre de pierre et ne se déposait pas sur l'autel de la confession ; elle aurait été détournée de sa destination, puisque le dit autel était consacré à la mémoire des autres personnages qu'on appelait les *quatre saints Milanais*, et à la mémoire de saint Jean-Baptiste. Ainsi le voulaient les rites. Ces saints étaient considérés comme les répondants de la puissance de saint Martin. En effet, ce saint évêque de Tours ne fut pas traité comme *saint* aussitôt après sa mort, il y avait donc lieu de lui adjoindre des personnages de la Cour céleste admis par l'opinion publique. Les évêques n'avaient pas d'autre but en rapportant de Rome des reliques éprouvées qu'ils mêlaient au cortège des célébrités locales.

Le goût changea quand on fut témoin des travaux artistiques du VIIᵉ siècle : on n'hésita pas à retirer les corps vénérables de leur premier cercueil pour les transférer dans de grands coffres en bois précieux qu'on exposait à proximité de l'auge vide en les recouvrant de lames d'or ou d'argent et de pierreries. Une balustrade commune les rassemblait dans l'endroit que j'ai décrit ci-dessus.

L'enveloppe d'*electrum* demeura invisible à cette époque; on se contenta d'ajouter quelques ornements à l'auge de pierre qu'on avait dépouillée et qui conservait toujours son prestige (3).

Tant que les princes Mérovingiens assurèrent la paix du pays, on ne vit pas d'inconvénients à montrer tant de richesses à tous les yeux; mais quand les Sarrazins franchirent les Pyrénées et s'appro-

---

(1) Grégoire de Tours, *De gloria confessorum*, 102.

(2) Ces quatre saints s'appelaient Gervais, Protais, Victor et Félix (*Recueil des Inscriptions de la basilique*).

(3) « Aliam tumbam ubi corpus beati Martini dudum jacuerat urbane composuit » (*Vita sancti Elegii*, Audoëno auctore, libro I, c. 82). Le corps fut renfermé dans plusieurs enveloppes avant d'être déposé dans la pierre.

chèrent de la Loire, il fallut changer de conduite. La terreur redoubla quand les Normands remontèrent la Loire au IXe siècle, et bientôt, sur toutes les routes, on aperçut de longues files de prêtres et de religieux fuyant vers l'Est avec leurs trésors (1).

La seconde moitié du IXe siècle a été une période très agitée pour le clergé comme pour la population, par suite des incursions des Normands, qui, dès 843, incendièrent la ville de Nantes. Les alertes étaient continuelles à Tours comme dans toute la vallée, mais tant que la châsse de saint Martin demeura dans la ville, les Tourangeaux restèrent confiants dans la force de son bras. Après plusieurs assauts désastreux, la terreur s'empara des esprits, et on résolut de fuir vers l'Est en prenant seulement le fardeau de la châsse d'*electrum*, telle qu'elle était. C'est un fait certain que la châsse fut emportée et revint avec les fuyards après avoir franchi toutes les étapes de la communauté (2).

II. — *La confession de Saint-Martin pendant la période romane. Dissimulation du sépulcre.*

Il ne faut pas exagérer les conséquences des incendies qui dévastèrent la plupart des édifices de Tours pendant le IXe et le Xe siècle ; beaucoup de murs restaient debout et pouvaient être utilisés dans une restauration. Un auteur anonyme qui s'est caché sous le nom de l'archevêque Herbern, mort en 912, et dont le récit fut continué sous ses successeurs du XIe siècle, nous raconte comment s'est opérée la grande transformation exécutée par le trésorier Hervé. Le récit des miracles qui se sont accomplis autour du corps de saint Martin avant son départ et après son retour n'absorbent pas toute son attention. L'incendie de 997, dit-il, n'a pas détruit entièrement le chevet de la basilique, l'architecte n'eut à rebâtir que la partie qui couvrait le corps et le sépulcre de saint Martin ainsi que la partie qui enveloppait le maître-autel (3). C'est le trésorier qui est l'auteur de la colon-

---

(1) Em. Mabille, *Les invasions normandes et les pérégrinations du corps de saint Martin* (*Biblioth. de l'École des Chartes*, 1869, pp. 149 et 425). — André Salmon, *Chroniques de Touraine*. Tours, 1850, in-8, et supplément.

(2) « Absida siquidem ubi corpus B. M. continebatur quam etiam detulerunt ab Autissiodoro, fusilis erat ex auro et argento, quod dicitur *electrum* » (*Livre des miracles* du Xe siècle. Ruinart, Grégoire de Tours, Paris, 1699).

(3) Voir sur cet incendie le sermon attribué à Odon de Cluny dans la *Bibliotheca Cluniacensis*.

nade du rond-point, il créa cette nouveauté en employant des voûtes et huit colonnes plus hautes et plus belles que celles de l'*édifice précédent* (1).

Nous avons dû même coup l'acte de naissance du déambulatoire qui a causé tant de préoccupations à J. Quicherat (2) et dont les premiers essais paraissent remonter au X° siècle. Le rond-point que vit Odon de Cluny ou son successeur était bâti avec des colonnes trop courtes et sans doute mal fondées, c'est pourquoi il s'écroula. Hervé n'aurait été qu'un imitateur intelligent et ami du progrès qui s'est servi du *podium* primitif, mode de construction qu'on a retrouvé dans les substructions de Saint-Denis et de N.-D. de Chartres (3). Les conséquences de cette substitution furent notables : désormais les cérémonies religieuses se développeront dans un déambulatoire bâti sur la place de l'aître extérieur ; la muraille du chevet, pleine jadis, sera remplacée par un rond-point à jour, et la vogue du culte de saint Martin sera partagée par un autre saint dont l'introduction est inattendue. La réalité de cet événement important nous est confirmée par l'inscription d'une coutume nouvelle dans le rituel du Chapitre de Saint-Martin. « Aux grands jours de fête, le célébrant quittait le chœur et venait encenser l'autel de saint Étienne en chantant une antienne dans l'endroit où les fidèles avaient coutume de vénérer les pieds de saint Martin : « Ad vesperas vadunt ad pedes » (4).

On se ferait illusion si on croyait que le départ des pirates fit cesser tout d'un coup la crainte parmi les populations qu'ils avaient tant de fois pourchassées ; les Tourangeaux en particulier conservèrent, pendant plusieurs siècles, des habitudes de défiance dans la protection de leurs richesses religieuses. Sans doute, la collégiale des chanoines de Saint-Martin ne cessa de rêver aux amplifications de la basilique de son patron et de travailler au développement du culte dont elle était le centre; mais elle ne se pressa pas d'accueillir les pèlerins avec la même facilité qu'à l'époque mérovingienne. En considérant la construction du nouveau rond-point et la place réservée au sarcophage de pierre et au reliquaire, il apparut nettement que la foule serait maintenue à une distance respectueuse dans la basilique romane. La

---

(1) Salmon, *Recueil des chroniques de Touraine*, p. 107-108, 190-191, et suppl.

(2) J. Quicherat, *Restitution de S. Martin de Tours d'après Grég. de Tours* et les autres textes anciens. Paris, Didier, 1869, in-8.

(3) « Observabis Herveum non omnem Sancti confessoris reedificasse ecclesiam, sed etiam tantum ecclesiæ partem quæ tegebat sacrum sancti Martini corpus et sepulcrum et undique cingebat majus altare » (Monsnier, *Hist. de la célèbre église de Saint-Martin de Tours*, in-8, libro II, cap. 20, p. 193, Bibl. de Tours.)

(4) « Et incipit cantor anni novi responsorium..... post antiphonam de sancto Stephano » (Rituel XIII° siècle, 2° partie).

confession sera désormais marquée par deux autels qui se regarde-
ront et entre lesquels s'élèvera un monument funéraire, une sorte de
cénotaphe à double étage, inconnu jusqu'alors en Touraine, et dont
la base sera enfouie sous le dallage pour être dissimulée aux curieux.
Telle était en effet la structure de la confession imaginée à la fin du
X⁰ siècle ; elle ressemblait à une cachette en forme de couloir (1).

Quelques explications sur ce point ne seront pas superflues, car
cette installation insolite a donné lieu à des erreurs ; on a fait de ce
monument une base d'autel et une confession du V⁰ siècle, sans s'arrêter à la nature des matériaux et à l'absence de toute décoration. Ce
couloir avait 5 à 6 pieds de longueur, 2 pieds de largeur, et les moel-
lons étaient de la pierre de Bourré très blanche. Les deux extrémités
furent brisées pendant la Révolution par la construction d'une maison, c'est pourquoi il a perdu sa forme horizontale (2). Au moment
où il fut construit, la ville était troublée sans cesse par les usurpations des laïques, par les incendies, les accidents et les calamités de
tout genre ; c'est pourquoi le travail manque de perfection ; les joints
ont environ 3 centimètres d'épaisseur, et les murs sont recouverts d'un
simple crépi (3).

Les interprètes des dernières fouilles se sont mépris évidemment
en regardant ces ruines de calcaire comme les restes d'une sépulture
du V⁰ siècle ; il est préférable de chercher ailleurs les inspirations
des gardiens du corps sacré. Rappelons-nous qu'ils arrivaient de
Bourgogne, où ils avaient passé près de 30 ans à côté du tombeau de
saint Germain, dans la crypte d'Auxerre. Les religieux de saint Germain d'Auxerre étaient passés par les mêmes inquiétudes que leurs
confrères de Tours, ils avaient été obligés de recourir à une cachette
pour garder leur trésor. Ils fabriquèrent dans la crypte de l'abbaye
une gaîne de maçonnerie, voûtée en berceau et percée aux extrémités. Sous la tablette qui supportait le sarcophage, il existait une autre
voûte minuscule de 0 m. 80 de hauteur, recouvrant une cachette
sérieuse où ils pouvaient dissimuler les reliques quand les ennemis
étaient menaçants. Comme supplément de précaution, un autel à la
tête, l'autre aux pieds, complétaient la confession. Tours eut, comme
Auxerre, deux autels pour compléter l'aménagement du corps de

---

(1) On peut s'éclairer en lisant le procès-verbal de réparation de 1686 (Archives
dép. séries G et V). Texte impr. par la commission de l'œuvre de St-Martin. Mame,
1861, p. 58.

(2) La mutilation est représentée par deux planches de l'ouvrage de Dom Besse,
XII et XIII. Voir le même, p. 68, pour la structure, et l'irrégularité de l'appareil.

(3) Il ne faut pas se fier à Gervaise quand il suppose que les parois étaient garnies
d'un revêtement en métal. C'est une hypothèse. *Vie de saint Martin*, IV, 581.

saint Martin sur le podium du XIe siècle. Cessons donc de voir là les vestiges de la première introduction du culte de saint Martin dans la basilique, et reconnaissons que nous sommes en présence d'une imitation de la confession de saint Germain. Le terme de cachette convient bien à cette gaîne : la partie supérieure destinée à tromper les voleurs de reliques contenait un second sarcophage accompagné de quelques débris du cercueil inférieur.

Les gardiens du corps de saint Bénigne à Dijon eurent recours au même stratagème, nous avons donc trois exemples de la méthode employée à Tours. La confession de saint Martin eut longtemps ce caractère secret ; elle fut visitée en 1208 par Jean de Marmoutier, qui nous la dépeint de la même façon. Les châsses de la basilique, dit-il, étaient placées dans un autel recouvert d'une dalle, et on y remarquait des « coins mystérieux », *altaris lapidei secretioribus* (1).

N'oublions pas que l'histoire triomphale du tombeau de saint Martin se transforme après l'an Mille et s'abrite sous un second patronage, comme si le thaumaturge avait besoin d'un appui. Il faudra encore plusieurs siècles avant que le public soit admis à considérer librement la grande sépulture. Nous recommandons au lecteur les nouvelles formes qui furent adoptées ; elles sont singulières.

Désormais la confession sera réduite à un seul monument ; il sera plus rarement question de la dévotion des pieds, *ad pedes*, et de l'autel de Saint-Martin, situé à la tête du sarcophage ancien (2). A l'aide des développements que vinrent apporter un déambulatoire et un rond-point à jour, la chapelle de Saint-Martin devint presque inutile ; les pèlerins se dirigeront plutôt à l'orient, autour de l'autel nouveau qu'on nomma l'*autel du Pardon*, on devine pourquoi.

Cette érection avait aussi pour but de remplacer la cella de saint Étienne, détruite par les incendies, car il n'est plus question de sa survivance après le IXe siècle, quand on parle des monuments de l'enclos Saint-Martin.

On fit de cet autel un monument rituel en l'érigeant au-dessus des piliers et du caveau qui causèrent tant d'émotion à M. Ratel, en 1860, pendant qu'il cherchait la trace de la première sépulture. On sait en effet que ce grand chrétien, si érudit, ne soupçonnait pas les formes successives adoptées par le Rituel ancien pour élever les corps saints

---

(1) Salmon, *Chroniques de Touraine*, p. 229. — Voir aussi le *Livre des Miracles* dans Baluze, in-8, VII, 169.

(2) On se préoccupait encore aux XVIe siècle de l'entretien de la chapelle Saint-Martin, elle figure dans les dépenses de 1681-1682. (Chevalier, *Invent. des titres de de la fabrique*, cote 3, p. 575.)

depuis le gisement à terre jusqu'à la gloire des grands retables. Les piliers de tuffeau qu'il prenait pour une construction ancienne n'étaient qu'une cachette transitoire inventée par une génération terrorisée par la crainte des pirates, elle n'avait rien de commun avec les dépôts sacrés appelés *Memoria*.

Cet autel Saint-Étienne a joué un tel rôle dans la confession romane qu'il est indispensable de faire ressortir son existence prolongée à l'orient, au-dessus de la cachette et à la base du trône couronné du dôme. Dans toutes les restitutions, il figure toujours comme une copie et un mémorial de l'état ancien dans les devis postérieurs aux ravages des Protestants et dans le plan de 1779 (1). Les historiens font mention de dépenses faites à la suite de marchés conclus avec des fondeurs, des maçons et des menuisiers ; ils rapportent des travaux pour la réfection de la voûte de la chapelle Saint-Étienne, qui était tombée, pour le rétablissement de l'autel de Saint-Étienne et de l'autel Saint-Martin. Un double escalier de 10 marches est également cité (2).

De tout cet arrangement matériel, il résulte une conclusion intéressante, à savoir que, dès l'époque romane, les deux autels étaient disposés, comme à Auxerre, à chaque extrémité du cénotaphe que j'appelle la *cachette* : l'un à la tête et l'autre aux pieds. Dans la superposition des deux sarcophages on remarquait que l'étage inférieur était occupé par le plus précieux, au XIe siècle, tandis que les reliques secondaires étaient à la portée de la main, à l'étage supérieur. Il faudra attendre jusqu'au XIIIe et XIVe siècle pour que l'exposition solennelle du dôme retire de l'obscurité tout le trésor des reliques. Le maître-autel n'était employé que certains jours de fête, pour l'exposition des reliques principales (3). Quant au sépulcre de pierre, il était encore à la base de l'autel de Saint-Étienne lors dé la reconnaissance de 1636 (4).

Tous ces faits sont confirmés par ce qui se passa sous le règne des rois Philippe V dit le Long et Charles IV dit le Bel, lorsqu'ils tentèrent l'ouverture du tombeau pour séparer la tête de saint Martin de son corps : il fallut employer des barres de fer pour rompre l'entrée de la cachette (5). Après avoir vainement essayé d'ébranler le monu-

---

(1) Ce plan a été publié par M. Chevalier dans sa brochure de 1886.

(2) *Inventaire des titres de la fabrique*, cité. — Bull. de la Soc. archéol. de Touraine, t. V, 1883 ; VIII, 1889.

(3) C'est le pape Jean XXII qui autorisa l'exposition de la tête deux fois par an sur le maître-autel. Ce reliquaire pesait 50 marcs d'or, 10 onces.

(4) Dorange, Bull. de la Soc. archéol. de Touraine, t. III, p. 59-65.

(5) Aucune distribution de reliques, dit Monsnier, ne se fit avant 1333 ; auparavant

ment en le prenant par derrière (à l'Est), les ouvriers furent obligés de faire une autre pesée sur la face antérieure, ce qui prouve qu'il était isolé. Avant d'exalter les reliques au sommet de l'estrade et du baldaquin, les Souverains firent exécuter un coffre assez somptueux pour remplacer sans doute le sarcophage d'*electrum* qui avait fait le voyage d'Auxerre. Nous sommes alors à la fin de la période de dissimulation, puisque les rois ont donné le signal de la rupture des barrières. Désormais la cachette construite à l'instar d'Auxerre devient inutile.

III. — *L'exaltation solennelle des reliques*

Charles VII paraît être le prince qui s'appliqua le plus généreusement à glorifier les reliques et à leur composer un trône brillant, capable d'éblouir les foules. Non seulement il rehaussa beaucoup l'estrade de l'autel, mais encore il fit dresser aux angles quatre colonnes de cuivre qui supportaient une plate-forme très ornée. C'est là qu'on exposera désormais la châsse principale entourée de 16 autres reliquaires plus éclatants les uns que les autres (1). On peut se faire une idée de ce spectacle en visitant le trône conservé dans le chœur actuel de Saint-Mathias de Trèves. L'exposition n'avait lieu que les jours de solennité; les jours ordinaires, les visiteurs se faisaient conduire dans la chambre du Trésor, ou montaient avec une échelle, vers la cavité dans laquelle se trouvait le buste de la tête de saint Martin, qui était le reliquaire le plus précieux.

La collégiale disposait alors de plusieurs coffres, les uns fermés, les autres ouverts, qui servaient successivement pendant les transformations que commandaient nos rois. Les souverains consacraient alors des sommes considérables pour exalter la gloire des saints nationaux. On sait que le célèbre orfèvre Jean Lambert ne travailla pas moins de 10 ans au tombeau de saint Martin avec plusieurs compagnons (2); on y avait semé tant de métaux variés que, pendant les scènes désastreuses des profanations, le clergé ramassa les restes d'un chapiteau d'argent qui pesaient 346 marcs. Les historiens esti-

on se bornait à prendre des morceaux du sarcophage pour les distributions. Monsnier a eu entre les mains les archives de la collégiale de saint Martin, son témoignage a donc une grande valeur.

(1) Il existe un inventaire dressé en 1493.

(2) Loiseau de Grandmaison, *Notices sur les anciennes châsses de saint Martin.*

ment que Charles VII n'a pas dépensé, sur son épargne, moins de 3oo écus d'or, et Agnès Sorel elle-même voulut inscrire dans son testament une somme égale.

Sous le règne de Louis XI, les embellissements continuèrent et firent un certain bruit quand ce prince fit poser une grille d'argent sur les premières marches de l'estrade. Cet ornement aurait sans doute été conservé jusqu'à la fin de la Monarchie, si la rançon de François Ier n'était venue jeter la détresse dans le trésor royal. Le ministre des Finances de ce prince, Semblançay, est accusé d'avoir proposé la suppression de la grille de Louis XI et d'avoir envoyé le métal précieux à la Monnaie, triste spoliation qui devait servir d'exemple néfaste aux partisans de la Réforme et encourager d'autres profanations encore plus regrettables, lorsque les Huguenots firent la loi à Tours, en 1562.

Il est vrai que les Tourangeaux travaillèrent rapidement à la restauration des ruines, ils relevèrent l'autel et les colonnes du baldaquin, et rassemblèrent pieusement les fragments de reliques qui avaient échappé à l'incendie, mais ils ne calmèrent pas les regrets qu'excita la dispersion des trésors pieux de la collégiale. Certains morceaux réduits à un petit volume furent cachés dans une boîte de poirier sous le baldaquin, les autres furent déposés dans un buste d'argent, et des parties du bras prirent place dans un tube de cristal (1).

Telle était l'exposition quand survinrent les agitations de la Révolution et l'impiété des magistrats municipaux qui, à leur tour, déclarèrent la guerre aux églises et aux reliques. La basilique leur déplaisait, sa démolition fut résolue et poursuivie si activement qu'en avril 1798 il ne restait rien du monument de gloire que je me suis efforcé de faire connaître, rien, si ce n'est deux tours dont l'une porte le nom de Charlemagne dans le langage populaire, comme pour exciter à perpétuité les remords des profanateurs de nos gloires nationales. Outre ces deux témoins des aumônes abondantes versées à la Trésorerie de Saint-Martin, j'aurais voulu montrer aux curieux la trace des genoux des pèlerins sur les marches du saint des saints, et les pierres de granit qu'on avait dû employer pour les rajeunir.

Léon Maître.

---

(1) Gervaise raconte comment on s'efforça de rétablir les diverses parties de la confession. *Vie de saint Martin de Tours*, Tours, Barthe, in-4°. C'est un auteur du XVII° siècle.

LES ORIGINES PATERNELLES
DE SAINT [1] GUILLAUME DE VOLPIANO

Saint Bénigne de Dijon et les pays lorrains aux Xe et XIe siècles

Le principal historien de saint Guillaume, Raoul Glaber, ne nous fournit sur les origines du grand abbé que des données assez peu explicites. C'était, nous dit-il, un Italien dont l'aïeul paternel, Vibo, était de race alemannique : *natione quidem Italus; avus tamen ejus, Vibo nomine, militari industria clarus, gente Suevus fuit. Qui scilicet, ob inimicitiarum ultionem, nativam relinquens provinciam, perrexit habitaturus Italiam, ibique copiose locupletatus opum gratia feliciter degit* (2).

Le fils de Vibo, Robert, comte de Volpiano dans le Canavese, avait

---

(1) « Quoique ce pieux abbé, disent les auteurs de la *France littéraire*, ne soit honoré nulle part que l'on sache, on ne laisse pas de lui donner le nom de *saint*, Ce n'est pas sans fondement, puisque toute la suite de sa vie et le don des miracles dont Dieu l'a gratifié après sa mort, attestent sa sainteté » (*H. litt.*, VII, p. 321). Mabillon s'exprime de la même manière. Mais, depuis lors, des recherches plus approfondies ont jeté quelque lumière sur ce point. A Dijon, à la vérité, les livres liturgiques ont péri, et nous ne saurions dire si on y a jamais rendu quelque culte à ce saint abbé; mais à Fructuaria, à Fécamp, en Angleterre, il paraît incontestable qu'on l'a fait (Cf. *S. Willelmi Divionensis opera*, Augustae Taurinorum, 1797, 4°). — On n'hésitait pas, au moyen âge, à le louer à l'égal des plus grands saints. Voici en particulier, comme en parlait Jotsaldus dans ses vers sur la mort de saint Odilon (*Reomaus*, auctore Roverio, Parisiis, 1637, IV, p. 170) :

> « Iisdem decessit Vuillelmus sorte Kalendis
> Magnus et ipse pater monachorum Divionensis.
> Hi fuerant monachi Maioli denique sancti
> Uno florentes in tempere, corpore mundo,
> Unius et fidei vere, pietatis amici.
> Junxit utrosque fides, similes habuere recessus.
> Gloria non dispar, eodem sequiturque corona. »

(Mgr Bougaud, *Chronique de S. Bénigne*, dans les *Analecta Divionensia*, p. 178, n.).

(2) Raoul Glaber, *Vita S. Guillelmi*, 2.

épousé une noble lombarde du nom de Perinza (1), et c'est de ce mariage qu'étaient nés quatre fils : Godefroi, Nithard, Robert et Guillaume (2).

Les termes vagues dont se sert Raoul Glaber en parlant de Vibo ne permettent pas de déterminer avec précision l'époque à laquelle ce dernier vint s'établir en Lombardie. Toutefois, on imagine mal cette installation au lendemain de la descente en Italie de l'armée souabe que le duc Burchard d'Alemannie amenait au secours de Rodolphe II de Bourgogne : les Italiens de la vallée du Pô, dont le sentiment national avait été exaspéré par les sauvageries et les rodomontades des gens du Nord, eussent sans doute difficilement permis à l'un de ceux-ci de s'installer paisiblement parmi eux. Il vaut mieux supposer que l'émigration de Vibo précéda de dix ou quinze ans les événements de 923-926 ; on pourrait la considérer comme l'un des incidents consécutifs de ces nombreuses vendettas qui déchirèrent la Souabe durant les premiers années du X⁰ siècle : la date de la naissance de Guillaume (962), bien loin de contredire à cette chronologie, semble même la supposer puisqu'il est établi que le saint abbé fut l'un des plus jeunes enfants du comte Robert de Volpiano.

Le rôle joué par Robert au temps des guerres d'Otton I⁰ʳ contre Bérenger II ; son mariage avec une princesse de la famille royale d'Italie ; le fait surtout que la reine Adélaïde, épouse d'Otton I⁰ʳ, tint à servir de marraine au petit Guillaume : toutes ces circonstances donnent à penser que l'ancêtre des comtes de Volpiano était d'illustre origine. L'expression de Raoul Glaber, *militari industria clarus, gente Suevus*, fait songer à l'un de ces cadets de grande maison qui surent se servir de leur épée pour se créer une situation à laquelle leur naissance ne leur permettait pas de prétendre. Nous aurons donc quelque chance de retrouver les origines de Vibo en feuilletant les archives des familles comtales d'Alemannie.

Or, deux des noms caractéristiques (3) de la maison de Volpiano,

----

(1) Ibid. : « *Accipiens sibi uxorem ex Longobardorum nobilióribus nomine Perinzam...* » Perinza n'était pas, à proprement parler, de race lombarde, puisqu'elle était issue de la maison des marquis d'Ivrée (sortis eux-mêmes d'une souche bourguignonne et souabe) : c'était par elle que saint Guillaume cousinait avec le célèbre Otte Guillaume, petit-fils du roi de Lombardie Bérenger II et comte de la majeure partie des pays bourguignons, « *comes maxime partis Burgundiæ Willelmus, qui ejusdem patris* (il s'agit du saint abbé) *exstiterat affinitate propinquus...* » (*Vita*, 17).

(2) *Vita S. Guillelmi*, 17. Cf. la charte de fondation du monastère de Fructuaria, *Historiae patriae Monumenta, Chartae*, et les *Annales O. S. B.*, IV, p. 238.

(3) Nous considérons comme bien établie la thèse suivant laquelle les noms portés par les grands personnages du Haut Moyen-Age sont une *propriété héréditaire* dont

Robert et *Godefroi*, se retrouvent dans l'une des plus nobles races ‹
pays souabe, — celle dont la reine Hildegarde, femme de Charlen
gne et mère de Louis le Pieux, se glorifiait de sortir (1). Godefr‹
duc d'Alemannie sous Pépin II, avait laissé quatre fils : le duc L‹
froi (724), le duc Thiébaud (729-744), le comte Oatilo et le con
Houching.

D'Houching étaient nés le comte Berthold et le duc Hnabi (v‹
750), père du comte Robert de Thurgovie(770). Imma, fille de Hnabi
sœur de Robert, avait donné naissance à la reine Hildegarde, au con
Gérold, marquis de Bavière sous Charlemagne, et au comte Odaric
tige des comtes de Lenzgau.

Cette famille des comtes de Lenzgau conserva fidèlement penda
près de trois siècles le nom patronymique d'Odalric, à côté duqi
reparaissent de temps à autre ceux de Gérold et de Robert (2). A
fin du IXe siècle, on la voit se rapprocher de la maison burgund
souabe des Burchard, comtes de Rhétie, de Thurgovie et de Zurich,
s'unir à elle par plusieurs mariages (3) : c'est alors que reparaît
Souabe le nom de Godefroi, porté dans le premier quart du Xe siè‹
par un cadet de la maison comtale de Zurich (4). Ce Godefroi est m
par l'une des litanies de Saint-Gall (5), en rapport direct avec le d
Burchard II, celui-là même qui envahit l'Italie en 926 et dont la fi
Berthe, mariée à Rodolphe II de Bourgogne, donna naissance à la rei
Adélaïde, marraine de saint Guillaume.

Quant au nom de *Vibo*, on ne le rencontre en Alemannie que so
la forme de *Vibert*, *Witpret* (6); il est porté à la fin du IXe siècle p

------

la transmission est réglée par des principes fixes : les études que nous avons
amenés à faire sur les dynasties comtales de l'époque carolingienne et sur les gr‹
des familles féodales de la région bourguignonne ne nous laissent aucun dout‹
cet égard. Cf. ce que disent sur le même sujet, R. Poupardin, *Les grandes fami*
comtales à l'époque caroling'enne, appendice XIII de son *Royaume de Provence*, p. 37‹
381, et surtout J. Depoin, *Études sur le Luxembourg à l'époque carolingienne*, 1908, p.
et suiv.

(1) Thegan, *Vita Hludowici*, *SS.*, II, p. 590; et aussi *Vita S. Pirminii*, dans *AA. S*
Nov., II, p. 13-19; Wartmann, *Urkundenbuch der Abtei Sanct Gallen*, I, n°s 57, 160, e

(2) Wartmann, I, n° 160; II, n° 655.

(3) Odalric V épousa Emma, fille du comte de Réthie Odalric, fils lui-même d'Ad
bert I de Thurgovie et frère d'Adalbert II; Burchard I, fils d'Adalbert II, épousa u
petite-fille d'Odalric III, etc...

(4) Neugart, 758.

(5) *Libri confraternitatum*, dans *M. G.*, III, col. 150 : 1 *Manngold*, 2 *Landolth*, 3 *H*
menfrith, 4 *Odalrich*, 5 *Burchart dux*, 6 *Reylnerda*, 7 *Gotofredus*.

(6) *Vibo* ou *Vipo* est une forme hypocoristique de *Vipertus* (*Vihilpreht*, *Widpert*
Wibertus). — Il n'est pas inutile de rappeler ici qu'un comte Guibert (*Witbertus*
Wicbertus), bienfaiteur du monastère de Tournus en 870, joua un rôle important
Lotharingie et particulièrement dans le pays de Toul au temps de Lothaire II et
ses premiers successeurs.

un noble du pays de Zurich (1), et peut-être par un comte qui figure dans une litanie de Saint-Gall (2) aux côtés du comte Onfroi de Zurich (872-876). — L'ensemble de ces coïncidences nous inclineraient volontiers à considérer la famille des comtes de Volpiano comme une branche cadette des comtes de Zurich, apparentée à la fois aux Odalric de Lenzgau et aux Burchard de Thurgovie.

Un dernier nom nous reste à retrouver : c'est celui de *Nithard*, nom assez peu répandu, qui nous conduit directement dans l'ancienne Austrasie et plus particulièrement en Haute Lotharingie.

A la fin du Xe siècle (978), un Nithard (ou Nizo, forme hypocoristique de Nithard), abbé de Metlach au diocèse de Trèves, correspond (3) avec le célèbre Gerbert. Ce personnage semble se rattacher à un comte homonyme dont la famille nous est bien connue grâce à un précaire accordé en 881/882 par l'évêque Walā de Metz (4). Aux termes de cet acte, le prélat concède à la dame Luitgarde (*Leutchardis Deo devota*), à son fils Nithard et à sa bru Blitrude, ainsi qu'à leurs enfants Wigéric et Nithard, divers biens dont ils ont précédemment enrichi l'Église Saint-Étienne de Metz, biens situés *in pago [Hardonnese]..., in villa Hodingas super fluvium Alsoncia..., in pago Wabrinse..., in villa Brancelingas..., in villa Gendigas..., in villa Fimerias..., in villa Wis..., in villa Cavilliaca..., in Novo Sarto...*

Le comte Nithard apparaît pour la première fois en 881. Simple *miles* à cette date, il n'en figure pas moins au nombre des douze grands personnages de Lotharingie qui, sur l'invitation du légat du pape Nicolas Ier, se portent garants des engagements pris par Lothaire II au sujet de la reine Theutberge (5). On le retrouve en 885, où il écrit à l'empereur Charles le Gros pour le féliciter de son avènement et lui recommander de prendre comme conseiller un certain comte Burchard que l'on doit probablement identifier au comte souabe de ce temps (6).

Cette rencontre d'un Nithard et d'un Burchard nous paraît tout à fait remarquable et de nature à éclairer définitivement la question des origines paternelles du saint abbé Guillaume. Nithard et Burchard étaient probablement parents (7), et c'est là ce qui explique l'intérêt

---

(1) Wartmann, II, n°s 711 (897) et 731 (904), et *Supplément*, n° 8 (868).
(2) *Libri Confraternitatum*, I, col. 32, 13 bis.
(3) *Gerberti Epistolæ*, éd. Havet, n°s 64 et 72.
(4) *Cartulaire de Gorze*, n° 69, dans *Mettensia*, II, p. 125. Cf. pour la date, *Mettensia*, III, p. 27, et pour l'identification des localités citées, J. Depoin, *Études sur le Luxembourg à l'époque carolingienne*, I, *Le domaine de Mersch*, p. 35 à 38.
(5) Cf. R. Parizot, *le Royaume de Lorraine*, p. 279.
(6) Cf. J. Depoin, *Études sur le Luxembourg*, p. 39 et 55.
(7) M. Depoin, dans les *Études* précitées, fait de Nithard un beau-frère de Bur-

que le premier prend à la fortune du second. Rien de surprenant dès
lors à ce qu'on retrouve un Nithard parmi les arrière-neveux de Burchard.

*
* *

Les conjectures généalogiques dont on vient d'esquisser les principales lignes ne s'adressent qu'à un cercle de spécialistes forcément
restreint. Elles ont cependant l'avantage de jeter une vive lumière
sur une série de faits très importants au point de vue de l'histoire
monastique : je veux parler des relations étroites qui existèrent à partir de saint Guillaume entre l'abbaye dijonnaise de Saint-Bénigne et
les monastères lorrains.

Sans doute, on pourrait évoquer ici le souvenir des liens antiques
qui existèrent de tout temps entre le pays de Toul et celui de Langres : Saint-Bénigne de Dijon et Saint-Epvre de Toul gouvernés au
VIe siècle par un même abbé (1); des évêques d'origine lingonne,
Leudinus qui et Bodo (vers 670) et *Bodo II*, siégeant à Toul (2); saint
Jacques de Toul (757...762) mourant à Dijon au retour d'un pèlerinage à Rome et sa sœur *Liliosa* construisant au cœur de ses domaines
patrimoniaux le sanctuaire dont le nom s'est conservé dans celui du
village actuel de Saint-Blin (3); une église bâtie en l'honneur de

---

chard I; sa mère Leutgarde (*Leutchardis*) serait identique à celle des filles d'Odalric III qui portait ce nom. Il est probable que les liens entre les deux familles
furent resserrés par d'autres unions : Godefroi de Zurich paraît avoir épousé une
de ses cousines, sœur du jeune Nithard et de Wigéric.

(1) Selon la *Chronique de Saint-Bénigne*, l'abbé Apollinaire contemporain du roi
Gontran aurait réuni sous sa crosse les trois abbayes de St-Maurice d'Agaune, de
St-Epvre de Toul et de St-Bénigne de Dijon. Nous n'avons pas à rechercher ici le
bien-fondé de cette affirmation : il est possible, comme l'a remarqué Mgr Bougaud
après Mabillon (*Annales O. S. B.*, I, p. 174), que le chroniqueur ait mal interprété les
diplômes anciens dont il parle et entendu de l'unité de gouvernement ce qui était
peut-être dit de l'union d'esprit et de cœur qui devait exister entre les trois abbés.

(2) Cf. *Gesta episcoporum Tullensium*, 16 et 22. *Leudinus qui et Bodo* était frère de
sainte Salaberge; il appartenait à une famille langroise que de nombreux indices
invitent à rapprocher de celle de saint Léger d'Autun, possessionée elle-même dans
toute la région dijonnaise. — *Bodo II* est le fondateur du monastère d'Enfonvelle,
érigé dans la première moitié du VIIIe siècle en l'honneur de saint Léger; ce
monastère fut donné ou peut-être restitué à Saint-Bénigne de Dijon au temps de
l'abbé Halinard (1031-1052).

(3) *Chronique de Saint-Bénigne*, édition Garnier et Bougaud dans les *Analecta
Divionensia*, p. 160. Le nom de *Saint Blin* (Haute-Marne, chef-lieu de canton de l'ar-
rondissement de Chaumont) est une altération du nom de saint Bénigne : Blin ou
Belin équivalant à Berin ou Brin ou Broing. Cf. Chomton, *Histoire de l'Église de
Saint-Bénigne de Dijon*, p. 67.

saint Epvre sur les bords de la Vingeanne (1) et deux autres dans la haute vallée de la Meuse et le bassin du Rognon (2)...

Mais on est bien obligé de convenir qu'à la fin du X⁰ siècle ces liens vénérables s'étaient singulièrement relâchés. Les échanges conclus entre les évêques Achard de Langres et Gozlin de Toul avaient amené une véritable rupture entre les deux églises (3); le second successeur d'Achard, Brun de Roncy (982-1015), s'était brouillé avec Gérard (963-994) et Berthold (994-1019), successeurs de Gozlin ; et non content de refuser toute indemnité à l'église de Toul, qui se prétendait lésée par les récents arrangements, il s'était encore emparé d'une de ses vieilles possessions, l'abbaye de Poulangy, sous prétexte qu'elle était située en terre langroise (4).

Cette querelle ne s'apaisa qu'en l'an 1005, à la suite d'une entrevue entre les deux prélats, et grâce aux bons offices de l'abbé de Saint-Bénigne et du comte Otte-Guillaume : du moins c'est ce qu'on peut déduire de la date d'une charte publiée par Pérard, *Acta sunt hæc quando fuit placitum de Abbatia Poloniacensi inter domnum Bertholdum et domnum Brunonem episcopos in Dodonis curte, juxta quercus, pæsente Vuillelmo comite et Vuillelmo abbate multisque magnis et nobilibus viris* (5).

L'évêque Berthold sortait, comme saint Guillaume, d'une illustre famille de Souabe, *nobilissimus Alemannorum natalibus ortus*, disent les *Gesta episcoporum Tullensium* (6). — Est-il téméraire de supposer que cette circonstance facilita la tâche pacificatrice du grand abbé de Saint-Bénigne ?...

Quoi qu'il en soit de cette hypothèse, il suffit d'examiner avec attention la série des actes de saint Guillaume pour s'apercevoir que la meilleure partie de son activité extérieure, pourtant considérable, se porta du côté de la Lorraine, et que dans cette œuvre de restauration monastique il fut constamment assisté par des personnages appartenant à un clan lorrain bien déterminé, celui des *descendants*

---

(1) *Domnus Aper* (Chronique de Bèze, éd. Bougaud et Garnier, p. 361) est le nom primitif du village actuel de Dampierre-sur-Vingeaune (Côte-d'Or, arr. de Dijon, canton de Fontaine-Française).

(2) Saint-Epvre de Provenchère-sur-Meuse et Saint-Epvre de Bussière-lez-Clefmont (Hte-Marne, arrondissement de Chaumont, canton de Clefmont).

(3) *Gesta ep. Tullensium*, 33 et suiv; — *Vita S. Gerardi, AA. SS.*, april., III, p. 208-213, et Pertz, *SS.* IV, 490-505.

(4) *Ibid.*

(5) Pérard, *Recueil de plusieurs pièces curieuses pour l'histoire de Bourgogne*, p. 169. Il est intéressant de noter que les deux premiers témoins laïques de cette charte sont le comte Oury (*Odulricus*) de Reynel et le comte Raimbaud de Mortagne, tous deux issus de la souche de Nithard et de Wigéric.

(6) *Gesta*, 36.

de ce comte Wigéric que nos précédentes recherches nous ont conduit à regarder comme un collatéral très proche des ancêtres directs de l'Abbé de Saint-Bénigne.

L'évêque Adalbéron II de Metz (984-1005), qui fait don à saint Guillaume de l'abbaye de Saint-Arnoul (1), est un fils du duc Frédéric († 978) et un petit-fils de Wigéric; son successeur Thierry (1005-1046), qui confie Gorze au même saint (2), descend également de Wigéric par son plus jeune fils, Sifroi de Mosellane († c. a. 998).

Le comte Gérard de Metz (vers 1005), qui octroie à Saint-Bénigne la moitié de Goncourt (3), est le gendre du même Sifroi; Oury de Reynel (*Odulricus comes*), qui approuve les libéralités du chevalier Evrard (4), est un arrière-petit-fils de la comtesse Eva de Chaumontois, sœur de Wigéric; enfin Aymon de Sexfontaine, comte de Bologne et bienfaiteur de l'abbaye dijonnaise au temps de saint Guillaume et d'Halinard (5), se rattache à la fois aux comtes de Chaumontois et aux comtes de Mortagne, cousins des enfants de Wigéric (6).

Quant aux collaborateurs immédiats de l'abbé de Saint-Bénigne, ce sont également des rejetons de la même souche. Sans parler de Widric (7) et de Sifroi (8), qui furent préposés par lui aux monastères de Saint-Epvre et de Gorze et dont les noms caractéristiques attestent déjà l'origine, le toulois Arnoul (9), qui fut pendant de longues années le représentant, je dirais presque le *fondé de pouvoirs* de saint Guillaume en Lorraine, est un descendant des comtes carolingiens du Chaumontois et par conséquent un proche parent d'Oury de Reynel.

⁂

Nous avons là un nouvel exemple et fort significatif de l'importance qu'eurent, dans les fondations ou les restaurations bénédictines du moyen âge, les relations familiales de ceux qui en furent les promoteurs ou les principaux ouvriers.

Ce serait en effet une conception quelque peu simpliste de s'ima-

---

(1) *Chronique de Saint-Bénigne*, p. 150.

(2) *Chronique de Saint-Bénigne*, p. 159.

(3) *Ibid.*, p. 161.

(4) Donation de la *Villa Manisis dicta* : *Chronique*, p. 160.

(5) *Chronique*, p. 174; Pérard, *Recueil*, p. 179 et 183.

(6) Pour tous ces détails généalogiques voir Léon Vanderkindere : *Formation territoriale des principautés belges au moyen-âge*, t. II; R. Parisot. Cf. aussi notre notice sur les anciens comtes de Bologne et de Bassigny (*Congrès des soc. sav. de 1924*).

(7) *Chronique*, p. 151.

(8) *Ibid.*, p. 159.

(9) *Ibid.*, p. 151, 159, 161, 162, 169.

giner que d'amples mouvements comme ceux de Cluny, de Dijon, de Verdun, de Molesme, de Cîteaux..., dépendirent tout uniment de l'influence ou de l'ascendant personnel d'un seul individu, dont la sainteté aurait suffi, au temps où il parut, à ébranler les masses et à provoquer ces admirables révolutions religieuses.

Non pas que de tels miracles soient impossibles à Dieu. Plusieurs exemples anciens et, en des temps plus rapprochés de nous, les merveilles accomplies par un Vincent de Paul ou un Curé d'Ars témoignent éloquemment du contraire, en montrant que parfois l'humilité et le zèle d'un seul savent réaliser des œuvres que toutes les puissances humaines réunies ne pourraient mener à bonne fin. — Mais on ne doit pas oublier non plus — et en ceci il n'y a rien qui puisse diminuer l'auréole des grands réformateurs du Moyen Age — que de tout temps la sage Providence préféra se servir des causes secondes, et utiliser pour le but qu'elle s'était fixé les mœurs et les usages de l'époque, et jusqu'à la politique.

Du VIIe au XIIe siècle, et malgré certaines apparences contradictoires, la société tout entière fut dominée par un traditionalisme complexe dont les deux éléments fondamentaux furent, d'une part, le respect des souvenirs religieux du passé et d'autre part la forte constitution familiale des maisons palatines ou des clans féodaux qui leur succédèrent. Or tels sont les facteurs que nous voyons intervenir simultanément pour faciliter la conquête d'une partie du pays lorrain par les moines de Saint-Bénigne : l'éminente sainteté de leur abbé les met en vedette, et les grands seigneurs de Lotharingie, tout fiers de se sentir les proches parents d'un saint, appellent à l'envi ses enfants pour leur restituer les antiques possessions de leur abbaye ou les combler de nouveaux bienfaits.

Et par là s'expliquent non seulement les progrès si rapides de la réforme bénignienne et son action profonde, mais aussi la courte durée de sa prééminence.

Sans doute l'abbé Guillaume eut le grand tort de ne pas savoir refuser ses religieux à qui les lui demandait, et ce fut là, suivant la remarque si pénétrante de M. le chanoine Chomton (1), l'une des premières causes du rapide épuisement de la ruche qui avait fourni tant et de si beaux essaims. Mais on doit se souvenir également que Guillaume se trouvait de par sa naissance dans une situation tellement exceptionnelle (2) qu'il était presque impossible de le rem-

____

(1) *Hist. de l'Église de Saint-Bénigne de Dijon*, p. 128.

(2) Ce qui a été dit du rôle des influences familiales dans l'extension de la réforme

placer : et cette seconde remarque ferait déjà comprendre pourquoi la prodigieuse fortune de son œuvre réformatrice fut à peu près sans lendemain.

Malgré leur vertu et leur noble origine, les continuateurs immédaits du saint abbé — le bourguignon Halinard, l'italien Jean, le lorrain Adalbéron — étaient bien loin de pouvoir disposer de ressources comparables à celles dont avait bénéficié leur devancier (1). Les générations successives, en disparaissant dans la tombe, espaçaient toujours davantage les anneaux de ces puissantes chaînes que Guillaume avait rêvé un instant de rassembler en un faisceau unique.

Que l'on essaie de combiner et de totaliser ces forces et ces

bénignienne en Lorraine pourrait l'être également de l'extension de cette même réforme dans les autres pays.

En Italie, l'abbaye de Fructuaria est fondée sur les terres patrimoniales de Guillaume, et les bienfaiteurs qui concourent à cette fondation sont les parents maternels du saint abbé, le roi Ardoin et le comte Otte Guillaume.

En Champagne, les deux grands bienfaiteurs de l'abbaye dijonnaise, Eudes de Blois et Étienne de Vermandois, se relient par de multiples alliances à la souche lorraine de Wigeric et aux deux lignées — souabe et conradine — des ducs d'Alemannie.

Le roi Robert le Pieux, qui, en France, confie à Guillaume la réforme de Saint-Germain-des-Prés, est le second mari de Berthe de Bourgogne, veuve d'Eudes I de Blois et arrière-petite-fille de Burchard II de Souabe; si l'on cherchait bien, on trouverait, soit du chef de sa mère Adélaïde de Poitiers, soit du chef de son aïeule Hedwige de Saxe, plusieurs liens de parenté entre ce roi et Guillaume.

En Normandie, le principal appui de l'abbé de Saint-Bénigne est le duc Richard I, petit-fils de Poupe dont le père Bérenger possédait des alleux en pays rhénan et reconnaissait comme parents les Odalric de Lenzgau.

(1) On ne peut assez regretter les lacunes de la *Chronique* et du Chartrier de Saint-Bénigne pour cette époque. On entrevoit de la part d'Halinard (1031-1052) un effort considérable pour ne rien perdre de l'héritage de son prédécesseur : malgré les difficultés politiques de la situation créée par l'avènement de la dynastie ducale de Bourgogne, il essaie de maintenir son abbaye et s'appuie largement sur ses parents de Bolenois et de Bassigny, de Chaunois et d'Outre-Saône; il conserve victorieusement ses relations avec la Lorraine; il semble même sur le point de les amplifier lorsque la Providence l'appelle à de plus hautes destinées... Jean, qui le remplace (1052-1056), fait figure d'étranger, et ceci suffit à paralyser son action : il a la sagesse et l'humilité de le reconnaître et se hâte de regagner le monastère de Fécamp d'où il était sorti... L'élection de son successeur Adalbéron (1056-1077), parent peut-être de cette autre Adalbéron, primicier de Toul vers 1052 et bienfaiteur insigne de l'abbaye dijonnaise, représente sans nul doute une tentative de Saint-Bénigne pour se rapprocher des monastères lorrains, et l'on a des indices que cette tentative ne fut pas sans succès. Malheureusement des difficultés imprévues surgissent au cœur même de l'abbaye-mère ou dans son voisinage immédiat : Adalbéron s'use et succombe à la tâche..... Il faut pour le remplacer faire appel à Cluny, qui consent à céder Jarenton (1077-1113), dont le nom, bien qu'étroitement uni à l'une des dernières et plus remarquables interventions de Saint-Bénigne dans les affaires intérieures des monastères lorrains (le séjour à Dijon des moines de Saint-Vanne), marque le point de départ d'une toute nouvelle orientation dans l'histoire de la grande abbaye dijonnaise.

influences, tour à tour vigoureuses ou diminuées; qu'on les rappor-
che et qu'on les compare; qu'on les replace surtout dans ce cadre
politique et social toujours mouvant auquel il leur fallait s'adapter,
— et l'on comprendra ces alternatives de grandeur et de médiocrité,
ces moments d'éclipse et ces périodes de renouveau, ces brusques
restaurations et ces irrémédiables décadences : phénomènes singulièrement attachants par leur instructive complexité et que l'on
retrouve toujours les mêmes, sans jamais pouvoir pleinement les
identifier, tout le long de l'histoire monastique.

Abbé M. Chaume.

PROPRIÉTÉS ET RENTES
DE L'ABBAYE DU TRÉSOR, O. C.
A BRAY (SEINE-ET-OISE)

1243-1314

(Suite et fin)

XVIII

Avril 1258

*Vente à l'abbaye du Trésor par Pierre Tiremont d'une rente de 18 deniers
parisis assignée sur une pièce de vigne, pour la somme de 40 sols
parisis.*

Original parchemin de 158 mm. de large sur 112 mm. de haut, scellé
d'un sceau rond de 25 mm. en cire verte, appendu sur double queue de
parchemin. Dans le champ une fleur de lis; en exergue : ✠ S PETRI
TIREMOVNT.

Noverint universi tam presentes quam futuri quod ego Petrus, dictus Tiremont de assensu et voluntate ‖ Ausendis uxoris mee et heredum
meorum, vendidi et concessi monialibus de Thesauro Beate Marie
iuxta Baude‖mont decem et octo denarios parisiensium annui redditus, quos Gillebertus Coquerel michi debebat annuatim in ‖ festo
Omnium Sanctorum de quadam pecia vinee, quam de me tenebat, sita
in trelio delalere inter vineam ‖ Radulfi Penfart ex una parte, et vineam
Thome de Tilli (1) ex altera : de qua videlicet vinea veniebat ‖ annuatim
ad meum pressorium ad bannum, ita videlicet quod dictus Gillebertus
et eius heredes ibunt decetero ‖ ad pressorium dictarum monialium de
vinea supradicta ; pro quadraginta solidis parisiensium quos presencialiter inde recepi ‖ et de quibus me teneo pro pagato ; tenendos et in
perpetuum possidendos et recipiendos annuatim ‖ ad festum antedic-
tum, dictis monialibus, a dicto Gilleberto et eius heredibus, quiete et

---

(1) Tilly, Eure, cant. d'Ecos.

pacifice, absque ulla ‖ reclamatione mei vel heredum meorum in posterum facienda, salvo tamen iure dominico. Hanc autem ‖ venditionem et concessionem prout superius expressam, dictis monialibus et successoribus suis, ego dictus ‖ Petrus et heredes mei, contra omnes gentes garantizare tenemur, et dampna sive deperdita ‖ sua si que pro defectu garantie mei vel heredum meorum incurrerint, valore ad valorem restaura ‖ re, fide mea super hoc prestita corporali. Et ut hoc firmum et stabile permaneat in posterum ‖ ego dictus Petrus, presentem cartam sigilli mei munimine roboravi. Actum anno Domini. Mᵒ.‖CCᵒ.Lᵒ. octavo, mense aprillis.

Au dos, d'une écriture du XIVᵉ siècle : Pieres Tiremont de .x.viii. d. a la tousains ; *et d'une écriture du XVIIIᵉ siècle* : Bray, avril 1258.

XIX

DÉCEMBRE 1258

Donation à l'abbaye du Trésor par Eudes Heudeart du tiers de tous ses biens.

Original parchemin de 158 mm. de large sur 93 mm. de haut, scellé d'un sceau rond de 35 mm. en cire verte appendu sur double queue de parchemin. Dans le champ une fleur de lis, autant qu'on peut le conjecturer, d'après le fragment du sceau qui subsiste; en exergue... HODEART.

Noverint universi tam presentes quam futuri, quod ego Odo, dictus Heudeart, de assensu et voluntate Egi‖die uxoris mee, et heredum meorum, pro salute anime mee, patris mei et matris mee, et antecessorum meorum dedi ‖ et concessi in puram et perpetuam elemosinam Deo et ecclesie Beate Marie de Thesauro iuxta Baudemont et ‖ monialibus ibi Deo servientibus, Cisterciensis ordinis, terciam partem omnium bonorum meorum tam mobilium quam ‖ immobilium ubicumque sit, in domibus, in redditibus, in vineis, in terris et masuris, et omnibus aliis ‖ rebus in quocumque loco sint tam ad villam quam ad campos; tenendam et in manu mortua in ‖ perpetuum possidendam dictis monialibus et successoribus suis libere, quiete, pacifice et absolute, absque ulla ‖ reclamatione mei vel heredum meorum decetero facienda, salvo tamen iure capitalium dominorum. Hanc autem ‖ donationem et concessionem, ego dictus Odo et heredes mei tenemur dictis monialibus et successoribus suis, sicut ‖ supradictum est, contra omnes gentes garantizare et deliberare. Et ut hoc firmum et stabile perma‖neat et duret in posterum, ego prefatus Odo presentem cartam sigilli mei munimine ro‖boravi. Actum anno Domini. Mᵒ. CCᵒ. Lᵒ. octavo, mense decembri.

Au dos, d'une écriture du XIVᵉ siècle : sire œude ; *et d'une écriture du*

XVIIIe siècle : Donation de Odon Odeart de la moitié de son bien meuble et immeuble à l'Abbaye du Thrésor lan 1258.

XX

NOVEMBRE 1261

Vente à l'abbaye du Trésor par Guillaume Lempereur d'une rente d'un boisseau de froment, et d'un denier, assignés sur une masure, pour la somme de 16 sols tournois.

Original parchemin de 175 mm. de haut sur 120 mm. de large, fut scellé d'un sceau appendu sur double queue de parchemin qui subsiste seule : le sceau manque.

Noverint universi tam presentes quam futuri, quod ego Guillelmus, dictus Imperator vendidi et omni‖no finaliter concessi Abbatisse et conventui de Thesauro Sancte Marie iuxta Baudemont, vi‖delicet totum illud quod habebam seu habere poteram de redditu et de iure hereditagio in Ri‖chardo de Molin, videlicet unum busellum frumenti annui redditus ad festum sancti Mi‖chaelis et unum denarium ad Nathivitatem, quem redditum idem Richardus debebat et reddebat michi ‖ annuatim ad predictos terminos, de quadam masura que sita est inter masuram Ranerii ‖ dicti Tuebuef ex una parte, et terram Sansonis Lemperere ex altera ; percipiendum et haben‖dum dicte abbatisse et conventui et earum successoribus super dictam masuram, dictum redditum ‖ imperpetuum, libere, pacifice et quiete ab omnibus ad me seu ad heredes meos pertinenti‖bus, tali condicione quod dictus Richardus et heredes sui tenebuntur predictam masuram apud ‖ dictam abbatissam et conventum per homagium suum pro redditu supradicto sicut antea de me tene‖re consueverant. Pro hac autem vendicione et concessione a me facta et ‖ firmiter observanda, predicta abbatissa et conventus dederunt michi sexdecim solidos turonensium pre ‖ manibus et solverunt : ita tamen quod ego seu heredes mei in supradictis nichil de cetero ‖ poterimus reclamare, nec etiam ex aliis redditibus honerare. Et ego etiam Guil‖lermus seu heredes mei debemus et tenemur dicte Abbatisse, conventui et earum successoribus ‖ omnia supradicta, contra omnes, bona fide, integre garantizare, defendere et ab ‖ omnibus totaliter et imperpetuum adquitare, ut ad valorem si necesse fuerit, ad va‖lorem (1) sufficienter excambiare. Et huius rei in testimonium presentem ‖ cartam sigilli mei munimine confirmavi. Actum est hoc, anno gracie ‖ M°. CC°. LX°. primo, mense novembris.

Au dos, d'une écriture du XIVe siècle : Guill. lamperere i boisalau de frou-

---

(1) Ces deux mots répétés par erreur sont exponctués.

mant a la .S. Michel et i d a nouel ; *et d'une écriture du XVIII° siècle* : Vendition de Guill. d. Lempereur faite aux dames du Trésor dun boisseau de bled par an et dun denier a prendre sur Richard du Moulin en 1261 pour 16 s. — Bray.

XXI

SEPTEMBRE 1265

Donation par Gauthier de Bray de 2 sols parisis de rente sur une maison sise à Bray.

A. Original perdu.
B. Copie authentique de 1639 (Arch. de l'Eure, série H., n° 1381).

Noverint universi presentes et futuri quod ego Galterius de Braio filius Guillelmi de [Limay] dedi et concessi religiosis mulieribus et honestis, abbatisse et conventui de Thesauro Beatæ Mariæ juxta Baudemont, Cisterciensis ordinis, et successoribus earumdem in puram et perpetuam eleemosinam pro salute animæ meæ, patris mei, matris meæ et prædecessorum meorum quod nos esse possimus participes omnium bonorum earumdem monialium et totius ordinis, duos solidos parisiensium annui redditus sitos super domum quam Crispianus Pelliparius de me tenet, quæ domus sita est juxta ecclesiam Beatæ Mariæ de Braio, videlicet juxta domum Adæ dicti ad Circum ex una parte, et domum Benedicti Le Harenger ex altera super archum. Ego vero dictus Galterius, volo quod dictus Chrispianus Pelliparius solvat de cetero dictis religiosis, abbatissæ et conventui, dictos duos solidos parisiensium duobus terminis, similiter [defectu] ipsius Chrispiani solvam successoribus earumdem, videlicet in festo sancti Remigii quolibet anno duodecim denarios parisiensium, et in Pascha Domini duodecim denarios parisiensium. Ego vero predictus Galterus volo quod dictæ religiosæ, dictos duos solidos annui redditus dictis terminis percipient et pacifice in elemosina possideant absque contradictione mei vel alterius in posterum facienda, salvo tamen in omnibus jure capitalium dominorum. Et ut hoc et ratum et stabile perseveret, ego predictus Galterus presentem cartam sigilli mei munimine roboravi. Actum fuit hoc, anno Domini M°. CC°. sexagesimo quinto, mense septembris.

XXII

MARS 1265-1266

Vente à l'abbaye du Trésor par Martin Le Charpentier d'un arpent et demi de terre labourable à Bray, et d'une rente de 3 sols parisis assi-

gnée sur deux arpents de terre assis à Bray, pour la somme de 7 livres parisis.

Original parchemin de 198 mm. de haut sur 177 mm. de large, fut scellé de deux sceaux appendus sur double queue de parchemin. Le sceau de droite qui subsiste seul est rond, de 33 mm. en cire verte. Dans le champ une petite étoile à 6 rais ; en exergue : ☩ S IOHE BARBE.

Noverint universi presentes et futuri quod ego Martinus Carpentarius et Iohanna, dicta Barbe, uxor mea, assensu et volun‖tate omnium heredum nostrorum, vendidimus et concessimus religiosis mulieribus et honestis Abbatisse et conventui de The‖sauro Beate Marie iuxta Baudemont, Cisterciensis ordinis, unum arpentum et dimidium terre arabilis, et tres solidos parisiensium ‖ annui redditus, ad festum sancti Remigii, annuatim persolvendos. Et est situm dictum arpentum terre en lavalee, inter terram nostram ‖ ex una parte, et terram Aveline de Vetuel ex altera, et aboutat terre Richeudis de Civeriis. Dimidium arpentum situm est ‖ en la iou inter terram nostram ex una parte, et terram Nigasii de Monasterio ex altera, et aboutat prato dictarum religiosarum. Tres ‖ vero solidi parisiensium annui redditus siti sunt super duo arpenta terre arabilis site en lavalee inter arpentum quod vendidimus dictis ‖ religiosis ex una parte, et terram relicte Anculli et terram Guillelmi de Limoges militis ex altera. Tenendos et possidendos tres ‖ solidos parisiensium annui redditus et dimidium (1) terre arabilis arpentum et dimidium dictis religiosibus et earum successoribus de nobis et heredibus nostris, libere ‖ pacifice et quiete absque alicuius contradictione : videlicet dictum arpentum liberum et quietum, excepta campiparte ; et dimidium arpentum ‖ liberum et quietum per tres solidos parisiensium annui redditus Guillelmo de Limoges militis ad festum beati Remigii annuatim persolvendos. Pro ‖ ista autem venditione et concessione nos recepimus a dictis religiosis septem libras parisiensium de quibus tenemus nos eciam pro pagatis. Pro‖misimus insuper et iuravimus : ego dictus Martinus et Iohanna uxor mea super sacrosancta Dei euvangelia, spontanei, non coacti, quod contra ‖ venditionem et concessionem istam, ratione maritagii, dotis, conquestus, hereditagii, seu qualibet alia ratione, per nos seu per alios ‖ non veniemus in futurum. Imo nos et nostri heredes tenemur dictis religiosis omnia suprascripta garantizare, deliberare et deffendere ‖ contra omnes et maxime contra Eremburgem sororem Johanne uxoris mee superius nominate. Et preterea, si dicta Eremburgis, seu ‖ quislibet alius huic venditioni obviaret, et dicte religiose dampna et deperdita sustinebant ; nos tenemur eisdem eadem dampna ‖ et deperdita, valore ad valorem restaurare super duo arpenta terre arabilis sita en la valee super que tres solidi redditus ‖ sunt siti prout supra scriptum est. Que duo

---

(1) Mot exponctué dans l'original.

arpenta terre et omne hereditagium nostrum, acquisitus et acquirendus, ubicumque sit, nos || eisdem religiosis in contraprivilegium ad dampna sua et deperdita plenarie restauranda. In cuius rei testimonium, ego Martinus et ego Iohanna || eius uxor predicti, presentem cartam confirmavimus nostrorum munimine sigillorum. Actum anno Domini M°. CC°. LX°. quinto, mense marcio.

Au dos, d'une écriture du XIV⁰ siècle : Martin le Cherpentier, d'un arpent et demi de terre ; *et d'une écriture du XVIII⁰ siècle* : Vente d'un arpent et demy de terre labourable et trois sols de rente assise sur deux pièces de terre a Bray par Guillaume Carpentier a l'Abbaye du Trésor lan 1246; *et au dessous* : Mars 1265.

XXIII

9 JUIN 1270

Vente par Guillaume Le Prevost à Guillaume d'Orrouy du quart d'un pré sur le bord de l'Epte à Bray, pour la somme de 60 sols parisis.

Original parchemin de 222 mm. de large sur 151 mm. de haut, fut scellé d'un sceau appendu sur double queue de parchemin. Le sceau manque, et la pièce est en mauvais état.

Omnibus hec visuris Ansellus ditus Vi..... miles, ballivus Gysortis salutem in Domino. Noveritis quod in nostra || constitutus presencia, Guillelmus dictus Prepositus de Bosco Rogeri (1), recognovit se vendidisse et quitasse Guillelmo || dicto de Ororio super Authonnam (2), commoranti tunc temporis apud Fourges, et ipsius Guillelmi de Ororio heredi||bus imperpetuum pro sexaginta solidis parisiensium [sibi] quitis, de quibus venditor supradictus coram nobis se tenuit || pro pagato, quartam partem cum omni [quo]quolibet alio iure quod habet vel habere potest in posterum vel || ad presens quoquo modo, in quodam prato quod situm est in riperiam Ethe apud Braium, subtus Baudemont, || inter prata Johannis de Bosco militis ex uno latere, et dictam riperiam Ethe ex alio , habendam et in perpetuo possidendam || scilicet dictam quartam partem predicti prati cum alio iure secundum quod superius est expressum dicto Guillelmo de Ororio || et ipsius heredibus et ad faciendum exinde suam decetero plenariam voluntatem libere et quiete, salvo || iure domini capitalis. Iuravitque dictus venditor tactis corporaliter sanctis euvangeliis coram nobis || quod ipse in dicto prato iure hereditatis sive successionis aut alio quoquo modo, nichil deinceps reclamabit || nec per alium faciet reclamare in foro canonico vel civili.

____

(1) Eure. Commune de Fourges, cant. d'Ecos.
(2) Oise. Orrouy-sur-Authonne, cant. de Crépy-en-Valois, arr. de Senlis.

Immo dictam quartam partem dicti prati, cum omni iure quod habere
posset eo dicto emptori et ipsius heredibus contra omnes garantiet et
deffendet ‖ vel alibi restaurabit valorem, in hereditate propria, de quo
dictus emptor se debebit tenere pro pa‖gato secundum dictum probo-
rum virorum et fide dignorum : se et heredes suos et omnia bona sua
mobilia ‖ et immobilia, presentia pariter et futura quo ad hoc obligando.
In cuis rei testimonium, ad pe‖titionem dictarum partium salvo tamen
in beneficio iure cuiuslibet alieni, fecimus hanc cartam sigillo ‖ balli-
vie Gysortis sigillari. Datum die lune post festum sanctorum Medardi
et Gildardi, ‖ mense iunii, anno Domini millesimo ducentesimo septuagesimo.

Au dos, d'une écriture du XIVe siècle : Guill. leprevost du boroger de une
pièce de pré; *et d'une écriture du XVIIIe siècle* : Vente de Guillaume du Bos-
roger soixante sols pour une pièce de pré apartenant à Guillaume Aurey
lan 1270.

XXIV

28 MARS 1291

*Vente à l'abbaye du Trésor par Guillaume Labourel d'une rente de 5 sols
parisis assise sur une maison à Bray pour la somme de 43 sols parisis.*

Original parchemin de 225 mm. de large sur 135 mm. de haut, fut scellé
d'un sceau appendu sur double queue de parchemin; le sceau manque,

Omnibus hec visuris Petrus de Prepositura tunc temporis custos
prepositure Vernonensis salutem in Domino. ‖ Noveritis quod in nostra
presencia personaliter constitutus Guillelmus Labourel recognovit
coram nobis ‖ se vendidisse et concessisse religiosis mulieribus Abbatisse et conventui monasterii Beate Marie de The‖sauro, Cysterciensis
ordinis, quinque solidos parisiensium annui redditus, videlicet de
decem solidis et dimidio parisiensium an‖nui redditus, quos sibi debebat Dyonisius Lequaron annuatim in festo sancti Remigii, de domo
masu‖ra et proprisio suo sito in parrochia de Braio inter domum
et masuram Guillelmi Farsi ex una parte, et domum et ma‖su-
ram Radulfi Letelier ex altera, pro quadraginta tribus solidis parisiensium quos ipse presencialiter inde recepit et de ‖ quibus tenuit se
coram nobis pro pagato. Tenendos et in perpetuum possidendos et
herendos dictos quinque ‖ solidos parisiensium annui redditus predictis religiosis mulieribus et earum successoribus libere, quiete et pacifice ab‖sque aliqua dicti Guillelmi vel heredum suorum reclamatione
decetero facienda. Et dictus Guillelmus et heredes sui ‖ tenentur dictos
quinque solidos parisiensium annui redditus predictis religiosis mulieribus et earum successoribus in perpe‖tuum contra omnes gentes
garantizare, defendere et deliberare, et ipsas in omnibus et per omnia
occasione hu‖ius vendicionis conservare indempnes, se et heredes suos

quoscumque et specialiter domum masuram et clausum ‖ suum sicuti
se proportant in longum et in latum situm in parrochia antedicta inter
domum et ortum Vincencii De‖hors ex una parte, et domum et ortum
Byetricie Larotie ex altera : quo ad hoc in contraprivilegium obligando ‖ fide sua prestita corporali, salvo tamen iure dominico. In
cuius rei testimonium, sigillum prepositure Vernonensis ‖ presentibus
litteris ad petitionem dicti Guillemi apposuimus. Actum anno Domini,
M°. CC°. nonagesimo, die mercurii post ‖ Oculi mei.

Au dos, d'une écriture du XIVe siècle : Ceste chatre est suer iehenne du
pleir. v s. de Vincent la borel a la S. Remi ; *et d'une écriture du XVIIIe siècle* :
Vente de cinq solz parisis de rente par Guillaume la Boutet à l'Abbaye du
Thrésor assize sur une maison et jardin de Bray lan 1290.

XXV

3 JUIN 1297

*Vente par Christian Le Couturier à Jean Hoille d'une maison, moyen-
nant une rente annuelle de 11 sols.*

Original parchemin de 134 mm. de large sur 90 mm. de haut, fut scellé
de 3 sceaux appendus sur double queuede parchemin. Du premier en cire
verte il ne reste qu'un fragment du champ occupé par une étoile à rais de
feuillage. Le deuxième et le troisième manquent.

Sachet tous ceus qui sunt et qui a venir sunt que ie Crestian ‖ le
Couturier et Erenbourt sa fame avun baille a rente [une mesun] ‖ , a
iehen Hoille et a ses hers asise enpres le four le Rei cest a savoir cel ‖
partie come ledit Crestian et sa fame i povet avoir pour xi s. ‖ de rente ;
c'est a savoir iiii s. a la seint Remi et iiii s. à Noel, et iii a Paques en
tel maniere que ledit Crestian ou ses hers ‖ puiset prendre nans en
ladite mesun se ledit iehen deffaut ‖ de paiement. Que ce soit ferme et
estable laquel chose ie Crestian ‖ et Erenbourt sa fame avun scelle de
nos seaus. Datum anno ‖ Domini M°. CC° nonagesimo septimo, die
lune post Pentheconste.

Au dos, d'une écriture du XVIIIe siècle : onze solz de rente sur une maison
à Bray 1297.

XXVI

15 AVRIL 1298

*Vente à l'Abbaye du Trésor par Guillaume Le Mestre d'une rente de
5 sols parisis assignée sur une maison et une vigne, pour la somme
de 40 sols parisis.*

Original parchemin de 218 mm. de large sur 130 mm. de haut, fut scellé d'un sceau de cire brune appendu sur double queue de parchemin dont il ne reste qu'un fragment où l'on voit l'extrémité inférieure d'une fleur de lis, et les trois lettres VRE.

A tous ceus qui ces lettres verront et orront Nicolas Gascoing clerc garde du scel de la prevoste de Vernon salut. || Sachiet que pardevant nous fu present Guillaume le Mestre et recognut que il avoit vendu quitie et delessie || a tous iours par non de vente a dames relegieuses labbeesse et le convent du Tresor Notre Dame cinc || sous parisis denuel rente assise : cest assavoir, sus la meson Raol Goullart, quatre sous parisis, assise entre Restore || d'une part et Bacin de Baudemont dautre ; et les douze deniers sus la vigne dudit vendeur assise entre || Phelippe de la Boue dune part et Pierres Loyde dautre, pour quarante sous parisis siens quites dont il se tint a || bien paye par devant nous. A tenir, a prendre et a retenoir la rente dessus dite audites relegieuses et alour successeurs || sus les lieux dessus dis chascun an a la tous Sains franchement quitement et empes sans nulle reclamance du dit || vendeur ou de ses hoirs a fere des enavant. Et promist et iura sus sains par devant nous pour lui et pour || ses hoirs le dit Guillaume que encontre la vente dessus dite par reson deritage ou par autre reson quele que elle || soit ou puist estre, nira ne vendra ne fera venir ; mesmement lui et ses hoirs sont tenus la rente dessus dite au || dites relegieuses et a lour successeurs envers tous garantir et delivrer par la dite somme dargent et allours eschan||ger en son propre heritage autant value a value toutes les fois que mestier en sera. Et pour ceu tenir || et emplir il en obliia soi et ses hoirs et tous les biens de lui et de ses hoirs muebles et non muebles presens et a || venir a prendre et a vendre par la main de la iustice pour tous les cous et damages au dites relegieuses || et a lour successeurs restorer value a value toutes les fois que mestier en sera se aucuns avoient encouru, et son || cors a tenir en personne se il aloit contre la vente dessus dite. En tesmoignage de ce nous a la requeste du || dit Guillaume avon seele ces lettres du seel de la prevoste de Vernon, sauf le droit le Roy et lautre. Ce || fu feit lan de grace mil CC nonante et huit le mardi apres Quasimodo.

Au dos, d'une écriture du XVIIIe siècle : 5 s. paris. 1298.

XXVII

10 AVRIL 1311

Vente par Guillaume Le Fevre à Denis Le Charon d'une rente de 5 sols parisis assignée sur une maison à Bray, pour la somme de 40 sols parisis.

Original parchemin de 220 mm. de large sur 105 mm. de haut, scellé d'un sceau rond en cire naturelle appendu sur double queue de parchemin. Dans le champ une fleur de lis dont il ne reste que la moitié : pas de trace de légende. — Contre-sceau : Dans le champ une fleur de lis fleuronnée accompagnée en pointe d'une étoile à 6 rais à dextre, et d'un croissant à senestre ; en exergue : ✠ CONTRA S PPOSITVRE VERNON.

A tous ceus qui ces lettres verront et orront Guillaume Postel garde du seel de la prevoste de Vernon ‖ salut. Sachez que par devant nous furent presens Guillaume Le Fevre et Iehenne sa fame de la parroisse ‖ de Heneses (1) si comme il disoient et requegnurent que euls avoient vendu quitie ‖ delesse a fin a Denise le Cheron et a ses hers cinq souls parisis de rente les quieus les hers Jehan ‖ Jehan de la Fontaine lour devoient chescun an a Noel sus une meson et... assise en la parroisse ‖ de Bray entre le dit acheteour dune part et les dis vendiours dautre pour quarante ‖ souls parisis lour quites dont il se tiendrent pour bien paies par devant nous. Retenir ‖ et a pourseer par droit heritage la ditte rente au dit Denise et a ses hers franchement et ‖ quitement sans contredit et sans reclamance nulle deshormais a fere du dit Guillaume ‖ ne de Jehenne sa fame ne de lour hers par reson deritage de douaire ne de mariage encon‖tre, ne par nulle autre reson quelle quelle soit si comme euls promistrent et iurerent ‖ sus sains par devant nous ; mes euls et lour hers sunt tenus la ditte rente audit ‖ Denise et a ses hers franq et quite contre tous garantir et delinvrer : et quant a ceu, euls ‖ obligerent euls et lour hers a tous lour biens muebles et heritages presens et avenir ‖ a vendre et a despendre par la main de iustice pour tous les damages et depens audit ‖ Denise et ses hers restorer value a value, si aucuns en encouroient par deffaut de garantie. ‖ En tesmoeing de ceu nous avon seelle ces lettres du seel de la prevoste de Vernon sauf autre ‖ droit. Ce fu fet lan de grace mil trois cens et onze le samedi devant la Resurrection.

Au dos, d'une écriture du XIVe siècle : Guill. le feure de hanesyes v s. sus la meson iehan de la fontaine ; *plus bas* : Guill. le feure de hanesis v s. a noel que vendi a Denis le charon ; si les a rescous de Fuquerai ‖ sa vie et apres a loctel ; *et d'une écriture du XVIIIe siècle* : cinq sols parisii de rente sur une maison a Bray lan 1311.

XXVIII

1er OCTOBRE 1314

Vente par Colin de La Fontaine à Denis Le Charon d'une maison masure et courtil sis à Bray, et de 12 perches de terre au même lieu, pour la somme de 4 livres et 12 sols parisis, à la charge de payer à l'abbaye

---

(1) Hennezis. Eure, cant. des Andelys.

*du Trésor une rente annuelle de 2 sols parisis et une rente de 5 sols
parisis à Denis le Charon.*

Original parchemin de 20 cm. de large sur 20 cm. de haut, fut scellé d'un
sceau appendu sur double queue de parchemin : le sceau manque.

A touz ceus qui ces lettres verront et orront Guillaume Postel garde
du seel ‖ de la prevoste de Vernon salut. Sachez que par devant nous
fu present Colin de la Fon‖teine de la parroisse de Omerville (1), si
comme il disoit et recognut que il avoit vendu ‖ quitie et delessie a tous
iours par non de vente a Denis le Charon et a ses hers cest ‖ assavoir
une meson et masure et le courtil aveques les ediffices et la terre qui
i a‖partient si comme ele se pourporte en long et en large assise en la
parroisse de Bray soubs Baudemont ‖ aboutant dun bout au chemin
le Roy et audit acheteeur, dautre bout iouste ‖ Guillaume du Bois dune
part ; item douze perches de terre assise en la dite parroisse de Bray
entre ‖ Jehanin de la Fonteine dune part et dun bout, et audit acheteeur dautre bout ‖ pour quatre livres et douze soulz parisis sueus quites
dont il se tint pour bien ‖ paie par devant nous a tenir et a pourpeer
par droit heritage la vente dessus dite au dit ‖ acheteeur et a ses (1)
buen et empes, franchement et quitement par teles rentes comme euls
donnoient ‖ cest assavoir deus soulz parisis a labbesse du Trésor a la
Toussains et cinq soulz audit ‖ acheteeur a Noel sans nul contredit et
sans nulle reclamance de dit vendeeur ne ‖ de ses hers desore mes
affere, par reson nulle, quele quele soit ou puist estre, si comme il ‖
promist par sa foi et iura sus sains par devant nous, mes li et ses hers
sunt tenus la vente ‖ dessus dite au dit acheteeur et a ses hers envers
toutes gens garantir deffendre ‖ et delivrer par la rente dessus dite et
par deus tournois de rente qui sunt deus a Nigaize ‖ le Peler a la Toussains et quant a ce il sen obliga soi et ses hers et tous ses biens meubles ‖ et heritages presens et a avenir a prendre et a vendre par la main
de la iustice pour tous ‖ les cous damages audit acheteeur et a ses hers
restorer value a value se aucuns en en ‖ enauroient en deffaut de garantie. En tesmoin de ces nous avons mis a ces lettres le seel de la prevoste de Vernon sauf le droit le Roy et lautre. Ce fu fet lan de grace
mil trois cens et ‖ quartoze le mardi en la feste saint Remy.

Au dos, d'une autre écriture du XIV⁰ siècle : Colin de la Fontenne vi s. a la
S. Denis et a Noel qui furent rescous a Denis la Charon de Bray si sont
suer ‖ Iehan de Fuqueroy sa vie et apres son deces a loctel pour vi. livres
par. xii s. ; *plus bas de la même époque* : Ceste lettre est de 1 meson et du
cortil quo S. I. de Fuquerai a rescosse a Desnis et y a xi s. a ‖ la Stᵉ Denis, et
v s. a Noel que Guillaume Le Fevre li vendi. Et les xii perches de terre qui
cisdessus ‖ escrites ne sont mie rescousses car y nest mie de notre fie et les

(1) Seine-et-Oise, cant. de Magny.
(2) hers : mot évidemment omis.

tient Denis le Charon ; *et d'une écriture du XVIII° siècle* : Vente d'une maison et douze perches de terres a Bray a condition de payer au Thrésor la cence 1315, *et au-dessous* : 1314.

*
* *

Il est à peine besoin de faire remarquer, en terminant cette publication, l'intérêt que présentent ces textes, non seulement pour l'histoire de l'Abbaye du Trésor elle-même, mais encore pour celle des familles et des fiefs de cette région.

Mais de toutes ces possessions et rentes acquises à Bray entre 1243 et 1314, si l'on rapproche l'inventaire du registre de recette des rentes et revenus de l'abbaye au XVIII° siècle (1) (1755), et du plan de la seigneurie de Bray dressé en 1779 (2), il semble qu'il ne subsistait à peu près rien à la veille de la Révolution, si ce n'est le pré acheté à Crépin le Prévôt de Chaussy en mars 1252-1253, et connu sous le nom de pré des trois Cornets ou pré Crépin. Ce sera le rôle de l'historien de l'Abbaye du Trésor de nous dire par suite de quelles causes ces biens sont sortis des mains des Religieuses.

Dom H. Van den Boren.

---

(1) Arch. Eure, H. 1410.
(2) A. N. — N. II. 121 Seine-et-Oise.

CONGRÉGATION DE SAINT-MAUR

LES DÉBUTS DE LA PROVINCE DE BRETAGNE

*On sait que dom Huynes a écrit l' « Histoire de l'abbaye de Saint-Florent »,
jusqu'en 1645. Le manuscrit original est conservé aux archives de Maine-et-
Loire. L'auteur, qui termina son œuvre en 1646 ou 1647, se rend témoignage
« de n'y avoir rien mis qu'après y avoir pensé mûrement... et sur une attentive
lecture des archives l'espace de quatre ans ».*

*A la fin de son ouvrage, dom Huynes ajouta comme appendice un travail à
part, intitulé : « Des Visiteurs de la province de Bretagne ». Nous reproduisons
ce dernier travail, parce qu'il est inédit.*

Pour parler comme il faut de ces matières, il est expédient de
savoir qu'en 1598 ou vers ce temps-là un dévot religieux, nommé
Didier de la Cour, profès du monastère de Saint-Vanne en la ville de
Verdun, désirant pratiquer ponctuellement la règle de saint Benoist
et la faire pratiquer en son monastère, en étant prieur, y réussit avec
autant de bonheur, que tôt après une autre abbaye du pays des Vosges, qui a pour patron saint Hydulphe, se mit de son parti, et ces
deux monastères donnèrent commencement à la Congrégation des
Bénédictins de Lorraine.

La renommée de telle réforme parvenant aux oreilles de quelques
Bénédictins français, iceux désireux d'y participer se transportèrent
en Lorraine pour y vivre selon la règle. De là, l'abbé de Saint-Augustin près Limoges, vers l'an 1613, voulant réformer son monastère,
supplia les supérieurs de la Congrégation de Lorraine de lui envoyer
des religieux, à quoi ils ne manquèrent pour l'avancement de la
gloire de Dieu. Lors, un insigne docteur, nommé Laurent Besnard,
prieur du collège de Cluny à Paris et profès de l'ordre de saint
Benoist, poussé du même désir de réforme, appela de ces religieux
pour régenter. Un autre aussi, nommé Adrien Langlois, prieur de
Jumièges, en voulut avoir pour vivre régulièrement en son abbaye.
Cependant ceux qui avaient du pouvoir à Noaillés, à Saint-Faron-lès-

Meaux et aux Blancs-Manteaux de Paris, les introduisirent èsdits lieux.

Ce feu du Saint-Esprit prenant ainsi de jour à autre la Congrégation de Lorraine, trouva bon qu'on érigeât une nouvelle Congrégation en France. A cet effet, un des premiers d'entre eux, nommé dom Claude-François Tuil à Paris et étant aux Blancs-Manteaux, le 2 novembre 1618, présida à l'élection des supérieurs, qui fut faite pour régir cette nouvelle Congrégation. Dom Laurent Bernard fut commis pour faire les poursuites de l'élection de cette Congrégation, tant en Cour de Rome qu'ailleurs, et le R. P. dom Martin Tesnière fut mis supérieur de cette nouvelle Congrégation. On n'établit aucun visiteur, le supérieur prenant soin de la visiter ou faire visiter.

En 1619, on ne tint aucun chapitre général.

En 1620, les Pères, s'assemblant aux Blancs-Manteaux à Paris le 7 février, décidèrent que la Congrégation serait dénommée de Saint-Maur et instituèrent pour visiteur dom Maur Cassin, lui donnant de plus le soin de maître des moines de Jumièges.

Le 18 juillet 1621, les supérieurs de la Congrégation de Saint-Maur, assemblés en l'abbaye de Saint-Pierre de Jumièges, nommèrent pour visiteur de la Congrégation et prieur de Corbie dom Anselme Rolle.

Le 14 septembre 1622, les supérieurs se trouvèrent à Corbie. En raison de l'augmentation de la Congrégation, on mit (29 septembre) deux visiteurs, dom Martin Tesnière pour visiteur de la province d'Aquitaine et, de plus, prieur de la T. S. Trinité de Vendôme, et dom Cyprien Leclerc pour être visiteur de la province de France et, en outre, procureur de la Congrégation à Paris.

Le 14 septembre 1623, le chapitre général se tint au monastère de Saint-Faron près Meaux. Dom André Belotaud fut institué visiteur de la province de France et, en outre, maître des novices de Jumièges, et dom Maur Dupont, visiteur d'Aquitaine et supérieur à Saint-Augustin de Limoges.

Le 14 septembre 1624, le chapitre général eut lieu à Jumièges. Dom Maur Tassin fut mis visiteur de la province de France et prieur du Mont-Saint-Quentin, et dom Anselme Rolle, visiteur d'Aquitaine et supérieur au noviciat de Toulouse.

Le 14 septembre 1625, les supérieurs s'assemblèrent à Saint-Faron-lès-Meaux. Ils nommèrent pour visiteur de France dom Athanase de Maugin et prieur de Corbie, dom Girard des Aleux visiteur d'Aquitaine et prieur de Saint-Jean-d'Angély.

Le 14 septembre 1626, à Saint-Faron, dom Thomas Baudry fut nommé visiteur de la province de France et prieur de Vendôme, et dom Maur Dupont visiteur d'Aquitaine et supérieur de Saint-Augustin de Limoges.

Le 14 septembre 1627, à Vendôme, dom Athanase de Maugin fut fait visiteur de France et prieur de Saint-Remy de Reims, dom Girard des Aleux visiteur d'Aquitaine et prieur de Saint-Jean-d'Angély.

Le 14 septembre 1628, à Vendôme, les supérieurs reçurent les députés de la Société de Bretagne, lesquels se soumirent, eux, toute leur Société et leurs monastères, au régime de la Congrégation, tant pour ce sujet comme aussi à raison que plusieurs monastères s'étaient unis à la Congrégation depuis 1622. Les Pères firent trois provinces, une de France, une d'Aquitaine et la dernière de Bretagne. Le prieur de Saint-Sauveur de Redon fut nommé visiteur de la province de Bretagne. Outre les six monastères de la Société, qui étaient Saint-Magloire de Lehon près Dinan, Notre-Dame du Tronchet, Notre-Dame de Loutenne, Notre-Dame de la Chaume, Saint-Guignolet de Landevenel et Saint-Sauveur de Redon, on assigna au visiteur de Bretagne le Mont-Saint-Michel au péril de la mer (diocèse d'Avranches), Saint-Clément de Craon, la Sainte-Trinité de Vendôme, Saint-Benoist de Fleury-sur-Loire, Saint-Laumer de Blois et Saint-Melaine près Rennes, n'y ayant alors que ceux-là en tous ces cantons sous l'observance de la Congrégation de Saint-Maur. Le chapitre fut conclu le 29 septembre. On décida que le prochain chapitre général serait célébré à Vendôme le 22 avril 1630.

Pendant ce temps, la Congrégation fut introduite en l'abbaye Saint-Serge et Saint-Bach-lès-Angers (janvier 1629) et en l'abbaye de la T. S. Trinité de Tyron, dans le diocèse de Chartres (juin 1629), et ces deux monastères furent censés de la province de Bretagne.

Le R. P. dom Thomas Baudry mourut à Redon le 1er janvier 1630, au grand regret de tous, après avoir donné sa bénédiction à tous ses dévots religieux et à moi. Le lendemain, on enterra son corps dans l'église, entre le chœur et l'autel dominical. On ne mit aucun visiteur en sa place, à raison du peu de temps qu'il restait jusqu'au Chapitre général.

Le temps du Chapitre étant venu, il fut commencé le 22 avril 1630 et conclu le 9 mai, jour de l'Ascension. Dom Guillaume Girard fut nommé visiteur de Bretagne et prieur de Saint-Serge. Il fut arrêté que dorénavant on ne célébrerait le chapitre général que de trois ans en trois ans, le jeudi avant le 5e dimanche après Pâques. Jusqu'alors les supérieurs des monastères assistaient aux Chapitres, accompagnés chacun d'un conventuel. Les Pères ordonnèrent qu'en chaque province, immédiatement avant le Chapitre général, le visiteur, les supérieurs et conventuels s'assembleraient en un monastère, chacun en sa province (diètes); là, on élirait quatre définiteurs d'entre les prélats, lesquels, avec le visiteur, entendraient les supérieurs et conventuels, mettraient ordre aux choses de moindre importance et examineraient chaque état des monastères en particulier, faisant leur rapport au Chapitre général de tout ce qu'ils y auraient fait. Ces quatre définiteurs, nommés alors *discrets*, et qu'on appelle maintenant *députés*, termineraient leurs affaires, en sorte que le mercredi après le 4ᵉ dimanche de Pâques ils se trouveraient le soir au lieu désigné pour le Chapitre; où, le lendemain, on en choisirait 9 entre le général, ses deux sénieurs, les visiteurs et députés, lesquels termineraient en dernier ressort tout ce que de raison et feraient les élections du général, des sénieurs, des visiteurs et autres supérieurs pour le triennat suivant, avec ordre au supérieur général de mettre la main, avec conseil de ses sénieurs, aux incidents qui pourraient survenir durant ce temps. Pour quoi faciliter, les visiteurs de chaque province se trouvent ensemble devant le général et ses deux sénieurs le jeudi après le IVᵉ dimanche de Pâques les deux années médiates entre le chapitre précédent et celui d'après. Là, ils font un rapport général de tout ce qu'ils ont vu digne de correction ou louange pendant le cours de leur visite.

La diète de la province de Bretagne fut faite en l'église Saint-Serge en 1633, où furent élus par les prieurs et les conventuels de la province pour définiteurs de la diète et députés afin d'aller au Chapitre général, avec dom Guillaume Girard, visiteur, dom Placide de Sareul, prieur de Vendôme, dom Anselme des Rosseaux, prieur de Tyron, dom Michel Peron, prieur de Redon, dom Bernard Audebert, prieur de Saint-Melaine de Rennes. Là, on mit sur le rôle des monastères de la Congrégation l'abbaye Saint-Pierre de Bourgueil, l'abbaye de Notre-Dame de Pontlevoy et le monatère Saint-Sauveur de Lesvières, tous trois sous la direction du visiteur de Bretagne, la congrégation y ayant été introduite le triennat précédent.

Le Chapitre fut conclu à Vendôme le 19 mai 1633, et dom Placide de Sarens fut fait visiteur de la province de Bretagne et prieur de Saint-Melaine de Rennes. Il fut dit qu'on 1636 le Chapitre général serait à Vendôme. Mais pendant ce temps plusieurs affaires survenant à la Congrégation pour l'union de la Congrégation de Chezal-Benoist et particulièrement à raison de l'union de Cluny et ses dépendances à la Congrégation de Saint-Maur, le supérieur général, de l'avis des premiers de la Congrégation, manda qu'en chaque province les monastères s'assemblassent à la diète en 1635, sur la fin de septembre, pour de là aller au Chapitre général, ce qui fut fait.

En la province de Bretagne, la diète fut au monastère de Saint-Serge, où furent élus pour définiteurs de la diète et députés pour aller au Chapitre général, avec dom Placide de Sarens, dom Anselme des Rosseaux, prieur de Redon, dom Michel Peron, prieur du Mont-Saint-Michel, dom Bède de Fiesque, prieur de Saint-Serge, et dom Faron de Chalus, prieur de Tyron.

Au mois de juin 1635, la congrégation fut introduite dans les monastères de Chezal-Benoist, et Saint-Vincent du Mans fut censé de la province de Bretagne.

Au mois d'octobre 1636, le chapitre général fut célébré en l'abbaye de Cluny. La Congrégation commença à se nommer la Congrégation de Saint-Benoist, autrefois de Cluny et de Saint-Maur.

On érigea 6 provinces : France, Normandie, Bourgogne, Toulouse, Bretagne et Chezal-Benoist. Le monastère de Saint-Benoist-sur-Loire commença d'être censé de la province de Bourgogne; les monastères de Pontlevoy, Blois, Vendôme et Tyron furent mis en la province de Normandie. Dom Bède de Fiesque fut visiteur de la province de Bretagne, n'ayant aucun monastère en particulier à gouverner. Incontinent et par sa diligence, la congrégation fut introduite à Marmoutiers et à Saint-Julien de Tours, contre les poursuites des Jésuites qui voulaient s'introduire à Saint-Julien. Le concordat fut fait aussi pour Saint-Florent-lès-Saumur et Saint-Florent-le-Vieil.

En 1639, la diète s'assembla à Saint-Serge, et là dom Bernard Jenardac, prieur du Mont Saint-Michel, dom Ignace Philibert, abbé de Saint-Vincent du Mans, dom Grégoire Verthamont, prieur de Saint-Serge, et dom Anselme Dohin, prieur de Saint-Julien de Tours, furent élus définiteurs, pour aller au Chapitre général, avec dom Bède de Fiesque, à Vendôme. Dom Michel Peron y fut élu visiteur de la province de Bretagne et, en outre, prieur de Saint-Serge. Quelque temps après, la Congrégation admit le monastère de Notre-Dame d'Evron.

En 1642, la diète fut célébrée à Saint-Serge. Furent élus pour aller, avec le visiteur, au Chapitre général : dom Bernard Jenardac, prieur du Mont Saint-Michel, dom Bède de Fiesque, abbé de Saint-Vincent du Mans, dom Mathieu Jouault, prieur de Saint-Melaine de Rennes, et dom Anselme Dohin, prieur de Marmoutier. Au Chapitre général commencé à Vendôme le 22 mai et terminé le 27 juin, dom Guillaume Girard fut élu pour la seconde fois visiteur de la province de Bretagne.

Le 23 octobre 1644, l'abbaye de Cluny se sépara de la congrégation de Saint-Maur.

A la diète de 1645, tenue à Saint-Serge, furent élus pour aller au Chapitre général, avec le visiteur (dom Guillaume Girard), dom Bède de Fiesque, abbé de Saint-Vincent du Mans, dom Fabien Breleux, prieur de Redon, dom Germain Morel, prieur de Saint-Melaine de

Rennes, et dom Anselme Dohin, prieur de Marmoutier. Le Chapitre se tint à Vendôme (18 mai-21 juin). Là, dom Joachim Le Comtat fut élu visiteur de Bretagne.

La Congrégation prit possession du monastère de Saint-Javel et Saint-Jacut, au diocèse de Dol ; elle fut aussi introduite, pendant le triennat de dom Le Comtat, à Saint-Gildas-des-Bois.

En 1648, la diète provinciale fut tenue à Saint-Serge, où se trouvèrent, le 28 avril, tous les supérieurs et conventuels de la province. Le lendemain, furent élus définiteurs dom Fabien Buleux, prieur de Redon, dom Ignace Philibert, abbé de Saint-Vincent du Mans, dom Germain Morel, prieur de Saint-Melaine, et dom Benoist Jumillac, prieur de Saint-Julien de Tours, lesquels se trouvèrent en Chapitre général à Vendôme (14 mai-15 juin). Dom Germain Morel fut choisi pour visiteur de la province de Bretagne, où il est de présent.

Dom Huynes, qui a aussi écrit l' « Histoire de l'abbaye du Mont-Saint-Michel », mourut à Saint-Germain-des-Prés le 18 août 1651.

F. Uzureau,
directeur de l'*Anjou historique.*

BIBLIOGRAPHIE LITURGIQUE

DE

L'ORDRE DE SAINT-BENOIT

(suite et fin)

---

251) Processionale cluniacense. Tulli Leucorum. S. Belgrand. 1632. In-12°. — Bibl. : Solesmes.

252) Caeremoniale monasticvm romano accommodatvm. Lvtetiæ Parisiorvm, apud Ioannem Germon et Ioannem Billaine. MDC.XXXIV.

In-8°, 1 f.-402 p.- 3 f. — Bibl. : Bénédictins, Ligugé.

253) In festo S. Gregorii martyris magnae Armeniae archiepiscopi quod Neapoli celebratur a monialibus monasterij ejusdem s. Gregorij vulgo Ligorij die 30 septembris, duplex primæ classis et cum octava ; et item in ecclesia Neritonensi, a clero autem Neapolit. ad libitum die prima octobris, duplex minus sine octava. Neapoli apud Lazarum Scorigium 1634.

In-8°, 9 p.-1 f. — Approbation de la congr. des rites, 16 septembre 1634. — Bibl. : Bruxelles, Bollandistes.

254) Proprium festorum monasterii Mellicensis. Salisburgi, 1634. In-12°.

255) Brevarium monasterii Cazalis Benedicti [Chezal-Benoît, Cher], 1634.

In-12°. — Bibl. : Paris, Ste-Geneviève (ouvrage égaré).

256) Processionale monasticvm, pro omnibus sub regula ss. patris Benedicti militantibus. Parisiis, apud viduam Petri Chevalier, via

Iacobaea, sub signo diui Petri, M. DC. XXXIIII, cum priuilegio regis.

Gr. in-8°, 8 f. (table, privilège)-462 p.-1 f. (errata), r. et n., grav., musique. Le privilège indique que cette édition a été faite par les célestins de Paris. — Bibl. : Avignon.

257) Ritvel ov cérémonial des religievses de la congrégation de Nostre Dame de (*sic*) Caluaire, érigée en France selon la première institution de la règle de S. Benoist. A Paris chez Sebastien Cramoisy, imprimeur ordinaire du roy, ruë Sainct Iacques, aux Cicognes, M. DC. XXXIV, par commandement des svperievrs.

In-8°, 2 parties, 16 f. (dédicace)-323-242 p.-6 f. (table, errata), grav. — Au début dédicace aux religieuses du Calvaire par l'auteur, le P. Joseph, capucin, Paris, 29 novembre 1634. — Bibl. : Tours.

258) Ceremonial monastico conforme al breviario y missal qve la santidad de Pavlo V concedio a todos los que militan debato de la. santa regla de nuestro gloriosissimo padre y patriarca de los religiones S. Benito, con los usos y costvmbres loables de la congregacion de España; nvevamente dispvesto por el capitulo general, que se celebrad el año de M. DC. XXXIII, siendo general el reuerendissimo p. m. f. Alonso de S. Victores, predicador de su majestad, y calificador de la suprema y general inquisicion. Con licencia, impreso en Salamanca, en casa de Iacinto Taberniel, impresor de la vniuersidad año de M. DC. XXXV.

In-4°, 4 f. (table)-582 p., musique. — Bibl. : Barcelona, universidad.

259) Les offices propres des festes particvlières qui se célèbrent av monastère de S. Maur de Verdun. A Tovl, chez Simon Belgrand et Iean Laurent, imprimeurs du roy, M. DC. XXXV.

In-4°, plus de 96 p., r. et n., musique. — Bibl. : Besançon, archevêché (incomplet).

260) Officia propria peculiarium sanctorum nobilis ecclesiae collegiatae Sanctæ Valdetrudis oppidi Montensis [Sainte-Waudru à Mons, Belgique]. Duaci, ex typis B. Belleri, 1635.

In-8°. — Bibl. : Donai.

261) Proprium S. Faraae et sanctorum monasterii de « Faremoutier ». Parisiis, Sara, 1635.

In-4°. — Bibl. : Paris, Bibl. nat.

262) Proprivm sanctorvm regalis abbatiae et inclyti monasterij Montis-Martyrum, [Montmartre, Paris], ordinis sancti Benedicti, superiorum permissu editum. Parisiis, apud Michaelem Soly, via Iacobaea, sub signo Phœnicis, M. DC. XXXV.

In-8°, 8 f. (calendrier)-476 p., 2 col. r. et n., grav. — Bibl. : Paris, Mazarine

263) Missale Montis Calvariæ (romano monasticum) 1635. Bibl. : Solesmes.

264) Breviarium ordinis S. Benedicti. Parisiis 1636. — In-8°.

265) Processionale monasticum. Tulli Lencorum, 1636.

In-8°, 8 f.-280-cxx p., r. et n., musique. — Bibl. : Maredsous (Belg.) (manq. titre).

266) Martyrologium gallicanum, cura Andreae du Saussay. Luteliae Parisiorum, sumptibus S. Cramoisy, 1636.

In-folio. — Bibl. : Paris, Bibl. nat., ne possède que le titre seul, voir 1637.

266 *bis*) [Titre ms.] Processionale monasticum ad romani ritus et politioris concentus normam accommodatum, ad usum ordinis cluniacensis. Tulli Leucorum, ex officina Simonis Belgrand, MDCXXXVI.

In-8°, 8 f.-272-cxij p., r. et n., musique. — Bibl. : Bénédictins, Liguge.

267) Ritvale monasticvm, ivstorvmqve infirmantibvs moribvndis necnon vita fvnctis persoluendorum ratio, ex optimis quibusque, romano prœcipue et antiquiori benedictino usibus deprompta. Tulli Leucorum, ex officina Sim. Belgrand et Io. Lavrentii, MDCXXXVI.

In-8°, 212 p., r. et n., musique. — Bibl. : Maredsous (Belg.).

268) Bref des festes et offices propres de l'abbaie de Nostre-Dame de la charité d'Angers, ordre de S. Benoist, corrigé et augmenté, à l'instance de la réuérende dame Simonne de Maillé-Brézé, abbesse, auec approbation de monseigneur l'illustrissime et reuerendissime euesque d'Angers; premiere (seconde) partie, pour le temps d'esté (d'hyuer). A Angers, chés Adam Mauger, imprimeur et libraire demeurant en la ruë Lyonnoise, M. D. C. XXXVII.

In-8°, 2 parties, 5 f. (mandement, calendrier)-114 p.-4 f.-117 p., 2 col., r. et n., grav. — Approbations de Claude de Reuil, évêque d'Angers, 6 février 1619 et 7 juillet 1637. — Bibl. : Paris, Bibl. nat.

269) Officium S. Benedicti in feria tertia. Viennae Austrïae, 1637.

In-32°, 54 p. — Catal. Rosenthal,

270) Proprivm officiorvm de Sanctis, Ioanne presbytero fundatore primi siue primarij ordinis Humiliatorum, in suis perenniter monialibus adhuc vigentis et Bavdolino desumptum ex proprio ejusdem ordinis breuiario reformato anno 1548, et a Paulo tertio confirmato, quo breuiario moniales Humiliatae in hanc vsque diem Mediolani et alibi vtuntia. Mediolani, apud Philippum Ghisulphium, 1637.

In-8°, 10 p. (incomplet). — Bibl. : Bruxelles, Bollandistes.

271) Martyrologivm gallicanvm, in qvo sanctorvm, beatorvmqve ac priorvm plvsquam octoginta millivm, ortv, vita, factis, doctrina, agonibus, trophaeis, opitulationumque gloria ac caeteris quibusque sacrae venerationis titulis in Gallia illustrium, certi natales indicantvr, trivmphi suscipiendi exhibentur, nitidaque ac vindicata eorumdem elogia describuntur, quae commentariorvm apodicticorvm tomi quatuor subsequentes vberius recensita, insignitaque multiplici antiquitatis ecclesiasticae indagine cumulabunt; opvs in cuius penu constat absolvta christianissimae ecclesiasticae historia, pridem ante desiderata, iamque vt ex rebus conserta per sanctos divine gestis sic ex probatissimis quibusque monimentis ac priscis codd. mss. summa fide collecta, studio ac labore Andreae dv Savssay, Parisini, s. r. e. protonotarij, concionatoris regij necnon ecclesiae SS. Lupi et Ægidij in Vrbe pastoris. Lvtetiae Parisiorvm, sumptibus Sebastiani Cramoisy, typographi regij, via Iacobea, sub Ciconiis, M.DC.XXXVII, cum privilegio regis et theologorum approbatione. [Tome II :] Martyrologii gallicani pars posterior, trimestris, octobrem, novembrem et decembrem complectens, cvm svpplemento, appendicibvs, apologetico, kalendario et tabuli; auctore Andrea du Savssay, Parisino, s. r. e. protonotario, concionatore regio et ecclesiae SS. Lupi et Ægidij in Vrbe pastore [comme le t. I].

In-folio, 2 vol., 16 f. (dédicace)-xcviii p. (apparatus)-32 f. (index topogr.)-671 p., 1 f.-p. 673 à 1252-34 p. (apologeticus pro cultu)-107 f. (indices). — Bibl. : Lyon ; Paris, Bibl. nat.

272) Officia propria abbatiae Sancti Joannis de Bonavalle [Bonneval, Eure-et-Loir], ordinis S. Benedicti, 1638.

In-4°. S. l. — Bibl. : Poitiers.

273) [Manque la 1ʳᵒ partie ; pag. 59, titre de 2ᵉ partie :] seconde partie contenant la façon d'administrer les sacremens de confession, commvnion et extreme onction aux malades, auec la forme de les visiter et consoler; ensemble les funérailles des trespassez. A Toul, par Simon Belgrand et Iean Lavrent, imprimeurs du roy et de la cour, M.DC.XXXVIII.

In-8°, 347 p.-2 f. (table), r. et n., grav., musique. Probablement rituel ou cérémonial de religieuses Bénédictines. — Bibl. : Paris, Bibl. nat.

274) Caeremoniale casinensivm, in qvo omnes praelati ordinis sancti Benedicti et monachi breuiario Pauli V auctoritate recognito vtentes, in pontificalibus de sacris functionibus instruuntur, collectvm per d. Zachariam Mvtina, casinensem monachum. Venetiis, M.DC.XXXIX. ex typographia ducali Pinelliana.

In-4°, 4 f.-160 p. — Dédié à Horace de Brescia, général de la congrégation casinienne de l'ordre de St-Benoît de l'Observance ; approbation du chapitre général tenu au monastère St-Pierre de Pérouse, 22 mai 1639. — Bibl. : Bénédictins, Ligugé ; Maredsous (Belg.) bénédictins.

275) Caeremoniale monasticvm congregationis hispanicae ordinis s. p. n. Benedicti, auspice Benedicti de Peñalossa Mondragon, monasterii b. v. Mariae de Monteferrato Pragae siti, vulgo Emaus, abbatis, opera Thomae Weiss, monachi Neresheimensis, ex hispanico latine versum. Viennae Austriae, typis Gregorij Gelbhauer, MDCXXXX.

In-4°, 4 f.-464 p.-3 f. — Bibl. : Maredsous (Belg.), bénédictins.

276) Officivm s. p. n. Benedicti in feria tertia, a sacra congregatione rituum approbatum. Salisburgi, typis Christophori Katzenbergeri, 1640.

In-8°, 1 f.-53 p., 2 col., r. et n., frontispice gravé. — Approbation de la congrégation des rites, 12 nov. 1636. — Bibl. : Maredsous (Belg.), bénédictins.

277) L'office propre des festes à l'vsage des religievses de l'abbaye de N. Dame de Troyes, ordre de Sainct Benoist. A Troyes, de l'imprimerie de Jacqves Baldvc, auec approbation, M.VI.C.XXXX.

In-8°, 2 parties, 4 f. (calendrier)-51 p. (partie d'hiver)-75 p. (partie d'été), 2 col., r. et n. — Approbation de René du Breslay, évêque de Troyes, 20 juin 1640. A la suite : « Ce présent office a esté revëu et mis en lumiere par l'ordre de Claude de Choiseul, abbesse de Nostre Dame de Troyes, l'an 1640. » — Bibl. : Troyes.

278) Caeremoniale benedictinvm, in qvo, praeter caeremonias chori, lavdabiles monasteriorvm Germaniae, consuetudines et constitutiones describuntur. Dilingae, formis academicis, M.D.CXLI.

Petit in-8°, 1 f.-214 p., grav. — Bibl. : Avignon ; Roma, Vaticana ; Tournai.

279) Litaniae Pictonicae, sev sanctornm qui ortu vel incolatu Pictonum oram nobibilitarunt, ab Henrico Lvdovico Castanae de la Rochepozay, Pictauorum episcopo, concinnatae et dispositae, notisque illustratae. Avgvst. Pictonvm, apud Ivlianvm Thoreav, regis et academiae typog., M.DC.XLI.

In-12°, 102 p.-1 f. (errata). — Bibl. : Aix.

280) Processionale monasticvm, pro omnibus svb regvla Sancti Benedicti militantibus. Parisiis ex officina Roberti Ballard, vnici in musicis typographi regij, sumptibus Iohannis Billaine, via Iacobaea, sub signo sancti Augustini, 1641, cum privilegio regis et superiorum permissu.

In-16°, 4 f. (processionale)-295 p.-6 p. (index)-clxviij p., musique. — Bibl. : Besançon, archevêché ; Le Mans ; Marseille ; Arras ; Solesmes, bénédictins.

281) Ritus et ordo conficiendi aqvam benedictam, tempore mortalitatis, sev etiam fvroris hominum, vel rabiei bestiarum, in monasterio Sancti Ebrvlphi de Vtico [St-Evroult-Notre-Dame-du-Bois, Orne], ordinis S. Benedicti, adamussim obseruandus. Parisiis, apud Gvillelmvm Sassier, via Cluniacensi, sub signo b. Mariae, prope Sorbonam, M.DC.XLI.

In-4°, 1 f.-17 p., grav. — Approbations de Hemerez et I. Bernard, docteurs de Sorbonne, datée de Sorbonne, 20 septembre 1640 ; de Grégoire Tarisse, supérieur de la congrégation de Saint-Maur, ordre de St-Benoit, datée de St-Germain-des-Prés à Paris, 22 déc. 1640 ; de Michel Bauldry, grand prieur de l'église cathédrale régulière de Maillezais, datée de St-Germain-des-Prés à Paris, 14 avril 1641. — Bibl. : Paris, Bibl. nat.

282) Litaniae Pictonicae, sev sanctorum [comme 1641, sauf :] ... editio quarta, auctior... typogr., M.DC.XLII.

In-12°, 112 p. — Bibl. : Aix.

283) Martyrologe romain traduit par le r. p. Baudouin Willot,

Brinchois, S. J. Item le martyrologe de Belgique recueilli par le mesme. Mons, J. Havart, 1642.

In-12°, 474 p. Cité dans Sommervogel, Bibl. Jés., VIII, 1143.

284) Antiphonale divrnvm, dispositvm ivxta breviarivm monasti-cvm pro omnibus sub regula ss. patris Benedicti militantibus. Tulli Levcorvm, ex officina S. Belgrand et I. Lavrentii, MDCXXXXIII.

Gr. in-folio, 4 f.-464-lxxxviij p., r. et n., musique, fig. au titre. — Bibl. : Maredsous (Belg.), bénédictins.

285) Hymni novi et qvaedam alia officia ssmi. d. n. Vrbani papae VIII iussu ac sacrae rituum congregationis approbatione edita, alia item ordini benedictino assueta, quae omnia cum in prioribus Pauli V pont. max. breuiariis desiderentur, in vno simul codice visum est apponenda, prout sequens pagina indicabit, pro iis qui praedictis breuiariis vtuntur, disposita. Lutetiae Parisiorum, sumptibus Ioan-nem (*sic*) Billaine, via Iacobaea, sub signo sancti Augustini, cum priuilegio regis et superiorum permissu, M.DC.XLIV.

In-8°, 4 f.-119 p., 2 col., r. et n. — Bibl. : Bournainville (Eure), chánoine Porée.

286) Le martyrologe belgeois, recueil des saincts du Pays-Bas. Mons, J. Havart, 1644.

In-8°, 102 p. Cité par Sommervogel, Bibl. Jés., VIII, 1143.

287) Officia particularia ecclesie seu monasterii S. Lamberti Lae-tiensis [St-Lambert de Liessies, Nord, ordre de St-Benoît], ad formam breviarii monastici Pauli V, pontif. max., jussu editi redacta. Monti-bus, Waudraeus, 1644.

In-8°. — Bibl. : Amiens.

288) Caeremoniale monasticvm, ivssv et avthoritate capituli gene-ralis congregationis Sancti Mauri, ordinis S. Benedicti, editum. Lvte-tiae Parisiorvm, apud Ioannem Billaine, via Iacobaea, sub signo Sancti Augustini, M.DC.XLV, cvm svperiorvm permissv.

In-8°, 8 f.-604-xxi p.-21 f. (index), grav. — Bibl. : Amiens; Autun, sémi-naire; Avignon; Metz; Paris, Bibl. nat.; Westmalle (Belgique), trappistes; Namur.

289) Breviarium ordinis S. Benedicti. Parisis. Billaine 1645.

In-12°. — Bibl. : Solesmes.

290) [*Frontispice* :]. — Psalterivm monasticvm dispositvm per hebdom. secvndvm regvlam s. p. Benedicti, cum ordinario officij de tempore, ex breuiario monastico Pauli papae V. auct. recognito, ac demum disposito ad formam breuiarij rom. ab Vrbano VIII. correcti, pro omnibus sub eadem praedicti s. p. Benedicti regula militantibus, in quo hymni noui, officium defunct. et alia multa inveniuntur. Parisiis, sumptibus Ioannis Billaine, via Iacobaea, sub signo S. Augustinj (*sic*), anno Domini M.DC.XLVI. [*A la fin*:] Ex typographia Lvdovici Sevestre, via Mori, prope ecclesiam Sancti Nicolai.

In-folio, 8 f. (calendrier)-536-lxj p.-3 f. (index), r. et n. — Bibl. : Viviers, séminaire.

291) Antiphonier des religieuses de Montmartre. Paris 1646. — In-4°.

292) Caeremoniale [congregationis Bursfeldensis ordinis S. Benedicti]. Dislingœ 1646. — In-8°.

293) Ceremonial congregacion monges nigros S. Benito da Portugal, II, III, [auctore Ant. Corneiro]. Coimbra 1647.

In-folio, 4 f.- 78-262 p. — Catal. Rosenthal.

294) Antiphonaire de Montmartre. Paris, 1647.

In-4°. — Bibl. : Bourges, séminaire.

295) Le propre des saincts pour l'abbaye de Bertancourt [bénédictines], de present dans Abbeuille. A Paris, de l'imprimerie de Iacques L'Anglois, 1647.

In-12°, 6 p., r. et n. — Bibl. : Paris, Bibl. nat.

296) Officia propria sanctorvm Camaldvlensivm, quae in breviario monastico desiderantur ad vsum congregationis erèmitarum Camaldulensium Montis Coronae. Parisiis, apud Aegidium Blaizot, in palatio Bavariae, prope portam Sancti Marcelli, M.DC.LXVIII, superiorum permissu.

In-12°, 60 p.— Contient les offices de la translation du corps de S. Romuald, S. Pierre Damien, S. Parisius confesseur, S. Romuald, S. Boniface, S. Théo-

bald, SS. André et Benoît, SS. Matthieu, Isaac et Christin martyrs, SS. Jean
et Benoît martyrs. — Bibl. : Paris, Ste-Geneviève.

297) Offices propres de qvelqves festes des saincts particvliers
celebrez au monastere de Saincte Scholastique à Iuuigny [Juvigny-
sur-Loison, Meuse, diocèse de Trèves], ordre de Sainct Benoist, dis-
poséz selon le bréuiaire bénédictin, tiréz des anciens bréuiaires dudit
monastere, de l'escriture ste. et des docteurs de l'eglise ; avec approbation de l'ordinaire. A Tovl, par Simon Belgrand et Iean Lavrent,
imprimeurs du roy, M.DCXLVIII.

In-4°, 2 f.-214 p., r. et n., musique. — Approbation d'Otton, évêque
« Azotensis » et vicaire général de Trèves, 27 mai 1646. — Bibl. : Bruxelles,
Bollandistes.

298) Ritvale monasticvm, ad vsvm congregationis S. Mavri in Gallia, ord. Sancti Benedicti. Parisiis, sumptibus Ioannis Billaine, via
Iacobaea. sub signo S. Augustini, M.DC.XLVIII, cum priuil. reg. et
superior. permissu.

In-8°, 2 f. (table)-177 p.-1 f. (privilège), r. et n., musique, grav. — Bibl. :
Roma, St-Louis-des-Français ; Tours.

299) Breviarium ordinis S. Benedicti. 1648, 2 vol.

300) Graduale monasticum ordinis S. Benedicti [Parisiis, 1648).
In-folio. — Bibl. : Solesmes. (manq. titre).

301) Officium S. Benedicti. Salisburgi 1648. — In-8°? 53 p.

302) Psalterium monasticum, ad usum ordinis S. Benedicti.
Monachii, 1648.
In-8°. — Bibl. : Namur.

303) Cérémonial des religieuses (bénédictines) de Juvigny. Toul,
Belgrand, 1649.
In-8°. — Bibl. : Solesmes.

304) Ceremoniale congregationis Casinensis ordinis S. Benedicti.
Venetiis, 1649. — In-folio.

305) Ceremoniale Caelestinorum. Neapoli 1650. — In-folio.

306) Officium monasticum b. Mariae Virginis. Tulli Leucorum 1650, in-12°.

307) Ritvale monasticvm, opvs ad divina officia et monasticas fvnctiones pervtile, romani ritvi ac lavdabili caelestinorvm vsvi conforme, avctore d. Donato Ramerio Lvcerino, s. t. p. ac in caelestina congreg. abbate. Neapoli, typis Secundinis Roncalioli, s. iubilaei 1650, de svperiorvm licentia.

In-4°, 4 f. (dédicace)-262 p.-3 f. (table, errata), musique, blason. — Au début, dédicace à Fabrizio Campana, abbé général de la congrégation des célestins, ordre de S. Benoît; approbation de celui-ci, datée de l'abbaye du St-Esprit à Murrone, 10 octobre 1650. — Bibl. : Firenze, Bibl. nazionale.

308) Psalterivm monasticvm per hebdomadam dispositvm, ad formam breuiarii monastici Pavli V pontificis max. primum, nunc denuo Vrbani papae octavi avctoritate editi, pro omnibus sub regula Sancti Benedicti militantibus, cvm canticis (*deux mots enlevés*) et hymnis, tum (*trois mots enlevés*). In sacro Vallisvmbrosae archicoenobio, sacrae congregationis aliorumque superiorum permissu, M.DC.LI.

In-folio, 413-23 p. (additions, hymnes), r. et n. — Bibl. : Firenze, Bibl. nazionale.

309) Ordinarium seu collectarium Benedictinorum. Coloniae, J. Henningius. 1651 — in-8°.

310) Breviarivm monasticvm pro omnibvs svb regvla sanctissimi patris Benedicti militantibus. Tvlli, apud S. Belgrand et I. Lavrentium et Coloniae, apud Gerwinum (*sic*) Gymnicum MDCLII.

In-8°, 39 f.-978-clxxxviij p.-1 f., 2 col., r. et n., fig. — Bibl. : Maredsous (Belg.).

311) Breviarium ordinis S. Benedicti. Parisiis, Billaine 1653.

312) Breviarium archimonasterii S. Audoeni Rothomagensis [St-Ouen de Rouen]. Rothomagi, 1654.

In-8°, 4 vol. — Note de catalogue.

313) Breviarivm monasticvm, Pauli V pontif. maximi jussu editum, pro omnibvs svb regvla sanctissimi patris Benedicti militantibvs et ad correctionem breviarii romani Vrbani pp. VIII auctoritate recogniti, hymnis exceptis, accuratissime expolitum, ejusque novis sanctorum officiis auctum, in qvo omnia svis locis ad longvm posita sunt, pro majori recitantium commoditate; pars hyemalis (aestiva). Tvlli Levcorvm, ex officina Simonis Belgrand et Ioannis Lavrentii, christianissimi regis typographorum, cum privilegio regiae majestatis et superiorum permissu, M.DC.LIIII.

In-4°, 2 vol., 28 f. (calendrier, rubriques)-616 p.-2 f. (index)-ccxxiiij p., 28 f.-760 p.-2 f.-ccxxx p., 2 col., r. et n., une gravure signée : F. Besprey fecit, Tulli, 1653. — Bibl. : Strasbourg, séminaire.

314) Officia propria inclyti monasterii S. Avgendi Ivrensis sev S. Clavdii [St-Oyend ou St-Claude du Jura], ad ritvm breviarii romani accomodata. Divione, apud Philibertvm Chavance, via S. Joannis, ad insigne Pveri Iesv, M.DC.LIV.

In-8°, 227 p., r. et n., grav. — Bibl. : Besançon, archevêché ; Bruxelles, Bollandistes ; Tours ; Troyes.

315) Officia propria sanctorvm congregationis Vallis Vmbrosae [Vallombreuse près Florence]. In archicoenobio Vallis Vmbrosae, M.DC.LIIII, superiorum permissu.

In-8°, 4 f. (dédicace, approbation)-335 p.-8 f. (orationes juxta consuetudinem Vallis Umbrosae). — Au début, approbation de la congrégation des rites, 13 janvier 1631. — Bibl. : Firenze, Bibl. nazionale.

316) Officia propria regalis monasterii S. Dionysii Areopagitae in Francia [St-Denis, Seine], accurate emendata, et ad limam breuiarij monastici expolita, Parisiis, apud Ludouicum Seuestre, via Mori, prope ecclesiam Sancti Nicolai, M.DC.LV, cum superiorvm permissv.

In-4°, 8 f. (calendrier)-104 p., 2 col., r. et n., grav. — Bibl. : Amiens ; Paris, Ste-Geneviève ; Tours.

317) Officivm S. Dionysii Areopagitae ex breviario sandionysiano desumptum, et accurate emendatum. Parisijs, apud Ludouicum Senestre, via Mori, prope ecclesiam Sancti Nicolai, M.DC.LV, cvm svperiorvm permissv.

In-8°, 1 f.-p. 59 à 84, 2 col., r. et n., grav. — Coupure d'un ouvrage avec titre spécial. — Bibl. : Tours.

318) Paraphrase devote svr les trois hymnes de s. Denis Areopagyte, apostre de France, nouuellement composées et chantées dans l'eglise de la royale abbaye de S. Denys en France, où la vie et le martyre de ce sainct sont décrits sommairement, auec l'antienne et l'oraison du mesme s. mise en sonnet. A Paris, de l'imprimerie d'Est. Pepingvé, imprimeur de M. l'abbé de S. Germain Desprez (*sic*), rue de la Harpe, proche S. Cosme, au bras d'Hercule, 1655.

In-8°, 23 p., grav. — Trois hymnes latines, avec traduction en vers français. — Bibl. : Tours.

319) Missale romano-monasticum pro omnibus sub regula S. Benedicti militantibus, 1655.

Bibl. : Solesmes.

320) Officium S. Benedicti in feria tertia. Coloniae, 1655. — In-12°.

321) Gradvale romano-monasticum, ivxta missale ab Vrbano VIII pont. max. recognitum, pro omnibus svb regula s. p. n. Benedicti militantibus, cui addita sunt variae modulationes Kyriales, hymni angelici etc. pro diuersa dierum et festorum solemnitate. Parisiis, sumptibus Joannis Billaine, via Iacobaea, sub signo S. Augustinj, anno Domini M.DC.LVI.

In-folio, 2 f.-472 p.-plus de cxxxiij p. (incomplet), r. et n., musique, frontispice signé M. Lasne. Privilège royal, 17 avril 1643. — Bibl. : Westmalle (Belgique), trappistes (incomplet).

Abbé J.-B. Martin.

CHRONIQUE BIBLIOGRAPHIQUE

Histoire Monastique Générale

Dom Fausto Amadeo, O.S.B. : *Vita di S. Benedetto, abate, patriarca dei monaci d'Occidente* (2ᵉ édition).

Après la mort de son auteur, les moines de Subiaco ont donné une nouvelle édition de cette vie de saint Benoît qui, parue d'abord dans le bulletin *Il S. Speco di S. Benedetto di Subiaco*, fut publiée ensuite en 1904. Quelques modifications heureuses ont été apportées, écartant certaines hypothèses sans fondement historique, et tenant compte des exigences d'une saine critique. L'ouvrage est à la fois une biographie du patriarche des moines d'Occident aussi documentée que possible et un livre d'édification.

A signaler aussi, de Dom Hébrard, *La Vie de saint Benoît : Essai psychologique d'après la Règle bénédictine et les Dialogues de saint Grégoire* (2).

Par ailleurs, les Bénédictins de Paris avaient donné, ces dernières années, une traduction nouvelle de *La Vie du bienheureux Père Saint Benoît* (3). Deuxième livre des « Dialogues » de S. Grégoire le Grand.

Dom Paul Chauvin : *L'Oblature dans l'Ordre de Saint-Benoît* (4).

L'auteur, sous-prieur du monastère Sainte-Marie de Paris, a réuni dans ce volume les six conférences qu'il avait données dans la basilique de Saint-Benoît-sur-Loire les 7, 8 et 9 juillet 1921 à l'occasion du Triduum inter-bénédictin pour les Oblats séculiers des diverses observances de l'Ordre. Expliquant l'institution de l'Oblature, il définit ce qu'elle est et montre son point de contact avec l'Ordre de Saint-Benoît. Étudiant ensuite, dans le législateur, les éléments d'assimilation en saint Benoît, il les résume dans l'esprit de foi et dans l'équilibre moral ; puis il montre la possibilité d'assimilation de la règle bénédictine et sa haute portée sociale. Ces conférences, d'une doctrine très élevée, exposée dans un langage simple où l'on sent vibrer une âme d'apôtre, méritent d'être connues davantage, car elles feront du bien à beaucoup d'âmes en leur apportant avec une connaissance plus approndie de la pensée de saint Benoît et des traditions bénédictines, une orientation pour leur piété personnelle et des directives pour l'influence qu'elles peuvent par là même exercer dans leur milieu social.

F. Lesne : *Les diverses acceptions du terme « beneficium » du VIIIᵉ au XIᵉ siècle* (5).

Dans cette « Contribution à l'étude des origines du bénéfice ecclésiastique » d'une information étendue autant que précise, Mgr Lesne cherche à déterminer le sens donné, suivant les époques et les cas, au mot *bénéfice*, désignant, au sens concret, tantôt la jouissance d'un bien à titre précaire, tantôt le bien tenu en bénéfice, biens quelconques dont le collateur garde

---

(1) Fabriano, Gentile, 1921, in-8, 263 p. avec grav.
(2) Paris, Téqui, 1922, in-12 de XXII-283 p.
(3) Paris, Beauchesne et Prieuré Sainte-Marie, in-12 de 110 p.
(4) Paris, Beauchesne, 1921, in-12 de 163 p.
(5) Revue historique du droit français et étranger, janvier-mars 1924, p. 5-56.

la libre disposition et qui ne confèrent à celui qui reçoit d'autre qualité que celle d'en bénéficier. Par contre, au IX° siècle apparaissent d'autres bénéfices ayant un caractère fixe, perpétuel, et qui « sont attribués nécessairement à un personnage dûment qualifié, pourvu d'une charge proprement dite, à laquelle est attaché ce bénéfice ». Tels sont les *beneficia ecclesiarum* affectant à l'exercice d'une fonction ecclésiastique une partie ou le tout du temporel d'une église ; tels encore les *beneficia regalia* concernant les évêchés et les abbayes. A partir du XI° siècle une transformation s'opère ne laissant subsister, dans le sens juridique du droit ecclésiastique, que les *beneficia ecclesiarum*, qui correspondent à une charge ecclésiastique.

M. Valpole avait préparé une sorte de *Corpus* des hymnes en usage dans l'Église avant l'année 600 ; ce travail repris à sa mort par le Dr A.-J. Masson a paru sous le titre : *Early latin Hymns*, with Introduction and Notes (1), il se compose de 127 pièces, dont 40 sont attribuées à des auteurs connus et 87 anonymes. A propos de l'origine de ces pièces se pose la question des relations entre l'ancien hymnal du VI° siècle représentant l'usage bénédictin primitif, et le nouvel hymnal qui l'a remplacé. Ce problème est longuement étudié dans l'introduction, qui, adoptant l'opinion du R. P. Blume, établit que les hymnes les plus anciennes ne sont pas celles du bréviaire romain, mais celles dont les manuscrits antérieurs au X° siècle et représentant la première tradition bénédictine nous révèlent l'existence. Il semblerait, par ailleurs, que la substitution d'un recueil à l'autre remonterait à l'époque de la réforme liturgique de saint Grégoire. Parmi les pièces dont les auteurs sont connus, il y en a une de saint Hilaire, dix-huit de saint Ambroise, onze de Prudence, une de Sédulius, une d'Eunodius, sept de Fortunat, une de Flavius.

Dans une note (2) intéressante, le P. Jean Destrez décrit le fonctionnement de la *pecia* dans les abbayes durant le moyen-âge. Sous la dictée d'un lecteur se servant d'un texte corrigé, plusieurs moines écrivaient, facilitant ainsi la diffusion rapide des manuscrits qui étaient revus ensuite. Ce procédé fut abandonné dans la seconde moitié du XIII° siècle lorsque les copistes, au lieu d'être des moines, furent surtout des séculiers travaillant surtout dans les milieux universitaires. C'est ainsi qu'à l'Université de Paris, une Commission était chargée d'établir une copie officielle faite sur des cahiers de quatre feuillets indépendants ; ces cahiers composés d'une peau de mouton pliée en quatre gardèrent le nom de *pecia*, et ce mode de transcription fut dès lors généralement adopté par les autres universités.

En comparant entre elles les principales collections manuscrites et les diverses éditions modernes qui en ont été faites, Dom A. Wilmart parvient à établir *La tradition des prières de saint Anselme. Tables et Notes* (3).

M. l'abbé Rivière, cherchant à déterminer *La place de saint Bernard dans la première controverse sur le droit pontifical au XIV° siècle* (4), arrive à cette

---

(1) Cambridge. University Press, 1922, in-8, xxviii-446 pages. (Collection : Cambridge, Patristic Text.)
(2) Académie des Inscriptions et Belles-Lettres, juillet-août 1923, p. 331-332.
(3) Revue Bénédictine, janvier 1924, p. 54-71.
(4) Bulletin de Littérature ecclésiastique... de Toulouse, mars-avril 1924, p. 106-126.

conclusion que l'ouvrage du *De Consideratione* fut envisagé comme une sorte de théologie du pouvoir pontifical, et que sa doctrine sur les deux pouvoirs fut l'objet d'un examen très approfondi et invoqué dans la controverse, par chaque parti, en faveur de la thèse qu'il défendait.

G. Lizerand : *Le dossier de l'affaire des Templiers* (1).

Dans ce nouveau volume paru dans la collection : *Les classiques de l'histoire de France*, l'auteur, spécialiste des questions juridiques, nous donne un exposé très clair de ce fameux procès, ainsi que les pièces essentielles qui en constituent le fonds et permettent d'en suivre la marche.

Sous le titre : *Der erste Reform-Versuch im Cistercienserorden* (2), le R. P. Séverin Grill résume l'état de l'Ordre de Citeaux du XIIIe au XVIIe siècle et cherche à déterminer l'influence réelle de la bulle de Clément IV « Parvus fons » sur le mouvement de réforme de l'Ordre. Aperçu général intéressant.

Aux pièces publiées naguère par Ulysse Robert dans ses *Documents inédits concernant l'Histoire littéraire de la France* (Paris 1875), M. H. Omont vient d'en ajouter une autre d'après le mss. fr. 16859, p. 423-426. Il s'agit d'un *Traité pour la publication de l'Histoire littéraire de la France (1732)* (3), conclu le 28 avril 1732 entre Dom Joseph Doussot, mandataire de Dom Antoine Rivet qui l'approuva le 12 mai, suivant et les libraires parisiens chargés de la publication.

Nous ne pouvons que renvoyer à l'*Étude sur les voûtes des déambulatoires* (4), dans laquelle M. André Rhein est amené fréquemment à parler des églises monastiques à propos de ce problème d'architecture.

Denise Jalabert : *La sculpture romane* (5).

Dans ce nouveau volume de la collection « La culture moderne », l'auteur étudie d'abord les origines de la sculpture romane ; puis, passant en revue les différentes écoles de Languedoc, d'Auvergne, de Bourgogne, de l'Ouest, celle de l'Ile-de-France au XIIe siècle, et celle de la Provence, elle dégage les traits caractéristiques qui les distinguent et leur apport original dans le grand courant de la tradition sculpturale. Cet aperçu clair, sobrement présenté, agréablement écrit, dans lequel on retrouve les idées maîtresses du magistral ouvrage de M. Émile Mâle, est une excellente œuvre de vulgarisation où l'on aime à saisir l'émotion de l'artiste qui l'a écrit. Parmi les œuvres d'art monastiques dont il est fait mention, notons, entre autres, ce qui a trait à Charlieu, Cluny, Conques, La Charité-sur-Loire, Moissac, Mozat, Souillac, Vézelay.

Dom G. Charvin.

---

(1) Paris, Champion, 1923, in-16, XXIV-229 p.
(2) Cistercienser Chronik, 1924, février-avril.
(3) Bibliothèque de l'École des Chartes, juillet-déc. 1923, p. 431-433.
(4) Bulletin Monumental, Paris, Picard, 1923, vol. 82', p. 255-290.
(5) Paris, 1924, Stock, in-32 de 125 p.

COMPTES RENDUS

R. P. Fanfani : *Le Droit des religieuses selon le code de droit canonique.* Traduction par le R. P. Misserey. (Turin-Rome, 1924, Marietti, in-8 de xx-312 p.)

Cette traduction de cet ouvrage qui par son caractère pratique a eu un grand succès sera certainement appréciée des communautés françaises auxquelles il rendra de réels services. Son but est de grouper toutes les lois ecclésiastiques concernant les religieuses, non seulement d'après les prescriptions du nouveau Code, mais aussi d'après les documeuts authentiques de l'Eglise et les plus récentes décisions des Congrégations romaines. En conséquence, l'auteur a laissé de côté les questions de pure controverse, voulant donner avant tout un exposé pur et simple, éminemment pratique, de la législation canonique dans tout ce qui a trait au « droit des religieuses ». Et à ce point de vue cet ouvrage sera des plus utiles aux supérieures de communautés, soit pour la direction spirituelle de leur subordonnées, soit pour l'enseignement à leur donner, soit pour les rapports avec les supérieurs ecclésiastiques, soit pour l'administration des biens temporels. Le traducteur français qui dans le cours de l'ouvrage a fait œuvre personnelle a ajouté des notes très utiles précisant la situation canonique spéciale dans laquelle se trouvent, en France, depuis la Révolution, les religieuses à vœux solennels.

Dom G. Ch.

R. P. Guidus Cocchi : *Commentarium in Codicem Juris Canonici ad usum scholarum liber III. De Rebus,* Pars IV. De Magisterio ecclesiastico. Pars V. De Beneficiis aliisque Institutis ecclesiasticis non collegialibus. Pars VI. De Bonis Ecclesiae temporalibus. (Turin-Rome, 1924, Marietti, in-8 de 444 p.)

Les ouvrages du R. P. Cocchi se distinguent par la clarté toute latine de l'exposition, la simplicité de la méthode et l'originalité de la présentation : on sent le professeur qui connaît son auditoire, sait se mettre à sa portée et lui faciliter le travail. Ce troisième volume, qui traite *De Rebus*, comprend trois parties. La première concerne le Magistère ecclésiastique et explique les canons 1322-1408 relatifs au magistère de l'Eglise, aux obligations des fidèles par rapport à la foi, au magistère des évêques (notons les études sur la prédication, les séminaires, les écoles, la censure des livres). La seconde partie (canons 1409-1494) a trait aux bénéfices ecclésiastiques, et parle successivement de leur constitution, des formes diverses qu'ils sont susceptibles de prendre, de leur collation, du patronat, des droits et des obligations des bénéficiaires, des permutations à envisager. La troisième partie (canons 1495-1551) étudie la question des biens temporels de l'Église : existence, droits de l'Eglise, administration, contrats, fondations pieuses. — On peut dès lors se rendre compte de l'abondance de matières traitées dans ce volume. L'auteur fait précéder chaque titre d'un tableau synoptique concernant le texte des canons étudiés, puis il en fait un commentaire précis et méthodique dont l'exposition est rendue plus claire encore par la disposition typographique de tous points excellente qui caractérise les ouvrages édités par la maison Marietti.

Dom G. Ch.

Mgr Pelt : *Histoire de l'Ancien Testament.* 7e édition revue et corrigée. 18e mille, 2 vol. in-12 : 1° vol. lxxv-369 pages, 2° vol. ix-489 pages. 4 cartes avec renseignements etnographiques 1922. (Paris, Lecoffre, 1924.)

Cet ouvrage est une traduction de l'Histoire de l'A. T. du Dr Schöpfer à laquelle

Mgr P. a su donner « une couleur bien française ». « La présente édition a été mise à jour en ce qui concerne les données nouvelles fournies par l'assyriologie en matière biblique par le Père Vincent Scheil, O. P. ». C'est ainsi qu'on trouve, tome I*, p. 84, le fac-similé d'une tablette cunéiforme contenant le récit chaldéen du déluge.

Rappelons qu'en tête des volumes se trouvent tous les documents pontificaux concernant l'Étude de la Bible, depuis l'Encyclique *Providentissimus* jusqu'aux décrets les plus récents de la Commission biblique. Ces documents en latin sont sectionnés en paragraphes, et le contenu de chaque paragraphe est résumé en français. Ce procédé, qui permet de s'orienter rapidement, n'est pas un des moindres mérites de cet ouvrage dont l'éloge n'est plus à faire.

Dom P. de Corbiac.

Mgr Joseph Blanc : *Les Visions de saint Jean*. (Paris, Téqui, 1924, in-12 de 471 p.)

L'ouvrage est divisé en deux parties. La première est intitulée : *Le Cadre de l'Apocalypse*. Chapitre Premier. *L'Apôtre saint Jean et l'Apocalypse* (preuves de l'authenticité ; remarques littéraires et mystiques). Chapitre II. *La lettre d'envoi de l'Apocalypse* (le cadre épistolaire des visions, les nombres symboliques, l'Alpha et l'Omega, l'étoile du matin, la proximité de la parousie.) — La *Deuxième partie* étudie *Les Visions de l'Apocalypse*. Chapitre premier. *La vision du Fils de l'Homme* (Description du Fils de l'Homme, les sept étoiles). — Chapitre II. *La lettre aux sept Églises* (les sept Églises, les sept Esprits, l'arbre de vie, le livre de vie). — Chapitre III. *La vision de la cour divine* (Le Trône divin, les vingt-quatre vieillards, l'Agneau, le Livre aux sept sceaux). — Chapitre IV. *La vision des sept sceaux* (Les quatre cavaliers, les Martyrs, le dénombrement des élus, les anges aux sept trompettes). — Chapitre V. *La vision des sept trompettes*. (Les six fléaux, le petit livre, les deux témoins). — Chapitre VI. *La Femme et le Dragon*. — Chapitre VII. *Première vision triomphale* (Les Vierges et l'Agneau, la Moisson et la Vendange). — Chapitre VIII. *La vision des sept coupes*. — Chapitre IX. *Le triomphe de l'Église*. Cette analyse suffit à montrer l'importance et l'intérêt de l'ouvrage. C'est pour la piété chrétienne, une mine inépuisable. L'*Apocalypse* dont l'étude a tenté tant de grandes âmes devrait être connu et médité. Mgr Blanc a rendu cet immense service de le faire goûter et aimer.

X.

Ouvrages envoyés par la Librairie Téqui
(82, rue Bonaparte, Paris, VIe)

P. Faber : Le tome deuxième contient : *Le Créateur et la Créature. Le Pied de la Croix. Conférences spirituelles*. Le tome III : *Le Précieux Sang, Bethléem ou le Mystère de la sainte Enfance*. Abrégé texuel et méthodique en 191 lectures ou méditations par l'Abbé Jaud. 2 vol. in-12, se vendant séparément. Prix : 7 fr. 50 ; franco : 8 fr. 10.

Le P. Faber est l'un des auteurs qui a eu le plus d'influence sur la piété catholique à notre époque. C'est pour mettre à la disposition de tous, les pieux ouvrages du P. Faber, que M. l'abbé Jaud a entrepris et mené à bonne fin ce très utile travail. Il définit ainsi son but : « Répandre et populariser la doctrine si élevée et l'esprit si profondément surnaturel de ses œuvres en chapitres assez courts pour servir de lecture ou de méditation quotidienne. »

Maynard (abbé) : *Vertus et Doctrine spirituelle de saint Vincent de Paul*. Onzième édition. In-12 de xiii-432 pages.

M. Maynard, l'historien de saint Vincent de Paul, a recueilli dans ce volume et groupé sous vingt-trois titres les faits et dits du saint sur les diverses vertus dont il a été un modèle : foi, espérance, amour de Dieu, oraison, dévotion au Saint-Sacrement, dévotion à la Sainte Vierge et aux Saints, zèle, charité pour le prochain,

douceur, humilité, obéissance, simplicité, prudence, justice, détachement, mortifi-
cation, chasteté, égalité d'esprit, force et patience, patience dans les maladies,
conduite et vocation. Sur chacune de ces vertus, deux parties : la conduite de
saint Vincent, et sa doctrine. C'est un traité des vertus chrétiennes d'après
saint Vincent. En appendice, une trentaine de pages de lettres et fragments inédits
de Mlle Le Gras. Il n'est rien tel que les Saints pour parler des vertus chrétiennes.

ABBÉ GILOTEAUX : *Les Ames Hostiles. Ames Victimes.* Essai doctrinal
(in-8 de 368 p.)

Après avoir passé en revue les victimes de l'Ancien Testament, la grande Victime
du Nouveau Testament et les victimes de l'Église, l'auteur envisage l'esprit, l'état
et la fonction de victime, l'acheminement à cet état, la vocation qu'il requiert, le
vœu qui le consacre, la véritable attitude qu'il exige, pour décrire enfin les armes,
l'oraison, les croix et les dévotions des âmes victimes. C'est là un travail précieux,
qui manquait en spiritualité. D'allure scientifique et de grande élévation surnaturelle, il reste, à cause de sa clarté et de sa précision, accessible au grand public.
Les lecteurs de Sœur Thérèse liront avec grand intérêt ces pages relatives à la vie
victimale dont parle la Bienheureuse. Guidés par un tel livre, ils n'auront rien à
craindre des dangers qui bordent cette route et pourront suivre avec ardeur la
petite voix d'immolation tracée par l'humble Carmélite. Aussi, à vouloir résumer
notre impression sur cet ouvrage, nous dirons qu'il constitue un livre d'une haute
spiritualité mise très simplement à la portée de toutes les âmes. »

L. GARRIGUET : *La Vierge Marie, sa prédestination, sa dignité, ses
privilèges, son rôle, ses vertus, ses mérites, sa gloire, son interces-
sion, son culte,* in-8 de 476 pages. Prix : 10 fr. ; franco : 11 fr.

L'auteur a voulu faire un travail d'exposition, d'une exposition simple, méthodique, claire, à la portée même de ceux qui sont le moins familiarisés avec la
théologie. Instruire et édifier a été son but unique. Ainsi sont successivement
étudiés ; l'éternelle prédestination de Marie ; les oracles qui l'ont annoncée ; les
figures qui l'ont symbolisée ; la réalité de sa divine maternité, fondement de tous
ses privilèges : la préservation dont Dieu l'a entourée ; les trésors de grâce dont il
a enrichi son âme ; la correspondance parfaite qu'elle a apportée ; la part qu'elle a
prise à sa propre sanctification ; le rôle qu'elle a joué dans notre rédemption ; sa
mort, sa résurrection et son assomption ; sa béatitude et son crédit au ciel ; sa
médiation ; son culte ; fruits de la dévotion qu'on a pour elle. C'est un « manuel »
clair et méthodique qui pourra contribuer dans les séminaires, en vue desquels
il a été surtout écrit, dans les communautés religieuses et même dans les paroisses
à mieux faire aimer la sainte Vierge en la faisant connaître davantage.

L'esthétique du Stabat Mater, par le CARDINAL N. MARINI, ancien préfet
de la Congrégation des Affaires orientales. Traduit de l'italien, avec
un avant-propos et des Notes par M. le chanoine Broussolle.
Ouvrage orné de 55 gravures. Prix : 10 fr. ; franco : 10 fr. 50.

On aura, dans ce livre, tout à fait original et pratique, un précieux commentaire
de chacune des vingt strophes du plus beau des cantiques, que la poésie ait jamais
chantés à la Vierge Douloureuse. Les notes et les images qu'y a jointes le traducteur
en accentueront encore la haute valeur de doctrine et de piété.

H. LANIER (Chanoine) : *La Sainte Vierge et notre Croix.* In-32, 1 fr ;
franco : 1 fr. 15.

S'il est vrai qu'on reconnaît le chrétien « au signe de la Croix », et à sa manière
de souffrir, il n'est pas moins certain que les enfants les plus aimants de la Sainte
Vierge, et ses disciples les plus fidèles, comprennent, mieux que d'autres, le sens
divin de la souffrance, et portent leur Croix avec plus de douceur et un plus grand
mérite. Telle est la pensée du Bienheureux de Montfort que ce petit livre cherche
à redire aux âmes pieuses.

X.

VALUY (Père Benoît) S. J. : *Le Directoire du Prêtre* dans sa vie privée
et dans sa vie publique. Prix : 3 fr. 5o ; franco : 3 fr. 8o.

Chef-d'œuvre de piété, d'esprit pratique, en même temps que de concision, de
justesse et d'à-propos. Et parce que c'est un *chef-d'œuvre*, c'est un *trésor* pour le
prêtre, qui trouvera dans ce petit volume léger et portatif, *tous* les conseils qui lui
sont nécessaires pour sa *perfection personnelle* et sa vie pastorale. On ne saurait
mieux tout dire en si peu d'espace. Aucune considération inutile :. du pratique,
du vécu.

LELONG (Mgr) : *Le Saint Prêtre, Conférences sur les Vertus sacer-
dotales*. 2ᵉ édition. In-12. Paris, Téqui, 1924, in-12 de 411 p.

Cet ouvrage est un cours magistral de vie sacerdotale, un vrai trésor, une mine
que les saints prêtres aimeront à exploiter. Mais de plus, il attirera ces âmes choisies
auxquelles.Dieu montre avec insistance depuis quelques années, que tout se faisant
dans l'Église par le sacerdoce, son premier intérêt est d'avoir des prêtres vraiment
animés de l'Esprit de Jésus-Christ et que dès lors elles ne doivent ménager ni
prières, ni dévouement, ni immolations pour les multiplier partout, surtout en
nos jours mauvais. Ces âmes trouveront, dans les pages de Mgr Lelong, l'idéal que
leur foi leur fait deviner et elles y puiseront un surcroît de zèle et d'amour pour
la sainte Église.

PERREYVE (Henri). — *Méditations sur les Saints Ordres*. 1 fr. 8o.

Ces pages de ce petit livre n'ont pas été écrites pour le public, recueillies et
publiées après la mort de l'auteur. C'est une sainte âme qui s'ouvre, c'est un cœur
brûlant de l'amour de Dieu qui s'épanche, c'est une âme enthousiasmée de l'idéal
du Sacerdoce catholique qui chante son ravissement.

MAIGNEN (Maurice) : *Le Prêtre du peuple* ou *Vie d'Henri Planchat*,
prêtre, des Frères de Saint-Vincent de Paul, massacré en haine de
la foi, rue Haxo, à Paris, le 26 mai 1871. — Ouvrage revu et complété avec de nouveaux documents par M. Charles Maignen, prêtre,
des Frères de Saint-Vincent de Paul. — In-12, 9ᵉ édition. Prix : 6 fr. ;
franco : 6 fr. 5o.

L'ouverture à Paris du procès d'information de l'Ordinaire sur le Martyre des
serviteurs de Dieu Georges Darboy, archevêque de Paris, et ses Compagnons, donne
un intérêt très actuel à cette biographie d'un des otages de la Commune. D'autre
part, c'est la vie d'un prêtre, apôtre du peuple, qui montre l'application des
méthodes surnaturelles dans les œuvres. On le voit collaborer à toutes les œuvres
populaires de la paroisse Saint-Jean-Baptiste de Grenelle et subvenir à toutes les
misères spirituelles et matérielles des quartiers déshérités de Charonne, Belleville,
Ménilmontant et du Faubourg Saint-Antoine. Finalement, durant le siège de Paris
de 1870-71, il est le modèle de l'aumônier militaire, tant sur le champ de bataille
que dans sa chapelle et à travers les baraquements qui servaient de casernes aux
gardes mobiles.

X.

ABBÉ DUPLESSY : *Dominicales*. (Paris, Téqui, 1924, 3 vol. in-12 de
5o4 p.)

L'auteur si estimé de nombreux ouvrages d'apologétique a rendu une fois de plus
un très grand service en publiant cet ouvrage. Divisé en autant de fascicules déta-
chables qu'il y a de dimanches, ces volumes sont ainsi composés : Sur chaque évangile il y a huit instructions, à savoir : une explication de l'Evangile, une instruction catéchistique sur le dogme, une instruction morale, une autre concernant les
sacrements, une autre de caractère apologétique, des avis aux enfants, aux jeunes
gens, aux jeunes filles. Le tout exposé d'une façon claire, pratique, directe, allant
droit au but. Sous une forme familière et simple, c'est tout le développement du
dogme et de la morale catholiques dont l'auteur nous donne l'exposé.

Dom G. Cr.

Eugène Duplessy (Ch.) : *Histoires de Catéchisme*, à l'usage des catéchistes professionnels ou volontaires, et des enfants des catéchismes. 3 vol. in-12. (Paris, Téqui, 1924.)

L'auteur se propose, non de supprimer les nombreux *Trésors d'histoires* qui ont
déjà paru, mais de prendre rang à côté d'eux et de les compléter ; il offre aux
catéchistes, suivant son expression, l'occasion « d'augmenter leur provision et de
se renouveler ». Il est facile de prédire un gros succès à ce nouveau recueil. Les
histoires qu'il raconte sont bien choisies, beaucoup sont *neuves*, et des indications
brèves mais très nettes assignent à chacune la place qui lui convient dans les leçons
du catéchisme. Dans ces volumes, l'auteur vise à faire œuvre éminemment pratique ;
il sait parler à l'imagination, dégager le trait qui porte, mettre en relief la leçon
qui reste. A tous, il sera d'un grand secours.

Dom G. Ch.

Perreyve (abbé) : *Sermons inédits. Une Station à la Sorbonne.* 6° édition.

Cette nouvelle édition conforme aux précédentes contient les sermons suivants :
I. Les figures eucharistiques, la Pâque judaïque, l'Agneau pascal. — II. La vocation
des arts. — III. La pauvreté de Jésus dans ses tabernacles, Marthe et Marie. —
IV. Sermon pour la Société de Saint-Vincent-de-Paul. — V. La passion de Notre-
Seigneur Jésus-Christ, prêchée au collège Sainte-Barbe. — VI. La passion de Notre-
Seigneur Jésus-Christ, prêchée en l'église de la Sorbonne. — VII. La Justice et la
paix, sermon prêché au service funèbre des Polonais. — VIII. La passion de Notre-
Seigneur Jésus-Christ dans son Sacerdoce, prêchée à Notre-Dame. — IX. Discours
pour les publications populaires. — X. La divinité de Notre-Seigneur Jésus-Christ,
prouvée par la charité chrétienne. — XI. Fragments de sermons : L'orphelin. Nos
frères séparés. La sainte Eucharistie. La purification de Notre-Dame et la présentation de Notre-Seigneur. A des religieuses. Le Sacré-Cœur de Jésus. La sainteté. Le
combat. L'unité.
Une Station à la Sorbonne. — XII. Marie, reine des sciences. — XIII. La vie future.
— XIX. Les dons de l'Esprit-Saint. — XV. L'histoire de la parole. — XVI. L'amour
de Dieu et des hommes. — XVII. Le travail.

E. d'Aguilhon : *A vingt ans.* Mariage et bonheur. — In-12.

Une jeune fille va se marier. Quelles conditions devra-t-elle exiger de son fiancé
pour se préparer un foyer heureux, paisible et chrétien ? La voilà mariée, peut-
être n'a-t-elle pas montré assez de prudence dans son choix ? Mais ce choix étant
définitif, comment pourra-t-elle réparer son imprudence et écarter les orages de
son foyer ? La voilà mère de famille. Comment devra-t-elle élever ses enfants ? La
voilà presque grand'mère. Comment assurera-t-elle l'avenir de ses enfants, et si
quelqu'un s'est égaré, comment le ramènera-t-elle à Dieu, et avec lui, le père qui
n'a pas toujours donné le bon exemple ? Autant de problèmes délicats enseignés
par l'auteur.

Les Larmes du Veuvage essuyées par saint François de Sales, lettres
de consolation adressées à des chrétiens de son temps, suivies des
Litanies de la résignation avec notes et avant-propos, par Ch. Bru-
netière. Nouvelle édition. (Paris, Téqui, 1924, in-32 de 171 p.)

Ces lettres de condoléance du saint évêque de Genève versent le baume de la
consolation et raniment les espérances chrétiennes des personnes affligées par la
mort de leurs parents et proches, aussi bien que de leurs époux ou épouses. Les
Litanies de la résignation qui terminent ce petit livre sont vraiment touchantes.

X.

S. Decorne (Chanoine) : *Dans la chambre du malade*, consolations et
conseils, délassements et souvenirs, préface de Mgr Baunard. In-12
(3° édition), 7 fr., franco, 7 fr. 50.

A l'heure de l'épreuve, il s'agit de ne pas se laisser miner par une mélancolie
stérile, mais de transformer ses larmes en mérites pour le ciel. Tâche bien ardue

souvent ! Nul n'y résiste s'il ignore les remèdes providentiels de la religion. M. le chanoine Decorne nous en indique la valeur et l'emploi, par un voyage autour et dans la chambre du malade. Les meubles — pendule, veilleuse, miroir et lit — les visites — famille, amis, médecin, notaire, confesseur, Jésus-Christ, — tout suggère à l'auteur des considérations élevées, touchantes et pratiques.

Louis Brémond : *Le Diable existe-t-il? Que fait-il?* In-12, 4 fr., franco recommandé.

En ces temps d'occultisme à outrance, d'hypnotisme, de spiritisme et de théosophie, à l'heure où tant de malheureux rejettent la foi de Dieu pour adhérer à l'esprit des ténèbres, il n'est pas inutile d'étudier le pouvoir des démons, leur action sur les hommes et les formes nouvelles de leurs manifestations.

Champault (Chanoine) : *Une Possédée contemporaine, Hélène Poirier de Coullons* (Loiret). In-12 de 537 p.

Comme l'indique le sous-titre, ce récit d'un cas de possession est le résumé des notes prises jour par jour par les trois prêtres qui furent successivement chargés de soutenir la pauvre victime contre ses ennemis infernaux. « Nous ne relatons, dit l'un d'eux, que ce qui nous paraît absolument certain. » Et cette règle fut suivie par les deux autres. On a donc là des documents très sérieux venant de témoins très sages et tout à fait dignes de foi. Du reste, les procédés diaboliques ne varient guère ; et l'on retrouve dans cette possession ce que l'on rencontre dans toutes les possessions.

X.

Dom Josaphat Moreau : *Les Liturgies eucharistiques. Notes sur leur origine et leur développement.* (Bruxelles, Vromant, 1924, in-12 de 250 p. avec gravures).

Dans cet ouvrage intéressant et neuf sous bien des rapports, notre confrère a voulu faire non seulement œuvre scientifique et pratique mais de plus on y remarque le souci de l'apôtre préoccupé par la question de l'union des Eglises séparées dont il traite dans l'Avant-Propos recherchant les moyens d'arriver à un résultat. L'Introduction est une vue d'ensemble sur les diverses liturgies, les modifications survenues dans les liturgies en Occident ; l'auteur montre à ce propos l'utilité de la connaissance de la liturgie byzantine pour une meilleure compréhension des autres formes liturgiques. — La première partie est une étude comparée des diverses liturgies, permettant de suivre les développements des offices de la synagogue ; elle nous conduit à travers le rite byzantin et les rites occidentaux jusqu'à la liturgie romaine. Signalons au chap. III un essai de reconstitution de l'antique canon romain d'après le plan de la cérémonie de l'agneau pascal conservé dans l'anaphore byzantine ; des tableaux synoptiques permettent de suivre facilement l'exposé de l'auteur. — Dans la 2ᵉ partie nous trouvons une traduction française nouvelle des deux anaphores byzantines de S. Jean Chrysostome et de S. Basile. Cette traduction est accompagnée de nombreuses notes patristiques, scripturaires, liturgiques, littéraires, historiques et théologiques ; elle sera tout particulièrement appréciée, grâce aux nombreuses gravures et à sa disposition typographique en deux colonnes, de ceux qui ont l'occasion d'assister à la célébration d'une liturgie byzantine. — Divers Appendices donnent des renseignements curieux et suggestifs sur la liturgie de la Synagogue, ainsi qu'une traduction toute nouvelle en français de la « Haggadah » (cérémonie de l'agneau pascal) dans les familles israélites. Une bibliographie très abondante prouve chez l'auteur une information étendue du sujet. Dans cette étude comparée des diverses liturgies, il n'est personne qui ne trouve à apprendre et l'ouvrage de Dom J. Moreau est le seul à même d'initier les nombreux profanes à une connaissance aussi utile qu'édifiante de ces questions parfois très complexes.

Dom G. Ch.

R. Janin : *Les Églises Orientales et les Rites Orientaux.* (Paris, Bonne Presse, 1922.)

Travail fort utile, car il réunit des renseignements épars et parfois même inédits. Le lecteur y prendra une connaissance exacte des Eglises orientales tant catholiques que séparées. Tous ceux que l'Orient intéresse, à quelque titre que ce soit, devront prendre connaissance de ce livre très précieux.

On peut regretter que la bibliographie soit un peu ancienne, que l'auteur soit un peu sévère pour les Orientaux, chose d'autant plus malheureuse qu'il écrit pour les latins, trop portés déjà à les juger partialement, et qu'il n'ait pas davantage insiste sur les espérances d'union qui chaque jour se précisent davantage. Quelques expressions (p. e., p. 105 : *explicitur*) auraient pu être mises en français de France. Le nombre des italo-grecs ne semble pas exactement donné.

Malgré ces réserves et quelques autres, cet ouvrage réunit trop de faits pour ne pas avoir sa place dans toutes les bibliothèques ecclésiastiques. On y trouve, outre la statistique et la caractéristique de chaque communauté, son histoire abrégée généralement bien faite.

Le dernier chapitre, sur l'Union des Eglises, après les critiques que l'auteur a accumulées dans le cours de son livre, ne semble pas de nature à encourager ceux qui se donnent à cet idéal apostolique.

Dom J. Moreau.

Dr. A. Rucker : *Die syrische Jacobosanaphora nach der Rezension des Ja'qôb(h) von Edessa,* mit der griechischén Paralleltext. (Munster in Westf, 1923, Aschendorft, in-8 de xxii-88 p.)

Dans la série des *Liturgiegeschitliche Quellen* publiée par les bénédictins de Maria-Laach ce nouveau volume met à la portée des travailleurs la forme syriaque d'une très ancienne liturgie de la messe d'après le plus ancien manuscrit complet de l'anaphore attribué à S. Jacques (Brit. Mus. Addit. 14499 (s. x). Dans l'Introduction M. R. expose la transmission du texte syriaque; le texte grec vient ici à titre de comparaison, et l'auteur donne en allemand les passages complémentaires du texte syriaque. Parmi les appendices signalons le numéro III, qui groupe le texte complet des prières dont le syriaque ne donne que les premiers mots, les officiants devant les connaître de mémoire. Deux lexiques, syriaque et grec, terminent l'ouvrage. De pareils travaux montrent une fois de plus la grande valeur scientifique qui distingue la collection dirigée par le R. P. Dom C. Mohlberg, et qui fait grandement honneur à l'abbaye de Maria-Laach et à ses divers collaborateurs.

Dom G. Ch.

L. Grimal : *L'Homme, son origine, sa condition présente, sa vie future.* 2 vol. in-8 de vii-505 p. et 444 p. (Paris, Bonne Presse.)

Cet ouvrage de « Psychologie théologique » embrasse « l'ensemble des relations de l'homme avec Dieu et comprend trois parties : les origines, la condition présente, l'au-delà ». Dans ces deux volumes ont été habilement condensés les trois traités de théologie de l'homme, de la grâce et des fins dernières d'après la méthode traditionnelle : indication de la doctrine de l'Eglise, accord de cette doctrine avec l'Ecriture Sainte, et parfois avec les Pères, argument de raison.

L'auteur a voulu éviter à la fois « la manière abstraite des théologiens et le défaut de certains littérateurs catholiques « trop superficiels ».

Par manière de complément, il a exposé « quelques points de philosophie ou de sciences naturelles ou historiques sur la nature de l'âme, son union avec le corps, l'antiquité de l'homme et son avenir ». Dans la solution de ces questions, il fait preuve d'une grande prudence.

Il était inévitable qu'un plan aussi vaste laissât subsister des difficultés, beaucoup de questions ne pouvant être traitées à fond. Le chapitre « L'Enfer et la Raison » par exemple, cause une impression pénible, et nulle indication bibliographique (elles sont très rares dans l'ensemble) ne permet de s'orienter pour de plus amples informations.

Nous pensons cependant que cet ouvrage instruira et édifiera le grand public auquel il s'adresse.

Dom P. de Corbiac.

R. P. Kleyntjens, S. J., et Dr Huyghers : *Sint Willebrords Ker*
(Leiden, Dieben, s. d. (1924), 139 pp.)

Dans la première partie qui vient de paraître de cet ouvrage, les auteurs retrace
les origines du diocèse d'Utrecht et son évolution jusqu'aux environs de 1270. No
retenons spécialement les chapitres consacrés à l'introduction du monachisme bé
dictin dans les Pays-Bas, aux modes de culture préconisés par les fils de S. Beno
les Cisterciens et les Prémontrés. Nous saurons gré aux auteurs d'avoir donné so
forme de plaquette la liste complète des fondations bénédictines, cisterciennes
norbertines en Hollande : le nom des monastères est suivi de la date de fondatio
de la filiation, de la date de suppression. Trois cartes indiquent la dispersion gé
graphique des abbayes : la première aux environs de 1270, la seconde vers 15
(on sait que la Réforme supprima presque toutes les communautés), la derni
renseigne sur la situation des couvents actuels.

           J. Lavallège.

J. Calmette : *La société féodale.* (Paris, 1923, Collection Arma
Colin, in-12 de vi-216 p.)

Pour donner en deux cents pages un tableau de la société féodale, il fallait
spécialiste connaissant à fond ce régime aux institutions si complexes, il fall
aussi à l'auteur un sens critique très averti pour éviter des généralisations tr
facilement sujettes à des déformations. Or, ce travail, qui met en œuvre de no
breux documents, dont l'information est judicieuse et abondante, permet d'av
une vue d'ensemble exacte de cette société féodale dont il décrit les origines, l'
ganisation, la division des classes, et leurs relations mutuelles. Ce monde de la
féodale, on le voit penser, agir, se vêtir ; l'auteur nous décrit les aspirations,
exigences, les luttes, les grandeurs, les faiblesses, les côtés brillants et les tares
cette forme de civilisation née d'une formule originale et qui tranche nettem
avec celles qui l'ont précédée et l'ont suivie. Peut-être, çà et là, pourrait-
reprocher à l'auteur une appréciation un peu absolue sur la situation misérable
paysan par exemple, ou un aperçu trop sommaire sur les corporations, qui eur
cependant une place importante dans cette société féodale. A noter les passa
ayant trait à l'Église et à sa justice, à la vie religieuse.

           Dom G. Ch.

F. Gevaert : *L'Héraldique, son esprit, son langage et ses application*
(Bruxelles-Paris, Vromant, 1923, in-4°, nombreuses illustration

Ce n'est point un dictionnaire, ni un lexique, ni un traité du blason. L'héraldiq
appartient d'abord et avant tout à l'art, et la « science héraldique », de même q
ce qu'il est convenu d'appeler le « blason » ne sont que les serviteurs trop souve
tyranniques de l'art héraldique. A cet art si vivant, si plein de force et de gr
aux XIII° et XIV° siècles et qui fut réduit à n'être plus depuis le XVII° siècle « qu'
enfantillage indigne de l'attention des hommes sérieux », suivant l'expression
Rietstap l'héraldiste sans doute le plus autorisé du XIX° siècle, l'auteur voudr
rendre sa vigueur. Pour y arriver il faudrait revenir à l'esprit de son origine et
débarrasser de la cangue étroite que lui ont faite les formules compassées de
science du blason des derniers siècles. Après avoir retracé l'origine, le dévelop
ment, la grandeur, puis la décadence de l'art héraldique qui arrive à n'être pl
« qu'une langue froide et morte, faite de formules, consacrant des souven
imparfaits d'un grand passé », M. G. passe aux applications qui ont été faites
l'héraldique dans tous les domaines de l'art et qui peuvent l'être encore si l'
veut rendre à l'artiste sa liberté de pensée et d'expression. Signalons que l'écu
abbesses n'a pas toujours été en losange, comme on l'exige arbitrairement dep
que le véritable esprit héraldique s'est perdu. Cet ouvrage, superbement édité
illustré avec abondance, précision et clarté par une maîtresse plume, fait honn
à la librairie Vromant, dont les éditions renferment plusieurs autres ouvra
d'héraldique. Il rendra service aux archéologues en leur montrant la raison d'ê
l'esprit des formes du langage héraldique, aux artistes en leur découvrant
quelles ressources ils disposent dans cet art qui fut si employé aux belles époq
de l'art décoratif.

           B. M.

L'ABBAYE SAINT-SALVY D'ALBI

DU VI⁰ AU XII⁰ SIÈCLE

Une laure collégialisée

Avant-Propos

Saint-Salvy n'est plus, depuis la Révolution, qu'une paroisse d'Albi, la première en dignité après la Cathédrale. Il était, sous l'Ancien Régime, le siège d'un chapitre séculier, et, aux origines, d'une abbaye.

L'édifice est premièrement une église de plan basilical, qui pose plus d'un problème à l'archéologue, parce qu'elle présente toute une suite de reconstructions et de remaniements. Ses fondations remontent sans doute au X⁰ siècle; le parti général est d'âge roman. Mais on reprit le tout aux XIII⁰ et XV⁰ siècles, en sorte que l'intérieur est d'aspect gothique. Du XVIII⁰ siècle datent le mobilier et même certaines voûtes. A côté subsistent les vestiges d'un cloître. Le préau est intact, mais seule la claire-voie de pierre de la galerie méridionale a été respectée. Bien que construite vers 1270, elle relève, dans ses traits généraux, du style roman, ce qui n'a rien de surprenant en Languedoc.

La communauté qui disparut en 1790 était beaucoup plus ancienne que ces murs. Elle avait à son décès un passé de douze siècles, et était ainsi presque aussi âgée que la France. Elle subit, comme celle-ci, bien des métamorphoses au cours de son évolution. Nous voudrions observer et décrire les plus lointaines qui sont aussi les moins connues. Et c'est pourquoi nous nous arrêterons au XII⁰ siècle. A ce moment, Saint-Salvy a adopté la Règle de saint Augustin. C'est un chapitre régulier; il reste tel, en droit sinon en fait, jusqu'à sa sécularisation en date de 1523 : soit quatre siècles de vie religieuse, au demeurant d'observance fort mitigée. C'est la période antérieure qui nous retiendra.

Les documents sont rares. Après l'apport de saint Grégoire de Tours, c'est la nuit jusqu'au X⁰ siècle, époque où apparaissent les premières pièces d'archives. Encore celles-ci n'ont-elles survécu que

dans des copies. C'est aux érudits du XVIIe siècle que nous les devo
à Baluze, à De Camps, au président de Doat, aux Bénédictins
Gallia et de l'*Histoire générale de Languedoc*. Le prêtre Bosquet
Valence rédigea vers 1650 un inventaire sommaire des actes les p
anciens, aujourd'hui anéantis. Les Archives Vaticanes m'ont livré
privilèges de Calixte II (1120) et d'Honorius (1219) dont la substa
seule était connue et qui verront ici le jour dans leur texte intég
pour la première fois. Les pièces originales, conservées dans
dépôts indigènes, ne remontent pas au-delà du XIIIe siècle.

Saint-Salvy d'Albi serait un type caractérisé de ces vieilles lau
mérovingiennes, qui pâtirent de la décadence et des confiscations
VIIIe siècle, et ressuscitèrent au IXe sous la forme de communau
de chanoines, adonnés au ministère paroissial. L'âge féodal les e
loqua sans les réduire tout à fait. La réforme des papes Léon IX
Grégoire VII les galvanisa au point de les amener à l'adoption d'i
règle religieuse. Cet élan s'amortit très vite, et le groupe canonial
fixa dans les régions moyennes d'un compromis entre l'institut
bénéficiale et la désappropriation monastique.

Nous présenterons cette longue évolution en une série de cou
tableaux : l'ermitage du saint évêque Salvy; la collégiale carol
gienne; la désagrégation féodale; le retour à la vie de communau
la pauvreté augustinienne; la transaction durable d'une règle mitig

Puisse cet essai d'une monographie d'institution où l'on n'a
eu de devancier apporter à l'histoire générale quelques lueurs ori
nales éclairant des points obscurs et lui rendre ainsi, par un heure
échange, les services qu'il en a reçus !

I. — LA VIE ET LE CULTE DE SAINT SALVY

§ 1. — La Vie

Albi à l'époque de saint Salvy. — L'histoire d'Albi s'ouvre sur sa
Salvy. Avant lui que savons-nous des hommes qui l'ont précédé d'
cette ville? Le nom de trois ou quatre d'entre ses prédécesseurs s
le siège épiscopal, Diogenianus, Sabinus, Ambrosius. C'est tout.
n'est presque rien.

Il est vrai que Grégoire de Tours nous a gardé les souvenirs de sa
Amarand et de saint Eugène; mais ces souvenirs se fixent à Vie
dans le Gaillacois plutôt qu'à Albi. Saint Salvy est le premier perso
nage albigeois qui échappe à l'oubli et se présente en pleine lumiè

grâce à la substantielle notice que lui a consacrée son ami, l'évêque
de Tours, dans *l'Histoire des Francs*.

La carrière de saint Salvy, interrompue en 584, occupe la majeure
partie du VIᵉ siècle, sous les fils et les petits-fils de Clovis. A cette
époque Albi n'était qu'une petite cité, *civitatula*, mais une cité, c'est-
à-dire, alors comme aujourd'hui, le chef-lieu d'un territoire important, colonisé par une peuplade gauloise romanisée, issue des
Ruthènes, les Albigeois, *Albigenses*. C'était peut-être la seule forte
agglomération du pays, car Castres, Gaillac, Lavaur, n'étaient encore
marqués que par des villas ou hameaux. Cependant si la population
était alors cinq ou six fois moins dense qu'aujourd'hui, le pays ne
laissait pas que d'être partout habité, ainsi qu'en témoignent les
vestiges d'établissements ruraux, particulièrement abondants de
Rivières à Giroussens.

La ville d'Albi semble avoir tiré sa prééminence d'une sorte de
prédestination géographique, située qu'elle était sur les bords d'une
puissante rivière à sa sortie des gorges, à l'origine d'une plantureuse
vallée, large et indéfiniment prolongée, sur la croupe d'un promontoire
enfoncé entre la tranchée du Tarn et le ravin de Verdusse, au point
d'intersection des voies carrossables qui reliaient Carcassonne et
Rodez, Béziers et Cahors avec embranchement sur Toulouse, autant
de cités plus anciennes qu'elle.

Si modeste fût-elle, Albiga — c'est le plus ancien nom d'Albi —
était le centre de l'administration civile et religieuse. Un comte franc
y résidait, relevant alors du roi d'Austrasie. Entre autres services
dépendant de ce fonctionnaire supérieur, il convient de signaler ceux
dont l'histoire fait mention, un contingent de troupes régulières
tenant garnison dans la ville, et un tribunal de haute justice auprès
duquel Salvy débuta comme avocat.

Au cours du siècle maintenant écoulé, Albi avait subi la domination
wisigothe, et puis, avec Clovis, la domination franque. Les institutions restaient romaines. Mais, savantes et perfectionnées, elles
défiaient l'humble capacité des guerriers germaniques qui prétendaient assumer la charge de gouverner le pays. Tous les fléaux avaient
succédé à la paix des grands siècles : la décadence s'accélérait d'heure
en heure.

Cependant le Christianisme avait heureusement supplanté le vieux
paganisme indigène, sauvant du naufrage les éléments les plus sains
de l'ancienne civilisation. Les évêques et leur clergé en conservèrent
le dépôt au profit des générations futures.

Albi eut son propre évêque, dès le début du Vᵉ siècle au plus tard.
Une basilique de pierre ou de bois se dressait à l'une des extrémités

de la ville; elle ne fut pas dédiée à sainte Cécile avant le début du
VIIIᵉ siècle, et rien ne s'oppose à ce qu'elle ait été placée à l'origine
sous l'invocation de la sainte Croix, ainsi qu'on l'affirme communément.

Un monastère s'était ouvert à quelque distance de la cité, offrant
asile aux âmes les plus renoncées. C'est là que Salvy (1), membre
remarqué du barreau, s'exerça à la maîtrise de soi, ignorant des
grandeurs auxquelles la Providence le destinait.

Saint Salvy au monastère. — La vie monastique avait fait éclosion
sur le sol de la Gaule romaine vers le milieu du IVᵉ siècle avec
saint Martin. A quelques milles des cités, à Ligugé près de Poitiers,
à Marmoutier près de Tours, se fondaient des colonies de moines
autour d'une basilique sous la conduite d'un abbé. Ils vivaient séparément, chacun dans sa cellule, châlet de bois ou hutte maçonnée,
et se réunissaient à la basilique pour chanter les psaumes et assister
aux saints mystères. Le reste du temps était employé aux travaux
manuels, et, du moins chez les plus cultivés, à la lecture et à la copie
des manuscrits. Ils étaient généralement tous laïques, même l'abbé.
Un prêtre de la ville voisine venait leur dire la messe et leur administrer les sacrements.

Aux temps de saint Salvy, on comptait aux moins deux cents
monastères d'hommes ou de femmes dans l'Empire franc. Dans
l'Albigeois nous ne connaissons guère que celui d'Albi et celui de
Vieux (2), ce dernier érigé près des tombeaux très fréquentés de saint
Amarand et de saint Eugène, peut-être déjà de sainte Carissime. Il
se peut que telle localité, comme Monestiés, où les textes postérieurs
ne signalent aucune communauté de cénobites, tirent leur nom
d'une très ancienne fondation monastique n'ayant pas laissé d'autre
vestige.

Salvy entra donc à l'ascétère situé aux portes d'Albi, on ne sait où,
quittant sa mère, le barreau, le succès peut-être, l'âme vierge des
dérèglements du siècle, dit son biographe. Il n'était pas homme à

---

(1) Les éléments de la biographie de saint Salvy sont fournis par Grégoire de
Tours, *Historia Francorum*, V, 44, 50; VI, 29; VII, 1; VIII, 22. Elle a été établie par
le bollandiste Jean Stilting, dans *Acta Sanctorum*, 10 sept., t. 42, p. 574 et sq. Récemment et de moindre sens critique, voir H. Salabert, *Les saints et les martyrs du diocèse d'Albi* (Toulouse, 1892; in-8). — Cf. *Hist. Languedoc*, éd. Privat, I, 603-4.

(2) Cf. notre esquisse : *Vieux-en-Albigeois, ses corps saints et son monastère, VIᵉ-
XVᵉ siècles*, dans *Revue Mabillon*, 1922, p. 219-241.

faire les choses à demi. Il s'enferma dans sa maisonnette (*cellula*) et se soumit aux exercices de pénitence destinés à mater la chair et à brider l'esprit. Il racontait plus tard qu'il avait « changé de peau neuf fois », et il attribuait cette desquamation périodique à la persistance d'un jeûne épuisant.

L'ascétisme le conduisit aux états mystiques les plus rares. Une fois, il resta en extase pendant vingt-quatre heures. La suspension de la vie végétative et animale fut telle en lui que, le croyant décédé, on procéda à ses funérailles. Il avait été transporté au troisième ciel, comme saint Paul. Celui-ci ne savait pas bien si c'était « en son corps ou hors de son corps ». Au temps de saint Salvy on inclinait à penser que ces phénomènes d'extase s'accompagnaient de mort réelle et de résurrection. Les auteurs ascétiques pensent depuis longtemps que la vie physique de l'extatique est simplement ralentie, le ravissement de l'esprit absorbant en quelque façon toute l'énergie vitale du sujet. Le saint témoigna lui-même de sa miraculeuse vision.

Il était déjà à la tête du monastère lorsqu'il fut favorisé de ce « transport ». L'abbé étant mort, tous les hôtes de la laure l'avaient postulé à l'évêque, qui n'hésita guère sans doute à l'instituer et à le bénir. A bien lire Grégoire de Tours on s'aperçoit, contrairement à ce que l'on a trop souvent imprimé, que le saint ne chercha point à se soustraire à sa charge ni à se démettre. Mais au lieu d'user des facultés de sorties et de voyages que la règle accordait aux abbés, il s'enfonça dans un isolement plus profond. Il vécut en réclusion dans une cellule à l'écart, se séparant de ses frères et persévérant dans les privations, la pauvreté, la prière et l'étude. Il donnait l'exemple du parfait anachorète. Mais sa charité lui interdisait de repousser les visiteurs en quête de conseils et de suffrages. Outre les moines, ses frères et subordonnés, il recevait les fidèles du dehors, auxquels, avec de douces paroles, il offrait des *eulogies*, c'est-à-dire de menus présents. Or, il se rencontrait que ces objets de sainte provenance, mis au contact des corps malades, les guérissaient.

On pourrait s'étonner qu'un moine, au lendemain de son élection à l'abbatiat, se soit fait plus rare qu'auparavant au milieu même de ses frères. Ce trait mesure la distance des temps. Saint Salvy fit ce que son idéal monastique lui suggérait de meilleur, à une époque où se multipliaient les gyrovagues, flagellés par un contemporain, le grand saint Benoît, et où les abbés, ainsi que les évêques, se prodiguaient dans le monde, à la vive indignation de l'austère Grégoire de Tours. Saint Salvy fut un nouveau saint Martin loué par un autre Sulpice Sévère.

Saint Salvy, évêque d'Albi (575-584). — Saint Salvy, porté de l'abbatiat à l'épiscopat par l'acclamation populaire, dut faire agréer son élection par le roi d'Austrasie, Sigebert, dont relevait l'Albigeois, puis se faire confirmer et ordonner par son métropolitain, l'évêque de Bourges. C'était vers 575. Un évêque était alors un grand personnage de l'État comme de l'Église, qui rendait facultativement la justice et contrôlait même l'administration des fonctionnaires royaux.

Sa naissance distinguée, sinon illustre, l'aidait à jouer un rôle diplomatique. Sa science du droit le rendait apte aux fonctions de la magistrature. Le barreau l'avait exercé à la parole publique. Pendant sa longue réclusion il n'avait cessé d'étudier les Écritures et les Pères. Ascète, il devait être un modèle, non seulement pour son clergé composé à la fois de célibataires et de clercs mariés, mais aussi pour ses collègues de l'épiscopat dont quelques-uns, au dire de Grégoire de Tours, inclinaient trop à la vie séculière.

Assidu à l'office du jour et de nuit dans son église cathédrale quand il séjournait à Albi, il parcourait en missionnaire son vaste diocèse, extirpant avec les mauvaises mœurs les superstitions héritées du paganisme à peine défunt, réconciliant les hérétiques ariens, legs des Wisigoths expulsés, secourant d'innombrables infortunes que l'anarchie ambiante, les querelles incessantes des princes mérovingiens, la recrudescence des épidémies, avaient multipliées au sein de la classe ouvrière. Peu d'époques furent plus barbares et plus douloureuses que ces temps décrits par l'évêque de Tours. Il semblait que la fin du monde approchât. De fait, c'était la fin de l'ordre romain avant la renaissance carolingienne.

Grégoire nous a conservé quelques traits du ministère épiscopal de son collègue et ami. Ils témoignent de son zèle, mais aussi de l'immense prestige dont il jouissait.

Un jour, c'est le patrice Mummole qui, après avoir enlevé d'assaut la petite ville d'Albi, entraîne ses habitants en captivité en vue de les vendre comme de vils esclaves, pour les châtier d'avoir accepté le joug de Chilpéric, roi de Neustrie, injuste usurpateur de l'Albigeois austrasien. Salvy suit son troupeau en pleurant, prêt à vendre jusqu'à l'orfèvrerie des églises pour racheter les prisonniers de guerre, et devient si persuasif auprès du patrice qu'il lui fait abandonner, sans compensation pécuniaire, tout le reste de son butin d'existences humaines.

Chilpéric, par un retour de fortune, redevient le maître de l'Albigeois. La reine Frédégonde, aussi dissolue que lui, se plaint des

calomnies que l'évêque de Tours aurait propagées à son endroit.
Un concile est convoqué à Braisne pour juger l'inculpé. Salvy est
auprès de son ami. Il est aussi éloquent que courageux. Le crime de
lèse-majesté est écarté, et Grégoire a la vie sauve.

Peu de temps après, Salvy reprend le chemin de la cour. Le des-
pote se pique de théologie ; il a composé un traité franchement arien
sur la Trinité, et prétend le faire approuver aux deux évêques de
Tours et d'Albi. Celui-ci contient à peine son indignation, et son
ascendant est tel que, sur ses objurgations, le prince consent à ne pas
publier son tome, et surtout à ne pas imposer l'hérésie à ses sujets.

Quelques jours après, Salvy prend à part son futur biographe, et,
lui montrant le palais du Mérovingien : « Ne vois-tu rien sur le toit ?
lui dit-il. — Rien, sinon les peintures dont Chilpéric vient de l'or-
ner. — Moi, poursuivit le prophète, j'y vois dégainé le glaive de la
colère de Dieu, prêt à frapper cette demeure coupable. » De fait, trois
semaines plus tard, mouraient successivement deux fils de Frédégonde et un autre fils du souverain.

La mort du grand évêque fut une immolation. A défaut du martyre, elle fut telle qu'un chrétien peut l'ambitionner pour le couron-
nement de sa vie. Une épidémie terrible éclate à Albi qui fait périr
plus de la moitié de la population. Salvy reste à son poste et organise
les secours matériels et spirituels. A force de braver la contagion, il
devient sa victime. Il succombe au milieu de son peuple et pour
lui (584).

§ 2. — **Le Culte**

Le tombeau. — Où fut inhumé le bienheureux évêque d'Albi, victime de la contagion qu'il avait bravée et combattue? Sans aucun
doute au monastère qu'il avait édifié par ses vertus, illustré par sa
présence. Ses moines ne souffrirent pas que ses restes quittassent
leur cloître, et, rompant avec une tradition, ils posèrent les précédents d'une nouvelle. Désormais les successeurs du saint évêque
voulurent reposer auprès de lui défunts. L'église cathédrale fut déser-
tée par eux pour l'abbaye. On ne revint à l'usage commun que beaucoup plus tard, en 1230, à la mort de Messire Guilhem Peyre, et,
alors, non sans violentes protestations des chanoines de Saint-Salvy (1). Ne convient-il pas qu'un évêque parle encore à ses ouailles

---

(1) *Gallia Christiana nova*, I, Instr. 6. Charte XIII : *De obitu et exequiis G. Petri,
episcopi Albiensis.*

sous les dalles qui supportaient sa chaire? Il resta toutefois, de l'antique honneur de la collégiale, que tout évêque nouvellement promu, entrant dans la cité, y ferait sa première visite et prière avant même d'atteindre l'église-mère (1). C'était un hommage rendu au grand prédécesseur, enseveli sous le maître-autel.

On répète bien légèrement que le tombeau du saint n'a pas changé de place et que l'église actuelle fut bâtie sur lui. Il suffit de lire l'acte de donation de 941 pour s'apercevoir du contraire (2). Raymond et Aymeric donnèrent alors à l'abbaye un terrain confinant à Sainte-Martiane pour y reconstruire l'église et le monastère. Ceux-ci étaient donc situés ailleurs, et le tombeau de saint Salvy avec. A quel endroit, à quelle distance de la ville? On ne le saura jamais. Toute conjoncture est vaine à ce sujet. Il reste que le sarcophage du saint fut transféré dans le nouvel édifice; on lui fit les honneurs d'un caveau sous le maître-autel.

Chose étrange! cet autel était dédié à saint Sernin ou Saturnin de Toulouse, non à saint Salvy. C'est d'autant plus surprenant que l'église et le monastère portaient de temps immémorial le vocable de saint Salvy. On trouve imprimé partout que l'ancienne église était dédiée à l'évêque martyr de Toulouse. C'est encore une méprise. Gausbert, auquel l'emplacement du nouveau monastère est offert en 941, n'est pas dénommé dans l'acte abbé de Saint-Sernin, mais bien « abbé de Saint-Salvy », et ses subordonnés sont aussi des « clercs de Saint-Salvy ». Si donc le cloître fut jamais placé sous le patronage de l'apôtre toulousain, c'est à une époque où n'atteignent pas les textes, peut-être aux temps mêmes de saint Salvy. On expliquerait ainsi le culte exceptionnel qui lui fut rendu dans l'église du monastère. Mais il faut maintenir que le vocable du saint Albigeois se substitua de très bonne heure à celui du martyr étranger.

La gloire du saint confesseur Salvy ne fut point manifestée par d'éclatants miracles. Du moins l'histoire n'en a pas conservé le souvenir. L'évêque d'Albi ne partage pas en ceci la fortune des autres saints indigènes : saint Amarand, sainte Martiane, sainte Sigolène. Il a sur eux l'avantage d'une biographie bien authentique écrite par un contemporain, son éminent ami, Grégoire de Tours. Il est singulier qu'avec un dossier de canonisation si élogieux — sa notice est un vrai panégyrique de saint — il ne figure pas sur tous les anciens martyrologes gallicans, ceux de Raban Maur et d'Usuard au IXe siècle. Son nom manque au calendrier de cette époque, conservé à la Biblio-

---

(1) *Ibid.* Charte XII, en date de 1227.
(2) *Op. laud.*, Instr. 3, charte III.

thèque d'Albi, ms n° 38 bis; mais il se trouve sur le martyrologe d'Usuard, ms n° 8, f° 134 r°, qui fut en usage à la cathédrale : *Quarto idus septembris... Apud Albiam sancti Salvii episcopi et confessoris.* Désormais il ne fait plus défaut dans les livres de chœur. (Voir ms n° 7, f° 181 r° du XI° siècle : autre martyrologe.)

Il sera peut-être permis de regretter que le culte de saint Salvy, qui s'affirma dans le seul périmètre de la région tarnaise par la dédicace d'au moins vingt-cinq églises paroissiales, n'ait pas su se maintenir et se défendre à la cathédrale contre l'avancée de cultes, assurément respectables, mais étrangers et tardifs, ceux de la vierge romaine Cécile et de l'apôtre africain Clair, fondateur présumé de notre Église. Le saint vraiment indigène, le protecteur naturel des Albigeois, c'est Salvy. Est-ce parce qu'il a une histoire en place d'une légende et que son corps n'a jamais émigré de son tombeau qu'il jouira d'une moindre faveur auprès de ses compatriotes?

La relique. — Il existe en Nivernais un chef-lieu de canton dont le nom de Saint-Saulge n'est autre originairement que celui de Saint-Salvy. L'église de ce bourg, autrefois prieuré conventuel de l'abbaye Saint-Martin d'Autun, prétend posséder le corps de notre évêque depuis le temps de Charlemagne. Au XI° siècle on en fit l'invention dont la commémoraison se célébrait chaque année le 22 mars, et l'on sépara le chef des membres pour les conserver en deux châsses distinctes. On protestait que ce Salvy était l'évêque albigeois : néanmoins, on fixait le jour de sa mort, non au 10 septembre mais au 30 novembre (1).

D'autre part, les gens d'Amiens, identifiant leur saint Sauve avec notre Salvy, élevaient des prétentions sur ses restes (2).

De telles rumeurs seraient parvenues à Albi au déclin du XII° siècle, colportées par des marchands ambulants venus de « France », et auraient provoqué un grand émoi parmi les Albigeois, dont la pitié se flattait de posséder intact le squelette de leur ancien pontife. Les

---

(1) Adrien Baillet, *Vie des Saints*, 3 vol. in-folio ou 12 vol. in-8; 1701. — Cf. *Panégyrique de saint Sauge, évêque d'Albi*, par Jérôme de Paris, vicaire général et official de Nevers, dont les *Panégyriques* parurent en trois volumes en 1738. Celui de Sauge a été réédité par Migne, *Orateurs sacrés*, t. XXXI, c. 109-126. C'est une paraphrase morale et édifiante des textes de saint Grégoire de Tours.

(2) Cf. *Acta SS.*, loc. cit. — Saint Salvy d'Albi fut vénéré jusqu'en Normandie, où un monastère lui était dédié dès 831, au village de Saint-Saire, près de Neufchâtel-en-Bray. Le monastère fut détruit par les Normands, mais village et culte subsistent encore. Cf. *Gallia Christ. nova*, t. XI, col. 122 D, 293.

doutes ne pouvaient être dissipés que par une exhumation. On hésitait. En 1194, le chanoine sacriste, gardien de l'église, prit sur lui de la faire, sans consulter ni le prévôt du chapitre ni l'évêque d'Albi. C'était une audace téméraire et, pour le moins, un abus de confiance.

Par une nuit d'octobre, le religieux s'enferme dans l'église avec le frère portier (*custos*) et un maçon qui, par trois fois, a reçu « en vision » commission pour cette sainte tâche. Il s'agit de percer la croûte épaisse et dure du béton qui couvre le sarcophage enfoui profondément sous l'autel-mage, dédié à saint Sernin, et le préserve des rapts si fréquents à l'époque. On se met à l'œuvre; à trois on fait la besogne de dix. Ce travail repose, loin de fatiguer. Il faut faire vite, très vite, car les chanoines vont descendre, passé minuit, pour chanter matines. Tout à coup, le pic du maçon crève une urne : un parfum de miel et d'aromate s'en dégage. Evidemment on touche aux corps saints. La vaillante équipe redouble d'efforts. Bientôt le sarcophage est à nu, et à côté on découvre trois amphores. On a partie gagnée. Le succès couvrira l'illégalité du procédé.

Le lendemain l'évêque est alerté. C'est Guilhem Peyre, ancien chanoine de Saint-Salvy. Il pardonne aux hardis explorateurs, et vient, escorté de tout ce qu'Albi peut mobiliser de sommités religieuses, soulever le couvercle du sépulcre et faire la récognition canonique des gages sacrés.

Le corps apparut dans l'intégrité de son ossature, tel qu'il avait été déposé jadis sur sa couche funèbre; les mains étaient jointes sur la poitrine; une traînée de cendres marquait à son côté la place du bâton pastoral de bois. La preuve était faite qu'Albi seul possédait les restes de son célèbre pontife.

Ce récit romanesque qu'on lit au *Propre d'Albi* depuis 1703 (1) à l'office de l'Élévation du corps de Saint-Salvy, le 8 octobre, est trop embelli d'invraisemblances et de merveilleux pour qu'on en puisse garantir les moindres détails. Un fait est certain. L'évêque Guilhem fit en 1194 l'invention du corps saint. Un procès-verbal, rédigé sur parchemin, fut déposé par lui dans le sarcophage, où Louis d'Amboise le retrouva « trois cent trois ans » plus tard. Il épuisa la cuve de pierre de tout son contenu, mit de côté les fragments les mieux conservés, os du crâne, du métacarpe et du métatarse, du bras, de la colonne vertébrale, pour prendre place dans les châsses, et serra le reste, une terre humide empâtant des esquilles d'os, dans des coffrets de bois en guise de cercueil. Mais il n'utilisa plus l'ancien sarcophage

---

(1) *Proprium Sanctorum eccl. metr. ac diœc. Alb. juxta ritum Breviarii et Missalis Romani.* **Albiæ, MDCCIII.**

resté au fond du caveau, sinon pour y loger trois urnes ou amphores remplies de cendres anonymes. Il fit dresser au-dessus un tombeau neuf, apparent celui-là, j'imagine, tel que les fidèles pussent l'entourer de leur culte; et c'est à lui qu'il confia les coffrets de bois. Tel était, du moins, l'état des choses lorsque l'évêque Louis d'Amboise procéda à une nouvelle récognition en 1496 (1).

Il se peut que la crypte souterraine où l'on descend encore par quelques marches derrière le maître-autel date de cette époque, si elle ne remonte pas à l'origine même de l'église, au Xe siècle. C'était bien la place qui convenait au tombeau du saint, tandis que ses plus insignes reliques restaient exposées dans d'opulentes châsses sur le retable du sanctuaire. Elle fut aménagée en chapelle et l'autel fut dédié à saint Salvy.

Chapelle et autel. — Les monuments élevés par les Albigois à la gloire de leur saint évêque furent : d'abord la grande église qui perpétua son nom, puis dans le sanctuaire la chapelle souterraine où l'on vénérait son tombeau et qui lui était spécialement dédiée, enfin sur le retable du maître-autel et dans le trésor de la sacristie de somptueuses châsses, enfermant dans l'or, l'argent et les pierreries, les reliques les plus insignes.

Nous décrirons à son heure le temple plusieurs fois rebâti. La chapelle souterraine dans la crypte semble avoir été sacrifiée lorsqu'on reconstruisit le chœur au XVIe siècle et que Messire Pierre de la Porte, évêque d'Albe, auxiliaire du cardinal de Guise, évêque d'Albi, consacrait un nouveau maître-autel, et derrière lui un autre plus petit dit du Mont des Oliviers (2). Le principal était dédié, peut-être depuis longtemps, à saint Salvy lui-même. Toujours est-il que Louis d'Amboise, le lundi 27 septembre 1490, avait consacré l'autel mage de la collégiale « au nom et à la mémoire » du saint patron, dont procès-verbal qui nous reste (3); et sur le retable de cet autel, il avait placé la grande châsse qui n'en descendit plus jusqu'à la confiscation jacobine. Le souvenir de saint Sernin, encore prépondérant,

<hr>

(1) Voir le récit contemporain de « l'élévation des os de saint Salvy en 1496 » par le notaire Huc Frotard, rédigé en roman et édité par M. A. Vidal dans la *Revue du Tarn*, t. XXXI (1914), p. 115-116. Ce récit a été exploité par la *Notice albigeoise de 1638* que j'ai publiée dans *Albia Christiana, Revue hist. des anciens dioc. d'Albi, Castres et Lavaur*, t. X (1913), p. 22-24.

(2) *Revue Tarn*, XX, 112.

(3) *Revue Tarn*, XXXI, 117.

semble-t-il, en 1194, s'était estompé depuis à mesure que se popularisait le culte du pontife albigeois.

En 1723, le prévôt Antoine de Metge, auquel l'édifice doit son achèvement, substitua à l'autel Renaissance le monument actuel, surmonté de son baldaquin à six colonnes de marbre (1). A cette occasion, il fouilla le sous-sol et découvrit l'ancienne crypte. C'était pour lui le sépulcre primitif que fermait une porte de pierre sur laquelle l'effigie du saint était sculptée en relief. Il la restaura, rétablit l'autel-tombeau et plaça sous la pierre sacrée les trois urnes pleines de poussières et de débris que l'on garde aujourd'hui sous clefs dans les flancs du retable de bois. On y célébra la messe comme dans les confessions des basiliques romaines. N'était-ce pas un emplacement tout désigné pour le culte du saint autochtone? Cet antre exigu et recueilli, auquel on accède aujourd'hui malaisément par un escalier étroit derrière le maître-autel, souffre d'un injuste délaissement. Les dernières restaurations ne lui ont pas rendu l'honneur qu'il mérite.

Châsses. — Quant aux châsses, elles étaient multiples. Du XIIIe siècle dataient : un buste de saint Salvy en vermeil, orné de joyaux, offert par un comte Raimond de Toulouse, sans doute Raymond VII, dont le nom se lisait au bas (2); un bras en bois, recouvert de lames d'argent, donné vers 1250 par le prévôt Gaillard de Rabastens, et que remplaça son lointain successeur Antoine de Metge. Il y avait encore des reliques du saint dans une croix d'argent et dans une statue de Notre-Dame de Pitié, remontant à l'année 1164 et que le clergé de la collégiale fit vêtir d'argent en 1320 (3).

La grande châsse de bois, lamée d'argent, qui séjournait à demeure sur le maître-autel et fut portée en procession, le jour de son inauguration, par quatre chanoines sur leurs épaules, avait été donnée par l'évêque Louis Ier d'Ambroise, lorsque, le vendredi saint 1er avril 1496, il retira du sarcophage d'apparat, dans la chapelle souterraine, la brèche osseuse que son prédécesseur Guilhem y avait déposée en quatre coffrets. On y voyait les six pals d'or et de gueules de ses armoiries, multipliées à profusion dans la cathédrale. Elle était si détériorée en 1725 que le chapitre lui en substitua une autre, de

---

(1) Chronique albigeoise contemporaine éditée par H. SALABERT, *op. laud.*, p. 126 en note.

(2) *Gallia Chr.*, I, c. 49.

(3) *Revue Tarn*, XX, 108-9.

style Louis XV, fabriquée à Paris, tout en y maintenant le même blason par reconnaissance pour le premier bienfaiteur. Le prévôt de Metge la consacra et, à ce propos, inventoria toutes les reliques de la collégiale, en s'aidant des lumières du médecin Derripis. Un instrument subsiste de cette récognition, très explicite, et qui est notre source principale pour cet exposé (1). Saint-Salvy n'avait rien à envier à l'église cathédrale pour le nombre et la splendeur de son orfèvrerie sacrée.

Tous ces anciens reliquaires ont disparu. Leur richesse même causa leur ruine. De métal moins précieux, ils eussent échappé à la confiscation. Le gouvernement réquisitionna en octobre 1792 toute l'argenterie des églises sous prétexte de soutenir la guerre. Un nombre incalculable de merveilles d'art prit de la sorte le chemin de la Monnaie. Ce fut un sacrifice stupide et sans nécessité. La France heureusement à cette date n'en voulait pas encore aux saints. Les reliquaires furent livrés, mais les reliques restèrent entre mains sûres. Celles de saint Salvy furent gardées par le curé, l'abbé Chipoulet, et dissimulées pendant les mauvais jours (2). Elles revinrent à la lumière quand la paix du Concordat fut rendue à l'Église. Leur culte a revécu, mais les splendides châsses d'antan n'ont pas encore été dignement remplacées.

Chose singulière! Le saint n'a plus dans son église d'œuvre plastique s'essayant à reproduire ses traits, tandis qu'au XIᵉ siècle on vénérait une *majestas Salvii* que l'évêque et les chanoines transportaient avec eux à Loupiac pour le règlement d'une affaire intéressant la Collégiale (3). C'était comme une manifestation de la présence réelle du vrai propriétaire. Aujourd'hui le patron est moins bien partagé que nombre de célicoles auxquels il donne l'hospitalité dans sa demeure. Il doit se contenter jusqu'ici d'images d'Ancien Régime sur fresque et sur toile. Des recherches dans un débarras de l'église ont cependant livré une jolie statue de bois polychromé, de date plus reculée, qui paraît lui avoir été consacrée. Elle reverra prochainement le jour.

---

(1) *Le Procèz-verbal de toutes les reliques qui sont dans l'église collégiale de Saint-Salvy d'Alby*, édité par le baron DE RIVIÈRES, dans *Revue du Tarn*, XX, 104 à 112. Le procès-verbal de recognition de 1725 est édité dans H. CROZES, *Monographie de l'insigne collégiale de Saint-Salvi d'Albi* (Paris, 1857; in-12 de 154 p.), p. 94-6.

(2) H. SALABERT, *op. laud.*, p. 127.

(3) Bibl. Nat., Doat, vol. 103, fol. 1. Acte publié par E.-A. ROSSIGNOL, *Monographies communales du Tarn*, IV, 275.

II. — LA LAURE MÉROVINGIENNE D'ALBI, DU VIe AU VIIIe SIÈCLE

La vie monastique aux temps mérovingiens. — L'évêque moine Salvy s'éteint en 584. Avec lui meurt l'écho des macérations et des prières dont retentit le monastère où il vécut. Pendant trois siècles et demi l'histoire reste obstinément muette sur la vie de ces ascètes qui, aux portes d'Albi, perpétuaient les vertus et les sacrifices de celui qui avait été leur modèle et leur honneur, et dont ils entretenaient pieusement la tombe. Lorsque l'épaisse ténèbre qui les enveloppe laisse filtrer un rayon de lumière, les Mérovingiens ont fait place aux Carolingiens, et ceux-ci penchent à leur déclin. L'on est déjà à l'année 941. Le monastère qu'a vivifié l'âme du saint a vécu. Les solitaires ont fait place à des chanoines vivant en commun. La thébaïde est devenue une collégiale. Un changement radical s'est accompli.

Il faut essayer de percer le mystère de cette évolution, et pour cela fixer, s'il se peut, l'état de la communauté avant et après. L'histoire générale vient à notre aide.

L'ascétère d'Albi ne différait pas d'une multitude d'établissements semblables dont plusieurs nous sont connus. Ils procédaient tous, ou peu s'en faut, de Ligugé et de Marmoutier, fondés au déclin du IVe siècle par l'illustre saint Martin. L'Albigeois en possédait sans doute autant que le Quercy limitrophe. Or, saint Didier, mort évêque de Cahors au VIIe siècle, ne nommait pas moins de dix monastères de son diocèse dans son testament (1). Les seuls qui soient connus dans notre pays, sont les trois du bassin tarnais : Saint-Salvy d'Albi, Sainte-Sigolène de Troclar à Lagrave et Saint-Eugène de Vieux.

Il faut aller en Irlande ou dans la Pouille pour retrouver les types, encore bien conservés, de ces antiques laures de l'âge mérovingien. Le granit dont ils sont construits les a préservés de la destruction. A Inishmore, à Glendalough, en Hibernie, ce ne sont pas de longs corps de logis à plusieurs étages comme l'âge carolingien en fera surgir. C'est un éparpillement de huttes rondes ou quadrangulaires, espacées les unes des autres de plus d'un jet de pierre, et qu'enserre le mur de clôture. En bordure, sur l'un des côtés de l'enceinte, se dresse la modeste basilique dont l'abside est noyée dans l'épaisseur de la maçonnerie. Quelques bâtiments plus amples sont affectés aux services communs, à la cuisine, au réfectoire, à l'hôtellerie (2).

_____

(1) *Vita S. Desiderii*, cap. 17, dans Migne, P. L., t. LXXXVII, 255.
(2) Cf. C. ENLART dans l'*Histoire de l'art* par ANDRÉ MICHEL, t. Ier, 1re partie (Colin,

Les moines vivaient donc séparés, dans des cellules distinctes, d'une architecture primitive, rappelant l'habitation des premiers hommes. Si la proximité d'une falaise rocheuse leur offrait un abri, grotte naturelle ou excavation de carrière, voire chambre sépulcrale, ils en profitaient. Ils ne se retrouvaient qu'au repas, frugal, on pense bien, pris en commun au réfectoire, et à l'oratoire pour la prière et les collations spirituelles de l'abbé.

Ils vivaient librement, chacun de son côté, à la façon des anachorètes, vêtus d'un sac de chanvre ou de poil de chameau, servant de tunique, et par-dessus d'un manteau noir, vaquant surtout à la prière et à la méditation. Le travail manuel, vannerie, sparterie ou jardinage, n'était pour eux qu'un passe-temps, une récréation. Les plus lettrés calligraphiaient des livres de chœur ou de bibliothèque et s'adonnaient ainsi à l'étude.

Le rôle de l'abbé était restreint. C'était un conseiller, un directeur d'âmes, plus qu'un maître et seigneur. Il initiait les débutants à l'ascétisme; il commandait par l'exemple. C'est ainsi que saint Salvy, devenu le chef des « frères » d'Albi, se choisit une cellule plus reculée et s'enferma dans une réclusion plus sévère.

De fait, le monde franchissait aisément l'huis de l'ermitage. Ces contemplatifs, amis de Dieu, avaient un renom de thaumaturge. On les venait arracher à leur retraite pour les conduire au chevet des malades et des moribonds. On leur amenait des infirmes. Pouvaient-ils maintenir la barrière impitoyablement fermée devant le flot envahissant de ces infortunés? Souvent le reclus s'en tirait en remettant au solliciteur quelque présent miraculeux ou *eulogie* qu'il avait lui-même reçu. Mais, par exception, il fallait se résigner à franchir la clôture et respirer derechef l'atmosphère du monde.

Au reste, dans ces monastères qu'animait le libre esprit de saint Martin, la stabilité n'était pas encore de rigueur. On n'entrait pas dans la cénobie avec l'intention formelle d'y achever sa course. Beaucoup n'y venaient que pour un noviciat de vie hautement chrétienne, pour s'y entraîner aux jeûnes, aux vigiles, aux macérations, à la contemplation, à la pauvreté, à l'humilité. Ce n'était pour eux qu'une école d'ascèse ou même de travail intellectuel. Après quelques années de formation, ils rentraient dans le siècle ou émigraient vers le clergé.

Ainsi, aux portes d'Albi, sur l'emplacement actuel de la ville, ou un peu plus loin — on ne saura jamais au juste — un collège de

1905); p. 125. — E. Fehrenbach, dans le *Dictionnaire d'archéologie chrétienne et de liturgie*, de Dom Cabrol : article *Cella* (col. 2877 avec figures); H. Leclercq : art. *Cénobitisme*, ibidem, notamment, t. II², 3192 et sq.

vingt à trente cénobites, groupés sur un périmètre de plusieurs arpents autour d'une basilique dédiée à saint Sernin, le martyr de Toulouse, plus tard sûrement à saint Salvy, dans des cabanes de bois ou de clayonnage enduit de pisé, possédant pour tout mobilier une couchette, une table, un escabeau, une armoire fermante, priaient, se flagellaient, s'endurcissaient aux intempéries, à la faim, à la soif, combattaient en eux l'orgueil, la sensualité, l'avarice, et, parfois, étaient consolés par l'extase de tant de renoncements, inspirés par le divin amour.

Ames pures et exaltées, élevées au-dessus d'elles-mêmes par le souffle de l'idéal, transportant aux longs atermoiements d'une vie héroïque le courage des anciens martyrs, rayonnant un prestige inouï de sainteté et une contagion d'exemple, sel incorruptible au sein d'une société en déliquescence, puissance tutélaire protégeant une cité chétive qu'une force morale pouvait seule efficacement défendre contre les violences de la barbarie contemporaine !

Sur la pente de la sécularisation, au VIIIe siècle. — Combien d'années, combien de siècles, les hôtes de l'ermitage maintinrent-ils dans leur sein l'élan de ferveur que leur avait imprimé saint Salvy ? Problème insoluble. Albi n'a plus d'histoire de la mort du pontife au milieu du siècle de fer. Trois ou quatre menus faits piquent d'un point lumineux l'obscurité de ces temps, comme la lueur d'une veilleuse nocturne dans nos églises. Ainsi, nous savons que, sous le pontificat du pape Grégoire le Grand, mort en 604, un prêtre d'Albi du nom de Perpetuus copia un « Livre des canons », Didon étant évêque (1). Nous savons encore qu'en 655, saint Didier, invité par l'évêque d'Albi Constantius à venir célébrer la fête de Noël dans la cathédrale, rendit l'âme en chemin au château de Wistrilinguis qui est peut-être Saint-Géry, entre Lisle et Rabastens. Il mourut donc sur le sol où il avait vu le jour, près de cette petite cité d'Albi qui était bien la sienne : *civitatula vestra Albige,* lui écrivait galamment son collègue pour le décider à entreprendre ce voyage (2). Nous apprenons encore fortuitement que, le 28 juillet 666 ou 667, un incendie dévora la ville, construite en bois, et sans doute la cathédrale, l'évêché, la bibliothèque : le recueil des Canons fut recouvré comme par miracle, *Deo auxiliante,* sans doute au milieu des cen-

---

(1) Bibl. mun. d'Albi, ms. n° 2. — Cf. Duchesne, *Fastes épiscopaux,* II, 43.
(2) Dom Bouquet, *Recueil des historiens des Gaules,* IV, 43 et 46. — M. G. Scr., ep. III, 209, 211 ; ep. II, 4, 15. — *Hist. Lang.,* I, 704.

dres. Entre temps, à Lagrave, un moine lettré rédigeait une vie de sainte Sigolène, faite de fragments empruntés à des hagiographes illustres, et la dédiait à l'abbesse de Troclar, Aliphia (1).

Voilà pour le VIIᵉ siècle. Au VIIIᵉ, nous ne trouvons plus rien à glaner, pas même un nom authentique d'évêque. Les souvenirs des grands Carolingiens, Pépin le Bref, Charlemagne, Louis le Pieux, ne réveillent aucun écho dans le passé d'Albi, et il faut descendre jusqu'à l'année 876 pour que reprenne la suite des fastes épiscopaux avec Lupus (2).

Alors, que pourrions-nous dire de la cénobie qui ne soit une conjecture? Un fait est certain, c'est qu'en 941 les moines avaient disparu, sans doute depuis fort longtemps. Le « monastère » n'abritait alors que des « clercs » séculiers.

Pour qui sait l'histoire, cette indication a son prix. Nous affirmerons hardiment que les moines s'éteignirent ou furent remplacés d'autorité par des chanoines de collégiale, probablement peu après 817, par application des mesures radicales dont le concile d'Aix-la-Chapelle à cette date prit l'initiative. L'établissement subsista, mais le personnel changea, ou du moins la règle observée. Des moines contemplatifs se muèrent en prêtres adonnés au ministère; l'oratoire des reclus devint une église paroissiale. Ce fut une révolution plutôt qu'une réforme. Elle s'accomplit partout au tournant du IXᵉ siècle, et voilà pourquoi nous hésitons si peu à la reconnaître à Albi, en dépit de la pénurie complète des documents indigènes.

Quelle était la cause de cette transformation qui atteignit Vieux et Lagrave tout autant qu'Albi? On a invoqué l'invasion sarrasine qu'arrêta net le bras de Charles Martel en 732. Il n'est pas douteux qu'Albi eut à subir le reflux des mécréants, au retour sinon à l'aller. Les vaincus se fixèrent à son horizon, sur le versant méditerranéen de la montagne Noire, en Septimanie. Mais un pillage, un incendie. voire un violent coup de hache, ne détruisent pas sans espoir un arbre bien vivant : il repousse par la racine. Non ; la cause de l'irrémédiable déchéance des vieux ascétères mérovingiens était intérieure. L'autorité y était trop faible, l'inspiration individuelle trop libre, la stabilité trop incertaine, les institutions trop rudimentaires. L'esprit organisateur et gouvernemental de saint Benoît ne les avait pas visités et raffermis. Ils ne purent pas résister à l'usure du temps et à l'anarchie régnante.

---

(1) J. Rivière, *La première vie de sainte Sigolène*, dans *Albia Christiana*, X (1913), pp. 401-425.

(2) Cf. nos *États administratifs des anciens diocèses d'Albi, de Castres et de Lavaur* (Paris, 1921), aux *Fastes épiscopaux d'Albi*, p. 292 et sq.

A cette cause générale, il faut, je pense, en ajouter de particuliè
à Albi. Le monastère était aux lisières de la cité. L'évêque en étai
maître souverain. Quelle tentation pour lui de recruter son cle
dans les rangs des moines les plus vertueux et les plus instru
N'est-ce point précisément par l'entrée dans les ordres de ces hc
mes voués à la continence que le célibat s'est acclimaté dans le cle
séculier au point de devenir obligatoire? Mais, par là, l'ascéti
pépinière de prêtres, s'appauvrissait, se mondanisait peut-être,
tout cas perdait l'esprit de ses origines. La promotion d'un Salv
l'épiscopat pouvait suggérer des pensées d'ambition à des têtes mc
fermement équilibrées que la sienne.

L'accroissement de la petite cité conspirait, elle aussi, contre l'i
lement du cloître. L'ermitage ne se trouva plus, un jour, dans
banlieue, mais en plein faubourg, en attendant d'être enclos d
l'enceinte. Le premier *oppidum* d'Albi s'était dressé sur l'éperon
Castelviel (1). Sa ceinture de muraille est encore reconnaissable.
plus ancienne basilique cathédrale dut avoir peine à s'y loger. M
avec le temps, les maisons franchirent la clôture, s'échelonnèren
long de la rivière jusqu'au confluent du ruisseau de Caussels. Le]
teau devint à son heure un faubourg : on l'appela le *vicus*, *vican*
le Vigan. La ville n'a pas cessé dès lors de progresser vers l'Est
Le monastère fut ainsi débordé, cerné par les habitations, abso
par le faubourg. Cette situation devenait paradoxale, contraire à to
tradition.

Comment les moines auraient-ils pu à la longue ne pas céder
instances des fidèles implorant leur aide spirituelle, et mainte
obstinément fermée la porte de leur oratoire? Leur abbé, lui tou
moins, était prêtre à cette époque. Il confessait les « frères » et c
brait les offices. Comment se refuser indéfiniment aux besoins
âmes assiégeant le monastère? Une église paroissiale, dédiée à sai
Martiane, se créait, il est vrai, dans le voisinage. Malgré tout, Sa
Salvy était entraîné dans le mouvement. Les moines inclinaient
le ministère. Leur titre ne répondait plus à leurs nouvelles fonctic
Les séculariser était les tirer d'une situation ambiguë et équivoq
C'est ce qui advint au terme de cette évolution.

---

(1) E. JOLIBOIS, *Les antiquités* [celtiques et gallo-romaines] *du Castelviel d'Albi*,
Revue du Tarn, II, 315, avec fig. — J. SARRABY, *Recherches sur Albi à l'aide des an
cadastres de la cité* (Paris, 1860; in-8 de 420 p.).

(2) En 878, l'église Saint-Affric, démolie à la Révolution et dont l'emplacei
est aujourd'hui compris dans l'enceinte du Lycée, était encore *foras Albia civi
Le comte d'Albi Raimond y tient un plaid au mois d'août. Elle fut donnée
X siècle à la Collégiale de Saint-Salvy dont une distance de deux ou trois c
pas la séparait. Texte du plaid dans *Hist. Languedoc*, II, 400-3.

III. — LA COLLÉGIALE CAROLINGIENNE

Les origines : la vie canoniale au IXe siècle. — Le principe d'autorité fut restauré dans l'Empire franc, dès le milieu du VIIIe siècle, par les premiers Carolingiens. La société s'arrêta sur la pente de l'anarchie et de la décomposition féodales. L'ordre antique fut rétabli pour trois ou quatre générations.

Les réformateurs du clergé furent alors les moines bénédictins, protégés des rois francs, saint Boniface, qui mourut évêque de Mayence, et saint Chrodegang, qui fut évêque de Metz. Celui-ci notamment contraignit les prêtres et clercs de sa cathédrale à vivre en communauté, à l'exemple de ceux d'Hippone au temps de saint Augustin. Il leur imposa un coutumier, inspiré de la règle monastique de saint Benoît, qui définit ce que l'on appelait déjà « la vie canoniale », *vita canonica* (1).

Son exemple fut suivi par nombre de ses collègues de l'épiscopat. Louis le Pieux, voulant généraliser une si bienfaisante institution, convoqua les prélats de l'Empire en un concile tenu à Aix-la-Chapelle, en 817, et les chargea de rédiger une règle des chanoines, *institutiones canonicorum*, qui aurait force de loi au spirituel et au temporel. Cette règle en 145 canons que l'on voit désignée dans les documents albigeois sous le nom de *Regula Patrum* (2), parce que ses 113 premiers articles sont des extraits des Pères et des Conciles, fut communiquée à tous les métropolitains avec ordre, à eux et à leurs suffragants, de l'introduire dans leur clergé respectif, dans le délai d'un an. Ce terme expiré, un commissaire du gouvernement, *missus dominicus*, serait envoyé en tournée pour contrôler l'exécution des décrets impériaux (3).

Il ne peut faire aucun doute que la vie canoniale n'ait été restaurée à cette époque à la cathédrale d'Albi sous la direction de l'évêque, dont le nom n'a pas survécu. Mais il n'est pas moins certain qu'une transformation fut imposée aux moines attiédis de Saint-Salvy. L'alternative leur fut présentée obligatoirement par l'évêque, ou de vivre en moines ou de se muer en clercs séculiers. On n'admettait plus de

---

(1) Texte de la Règle de saint Chrodegang dans Migne, P. L., t. LXXXIX, col. 1058 et 1097, d'après Luc d'Achery et Labbe. — FLEURY, *Hist. ecclés.*, IX, 424-32.

(2) Grégoire de Tours dit aussi de saint Salvy : « In quo monasterio diu sub *regula a patribus instituta* versatus est. »

(3) La rédaction de la Règle d'Aix est attribuée à Amalaire de Metz. Voir le texte dans P. L., t. GV, col. 821-934, d'après Mansi. — FLEURY, *op. laud.*, X, 188-193.

milieu. Ils choisirent le second parti. Les moines de Lagrave
Vieux firent de même. Pour tous la vie commune fut de rigue
résideraient au monastère et seraient assujettis au gouverr
d'un abbé. Les textes de l'époque distinguent fort bien les cl
la cathédrale vivant à l'évêché, commensaux de l'évêque, ses
donnés immédiats, et les clercs d'autres églises, dites plus tarc
giales, qui relevaient d'un abbé séculier. Ceux-ci, au jugem
Tomassin (1), étaient d'anciens moines qui avaient lentement
vers la vie du clergé paroissial. Cela paraît de toute évidenc
l'Albigeois.

Voici en quelques mots (2) quels étaient les us et coutumes,
et mœurs de ces premiers chanoines de Saint-Salvy. Une vir
de prêtres, diacres, sous-diacres et clercs inférieurs se grot
sous la houlette d'un abbé élu, assisté d'un prévôt. Ils cou
tous au dortoir, chacun ayant son lit, de façon à se lever sans
au premier son de cloche, à minuit pour les Nocturnes et le
pour les Laudes. Ils mangeaient au réfectoire, à portions égɛ
viande étant autorisée, ce qui les distinguait des moines. Le jɛ
vaquaient aux occupations du ministère et sortaient librem
cloître. Mais, le soir, après Complies, l'huis du monastère étail
par le chanoine portier et la clé déposée chez l'abbé. Si un ɪ
réclamait les secours religieux pendant la nuit, c'est l'abbé qɪ
alerté et qui expédiait un clerc.

La communauté possédait quelques revenus, que l'évêque
augmenter, s'ils étaient insuffisants. Les chanoines étaient d
de tout, nourriture et vêtement. Ceux qui n'avaient point appɛ
dot, étaient privés de patrimoine ou n'étaient point pourvɪ
bénéfice, d'une rente par l'évêque, recevaient une pension en
qui leur servait de pécule. Les opulents gardaient l'usufruit d
biens. Tous, ils s'appropriaient les offrandes que leur remɛ
les fidèles pour les messes et les confessions. Le casuel au co
restait acquis à la mense conventuelle.

Les plus considérables d'entre eux avaient un appartement dɪ
un cabinet ou bureau, pour le travail de jour, mais nul ne ɪ
être dispensé de coucher au dortoir. Une infirmerie, confiée au
d'un chanoine, recueillait les anciens et les malades. Pour le
gents du dehors, il y avait un « hôpital » ou aumônerie, où l'ɛ

---

(1) THOMASSIN, *Ancienne et nouvelle discipline de l'Église*, liv. III, ch. IX.
(2) Voir H. LECLERCQ dans le *Dict. d'archéologie chrétienne et de liturgie*, a
noines, t. III[1], 240-7. — HÉFÉLÉ-LECLERCQ, *Hist. des Conciles*, III, part. 1, 20
part. 1, 10.

tribuait les reliefs de la table commune, notamment aux lépreux mendiants. Louis le Pieux s'était plaint que « l'hospitalité » fût abandonnée.

Un écolâtre ou cabiscol, que les textes de Saint-Salvy appellent encore *scholæ primicerius* et aussi *paraphonista* ou préchantre, enseignait la grammaire latine, les lettres, la calligraphie et le plain-chant aux jeunes clercs de la communauté.

Enfin, un ou plusieurs custodes, sous la direction du sacriste, étaient spécialement chargés de la desservance de l'église et des chapelles annexes qui en dépendaient.

En ces temps où l'usage des sacrements était moins fréquent que de nos jours, les chanoines étaient tenus de se confesser deux fois l'an à l'abbé ou à l'évêque, et ils recevaient la sainte Eucharistie tous les dimanches, à moins que leur conscience mal à l'aise ne leur en fît scrupule.

Telle était l'organisation de ces communautés cléricales. Le célibat était imposé aux chanoines engagés dans les Ordres majeurs. Ils paraissait impliquer, comme condition préalable, la vie commune. Ces clercs vivaient à la façon des religieux. Ils pratiquaient l'esprit de pauvreté et d'obéissance sans les vœux. Les fidèles s'édifiaient à leurs exemples.

L'avouerie laïque : accaparements réels et largesses apparentes des princes, au Xe siècle. — Le Xe siècle pâlit entre celui qui le précède et celui qui le suit, entre le siècle d'Hincmar et celui d'Hildebrand. C'est néanmoins le siècle de Cluny (910) et de ses grands abbés. Aux portes de l'Albigeois, il vit naître Saint-Pons de Thomières (936) et, au voisinage même d'Albi, Saint-Michel de Gaillac (1). Les fondations monastiques ne furent pas moins nombreuses qu'à l'âge précédent, mais elles furent désormais l'œuvre, non des rois et des empereurs, mais des princes provinciaux, ducs et comtes, grands féodaux, plus puissants parfois que le souverain.

L'évolution historique qui, dès le déclin du IXe siècle, substitua en France le fédéralisme féodal à l'unité monarchique, fit du Pays Albigeois, du *Pagus Albiensis*, un état autonome, gouverné par ses princes héréditaires, le comte d'Albi et les deux vicomtes d'Albi et de Lautrec. Mais, tandis que les vicomtés se maintinrent avec leur titre et leur dynastie, celle de Lautrec jusqu'à la Révolution, nominale-

____

(1) Voir *L'abbaye Saint-Michel de Gaillac en Albigeois, Revue Mabillon*, 1923, pp. 211-38 ; 1924, p. 14-21.

ment tout au moins, celle d'Albi jusqu'à la croisade des Albigeoi
au début du XIII° siècle, le comté d'Albi fut absorbé de très bonr
heure par celui de Toulouse, à l'instar de presque tous ceux du futi
Languedoc. Lorsque Garsinde, l'héritière du comte d'Albi Ermei
gaud, encore vivant en 864, eut apporté son fief à son mari, Eude
comte de Toulouse, l'Albigeois n'eut plus que par intervalle un com
distinct, issu de la dynastie toulousaine, tels un Raymond II avar
919, un Pons en 987, un Louis en l'an mil. D'ordinaire c'est le com
de Toulouse qui cumule le titre d'Albi avec ceux de Rouergue, e
Quercy, de Gothie, de Gévaudan, d'Aquitaine, etc. (1).

Le maître habituellement présent dans l'Albigeois c'est le vicom
d'Albi, de la souche des Trencavel, qui possède des résidences fort
fiées à Ambialet, à Roquecourbe, à Burlats, et qui, tout aussi fortur
que le comte de Toulouse, a absorbé, par mariage ou acquisition e
diverse sorte, les vicomtés de Carcassonne, de Razès, de Béziers et e
Nîmes (2).

Ainsi, le pouvoir central est sans force dans l'Albigeois au X° siècle
et ce n'est plus au roi de France que l'on doit s'adresser pour obteni
aide et protection, mais aux dynastes locaux ou régionaux. Les cor
cessions d'immunités et d'exemptions, les donations territoriales
émanées jadis des empereurs et des rois, sont aujourd'hui sollicitée
de la munificence des princes.

De fait, comtes et comtesses, vicomtes et vicomtesses, à leur lit e
mort surtout, ou bien à propos d'un pèlerinage à Rome, multiplier
les donations ou legs aux institutions religieuses. On dirait qu'ils r
testent que pour apaiser leur conscience par des fondations pieuse
L'approche de l'an mil, la fin du monde imminente, leur est parfo
un stimulant. *Appropinquante mundi termino... Terminum mun
appropinquante...* lisons-nous dans le préambule de donations de e
temps (3). Il va sans dire que les seigneurs de moindre lignage, l
clercs et les roturiers ne laissent pas aux grands le monopole des la
gesses expiatoires.

C'est précisément au X° siècle que remontent les archives de Sain
Salvy et son cartulaire s'ouvre par des actes de donation et des test
ments. Nous sommes loin d'en posséder la totalité. Le plus ancie
de ces grimoires, dont la copie tout au moins se soit conservée, e
la donation « à la communauté des clercs » d'une pièce de terre

---

(1) Voir la généalogie des comtes de Toulouse, dressée par Dom Vaissète, Hi
gén. Lang., Privat, IV, 30-1.

(2) Généalogie des Trencavel, ibid., 105.

(3) Donations du comte de Carcassonne, Roger, à l'abbaye de Lézat, vers 10e
Hist. Lang., V, Preuves, 340-1.

Albi même par Raimond et Aimeric, « à condition qu'elle y cons-truise une église dédiée à saint Salvy » (1). Cet acte date d'environ 941 : on en saisit l'importance ; nous en reparlerons.

Viennent ensuite les donations : en 954 de Sainte-Marie de Salvi-niane (2) par le vicomte d'Ambialet, Bernard ; en 961, de la paroisse de Saint-Marcel par le comte Raimond Ier (3) ; en mars 964, de l'église de Pouzounac qui devint prieuré, par le prévôt Ebrald (4) ; en 966 et 978, de Montaningos, peut-être Montans, de Pouzols, Orban et Corras, au sud d'Albi, vers Réalmont, par Matfred et Adélaïde, vicomte et vicomtesse de Narbonne, en indivis avec Sainte-Cécile et Saint-Michel de Gaillac (5) ; en 972, de l'église de Saint-Étienne de Mascle, et partiellement de Lincarque, par la comtesse Gar-sinde (6) ; vers 987, de la paroisse Saint-Pierre de Monestiés par un certain Vierna et de terres dans la juridiction d'Urgel en Catalogne par Setgerius Salvius (7) ; en 998, de la paroisse de Cambon d'Albi qui devint prieuré, par un certain Bernard (8). Le 6 juillet 1000, dit un inventaire du XVIIe siècle, Louis, comte d'Albigeois, rédigea son testament « dans sa conté et chasteau d'Andouque, portant donation en faveur du chapitre de tout ce qu'il avait acquis de Rodulphe, roi (923-936), ez églises de Saint-Salvy et de Saint-Affric, avec touts droictz seigneuriaux, pour fondation de messes à Notre-Dame d'aoust, saint Jean et saint Salvy, et en augmentation des distributions pour matines, messe et vespres (9) ».

---

(1) *Gall. chr.*, I, Instr. 3, ch. III ; *Hist. Lang.*, V, *Preuves*, 192.

(2) Commune de Montcouyoul, cant. de Montredon (Tarn), d'après un *Inventaire des archives du chapitre de Saint-Salvy*, rédigé vers 1650 par le prêtre BOSQUET et publié dans la *Revue du Tarn*, IV, 245-250 ; n° 24.

(3) Cant. de Cordes (Tarn). *Hist. Lang.*, V, *Preuves*, 243.

(4) Com. de Lescure, cant. d'Albi. *Gall. chr.*, I, Instr. 3, ch. IV. Le texte porte *Padalnag*. Cf. Arch. du Tarn, G. 362. *Revue du Tarn*, XXXI, 119.

(5) *Hist. Lang.*, V, Pr., 255 et 287. Pouzols (*Pociolo*), Orban (*Urbanio*), Corras (*Cavorras*).

(6) *Ibid.*, 274-280. Cf. E. CABIÉ, *Codicille de Garsinde, comtesse de Toulouse et d'Albigeois, vers 972-974 : étude géographique*, dans *Revue du Tarn*, XVII, 181-202. — Mascle (*Muscle*), com. et cant. de Valdériès ; Lincarque (*Vinarcha* et *Unicarcha*), com. de Cestayrols, cant. de Gaillac.

(7) Monestiés, cant. du Tarn. La donation est faite *in manu Angelvini episcopi* qu'il n'y a pas lieu de distinguer de l'évêque Ingélbinus, et *tempore Ludovicis regis*, en qui rien ne s'oppose à ce que l'on reconnaisse Louis V le Fainéant (986-987) plutôt que Louis IV d'Outre-Mer (936-954), contrairement à *Gallia chr.*, I, 8 B ; 49 C. — Cf. *Revue du Tarn*, IV, 246, n° 5. — La donation en Catalogne est faite *regnante Deo rege*, c'est-à-dire en 987, lors du changement de dynastie ; *Revue Tarn*, IV, 247, n° 27-28. Sur le sens de cette formule, voir *Hist. Lang.*, III, 200, et *Revue Mabillon*, année 1922, p. 240.

(8) *Revue Tarn*, IV, 247, n° 23.

(9) Ibid., n° 31 et note.

Ce dernier trait insinue que ces prétendues donations n'étaient en fait que des restitutions. Le roi Raoul a mis la main sur des biens d'église à Albi et les a passés à son représentant dont l'héritier les rend à leur légitime propriétaire. Au reste, la plupart de ces donations, dont nous n'avons rapporté que les principales, portent sur des paroisses : Salviniane, Saint-Marcel, Pouzounac, Mascle, Lincarque, Monestiés, Cambon, lesquelles, en droit, ne doivent appartenir à aucun individu, laïc ou clerc, mais aux saints du Paradis, et sont des personnes morales. Les seigneurs qui les cèdent aujourd'hui à Saint-Salvy les ont antérieurement accaparées et les détiennent injustement.

Et nous touchons ici aux funestes pratiques de la féodalité naissante contre lesquelles l'Église luttera avec énergie et succès au siècle suivant. Les protecteurs laïques des paroisses, grands ou menus seigneurs, se parant ou non du titre d'*avoués*, en sont devenus les maîtres ; ils s'approprient les bâtiments cultuels, les mas, les dîmes et oblations, vendent les cures aux plus offrants, ou nomment et salarient eux-mêmes les desservants. C'est une confusion pernicieuse du spirituel et du temporel.

Le monastère de Saint-Salvy est entré de bonne heure dans la clientèle du vicomte d'Albi qui s'en déclare l'*avoué*, comme Godefroy de Bouillon le sera plus tard du Saint-Sépulcre : protection onéreuse, alors même que nécessaire, et qui se paie du prix de la liberté.

Les abus du gouvernement épiscopal : exploitation et simonie au XIe siècle. — L'évêque d'Albi est le chef suprême et encore absolu de la Collégiale. Vivant, il réside, en théorie, parmi les clercs de sa cathédrale, mais, défunt, il vient dormir son sommeil auprès des restes de son illustre prédécesseur. Qu'il rentre en cérémonie dans la cité après une absence prolongée ou qu'il y reçoive un hôte de distinction, son cortège fait halte à Saint-Salvy, comme pour rendre l'hommage au corps saint, palladium des Albigeois, avant que d'atteindre Sainte-Cécile.

L'abbé est en quelque sorte son mandataire. Non seulement il lui donne la bénédiction d'investiture, mais il préside à son élection en chapitre général au monastère et le crée : *praesente et faciente episcopo*, est-il stipulé au sujet du choix de l'abbé. C'est encore lui qui est consulté pour l'admission des nouveaux chanoines, lui qui exerce les fonctions canoniques de visiteur et de juge, lui qui reçoit « en ses mains » les donations et legs et dont le nom figure en première ligne dans les actes de fondation. Rien ne l'empêcherait, semble-t-il,

d'assumer ou d'absorber la charge de l'abbé avec ses revenus et de
gouverner la communauté par l'organe d'un simple prévôt. Il ne
s'en privera pas, le cas échéant.

Quelques vestiges ont survécu de cette omnipotence de l'évêque au
Xᵉ siècle et de sa sollicitude pastorale à l'égard de Saint-Salvy. Vers
942, c'est « entre les mains de l'évêque Miron » qu'est remis le terrain
de la future église, et les donateurs comptent sur lui pour en assurer
la construction. C'est aussi « entre les mains de l'évêque Angelvin »
qu'est donné Saint-Pierre de Monestiés, vers 987. L'évêque Bernard,
qui est abbé de l'antique monastère de Vieux où l'on vénère les plus
insignes reliques du diocèse, est aussi abbé de Saint-Salvy, en fait
sinon en titre, semble-t-il. Sinon, pourquoi le comte Raimond Iᵉʳ, en
961, lui abandonnerait-il la jouissance de la paroisse de sa forteresse
Saint-Marcel, et le prévôt Ebrald celle de la paroisse de Pouzounac,
dont la propriété doit faire retour tout entière à Saint-Salvy après sa
mort ? D'ailleurs, aucun personnage, intermédiaire entre l'évêque et
le prévôt, n'apparaît dans ces actes. Et voici que, vers 1057, les
vicomtes d'Albi reconnaissent officiellement que le bénéfice abbatial
peut être retenu par l'évêque : ils restituent « ces biens » de la collégiale, *illa dona quae abba aut episcopus habere solet*(1). «Un mercredi
de décembre, aux temps du pape Grégoire et de l'empereur des
Romains Henri, [entre 1073 et 1085], l'évêque d'Albi Frotard accom-
pagne les chanoines de Saint-Salvy, portant la *majesté* du saint, jusqu'à l'église de Saint-Laurent de Loupiac (2) », pour aplanir un litige
avec les seigneurs de la localité, ni plus ni moins que ne ferait un
abbé.

Arrive l'âge des usurpations et des accaparements féodaux. N'est-il
pas à craindre qu'un prélat, pressé par le besoin et de conscience peu
délicate, abuse de son pouvoir au point de s'adjuger les plus opulents
bénéfices de son diocèse, de les cumuler sur sa tête, aux fins d'accroître ses revenus ? Cette infortune n'épargna point Saint-Salvy. Les
vicomtes, ses avoués, et l'évêque, son naturel défenseur, se mirent
d'accord pour l'exploiter et le dépouiller.

Vers 1040, du vivant de l'évêque Amelius, un notable d'Albi, Bernard Aymard, acheta aux vicomtes, les deux frères Frotier et Bernard-
Aton, l'expectative du siège pour son fils Guillaume, et, dans le cas
où celui-ci renoncerait à se faire ordonner, pour un autre de ses fils,
Pierre. La condition était que, dans un laps de temps déterminé

---

(1) *Gallia chr.*, I, Instr. 5, ch. ix.
(2) Doat, vol. 113, fol. 1. Charte éditée par E.-A. Rossignol, *Monographies communales du Tarn*, IV, 275.

après l'entrée en possession, le nouvel évêque verserait une somme
de 5ooo sous [d'or] dans la caisse des vicomtes et autant dans celle
du comte de Toulouse. En attendant la fin des paiements, les princes, avoués de l'évêché, prendraient des gages (1). Il n'est pas douteux
que Bernard Aymard n'ait été le dernier enchérisseur. Telle était la
voie par laquelle, en ces temps pitoyables, on parvenait aux dignités
épiscopales.

Et donc, vers 1041, Amelius mourut. Guillaume se fit sacrer. L'é-
vêque de Nîmes Frotier, agissant pour lui et pour son frère, le vicomte
« proconsul » Bernard, conféra à son nouveau vassal l'investiture de
l'évêché par la crosse et par l'anneau, et reçut de lui le serment
d'hommage avec reconnaissance « qu'il tenait des seigneurs l'évêché,
les *abbayes*, le château et la cité ». De toute cette spiritualité et tem-
poralité l'évêque se confessait feudataire. Jusqu'à ce que tout fût payé,
les vicomtes en exploiteraient une partie en régie directe (2).

Pas d'exemple plus classique de cette odieuse « simonie » que les
réformateurs grégoriens allaient poursuivre avec une énergie farou-
che. Restait à l'évêque Guillaume à trouver l'argent nécessaire pour
purger l'hypothèque de son bénéfice. Les canonicats de Saint-Salvy
furent soumis par lui à un droit de rachat et de rêve : tout candidat
à une stalle dut en payer le prix à l'évêque, comme celui-ci avait
payé pour son siège, exception faite pour la fondation du paraphoniste
Roger qui avait réservé cette exaction (3). En outre, l'évêque laissa
vacantes les plus hautes dignités de la Collégiale : l'abbatiat, la prévôté, la cabiscolie. Les vicomtes s'en attribuèrent les revenus, ainsi
que de la métairie de Foys, de l'église de Montils et de la moitié du
port d'Albi (4).

Ce dernier trait témoigne que cette demi-confiscation était récente.
Car, lorsqu'on lança un pont sur le Tarn aux derniers temps de l'é-
vêque Amelius, vers 1035, les droits de propriété de Saint-Salvy sur
le port d'Albi n'étaient pas contestés. Il n'y avait pas d'endroit plus
propice sur la rive pour poser les dernières piles du pont projeté que
cet atterrissage du bac. Il correspondait à un infléchissement de la
haute berge de la rivière. Des instances furent faites par les vicomtes,

---

(1) Voir le contrat de vente dans *Gallia chr.*, I, Instr. 4, ch. VII ; et dans *Hist. Lang.*,
V, Preuves, 432-3. Cf. *Dict. hist. et géogr. eccl.*, t. II, 1184-5 : art. *Amélius*.

(2) Pièce éditée dans *Hist. Lang.*, V, Preuves, 453-3, avec notes par E. Cabié dans
Albia Christiana, IV (1896), 162-3. Cet acte témoigne de la souveraineté temporelle,
sur le *castellum* et la *civitas*, de l'évêque d'Albi, vassal du vicomte et arrière-vassal
du comte de Toulouse.

(3) « Sine redemptione et sine reva. » Ibidem. Voir le glossaire de Du Cange à ces
mots. Le rachat est une sorte d'arrière-acapte.

(4) *Gallia chr.*, I, Instr. 5, ch. IX.

par les évêques d'Albi, de Rodez et de Cahors, par les indigènes du
pays, tous intéressés au succès de l'entreprise, auprès des chanoines
de la Collégiale pour les amener à la cession de leurs droits utiles sur
le passage, sur le bac et sur la rive. Ils firent le sacrifice qu'on leur
demandait, mais à condition que le péage, s'il en était établi, fût
perçu à leur profit. Ils maintenaient donc leur haut domaine (1).
Vingt ans après, leur avoir était dilapidé par ceux-là mêmes qui
avaient reçu mission de le conserver. Ils auraient eu mauvaise grâce
à leur en faire grief. Ils n'avaient pas été eux-mêmes les derniers au
pillage et à la dissipation.

*L'abandon du cloître par les chanoines : partage et inféodation des
prébendes.* — Il n'y eut pas que le gouvernement laïque et religieux
à conspirer contre l'unité de la Collégiale. La communauté trouvait
en son sein même ses agents de dissolution.

Le régime féodal fut, dans son premier âge, fatal aux organisations
corporatives de l'Église, notamment aux monastères et aux chapitres.
La raison en est qu'il est essentiellement particulariste et familial,
et qu'il ramène tout à une question de propriété foncière, à une
possession du sol. Il est individualiste, anarchique et usurpateur. Les
exigences de la lutte pour la légitime défense le rendent égoïste sans
scrupule.

Le vent du siècle atteignit de bonne heure les chanoines de Saint-
Salvy et leur fit perdre l'esprit de communauté. La règle du concile
d'Aix laissait aux clercs l'usufruit de leur patrimoine et leur assignait
même une part individuelle sur les oblations des fidèles. La vie
en commun était pour eux un devoir de profession plus qu'une nécessité économique. Le joug leur parut trop lourd, et, sans doute, dès
le déclin du IXe siècle, ils quittèrent le monastère pour s'installer
dans des maisons séparées. On dirait d'une sécularisation, s'ils n'eussent été déjà des séculiers.

Ils firent plus. Ils se partagèrent l'avoir commun, et non pas
seulement les revenus mais le capital qui était constitué en églises,
maisons, métairies, dîmes et redevances. Ils répartirent ces biens en
autant de portions ou prébendes qu'ils étaient de membres, une

---

(1) Procès-verbal de la cession des émoluments du port en faveur de la construction du pont, dans *Gallia chr.*, I, Instr. 4, ch. vi (date erronée); cf. 203 C.; et dans
Hist. Lang., V, Preuves, 414-5. Toutes les hautes charges sont alors occupées à
Saint-Salvy : Anselme est abbé, Adalbert prévôt, Leo Francus archidiacre, et R[oge-
rius] cabiscol ou paraphoniste.

vingtaine environ, et chacun reçut son lot en viager, l'administrant lui-même sans avoir à rendre compte à l'évêque ou à l'abbé de sa gestion.

Un pas de plus fut bientôt franchi dans la voie de l'appropriation individuelle et familiale. A une époque où les fonctionnaires royaux, supérieurs et inférieurs, comtes, vicomtes et châtelains, accaparaient leurs offices et les inféodaient dans leur maison, il était tentant pour les chanoines de laisser par testament l'hérédité de leur prébende (*canonica*) à leurs neveux quand ce n'était pas à leurs fils (1). Et ainsi, les canonicats tombèrent-ils dans le domaine de certaines familles puissantes et opulentes qui en nantirent leurs cadets. D'où l'entrée dans la cléricature de jeunes gens sans vocation, parfois même d'enfants en bas âge pour qui le bénéfice est réservé, au détriment du service des âmes de plus en plus négligé. Cependant ces biens d'Église portent leur marque d'origine, et, en dépit de fuites aisément intelligibles, au moment venu, il sera possible de les reconnaître, de les faire rentrer dans la communauté et de rétablir l'unité.

Au Xᵉ siècle, chose étrange ! ce partage en bénéfices distincts et cette dissolution de la communauté ne paraissent pas soulever de protestation ni provoquer de scandale. Les bienfaiteurs de l'abbaye n'imposent pas le retour à la vie commune et la réintégration du cloître désert. Tout au contraire, ils stipulent, dans leurs donations et leurs codicilles, que les biens qu'ils cèdent à la collectivité seront jouis individuellement en viager par tels ou tels donataires qu'ils nomment et qui sont pour la plupart des chanoines de Saint-Salvy. C'est comme s'ils fondaient une bourse dans un internat et en désignaient le premier bénéficiaire. Mais ils ont soin d'ajouter une clause, toujours la même, qui revient constamment : « après la mort [de l'usufruitier] le legs restera à Saint-Salvy », voulant conjurer par là une fructueuse et coupable usurpation. C'est ainsi que le prévôt Ebrald, vers 964, donne à Saint-Salvy Pouzounac, Dalingis et Aribergos, mais le viager à l'évêque Bernard, qui sans doute remplit les fonctions d'abbé, au prêtre Gaubert, futur prévôt, et à son propre vassal Benoît, vraisemblablement un chanoine. La comtesse Garsinde lègue, en 972, divers biens à la Collégiale, mais Sanche, fils de Faramond, et Oliban auront l'usufruit de Saint-Étienne de Mascle, l'archidiacre Witard celui de l'église de Lincarque, le sacriste Bonfils celui de la Calm de Veyrières, et le prévôt Gausbert celui du Capmas

---

(1) En 1072, les chanoines de Sainte-Cécile sont sommés par l'évêque Frotard et le cardinal d'Ostie de donner leurs fils au service de l'église, s'ils ne peuvent pas se rendre eux-mêmes au chœur. *Gallia chr. nova*, I, Instr. 5, col. 2 D.

d'Asbald. Le paraphoniste ou préchantre Roger se réserve le droit « de garder en sa vie » le canonicat qu'il fonde de ses propres deniers.

Ainsi le système féodal a parachevé à Saint-Salvy son œuvre dissolvante. Abbatiat, prévôté, chantrerie ou cabiscolié, sacristie, canonicats divers sont autant de bénéfices distincts, ayant leur dotation séparée, une terre ou une redevance que l'on connaît. Dignitaires et chanoines en jouissent individuellement. Cependant ce mouvement de dispersion centrifuge semble préoccuper, dès le milieu du Xe siècle, quelques donateurs, laïques ou clercs, qui préparent pour la génération suivante, après l'extinction de certaines jouissances, la reconstitution d'un avoir commun, qui ne devra plus être aliéné ni inféodé. Leur espoir sera déçu. Il faut attendre jusqu'à la formation du parti grégorien, au milieu du XIe siècle, pour que des abus si criants soient dénoncés et que le remède jaillisse en quelque sorte de l'excès même du mal.

(*A suivre.*)

L. DE LAGGER,
professeur d'histoire ecclésiastique
au grand séminaire d'Albi.

RECUEIL DES CHARTES ET BULLES DE CLAIRVAUX

INTRODUCTION

I

Clairvaux est le nom d'une abbaye cistercienne fondée par saint Bernard au nord de l'ancien diocèse de Langres. Elle était du doyenné de Bar-sur-Aube, petite ville qui en est éloignée de quatorze kilomètres (1). Ce doyenné, division de l'archidiaconé du Barrois, était le plus étendu et le plus populeux du diocèse : on y comptait, au XIIᵉ siècle, soixante-treize paroisses. L'une d'elles, Ville-sous-la-Ferté, avait pour succursale Juvancourt (2). C'est sur le territoire de cette dernière que, dans l'été de 1115, son noviciat étant terminé, saint Bernard s'arrêta, avec ses douze compagnons (3). L'endroit était des plus sauvages. On l'appelait la Vallée de l'Absinthe (4). Malgré les broussailles qui en fermaient l'entrée, il attira l'attention des voyageurs et piqua leur curiosité. Un ruisseau l'arrosait, la lumière le baignait. Largement ouvert à l'orient, le vallon allait se rétrécissant vers l'ouest, et là, borné brusquement par un coteau ombragé d'arbres séculaires, il se bifurquait en deux gorges étroites, l'une aride, tournée vers le nord-ouest, l'autre égayée par un mince filet d'eau au sud-ouest (5).

L'emplacement appartenait au comte de Champagne, Hugue, qui favorisa le pieux établissement (6). La date de la fondation de Clair-

---

(1) Janauschek met Clairvaux à deux lieues seulement de Bar (les lieues anciennes étaient plus longues que celles en usage aujourd'hui). « Duas horas ab urbe Albensi distabat », dit-il. *Albensi* est pour *Barro super Albam.*

(2) Ville-sous-la-Ferté et Juvancourt, Aube, arrond., cant. et doyenné de Bar-sur-Aube, aujourd'hui diocèse de Troyes.

(3) Henriquez, *Fasciculus Sanctorum ordinis Cisterciensis*, t. I, p. 64.

(4) *Ibid.*, p. 65.

(5) Vacandard, *Vie de saint Bernard*, t. I, p. 62-63.

(6) Archives de l'Aube, 3 H 321 ; Bibliothèque de Troyes, ms. 2414 ; *Gallia Christiana*, t. IV, *Instrumenta*, col. 155 ; Migne, *Patrologia latina*, t. 185, col. 1447.

vaux a été plusieurs fois discutée. Le cistercien Léopold Janauschek dit que la troisième fille de Cîteaux naquit en l'année 1115 (1). Les raisons qu'il en donne nous paraissent concluantes (2).

Le monastère devint rapidement célèbre. Un auteur saxon l'appelle *nobile Galliarum monasterium*; le pape Alexandre III, écrivant à l'abbé de Cîteaux, lui dit : « Vous n'ignorez pas combien Clairvaux est fameux; combien il est célèbre; combien la religion y est florissante (3). » Cette renommée, l'abbaye la devait à son fondateur, qui se plaisait à qualifier lui-même son couvent de Jérusalem céleste.

C'est de Clairvaux que sortirent les moines qui fondèrent (4) Trois-Fontaines (1118); Fontenay (1119); Foigny (1121); Igny (1126); Reigny (1128); Ourscamp (5) (1129); Cherlieu (1131); Bonmont (1131); Eberbach (1131); Longpont (1132); Riévaulx (1132); Vaucelles (1132); Moréruéla (1132); Himmerod (1134); Vauclair (1134); la Grâce-Dieu (1135); Fountains (1135); Hautecombe (1135); Buzai (1135); Chiaravalle (1135); Balerne (1136); Saint-Jean-d'Aulps (1136); Nerlac (1136); Auberive (1137); S. M. della Columba (1137); les Dunes (1138); la Bénissons-Dieu (1138); Alafoës (1138); Casamario (1140); Larivour (avant 1140) (6); Clairmarais (1140); Saint-Jean de Tarouca (1140); Whiteland (1140); Saint-Paul-aux-Trois-Fontaines (1140); Osera (1141); Sobrado (1142); la Prée-sur-Arnon (1141 ou 1142); Melon (1142); Mellifont (1142); Alvastra (1143); Meïra (1143); Nydala (1143); Belloc (1143); Belle-Perche (1143); Hautcret (1143) (7); Grandselve (1145); Villers-en-Brabant (1146); Boxley (1146); Le Val-Richer (vers 1147); Savigny (1147); Margan (1147); Aulne-sur-Sambre (1147); Espina (1147); Alcobaça (1148); Cambron (1148); Loos-Notre-Dame (1148); Longuay (1149); Boulancourt (1149); Cabuabbas (1149); Fontmorigny (1149); Aubepierre (1149); Esrom (1151); Clermont (1152); Mores (1152); Moureilles (1152); Valparayso (1152); la Peyrouse (1153); S. M. de Monte-de-Ramo (1153); Salzeda (1156);

---

(1) Le nom de Clairvaux paraît pour la première fois dans la charte de 1121 relative à la grange de l'abbaye.

(2) Voyez p. 4 du t. I des *Origin. cisterc.* Cf. D'Arbois de Jubainville, *Histoire des ducs et des comtes de Champagne*, t. II, p. 119, ss.

(3) Martène, *Amplissima Collectio*, t. II, 27 mars 1165.

(4) Nous donnons la liste de Janauschek, bien qu'elle s'écarte de l'ordre chronologique. Nos dates permettront de rétablir cet ordre.

(5) Orcamp, d'après Mas-Latrie, *Trésor de Chronologie*. Pour les monastères existant avant Clairvaux, nous donnons la date où ils ont été réunis à l'œuvre de saint Bernard.

(6) La date du 2 avril 1140 est donnée par le ms. latin 17050, fol. 56, de la Bibl. nat. Plusieurs autres dates ont été empruntées à U. Chevalier, *Topo-Bibliographie*.

(7) Hautcret manque dans la liste dressée par Vacandard, *Vie de saint Bernard*, t. II, p. 556.

Armentera (1162); les Châteliers (1163); Claer-camp (1165); Le Mont-Sainte-Marie (1172); la Zircz (1182); la Charité (vers 1184); Oya (1185); Azeleyrum (1194); Paludes (1205); Topolska (1208); Canonica de Saint-Pierre d'Amalfi ou San Pietro della Canonica (1223) et Valence (1230). En tout quatre-vingt-un monastères (1), dépendant de Clairvaux dès les deux premiers siècles qui suivirent la naissance de l'illustre maison : trente-sept en France ; dix en Espagne ; cinq en Angleterre et cinq en Italie ; quatre en Portugal ; quatre en Belgique et trois dans les États Sardes ; trois en Suède et trois en Suisse ; deux en Allemagne ; deux en Hongrie ; un en Danemark ; un en Hollande et un en Irlande.

II

Le fonds de Clairvaux est un des plus riches des Archives du département de l'Aube. Il comprend cent quatre-vingt-douze registres ; mais tous ces registres ne sont pas consacrés exclusivement à l'abbaye fondée par saint Bernard. Quelques-uns ont en effet pour objet des maisons religieuses étrangères à la localité : tels sont Clairmarais (2) et Saint-Basle, au diocèse de Reims ; Cheminon, au diocèse de Châlons ; et la Crète, au diocèse de Langres. On y voit un inventaire de legs faits à l'hôtel-Dieu de Reims, en 1614, et des comptes de l'abbaye de Benoîte-Vaux, de l'ancien diocèse de Toul.

Les monastères champenois de Saint-Pierre d'Oÿes (3), du Val-des-Vignes, de Beauvoir et de Belroy y sont représentés par plusieurs registres, dont quelques-uns furent apportés à Clairvaux à la suite de la réunion des maisons. On trouve notamment des comptes du prieuré du Val-des-Vignes au XVIᵉ siècle (3 H 188, 189 et 190) ; deux censiers de la même date (3 H 186 et 187) ; un état des propriétés au XVIᵉ siècle (3 H 185) ; un état des rentes censives en 1476 (3 H 184) ; un cartulaire qui va de 1220 à 1517 (3 H 183) ; un terrier de Belroy, de 1619 à 1672 (3 H 174) ; et un censier, de 1559 à 1566 (3 H 173) ; des titres de la commanderie de Bauvoir et de la Rothière au XVIᵉ siècle (3 H

---

(1) Le *Dictionnaire des Abbayes* de Migne mentionne, col. 203, *Clementinum pratum* « nom latin d'un ancien monastère qui a existé dans le diocèse de Langres et qui entretenait une grande union de confraternité avec l'abbaye de Clairvaux (*Gallia christiana*, t. IV, col. 654). » Il s'agit non d'un monastère, mais de la grange de Morins qui appartint d'abord à l'abbaye de Saint-Bénigne de Dijon et fut vendue à Blanche de Navarre, laquelle en fit don à Clairvaux (*Cartul. Morins*, VI). Cf. *Revue Mabillon*, avril 1923).

(2) Distinct de Clairmarais, couvent cistercien du diocèse de Saint-Omer.

(3) Une copie du cartulaire d'Oyes, exécutée en 1874, existe à la Bibl. nat., *nouv. acquis. latin* 1231.

172); et un titrier du XVᵉ siècle (3 H 171). Un registre renferme le compte du receveur des terres de Jaucourt, Jully-sur-Sarce et de la Grève, rendu à Marie d'Albret, comtesse de Nevers et de Dreux; un autre, les rentes de Flandre vers 1740; un autre, l'assiette de la contribution extraordinaire levée en 1568 sur le diocèse de Langres, ainsi que le procès-verbal de la vente des biens de l'Église dans le diocèse de Troyes pour subvenir aux besoins de la couronne sous le roi Henri III; un autre, l'inventaire des biens de Tristan de Bizet, évêque de Saintes; une prisée du comté de Vertus au XIVᵉ siècle; un registre du greffe de la mairie d'Urville en 1552; un recueil des titres de la maison de Bruille. Le registre 124 renferme les pièces d'un procès contre l'abbesse d'Argensolles en 1624; le registre 121, des pièces de procès contre Cîteaux de 1470 à 1497.

Tous les registres classés ne sont plus au complet; les nᵒˢ 11 et 191 sont égarés; le premier est un cartulaire qui va de 1200 à 1544; le second a pour titre *Liber quorumdam privilegiorum sacri Ordinis Cisterciensis per summos pontifices concessorum*, 1620, copie. Le nᵒ 12 donne une analyse des documents des cartulaires, aucun ne s'y trouve *in-extenso*.

III

Les liasses du fonds de Clairvaux sont renfermées dans 328 cartons classés; de plus, une trentaine de liasses sont laissées dans treize cartons non reconnus. Les chartes-parties sont en nombre infime (1). Beaucoup de sceaux ont disparu ou sont mutilés. Les documents contenus dans plusieurs de ces cartons sont étrangers à l'histoire de Clairvaux : tels sont ceux relatifs au prieuré de Belroy, aux maisons cisterciennes de Froidmont (Oise), de Nerlac (Cher), de Boulancourt (Haute-Marne), de l'Amour-Dieu (Marne), de Bonne-Font (Haute-Garonne), du Val-Roy, de Chéhéry et d'Elan (Ardennes) et de Cercamp (Pas-de-Calais). Il y a encore l'état du revenu de Clairmarais en 1612 (3 H 182), une déclaration des biens en 1521 (3 H 181); un censier de 1587 à 1597 (3 H 180); des baux pour Clairmarais et pour Saint-Basle (3 H 178-179); un cartulaire de l'année 1222 à 1475 (3 H 177). Le carton 292 est consacré à la Chalade (Meuse), à Cheminon (Marne) et à Cîteaux, qui a aussi des documents dans les cartons 311 et 313; les cartons 138 et 182, à la Crète (Haute-Marne); le carton 316, à Fon-

---

(1) Cartul. *Fraiville*, XVIII et Origin. 3 H 318, année 1200; *Morval*, VIII; *Belinfai*, XXIV.

taine-Labbé (Eure); les cartons 311 et 313, à la Joie-Notre-Dame (Seine-et-Marne); le carton 153, à Mardick (Nord); les cartons 8 et 155, à Neuvy-en-Beauce (Eure-et-Loir); le carton 50, au Ponthieu; le carton 21, à Saint-Michel-en-Thiérache (Aisne); les cartons 26, 292, 311 et 313, à l'abbaye de Signy (Ardennes); les cartons 65 et 292 à celle de Trois-Fontaines (Marne); le carton 11, au prieuré du Val-des-Écoliers; enfin les cartons 311 et 313, en partie à l'abbaye de Villers-Betnach en Lorraine. Cinq cartons renferment des chartes de Voisin, près de Reims; ils portent les nos 13, 22, 166, 316 et 317. Parmi les autres documents il y a les actes d'un procès entre le collège Saint-Bernard de Toulouse et Grandselve. Certaines pièces concernent Valloires (Somme), le Vau-Saint-Lambert (Belgique), Mortemer (Eure), les Rosiers (Ardennes), la Piété-lès-Ramerupt (Aube) et Vauluisant (Yonne). Il y a aussi dans les cartons des bulles délivrées à l'ordre de Cîteaux (1); mais nous avons relevé seulement celles qui nous ont paru offrir un intérêt spécial pour Clairvaux. Les autres appartiennent à l'histoire générale de Cîteaux, laquelle n'entre pas dans notre plan. Un certain nombre ont d'ailleurs été éditées par Louis Meschet dans le livre des *Privilèges* de l'ordre (2). Elles émanent d'Innocent II, Alexandre III, Lucius III, Honorius III, Grégoire IX, Innocent IV, Alexandre IV et Urbain IV. L'une concerne les moines fugitifs (18 juin 1265). Une autre est la confirmation des privilèges par Clément V (2 septembre 1308). Le carton 258 donne une *Ordinatio definitorum capituli generalis*, publiée par le pape Clément IV en 1265, ainsi que la bulle du même sur les pensions des moines défunts.

Il nous était d'autant moins permis de laisser de côté ces bulles que plusieurs d'entre elles ne se trouvent ni dans les *Privilegia ordinis* d'Henriquez, ni dans les *Regesta* de Jaffé-Potthast, ni même dans les Lettres ou Registres publiés par l'École française de Rome.

IV

Le premier Cartulaire de Clairvaux est conservé à la bibliothèque de Troyes sous le n° 703 et à la bibliothèque nationale sous le n° 10947 du fonds latin. Ces deux exemplaires datent du XIII° siècle. Le plus

---

(1) Archives de l'Aube, 3 H 257 à 260.
(2) A Paris, in-4, 1713. Jean, abbé de Cîteaux, a publié à Dijon, en 1491, in-4, les privilèges de son ordre. On les retrouve dans les mss. 2025 et 2048 de la Bibliothèque de Troyes. Les *Privilegia ordinis Cisterciensis* sont aussi dans le Ménologe de C. Henriquez et dans le ms. latin 9750 de la Bibliothèque nationale, 40 folios in-4°.

ancien, celui de Troyes, mesure o m. 3o de hauteur et o m. 25 de largeur. Celui de Paris n'a que o m. 21 sur o m. 15. L'épaisseur est de o m. o57. Le ms. 703 renferme 206 feuillets; le ms. 10947 (1) en a 342, plus 6 folios préliminaires. A ce dernier manquent les folios 16-19, 76-80, 82-83, 107, 199-200, 212-219, 273-278 et 321. Les folios xII verso, xIII, xIV et xv recto se rapportent à une dépendance du monastère cistercien d'Igny, la maison de Voisin (2), sous cette rubrique : *Incipiunt tituli cartarum ad domum de Voisins pertinentium prout habentur in registro apud Igniacum.* Ces titres n'ont qu'une ligne ou deux; le tout est d'une écriture postérieure à celle du cartulaire. Malgré ses lacunes, le ms. 10947 est le plus complet; il a en effet cinquante-huit chartes de plus que le ms. 703. La charte la plus ancienne dans l'un et dans l'autre est datée de l'année 1131 ; mais, tandis que le ms. 703 s'arrête à septembre 1263 (3), le ms. 10947 va jusqu'à l'année 1269. Les additions y sont peu importantes.

Il arrive que certaines chartes sont identiques par leur objet; elles ne diffèrent que par le nom de celui qui les a fait écrire (4).

Le numérotage des documents n'est pas rigoureusement exact : le n° 85 manque dans *Ultra Albam;* le n° 8, d'ans *Columbeium;* le n° 17, dans *Porta;* le n° 34 dans *Cornai.*

Il y a quelques doubles : le n° 76 de *Fontarcia,* le n° 4 de *Moreins;* les nos 2, 3 et 4 dans *Elemosine.* Des cartons renferment aussi deux exemplaires de la même bulle. Plusieurs chartes sont mutilées, et le texte n'en saurait être donné en entier. Nous avons indiqué par des points, selon l'usage, les mots qui manquent, ainsi que ceux qui sont effacés et tout à fait illisibles.

Le cartulaire de la bibliothèque de Troyes y est entré avec le fonds de Clairvaux en 1790; celui de la Bibliothèque nationale a été acheté le 5 novembre 1802, à la vente de Truelle-Chambouzon, un légiste domicilié à Troyes pendant la Révolution; il a été vendu le 26 avril 1816 (5) par le chevalier Armynot au dépôt où il est encore aujourd'hui.

Le ms. 703 est divisé en douze parties dont nous donnons les titres avec l'indication du nombre des chartes :

(1) Ancien n° 3o des Cartulaires.
(2) Ferme de la commune de Breuil-sur-Vesle, Marne, achetée en 1378.
(3) D'Arbois de Jubainville, *Études sur l'état intérieur des Abbayes cisterciennes et principalement de Clairvaux au XII° et au XIII° siècle,* p. xIV.
(4) Exemple : en 1179, Hugue, duc de Bourgogne, notifie une donation faite à la grange de Champigny. Cette donation est aussi et à la même date notifiée par l'évêque du diocèse, Gautier de Bourgogne.
(5) Note en tête du registre.

	ms. 703,	ms. 10947,
Grangia abbatiæ,	57 ;	56
Ultra Albam,	219 ;	225
Fravilla, Fraiville,	51 ;	53
Fontarcia,	87 ;	94
Bellus Mons, Biaumont,	64 ;	68
Champigni,	68 ;	70
Borda,	29 ;	30
Moreins,	99 ;	119
Belinfai, Belinfey,	116 ;	122
Cornai,	86 ;	94
Forgie,	12 ;	12
Pasture,	83 ;	86
	971	1029

Le registre 3 H 9, des Archives de l'Aube, est un cartulaire que l'on regarde comme le second volume du recueil fait par les moines de Clairvaux. Il a passé des archives de Bar-sur-Aube aux archives départementales vers 1855. Il contient 147 feuillets. Les chartes sont distribuées en seize divisions :

26	sous le titre de	Carte communes ;
66	—	Porta ;
20	—	Vallis Rodionis ;
86	—	Elemosine ;
30	—	Fenis ;
43	—	Wangionis rivi ;
24	—	Comitum Campanie ;
6	—	Comitum Pontivi ;
7	—	Ducum Burgundie ;
22	—	Comitum Flandrie ;
145	—	Columbeium ;
79	—	Morval ;
23	—	Cellaria ;
42	—	Marsal ;
46	—	Divio ;
46	—	Pedagia.

Le volume s'ouvre par un index des noms des localités où étaient situées les possessions mentionnées dans les *Carte communes* (1). Il a

____

(1) Nous n'avons pas cru utile de reproduire cet index, notre table devant y suppléer très amplement.

été relié d'une façon défectueuse : la page 107 est suivie des pages 136 à 180. On revient ensuite à la page 108 jusqu'à 132 ; de là on passe à la page 181.

Chaque division est précédée d'une table très succincte des documents, excepté ceux de *Carte communes, Porta, Comitum Pontivi et Ducum Burgundie,* en tout 105 chartes. Les tables des autres divisions ne donnent qu'une partie, la plus grande il est vrai, de toutes les pièces qui y sont contenues. Les titres sont d'ailleurs insuffisants, et nous avons dû, pour les reproduire, les compléter, sous peine d'être inintelligible.

En 1874, M. Claude, employé de la Bibliothèque nationale, a copié le ms. 3 H 9. Son travail forme un registre de 376 pages de 0 m. 36 sur 0 m. 26 de largeur et 0 m. 055 d'épaisseur. Il est coté *nouvelle acquisition latin* 1208. Si l'écriture en est soignée, par contre les fautes de lecture n'y sont pas rares (1), et surtout les noms des témoins manquent. La division *Pedagia* a été omise tout entière et l'ordre des séries a été interverti (2).

Ici une question se pose : Pourquoi le compilateur primitif n'a-t-il suivi dans la transcription des chartes ni l'ordre logique ni l'ordre chronologique ? Ce défaut y rend les recherches difficiles. Sur les conseils des hommes les plus compétents, nous n'avons pas marché sur ses traces et nous avons préféré donner les documents d'après l'ordre chronologique. Cette méthode a l'inconvénient d'enlever au cartulaire l'aspect qu'il revêtait ; mais son utilité est si grande que nous n'avons pas hésité, d'autant moins que nous avons recueilli bien des documents qui ne figurent dans aucun des cartulaires.

Pour aider dans les recherches, nous avons dressé un index de tous les noms de matières et de localités avec identification. La table des noms de personnes suivra cet index.

On remarquera que le copiste des cartulaires a donné aux documents un numéro différent de celui que portent les originaux : c'est le premier de ces numéros que nous avons mis en tête. Il nous a été impossible de faire état des chiffres adoptés jadis pour le classement. Parmi les documents que nous publions, plusieurs ne figurent dans aucun de nos cartulaires : c'est la raison pour laquelle ils ne portent pas de numéro d'ordre. Il y a aussi quelques pièces des cartulaires qui ne sont accompagnées d'aucun numéro. Les chartes rangées sous

---

(1) Nous en avons relevé quelques-unes que l'on trouvera au bas des chartes.

(2) L'ordre suivi par le ms. 1208 est celui-ci : Carte communes, Porta, Elemosine, Comitum Campanie, Comitum Pontivi, Comitum Burgundie, Comitum Flandrie, Cellaria, Marsal et Novum Castrum, Divio, Vallis Rodionis, Fenis, Vangionis rivi, Columbeium et Morval.

la rubrique *Comitum Pontivi* n'ont un numéro que dans le ms. D.

On a inscrit sur la plupart des originaux leur objet; mais si sommaire est cette indication que nous ne l'avons pas relevée. Certains éditeurs de cartulaires ont tenu à reproduire au bas des documents les mots qui se lisent au dos des chartes ; nous avons cru inutile de suivre leur exemple, le titre étant suffisamment explicite.

V

Lorsque les cartulaires de Clairvaux furent composés, le monastère était en pleine prospérité. Les biens étaient rattachés à dix-sept centres qu'administrait un résident local, sous la surveillance du cellérier. Cette agglomération de propriétés portait le nom du lieu où cet administrateur résidait : de là les titres le *grangia Abbatiæ, Ultra Albam, Fravilla, Fontarcia, Bellus Mons, Champigni, Borda, Moreins, Belinfai, Cornai, Vallis Rodionis, Fenis, Columbeium, Morval, Marsal* et *Divio*.

Une série était affectée aux forges du monastère : *forgie* (1).

La première série du second cartulaire renferme les titres de groupes de biens mentionnés dans chacun des vingt-six documents : on les a appelés *Cartes communes.* A la seconde série appartiennent les propriétés dont le portier avait l'administration : *Porta.* Vient ensuite l'ensemble des chartes concernant les pitances dont beaucoup étaient fondées. Le pitancier ou aumônier gérait les biens et les fonds qui portaient le nom d'aumônes; aussi l'appelait-on *Elemosinarius.* Cet office fut supprimé dès la fin du XIII° siècle.

Les cinq séries suivantes ont reçu le titre des personnes dont émanent les chartes qui y sont contenues, savoir : *Wangionis rivi, Comitum Campanie, Comitum Pontivi, Ducum Burgundie, Comitum Flandrie.* Suivent les propriétés du cellérier : *cellaria.* Au cellérier revenait l'administration financière; il recevait les comptes des convers placés à la tête des exploitations agricoles et des ouvriers de l'abbaye. Il était aidé par un sous-cellérier. Enfin venaient les concessions des droits de pâturage, *Pasture,* et les exemptions de péage, *Pedagia.*

VI

Trois sortes de personnes habitaient Clairvaux : les moines, les con-

---

(1) Clairvaux avait des forges à Vassy. Il existe un cartulaire de ces forges : on n'a pu nous le représenter.

vers et les oblats. Les moines avaient pour principale obligation la prière en commun. Les convers se dévouaient surtout au travail des mains, tel que le labour des terres, le pâturage des bestiaux, la préparation des cuirs, la mouture du blé. Des curés pouvaient prendre rang parmi les moines. Nous en avons pour preuve ce passage d'une charte de Guillaume, doyen de Châtillon-sur-Seine : « *sacerdos de Montione tempore conversionis sue dederat in elemosinam domui Clarevallis* (1). »

Les oblats n'étaient pas des religieux, mais des laïcs qui participaient aux prières de l'Ordre sans être soumis à la règle monastique. Les hommes pouvaient garder leurs femmes. Ils paraissent occupés aux travaux de la moisson. Le plus souvent, ils faisaient donation de leurs biens à l'abbaye, de qui en échange ils recevaient la nourriture et le vêtement pendant le reste de leur vie, et ils avaient droit, après leur mort, aux prières et aux services usités pour les familiers (2).

Au nombre des familiers figure Elisabeth, dame de Châteauvillain, qui est appelée *socia familiaris* (3). Pour y être admis, le curé de Sarcicourt abandonna tout ce qu'il avait (4) aux religieux.

VII

La plus ancienne grange paraît être celle qui porte ce nom : *grangia abbatiæ*. Saint Bernard en personne demanda à l'évêque de Langres un emplacement pour l'établir : c'était en 1121. L'évêque adhéra à la prière de l'abbé, mais non sans se réserver les droits attachés à ses fonctions de chef du diocèse. Sa libéralité comprenait les dîmes de toutes les paroisses où les moines auraient leur domicile (5) et les moulins de Ville-sous-la-Ferté (6).

Fontarce. — La seconde grange était celle de Fontarce. Elle doit son origine à la donation par Adon, abbé de Saint-Oyend du Jura, en 1122, de la dîme de Saint-Usage (7). Anséric de Chacenay y ajouta ce qu'il possédait à Fontarce, à la réserve du droit d'essarter la forêt (8). Itier de Mallet fit un don semblable. D'autres donations augmentèrent

---

(1) Cartul. *Elemosine*, XXIII.
(2) Ce qui, dans le fonds de Clairvaux, concerne les oblats occupe le carton 3 H 128.
(3) Archives de l'Aube, 3 H 133, novembre 1223.
(4) Cartul. *Elemosine*, IV.
(5) Cartul. *Grangia Abbatie*, IV.
(6) *Ibid.*, XXIX.
(7) Bibliothèque de Troyes, ms. 708, *Fontarcia*, XXX, n° 3.
(8) *Ibid.*, *Fontarcia*, XVI.

assez vite l'étendue des propriétés de Fontarce pour qu'en 1147 l'évêque de Langres, Godefroi de Rochetaillée, avant de partir pour la Croisade, pût confirmer à Clairvaux toutes ces libéralités. Elles avaient pour auteurs de pieux habitants de Chacenay, Vitry-le-Croisé, Mallet, Fontette, Ville-sous-la-Ferté, Chervey et Noé (1). Saint Bernard aurait visité Fontarce le 10 février 1147 en se rendant à Étampes, où fut discuté le projet de la seconde croisade (2).

Fraville. — L'abbé de Cluny, Pons, cédant aux instances de Guillaume de Champeaux, évêque de Châlons-sur-Marne, accorda à saint Bernard les dîmes d'Arconville. C'était avant 1122, puisque Pons fut remplacé cette année-là par Pierre le Vénérable : telle est l'origine de la grange de Fraville (3). Elle s'accrut, comme la plupart des autres granges, des dons offerts par ceux qui entraient à Clairvaux sous l'habit soit des moines (4) soit des convers. « Tescelinus de Mundivilla et Josbertus filius ejus venientes ad conversionem in monasterio dederunt... totam partem hereditatis sue. » « Dodo, quando venit ad conversionem in Claravallensi monasterio dedit eidem... medietatem vinee (5). »

A Fraville se rattachent des biens de l'abbaye situés à Bergères (6), à Champignol (7), à Baroville (8), à Meurville (9) et à Arconville, sur le finage duquel est situé Fraville. Clairvaux était déjà grand propriétaire en 1135, quand l'évêque Vilain confirma les biens de l'abbaye, biens dont l'énumération montre sinon l'importance du moins la variété et l'étendue (10). Quelques-uns étaient situés à Champigny (11), dont les dîmes appartenaient à Molesme. Saint Bernard obtint de l'abbé, en 1136, la dîme des terres que ses frères défricheraient. Puis Girard de Châtillon céda tout Champigny (12). Jacques de Chacenay, ayant à réparer nous ne savons quelle faute, « pro magno forefacto », fit don du droit d'usage dans ses bois (13).

Les premiers bienfaiteurs de la grange de Champigny furent Rai-

---

(1) *Ibid., Fontarcia*, I.
(2) Vacandard, *op. cit.*, t. II, p. 295.
(3) Cartul. *Fraiville*, XX.
(4) Cartul. *Bellus Mons*, V.
(5) Cartul. *Fraiville*, I.
(6) Cartul. *Fraiville*, XI.
(7) *Ibid.*, XXI.
(8) *Ibid.*, XXVII.
(9) *Ibid.*, XVI.
(10) Cartul. *Carte communes*, I, 1135.
(11) Champigny est sur le territoire de Riel-les-Eaux, arrond. de Châtillon-sur-Seine, Côte-d'Or.
(12) Cartul. *Champigny*, I.
(13) *Ibid.*, VIII.

nald de Grancey-sur-Ource, et Helviz de Bayel (1). Les finages de la Chapelle et de Belan-sur-Ource entrèrent dans le domaine de Champigny en l'an 1200 (2).

BEAUMONT. — L'origine de Beaumont, sur le territoire de Cunfin, est le don par l'abbé de Molesme de ce que son couvent possédait à Heis en 1131 (3) : nous disons le don, mais c'est d'une vente qu'il s'agit, car en retour les Bénédictins de Molesme recevaient un cens annuel de douze deniers payables à la Saint-Remy (4). Dès 1147 la grange de Beaumont avait des dépendances nombreuses dont quelques-unes étaient chargées de redevances (5), et situées sur les finages de Gevrolles, de Montigny, de Lanty et de Villars-en-Azois.

OUTRE-AUBE. — La grange d'Outre-Aube paraît pour la première fois en 1147 (6). Elle comprend des terres, des prés, des droits de pêche dans l'Aujon, des terrages, des dîmes sur les finages de Longchamp (7), de Juvancourt (8), de Ville-sous-la-Ferté (9), de Rennepont, de Vaudremont (10), d'Autreville (11), de Gillancourt, de Spoy (12), de Silvarouvre et de Villars-en-Azois (13). La rivière la séparait du monastère : l'enclos mesurait 300 mètres de longueur sur 200 de largeur.

LA BORDE. — La Borde était située sur le finage de Bayel. En 1183 Josbert de Lignol, qui y était propriétaire, accorda à Clairvaux, une partie de ce qu'il y possédait (14). Le village aujourd'hui disparu de Putigny était dans les dépendances de la Borde.

MARSAL. — L'alleu donné par Godefroi de Hampont, chevalier, fut le premier bien que Clairvaux posséda dans la Lorraine. Il était sur le finage de Marsal, au diocèse de Metz (15). Il s'augmenta en 1089 de quatre journaux de vigne offerts par Vautier de Posterne (16) et en

---

(1) *Ibid.*, VI.
(2) *Ibid.*, XXXV. D'après d'Arbois de Jubainville, *op. cit.*, p. 313, Champigny daterait de l'année 1210 seulement.
(3) D'Arbois de Jubainville, *op. cit.*, p. 312, ne fait remonter Beaumont qu'à l'année 1200.
(4) Cartul. *Bellus Mons*, III.
(5) *Ibid.*. I et II.
(6) D'Arbois de Jubainville, *op. cit.*, p. 311, croit Outre-Aube plus ancien, mais cette opinion est contredite par les dates relevées dans les Cartulaires.
(7) Cartul. *Ultra Albam*, I et XXXIII.
(8) *Ibid.*, I.
(9) *Ibid.*, XLII.
(10) *Ibid.*, XLV.
(11) *Ibid.*, LIX et LXIV.
(12) *Ibid.*, LXIII.
(13) *Ibid.*, LXV.
(14) Cartul. *Borda*, V.
(15) Cartul. *Marsal*, VI.
(16) *Ibid.*, I et II.

1206 de bois sis à Neuviller (1). A Neufchâteau, dans le même duché, l'abbaye reçut, en 1194, un terrain à bâtir, situé rue Notre-Dame (2). Marsal et Neufchâteau doivent sans doute à leur position géographique d'être réunis dans le Cartulaire.

CORNET. — La grange de Cornet, au finage de Saulcy, ne date que de 1189 (3). Elle est née de la donation faite par Guiard et son neveu Pierre de leur alleu d'Engente (4). Les villages de Rouvres, de Colombey-les-deux-Églises, Buchey et Rizaucourt, avaient une partie de leurs terres exploitées par les frères de Cornet (5).

BLINFEY. — Les Prémontrés de Beaulieu vendirent en 1196 à Clairvaux la grange de Blinfey sur le territoire de Beurville avec les terres, prés, pâturages, rentes censives, bois et moulins en dépendant, les possessions de Beurville, de Saulcy, de Bolesvaux, de Trémilly, de Ceffonds, de Rizaucourt, de Daillancourt (6) et de Leschères (7).

LES FÉNUS. — Sur le vaste territoire de Trouan-le-Grand, au nord d'Arcis-sur-Aube et de Ramerupt, une contrée porte aujourd'hui le nom des Fénus; au moyen âge on disait Fénis. Clairvaux y créa un centre agricole pour exploiter les terres données par Élisabeth, femme d'André de Trouan, chevalier (8), et par Isabelle, dame de Chapelaine (9). Et, comme le bois fait défaut dans la région, le comte de Brienne, Jean, mit à la disposition des habitants des Fénus ses bois de Bateiz (10), et Gautier d'Azillières son bois de Gigny (11). Une partie de la dîme du blé du finage de Mailly fut cédée en 1222 à la grange des Fénus (12). Un clerc, Raoul, abandonna tous ses biens meubles et immeubles, ne s'en réservant que l'usufruit (13). Un damoiseau de Trouan, Roger, fit l'aumône de revenus à percevoir sur le finage de Vautrepuits (14).

MORINS. — Le domaine de Morins sur Monterie (15) appartenait à

---

(1) *Ibid.*, VII.

(2) *Ibid.*, X.

(3) D'Arbois de Jubainville, *op. cit.*, p. 314, donne la date de 1190.

(4) Cartul. *Cornat*, II.

(5) *Ibid.*, III.

(6) Cartul. *Belinfai*, VIII, XI, XXIII.

(7) *Ibid.*, XXXVIII. Pourquoi d'Arbois de Jubainville, *op. cit.*, p. 314, écrit-il Burreville ?

(8) Cartul. *Fenis*, VII.

(9) *Ibid.*, I et III.

(10) *Ibid.*, V.

(11) *Ibid.*, XV.

(12) *Ibid.*, VI.

(13) *Ibid.*, XII.

(14) *Ibid.*, XIII.

(15) Monterie, Haute-Marne, arrond. de Chaumont.

l'abbaye Saint-Bénigne de Dijon. Les dettes à payer ayant obligé à le vendre, la comtesse de Champagne, Blanche de Navarre, l'acheta pour 7000 livres et en fit cadeau à Clairvaux pour le repos de l'âme de son mari Thibaud III et le sien (1). Milon de Sexfontaine y ajouta ce qu'il avait à Monterie, Gillancourt, Saint-Martin la Chapelle (2) et Blaise (3).

Le Val-Rognon. — Le Rognon est un affluent de la Marne qui passe à Doulaincourt au fond d'une vallée qui porte son nom. Clairvaux y eut, dès l'année 1225 (4), des biens au sujet desquels Étienne, curé de Doulaincourt, constata que son paroissien, Wiard, surnommé Bovins, cherchait querelle aux religieux, jusqu'à ce qu'il reconnût son erreur et cessât de les molester : c'était en 1244. Étienne fut l'année suivante témoin de la vente à l'abbaye par Macelin, un autre de ses paroissiens, fils de l'ancien prévôt, d'une pièce de terre située dans la contrée de Chauchemont, et de la vente par Hauviette de Saint-Brice et ses neveux d'une pièce de terre. La grange s'élevait sur le finage de Doulaincourt.

Ces granges avaient leur chapelle, leur dortoir et les autres lieux réguliers, mais elles ne formaient pas de prieurés. L'église de Champigny, sous le vocable de saint Laurent, existait avant 1158 (5).

Le préposé à l'administration d'une grange s'appelait le maître de la grange, *magister grangiæ* (6).

A part les Fénus et le Val-Rognon ou Doulaincourt, les granges se trouvaient dans un rayon de trente kilomètres environ de Clairvaux.

Le monastère fondé par saint Bernard eut aussi des prés à Nogent-sur-Seine (7), des rentes censives à Vendeuvre (8), divers droits à Somsois et à Bergancin (9).

VIII

Clairvaux possédait trois établissements vinicoles. Le plus ancien était celui de Morval sur le finage de Baroville. Morval appartenait

---

(1) Cartul. *Moreins*, I, II et III, nᵒˢ 589, 598 et 1600.
(2) *Ibid.*, XII, nᵒ 638.
(3) *Ibid.*, LXXVI, nᵒ 1620.
(4) Cartul. *Porta*, XIV.
(5) Cartul. *Champigny*, VIII.
(6) Archives de l'Aube, 3 H 151 et Bibl. Troyes, ms. 703, p. 81. *Ultra Albam*, XCVII et p. 384 ; *Cornai*, LXVIII.
(7) Cartul. *Comitum Campanie*, XXIII.
(8) Cartul. *Elemosine*, LXVIII.
(9) Cartul. *Fenis*, XVII.

aux comtes de Champagne. L'un d'eux. Thibaud II, y avait des vignes ;
il en accorda deux, en 1143, à Clairvaux, qui y établira sa grange de
Morval, aujourd'hui Morvaux, ainsi qu'un de ses principaux celliers (1).

Le second cellier était celui de Colombé-le-Sec. La Maison-Dieu de
Bar-sur-Aube se trouvait propriétaire de prés, vignes, terres et censives, à Colombé-la-Fosse. Elle s'en dessaisit en 1194 en faveur de Clairvaux, ainsi que de ce qu'elle avait au finage de Rouvres et à Colombé-le-Sec (2). Le monastère reçut aussi en aumône des vignes à Voigny (3). Le cellier fut bâti sur le territoire de Colombé-le-Sec.

Le troisième cellier était à Gomméville, à peu de distance de Mussy-sur-Seine.

Aux grands centres agricoles se rattachaient en quelques villages
des granges de moindre importance. Ainsi de Morins dépendait la
grange d'Autreville (4). Les autres exploitations rurales étaient celles
de Baroville, Gillancourt, Gomméville, Leschères et Cirfontaine-en-Azois. A la différence des granges, elles s'élevaient dans les villages
mêmes.

Outre les exploitations agricoles, Clairvaux possédait des forges à
Vassy, qu'il tenait de la libéralité du comte Henri le Libéral (5) et
dont les revenus à percevoir à Voillecomte vinrent augmenter la
valeur (6), et des mines de fer à Charmes-la-Grande, où, depuis, on
établit un haut fourneau. Ces mines étaient un don de l'évêque Gautier de Bourgogne (7).

Un doyen de Bar-sur-Aube, du nom de Bernard, laissa ses droits
sur le moulin de Vassy, aussi qu'un pré au lieu dit Grand-Pré (8).
Thomas d'Isle donna en 1204 une grange sise à Croncels, quartier de
la ville de Troyes, qu'il avait louée jusque-là à un fermier (9), ainsi
qu'un pré (10). Là s'élevèrent plus tard les deux hôtels de Clairvaux,
qui (11) eut une autre maison près de Saint-Loup, dont nous ne connaissons pas l'origine. Un habitant de Troyes, nommé Flamanc, donna
un étal dans la boucherie (12).

---

(1) Cartul. *Cellaria*, II.
(2) *Ibid.*, V.
(3) Cartul. *Columbeium*, XL.
(4) Cartul. *Moreins*, XLIV.
(5) Cartul. *Comitum Campanie*, VIII.
(6) Cartul. *Forgie*, VIII.
(7) Archives de l'Aube, 3 H 323, origin. et Cartul. *grangia abbatie*, XVII.
(8) Cartul. *Elemosine*, XX, et *Forgie*, II.
(9) Cartul. *Elemosine*, XXV.
(10) *Ibid.*, XXIV.
(11) Anciens n°s 7 et 9 de la rue de Croncels.
(12) *Ibid.*, XLVI.

Clairvaux reçut une maison de pierre sise à Provins (1), à laquelle un coutelier de la même ville ajouta une certaine étendue de terrain (2). Une autre maison, sise devant le minage où se tenait le marché aux poissons, à la Saint-Ayoul, fut cédée par Guillaume, fils d'un prévôt de Troyes (3). Un archiduc, Roric, fit don d'une maison qu'il avait dans la ville de Meaux (4). Le revenu devait être perçu par le moine chargé des aumônes du monastère.

Clairvaux posséda une maison à Nogent-sur-Seine, offerte par P. de Moisy, à qui les moines accordèrent en échange la somme de vingt livres (5). Milon, comte de Bar-sur-Seine, donna en 1209 la pêche dans la Seine depuis le pont de Plaine jusqu'aux Augustines (6).

C'est en 1190 que Clairvaux commença à avoir dans la ville de Dijon des biens qui devinrent assez importants pour y affecter un hôtel aux abbés (7). Des particuliers donnèrent des vignes et des prés dans la banlieue de la capitale de la Bourgogne (8). D'autres vignes, d'une étendue de vingt journaux, s'y ajoutèrent, achetées aux Templiers de Morment (9). Jorniz de Bèze accorda un sac de sel pour les aliments des abbés de passage à Dijon, et un chamoiseur nommé Alard, deux cents œufs, pour les besoins des moines réunis en chapitre. Un tavernier, Fauconet, donna aussi deux cents œufs (10).

Ce n'est qu'en 1226 que Clairvaux fut doté d'une maison à Paris. Elle était située dans la rue Saint-Landry et provenait de la générosité de Mathilde de Garlande (11). Vingt ans plus tard eut lieu la fondation du collège Saint-Bernard, dans la même ville, en faveur des moines qui devaient se livrer à l'étude (12).

Un châtelain de Saint-Omer, en Flandre, fit don de deux mesures de beurre à prendre à la Saint-Martin dans la châtellenie de Bourbourg (13). Mathilde, comtesse de Flandre, acheta la maison de Boudin de Mardick à Gravelines et en fit cadeau à Clairvaux en 1207 (14), elle y ajouta, l'année suivante, une maison de Nieuport (15).

---

(1) Cartul. *Elemosine*, XII.
(2) *Ibid.*, LIX.
(3) *Ibid.*, XI.
(4) *Ibid.*, s. n.
(5) *Ibid.*, XLI et XL.
(6) *Ibid.*, XXXII.
(7) Cartul. *Divio*, I et origin. Archives de l'Aube, 3 H 258.
(8) Cartul. *Divio*, VIII.
(9) *Ibid.*, II *ter*.
(10) *Ibid.*, XI.
(11) Cartul.
(12) Berger, *Les Registres d'Innocent IV*, 897.
(13) Cartul. *Elemosine*, X, n° 540.
(14) Cartul. *Comitum Flandrie*, VIII.
(15) *Ibid.*, XII, n° 601.

La seule fondation à l'étranger qui soit mentionnée dans nos Cartulaires est celle de Notre-Dame-de-Padulés, dans les États Sardes. Un noble magistrat de Torres, nommé Cornita, fit venir de Clairvaux des moines à qui il accorda des revenus suffisants (1). Les liasses, par contre, offrent quelques documents sur un petit nombre de monastères issus de la grande abbaye : En 1142, Alphonse Ier, roi de Portugal, place ses États sous la protection de Notre-Dame de Clairvaux (2).

La sœur de l'empereur Alphonse VII, Sanche, appela des fils de saint Bernard pour établir un couvent à Espina ou l'Épine, en Espagne (3).

Les églises auxquelles Clairvaux nommait étaient celles de Beurville, don de l'évêque Garnier de Rochefort (4), et de Roderham en Angleterre, don de Jean de Lexington, seigneur d'Eston (5).

Le monastère posséda des serfs qui lui furent donnés (6). On sait qu'ils changeaient de maître avec la terre. Parfois les donateurs se dépouillaient de leurs biens temporels en faveur de l'abbaye et se reservaient leurs hommes de corps (7). Clairvaux reçut du comte de Champagne Henri II, en 1182, un homme avec tout ce qu'il possédait (8), de Rainier de Latrecey un homme d'Arconville (9). Quand Geoffroy de Vaudremont donne tout ce qu'il a à Charmes-la-Grande, Charmes-en-l'Angle, Brachay et La Chapelle, il excepte les hommes et les femmes de corps, sauf deux hommes (10) et leurs femmes.

Laurent, homme de corps, est vendu vingt livres par Haymon et Adeline ses maîtres, en 1243 (11).

Ce n'est pas seulement sur le servage que les chartes cisterciennes offrent de précieux renseignements. Elles sont aussi à utiliser par quiconque s'intéresse au moyen âge, à la vie religieuse, aux mœurs, aux coutumes, aux droits et à la législation en vigueur dans un pays voisin du cœur de la France auquel il sera réuni au lendemain de la rédaction de nos documents. A ce titre, nous espérons rendre service aux travailleurs à qui les soucis du présent et les préoccupations de l'avenir ne font point oublier un passé fécond et glorieux.

Chanoine A. Prévost.

---

(1) Cartul. *Elemosine*, XXXI.
(2) Sur l'authenticité de la charte, voyez Vacandard, *op. cit.*, t. II, p. 411.
(3) Migne, *Patr. lat.*, t. 185, col. 982.
(4) Cartul. *Elemosine*, V, n° 390.
(5) Archives de l'Aube, 3 H 260.
(6) Cartul. *Elemosine*, II.
(7) Cartul. *Ducum Burgundie*, II.
(8) *Ibid.*, *Comit. Campanie*, XXII.
(9) *Ibid.*, *Fraiville*, XLIX, n° 511.
(10) *Carta communes*, X, n° 607.
(11) Cartul. *Moreins*, LXXII, n° 1620.

LA SÉRIE ET LA DATE DES OUVRAGES
DE GUILLAUME DE SAINT-THIERRY

La Préface de la *Lettre aux Frères du Mont-Dieu* a une valeur immédiate, outre son utilité par rapport à cette lettre ; elle nous fournit une liste des œuvres de Guillaume de Saint-Thierry, dressée par Guillaume lui-même (1). Cette liste donne lieu à plusieurs observations qui intéressent l'histoire littéraire et valent d'être résumées clairement. M. Adam a déjà touché à ces questions d'authenticité et de chronologie ; mais dans le cadre d'une notice biographique qui, selon les exigences du plan, montre mieux l'auteur que ses ouvrages. Je voudrais maintenant commenter avec brièveté l'ensemble des indications réunies par Guillaume dans son billet d'envoi, et noter les points qui semblent acquis ou probables.

Pour prévenir tout malentendu, il faut rappeler les titres proposés et prendre garde de n'en pas changer l'arrangement, s'il est vrai que l'ordre selon lequel ils sont énoncés exprime la pensée propre de l'écrivain. Nous avons au total treize ouvrages, répartis de la façon suivante :

(1) La **Lettre aux Frères** du Mont-Dieu est imprimée dans la *Patrologie Latine*, sous le nom de Guigues le Chartreux (t. CLXXXIV, 3o7-354 [exclure le prétendu 3ᵉ livre, 353-364]). La Préface y est réduite aux deux premiers paragraphes. On trouvera la suite dans l'*Admonitio* de Massuet (*ib.*, 3o5 sq.). J'ai donné une nouvelle édition dans la *Revue Bénédictine* (XXXVI, 1924, p. 238) d'après le manuscrit de Signy, et montré la cohérence des deux parties séparées par Massuet. Je me permets de renvoyer le lecteur, pour tout supplément d'information, à cette étude ainsi qu'à un article de la *Revue d'Ascétique et de Mystique* (avril 1924), où l'attribution de la Lettre à Guigues est discutée et rejetée. Les œuvres de Guillaume ont été réunies par Bertrand Tissier, *Bibliotheca Patrum Cisterciensium*, Bonnefontaine, t. IV, 1662 ; d'où, avec quelques modifications et additions, *Patr. Lat.*, t. CLXXX, 201 sqq. J'examine plus loin le cas des principaux ouvrages apocryphes qui ont été compris dans cette série. A lire un ouvrage récent qui n'est pas sans mérite : *Guillaume de Saint-Thierry, sa vie et ses œuvres*, thèse de doctorat présentée à la Faculté de théologie de Lyon par M. André Adam (Bourg 1923, 112 p.).

Speculum fidei (1); *Aenigma fidei* (2).

De contemplando deo (3); *De natura et dignitate amo-ris* (4). — *De sacramento altaris* (5). — *Meditationes* (6). — *Super Cantica Canticorum* (7).

Contra Petrum Abaelardum (8).

In epistolam ad Romanos (9). — *Super Cantica Cantico-rum ex libris sancti Ambrosii* (10); *ex libris beati Gregorii* (11) — *Sententiae de fide* (12).

De natura corporis et animae (13).

Or, groupes à part, le lecteur de la Préface n'échappe point à l'im-pression que Guillaume rapporte toute cette littérature ensemble à la période de sa retraite à Signy, commencée en 1135 (1). Ceci res-sort, en particulier, du dernier paragraphe, plus précisément de la dernière phrase de ce paragraphe (2); et c'est ainsi le trait final de la lettre, celui qui, pour les correspondants, pouvait en paraître le résumé. L'écrivain insiste sur le fait que l'âge et la maladie l'ont obligé à chercher dans l'étude un remède contre l'oisiveté ; il présente ces circonstances comme une sorte d'excuse à une vie qui, normalement, devrait être plus active et, déclare-t-il avec une exagération voulue, plus utile. Or le paragraphe concerne bien tous les ouvrages énumérés, sans distinction : *Itaque legite omnia, et si non primi... uel ultimi.* C'est le début même du développement. A première vue, il serait donc illogique de ne pas appliquer à la liste entière la réflexion finale, et l'on devrait conclure que Guillaume n'a rien publié, étant abbé de Saint-Thierry : depuis 1119 environ jus-qu'en 1135; il n'aurait trouvé de loisirs qu'en passant à l'observance de Cîteaux.

On conçoit en effet que la gestion d'une grande abbaye lui ait enlevé la faculté de se livrer beaucoup à l'étude; et, pour le noter en passant, n'est-ce pas une ironie du sort que, désertant les rangs des

---

(1) Signy, sur le territoire de Château-Porcien (Ardennes, arrondissement de Rethel), fut fondé « le 20 mars 1134 » (= 1135) par Humbert abbé d'Igny, agissant « de mandato sancti Bernardi ». Après avoir rappelé les débuts du monastère, la *Chronique*, qui, pour cette partie, date de 1260 environ et répète vraisemblablement d'autres documents (Bibl. Nat., *Acq. 583*, fol. 218), mentionne tout aussitôt l'arrivée de Guillaume : « Eo tempore, donnus Willermus, abbas Sancti Theoderici, abba-ciam suam deserens, in cenobio Signiacensi factus est monachus, ut diuine specu-lationi quanto secretius tanto deuocius et feruencius inhereret. Hic autem, preter religionis et virtutis insignia, in litterarum sciencia peritissimus habebatur... » (cf. *Bibliothèque de l'École des Chartes*, LV, 1894, p. 646).

(2) Lig. 96 sq. (d'après la nouvelle édition), et rapprocher une incise, l. 39 sq.

moines noirs, l'Ordre cistercien ait fait de lui aussitôt un écrivain ?
Ce n'est pas nous, en tout cas, qui nous en plaindrons.

Il convient toutefois de se méfier qu'en recommandant ses livres
aux chartreux du Mont-Dieu, et croyant la mort prochaine, Guillaume
a pu simplifier quelque peu le déroulement de sa vie. Quoi de plus
naturel qu'il étendît la préoccupation principale de ses derniers jours
à une série indéfinie d'années ? Nous sommes même à peu près certains que l'un des écrits indiqués est antérieur à 1135, le cinquième,
sur l'Eucharistie. La logique apparente de la Préface doit donc fléchir et l'on acceptera de voir dans l'exposé du dernier paragraphe
l'effet d'un raccourci un peu factice. Mais cela dit, et l'activité littéraire de Guillaume ayant vraisemblablement un point de départ plus
éloigné, il reste que la majeure partie de ses œuvres doit avoir pris
place dans l'intervalle des années passées à Signy, et qu'en dépit de
la mauvaise santé le labeur alors accompli, au cours d'une dizaine
d'années, fut considérable.

Car nous connaissons, approximativement du moins, le terme
final, le point d'arrêt de la liste, qui est la date même de la *Lettre
aux Frères* et de sa Préface.

Cette date est déduite de trois données, elles-mêmes assez vagues,
mais qui pourtant se corroborent et permettent de préciser peu à peu
le millésime : les années du gouvernement d'Haimon, second prieur
du Mont-Dieu (1144-1150), auquel Guillaume s'adresse; le décès de
Guillaume, arrivé vers 1148; enfin, la composition de la *Vie de saint
Bernard*, dernier ouvrage de l'ancien abbé de Saint-Thierry, inachevé
à sa mort et postérieur à 1145 (1). La *Vie de saint Bernard* est en effet
passée sous silence dans la liste proposée; ou plutôt, il n'y est fait
aucune allusion, d'où l'on peut conclure que l'auteur n'y avait pas
encore mis la main. Tout ceci nous autorise à fixer l'envoi de la
Lettre aux Frères aux environs de l'année 1145 (2).

(1) Cf. G. Huffer, *Vorstudien zu einer Darstellung des Lebens und Wirkens des
h. Bernard von Clairvaux*, Münster 1886, p. 41-49, 64 sq. ; E. Vacandard, *Revue des
Questions Historiques*, XLIII, 1888, p. 345 sq. — A prendre la *Vie* telle que nous
l'avons, c'est-à-dire sans tenir compte du décès de son auteur (vers 1148), on la
situe entre les années 1145 et 1151 : après la rédaction des morceaux narratifs
rédigés par Geoffroy de Clairvaux (en 1145) et communiqués à Guillaume qui les
remploya ; avant la mort de Hugues de Mâcon (10 octobre 1151), évêque d'Auxerre,
lequel est mentionné dans la *Vie* (§ 13 : *P. L.*, CLXXXIV, 235 a) comme régnant.
Les autres points de repère manquent de précision, par exemple, l'absence de toute
allusion à la prédication de la croisade (automne de 1146 et premiers mois de 1147).

(2) Par quoi il convient d'entendre 1145 ou 1146, plutôt que 1144 ou 1147. — Je
note, en passant, que si Guillaume peut, à cette date, parler de sa vieillesse, on n'a
pas raison de le faire naître par hypothèse — faute de renseignements — en 1090,
comme S. Bernard. L'année 1080 doit être plus proche de la vérité et Guillaume
était certainement plus âgé que son ami.

Cette date étant admise et la *Vie de saint Bernard* reconnue plus tardive, il n'échappe à personne que la liste rédigée à l'occasion de l'envoi de la *Lettre aux Frères* comprend exactement tous les autres ouvrages de Guillaume. Ainsi, la collection complète se trouve reconstituée : soit quinze ouvrages. Les lettres seules restent en dehors du compte, qui sont d'ailleurs fort peu nombreuses (1). En même temps, nous avons un moyen très simple d'établir le caractère apocryphe de trois autres écrits qui ont été reçus sans raison suffisante dans la collection moderne, ou revendiqués équivalemment pour l'abbé de Saint-Thierry :

1° Un commentaire abrégé des deux premiers chapitres du Cantique (2). — Mabillon l'a trouvé sous le nom de saint Bernard dans un manuscrit des Dunes, et ce n'est en effet qu'un résumé des sermons correspondants de l'abbé de Clairvaux sur le Cantique. Hauréau déclare n'en avoir rencontré que des copies anonymes, et fait de l'attribution à Guillaume « une vague conjecture » (3). On devra dire désormais davantage : conjecture irrecevable. Guillaume a inscrit parmi ses œuvres trois commentaires du Cantique : l'un était son travail propre (n° 7 de la. liste), et il explique les circonstances qui l'ont forcé à le laisser incomplet, tel qu'un manuscrit de Signy nous

---

(1) Nous en possédons quatre seulement. Deux sont des billets d'envoi, analogues à celui qui fut adressé au Mont-Dieu ; ils nous sont donc parvenus avec les ouvrages auxquels ils se rapportent : (1°) très courte lettre à S. Bernard pour soumettre à son appréciation le *De sacramento altaris* (*P. L.*, CLXXX, 343 sq.) ; — (2°) lettre au même et à Geoffroy de Chartres conjointement, leur mandant le traité contre Abélard (*P. L.*, CLXXXII, 531-533 : *Ep. CCCXXVI* de la correspondance de S. Bernard). — Les deux autres pièces ont plus d'importance : (3°) lettre à Rupert de Deutz, au sujet du *De divinis officiis* de cet auteur (*P. L.*, CLXXX, 541-544 : « *Lego et relego...* ») ; elle a été publiée tout d'abord sous le nom de S. Anselme ; on la trouve encore avec cette attribution, quoi qu'en dise Tissier (*ib.* 203), par exemple dans le ms de Paris B. N. *13414*, XIII° s., f. 64 (voir aussi B. Hauréau, *Not. et extr. de quelques mss.*, III, p. 184), et d'autre part, à la suite du *De azimo* de l'archevêque de Cantorbéry, par exemple dans les mss. B. N. *2155*, XIII° s., f. 225, et Vatic. lat. *175*, XIV° s., f. 160° ; je l'ai remarquée en outre dans un ms. de Magdalen College (Oxford) *15*, XIII° s., f. 200, sous le faux titre : *Tractatus Albini remensis magistri de corpore domini* ; dans tous les cas, le traité de Guillaume sur le même sujet fai suite ; les droits de l'abbé de Saint-Thierry, en effet, ne sont pas contestables, comme Tissier l'a montré ; — (4°) lettre à S. Bernard sur plusieurs erreurs professées dans la *Summa philosophiae* de Guillaume de Conches (*ib.*, 338-840 : « *Versor multum molestus esse nobis...* ») ; elle fut envoyée certainement de Signy vers 1140 ; nous en devons le texte, aussi bien, à un manuscrit de Signy où l'on trouve de plus le traité contre Abélard (Charleville *67*, XII° s.).

(2) *In Cantici Canticorum priora duo capita brevis commentatio ex s. Bernardi sermonibus ubi de triplici statu amoris* : *P. L.*, CLXXXVI, 407-436 ; cf. *ib.*, CLXXX, 441.

(3) *Not. et extr. des mss. de la Bibl. Nat.*, XXXVIII, 1906, 442.

l'a conservé (1); des deux autres (n°⁵ 10 et 11), il a pris la peine de noter qu'ils furent tirés des ouvrages de saint Ambroise et de saint Grégoire; s'il avait publié semblablement un recueil des sermons de son ami, il l'aurait sans aucun doute rappelé, dans ce contexte (2).

2° Un traité acéphale, en trois livres, contre Abélard (3). — Tout empêche que cette dissertation, rédigée par un ancien élève de l'écolâtre (4), au lendemain du concile de Sens (juin 1140) (5) et à la demande de l'archevêque de Rouen (6), soit de l'ancien abbé de Saint-Thierry; notamment : le style, précieux et prétentieux dans sa véhémence, si différent de la manière grave du traité qui fut écrit pour Geoffroy de Lèves et saint Bernard (7); — une référence expresse à un ouvrage de logique, dédié par le même auteur à Thierry de Chartres : *Tractatus de rebus uniuersalibus ad magistrum Theodoricum* (8);

---

(1) Charleville *114* (4°); voir l'analyse de ce volume dans la *Revue Bénédictine*, 1924.

(2) Voir pour le reste E. VACANDARD, *Vie de saint Bernard abbé de Clairvaux*, I, 1897 (2° éd.), p. 475 sq., à propos du récit de la *Vita I*, XII, 59 (*P. L.*, CLXXXV, 259). On peut admettre, si l'on veut, que Guillaume ait remployé à Signy, dans son propre commentaire, les notes qu'il avait prises jadis à Clairvaux — le récit se rapporte à la période 1122-1128 — tandis que Bernard ébauchait devant son ami le commentaire qui fut enfin débité, croit-on, à partir de 1135. Mais il reste que l'ancien biographe de Guillaume s'est trompé en faisant du commentaire sur Cant. I-III, 3, le témoin direct des entretiens de Clairvaux (*ib.*, 299 : § 7). Cette méprise ne manque pas d'intérêt, d'ailleurs; elle confirme notre jugement sur le résumé des Dunes, en faisant voir qu'à Signy, vers la fin du XII° siècle, on n'avait connaissance que d'un seul commentaire.

(3) *Disputatio catholicorum patrum adversus dogmata Petri Abaelardi* (al. *Disputatio altera adversus Abaelardum*) : *P. L.*, CLXXX, 283-328.

(4) *Ib.*, 293 *b*, l. 7 : « cui strictissima familiaritate coniunctus fui »; on lit, au contraire, dans la préface du traité authentique : « Casu nuper incidi in lectionem cuiusdam libelli hominis illius, cui titulus erat, Theologia Petri Abaelardi » (*P. L.*, CLXXII, 531 *c*).

(5) Le concile s'ouvrit le 2 juin : date établie par E. VACANDARD, *Revue des Questions Historiques*, L, 1891, p. 235-245. La condamnation finale d'Abélard († 21 avril 1142) fut prononcée par Innocent II le 16 juillet 1140. Dans l'intervalle, le malheureux théologien publia plusieurs écrits pour sa défense, en particulier une *Apologie* qui est citée dans l'ouvrage anonyme (*P. L.*, CLXXX, 285 *c* l. 6, 293 *b* l. 9, etc.).

(6) *Ib.*, 310 *c* (livre III), 321 *c* l. 5; sur Hugues d'Amiens, précédemment abbé de Reading (1125) et pour lors archevêque de Rouen (1130-1164), cf. *Histoire Littéraire*, XII, 647-667.

(7) Clément s'est étrangement mépris à cet égard (*P. L.*, *ib.*, 199); la faconde imperturbable du contradicteur inconnu est au rebours des procédés littéraires de Guillaume.

(8) *Ib.*, 321 *a* l. 12. D'où il résultait pour des historiens intrépides que Guillaume, outre le second ouvrage contre Abélard, « avait composé un traité des Universaux »; ainsi, CLÉMENT (*ib.*, 202). On est étonné de retrouver cette fantaisie dans la notice consacrée à Thierry de Chartres par A. CLERVAL (*Les Écoles de Chartres au moyen âge*, 1895, p. 171, et de nouveau p. 254); bien plus, cet érudit, qui ne craint pas de rapporter le livre aux années 1145-1150, épilogue : « l'esprit (du *Traité des Universaux*) devait être réaliste ». Il est vrai que le même historien a commis une erreur encore plus grave (*ib.*, p. 275). Guillaume de Saint-Thierry aurait dédié à Guillaume de Champagne, archevêque de Reims (1176-1202) après avoir été évêque de Chartres

— le témoignage de Geoffroy de Clairvaux que le traité en cause était l'œuvre d'un abbé bénédictin (1). Nous avons un argument de surcroît dans la liste des écrits authentiques de Guillaume : celui-ci ne s'éleva qu'une seule fois contre maître Pierre (n° 8), et ce fut au principe même de la controverse (2).

3° Un autre traité de polémique, dirigé contre les erreurs de Gilbert de la Porrée. — Cet ouvrage, signalé par Clément d'après un manuscrit du collège de Clermont (3), employé par Mathoud pour un passage qui mentionne spécialement Robert Pulleyn (4), et censé toujours inédit (5), se confond en réalité avec un court traité que Mabillon a publié sous le nom de Geoffroy d'Auxerre (6) et dont ce dernier est assurément le véritable auteur; l'opuscule se présente en effet comme un rapport documenté de la discussion qui venait de se poursuivre au concile de Reims (1148) concernant les ouvrages de l'évêque de Poitiers. Dans cette assemblée, comme on sait (7), saint Bernard joua le rôle d'accusateur; Geoffroy l'accompagnait apparemment, en qualité de secrétaire. Ces circonstances et la date permet-

---

(1164), « sa Microcosmographie ». Martène a en effet publié d'après un ms. de Saint-Mathias de Trèves (*Amplissima Collectio*, I, 1724, 946 sq.) la préface et l'index d'un ouvrage ainsi dénommé, dont l'auteur s'appelait Guillaume et qui n'est pas sans analogie quant au sujet avec le *De natura corporis et animae* de l'abbé de Saint-Thierry (cf. *P. L.*, *ib.*, 695, Prol. : « microcosmon nostrum », et rapprocher la préface de la Lettre aux Frères l. 75) ; mais il n'en est pas moins clair que la *Microcosmographie* est postérieure d'un demi-siècle.

(1) Geoffroy d'Auxerre, ancien élève d'Abélard, devenu secrétaire de S. Bernard, ensuite abbé de Clairvaux (1162-1165) et finalement établi à Fossa-Nuova (1170) † v. 1188, écrit à Henri cardinal d'Albano : « Inueni in Clarauälle libellum cuiusdam abbatis Nigrorum monachorum quo errores eiusdem Petri notantur, quem et olim me uidisse recordor ; sed a multis annis, ut custodes librorum asserunt, studiose quaesitus primus quaternio non potuit inueniri... » (*P. L.*, CLXXXV, 596). Or c'est le manuscrit même dont parle Geoffroy, incomplet d'un cahier, que Tissier a édité.

(2) M. ADAM fait une très juste remarque (*op. l.*, p. 91) : « Il faut noter que la fausse attribution qu'on a faite (du second traité) à Guillaume n'a pas été sans causer à cet écrivain si mesuré un véritable préjudice. Il est assez remarquable, en effet, que les auteurs qui ont cru trouver chez Guillaume un défaut de méthode et une certaine étroitesse d'esprit ont basé leur jugement sur des passages empruntés au *Second traité contre Abélard*. »

(3) *P. L.*, CLXXX, 199 sq.

(4) *Ib.*, CLXXXVI, 634 ; cf. CLXXXV, 616 : § 63, et voir M. CHOSSAT, *La Somme des sentences œuvre de Hugues de Mortagne vers 1155*, Louvain 1923, p. 98 sq.

(5) J. DE GHELLINCK, *Le mouvement théologique du XIIᵉ siècle*, 1914, p. 94, n. 2.

(6) *P. L.*, CLXXXV, 595-618. — On en conserve à Berlin, parmi les *Phillippici recentiores* n° 3 (Phil. 1690), art. 8, pag. 286-309, une copie qui est de la main de Sirmond et pareille au manuscrit de Labbe, c'est-à-dire avec le faux-titre : *Eiusdem (Guillelmi abbatis de S. Theodorico) adversus errores Gisleberti Porretani : Tractatus contra Gilbertum Porretanum de Relationibus divinis.* La coïncidence avec le texte imprimé par Mabillon est parfaite ; cf. V. ROSE, *Verzeichniss der lateinischen Handschriften der K. Bibliothek zu Berlin*, I, 1893, 469ˢ.

(7) E. VACANDARD, *Vie de S. Bernard*, II, p. 348-356.

tent d'écarter la personnalité de Guillaume de Saint-Thierry, et notre liste, encore une fois, dirime la question.

L'héritage de Guillaume est donc défini et vérifié. Il reste à reconnaître l'économie du groupement proposé. L'édition de la Préface rend cette tâche facile. On a constaté précédemment l'unité du morceau; il s'agit maintenant au contraire, si je puis dire, de le désarticuler, quant aux renseignements d'ordre littéraire qu'il contient; de discerner les raisons particulières (non plus le dessein général) de l'auteur, dans la revue qu'il fait de ses œuvres. Mais ce qui importe surtout en l'affaire, notons-le bien, c'est de retrouver, grâce à cet examen, quelques indications chronologiques.

1° Le *Speculum fidei* et l'*Aenigma fidei*, qui forment un seul et « même opuscule en deux livres », sont mentionnés en premier lieu (*1-2*), parce que l'auteur les a jugés propres, non moins que son « travail » sur la vie solitaire, à l'instruction des jeunes religieux du Mont-Dieu. Mais, en outre, il est sûr que Guillaume les a composés récemment. (**1.**) Il explique, à leur propos, que la vieillesse et la maladie ne lui permettent pas de s'occuper d'une autre manière. (**2.**) Il avoue aussi que de jeunes moines de son entourage, troublés dans leur foi, ont réclamé cet enseignement. Probablement, cette dernière confidence a trait aux effets lointains de l'enseignement d'Abélard et à l'agitation causée par ses disciples après la sentence de 1140. Pour ces motifs, je suis porté à croire que le *Speculum* et l'*Aenigma*, associés ainsi à la *Lettre aux Frères*, avaient été rédigés immédiatement avant cette lettre et donc avant le voyage au Mont-Dieu; soit vers 1145.

2° Le second groupe d' « opuscules », qui en comprend cinq, nous est présenté dans une simple énumération (*3-7*). Après avoir parlé longuement du *Speculum* et de l'*Aenigma*, comme s'ils lui tenaient au cœur plus que le reste, Guillaume juge bon d'informer ses correspondants qu'il est l'auteur d'autres « opuscules » (1). Le moins qu'on puisse conclure de ce procédé, c'est que lesdits opuscules étaient tous antérieurs au *Speculum* et à l'*Aenigma*, et sans doute assez anciens. De cela même, nous recevons l'aveu tout aussitôt : le

---

(1) Qu'il leur ait envoyé ou non la collection complète de ses œuvres, cela ne change rien à la perspective, me semble-t-il, du point de vue littéraire. J'ai indiqué dans la *Revue Bénédictine* que l'hypothèse de l'envoi — lequel pouvait fort bien n'être qu'un prêt, excepté pour le *Speculum* et l'*Aenigma* — paraissait plus probable. Guillaume ferait donc l'inventaire de ce qu'il adresse à ses amis chartreux, et leur donnerait les explications indispensables.

dernier des « opuscules », qui est le commentaire du Cantique (7),
n'a-pas été terminé, par suite de l'obligation où Guillaume s'est vu
d'agir contre Abélard. Pour autant, le commentaire du Cantique se
trouve daté : vers 1138.

Or, une autre remarque s'impose, si l'on prend garde à la composition du groupe dont le commentaire est le dernier élément. L'ordre
des sujets énoncés est trop arbitraire, vu du dehors, pour ne pas cor-
respondre à une réalité aux yeux de l'auteur. Vraisemblablement,
celui-ci, qui ne bronche pas, énumère ses ouvrages, en suivant
l'ordre chronologique : deux écrits parallèles de spiritualité, un traité
de l'Eucharistie, des méditations pour les débutants, enfin le commentaire. Selon cette perspective, la série aurait un point de départ
indéterminé et aboutirait aux environs de 1138.

A priori, il n'est pas croyable que le point de départ se place avant
l'arrivée à Signy (1135). De fait, le *De sacramento altaris* a été composé peu de temps (1) après la lettre à Rupert († 1135) (2), relative
au *De divinis officiis*. Ce livre, écrit à Saint-Laurent de Liége en 1111,
semble-t-il, paraît avoir été publié en 1126, au plus tôt, pour Cuno
évêque de Ratisbonne, Rupert étant abbé de Deutz, proche Cologne,
depuis sept ou huit ans (3). La lettre à Rupert laisse entendre que
celui-ci avait adressé son œuvre à l'abbé de Saint-Thierry (4), et que
la publication était encore récente (5). Bref, le *De sacramento altaris*
a pu être écrit vers 1128; les deux opuscules de spiritualité auraient
précédé, les Méditations suivi, le tout plus probablement à Saint-
Thierry.

3° Le *Contra Abaelardum* est mentionné à part (8). Pour nous,
c'est là, en quelque sorte, la charnière de la liste. Tout s'organise
autour de ce point fixe, le seul qui soit réellement assuré dans l'ordre
du temps. Je n'ai pas à faire l'historique de la controverse avec Abélard. A mon avis, la juste date du traité de Guillaume est celle qu'a
indiquée naguère le R. P. Marcel Chossat (6) : 1138. Mais un autre
détail est à retenir, pour ce qui nous occupe, du rappel discret que
fait Guillaume de toute la querelle, à l'intention des Chartreux : la

---

(1) *P.-L.*, CLXXX, 343 *d* : « Cum nuper, re ipsa exigente, cuidam fratri breuiter
de sacramentis scripsissem... »

(2) C'est la date la plus probable ; cf. R. Rocholl, *Rupert von Deutz*, Gütersloh 1886,
p. 322 sq.

(3) Ces dates s'établissent d'après la dédicace du *De divinis officiis* : *P. L.*, CLXX,
9 sq., 779, 783 sq.

(4) Voir le début, *P. L.*, CLXXX, 341 *a*. Mais je crois bien comprendre que
Guillaume ne connaissait pas Rupert personnellement ni le reste de ses nombreux
ouvrages ; voir la phrase citée de la lettre à S. Bernard.

(5) *Ib.*, 344 *d* l. 5.

(6) *Op. l.*, p. 66, 69.

tempête est déjà lointaine, sinon oubliée ; et ceci confirme la date qu'on attribue à la préface de la *Lettre aux Frères*.

4° Guillaume a estimé combattre efficacement Abélard, en lui opposant le témoignage de la tradition ; il n'a pas prétendu à une autre originalité, pour faire la leçon au novateur. Ce lui est une occasion de signaler une dernière série d'œuvres qui ne sont, à ses yeux, que des florilèges, commentaires de la Bible ou recueil dogmatique (*9-12*) (1).

5° Un dernier « opuscule » est de même espèce (*13*) ; mais il mérite une mention spéciale, à cause de la place qu'y occupe la « physique du corps humain » (titre du premier livre *De natura corporis*).

C'est à tout ce groupe des recueils, formés plutôt d'extraits, qu'il convient d'appliquer particulièrement la réflexion finale de la préface, à savoir qu'ils sont le fruit des loisirs d'un vieillard soucieux de fuir l'oisiveté. Ils appartiennent donc ensemble à la période de Signy, et

---

(1) Il est curieux d'observer que l'ancien biographe, — un cistercien de Signy sans aucun doute qui écrivait en la seconde moitié du XII° siècle, et qui parle exclusivement de ce qu'il sait, sans ignorer les limites de sa science (voir les notes initiale et finale de son catalogue : *P. L.*, CLXXXIV, 299 et 363), — ne mentionne pas cette série systématique ; car, le *De sacramento altaris* excepté, il mentionne tout le reste, y compris le *De natura corporis et animae* qu'il appelle aussi *De physica*. Son énumération nous donne, par rapport à la liste qu'on trouvera plus loin :

    15,   *11,*   *12,*   *13,*   *2,*   *14,*   *9,*   *1,*   *4.*

L'ordre suivi est visiblement arbitraire (noter par exemple la disjonction des deux traités de spiritualité : *1-2*). Mais le dénombrement lui-même correspondait à peu près à l'état de la bibliothèque de Signy, et de ce point de vue il est fort important pour l'historien de la littérature. Je dis pourtant : à peu près ; car, bien que le biographe prétende n'avoir rien pu trouver d'autre, nous avons des raisons de croire que le texte des *Sentences* était conservé à Signy (cf. *R. Bénéd.* 1913, p. 266) ; c'est peut-être l'anonymat qui a empêché notre informateur de s'y reconnaître.

Je rappelle que nous possédons encore, par la voie de Signy, le texte des n° *9* Charleville *172*) ; *11* (Charleville *67* où l'on trouve aussi la lettre relative à Guillaume de Conches) ; *12, 13, 14* (Charleville *114*).

En outre, il faut remarquer que la *Vie* de Guillaume nous est parvenue grâce à un manuscrit de Reuil qui remonte au XII° siècle, employé par Mabillon (*P. L.*, CLXXXIV, 297 sq. = § 7), retrouvé naguère par le P. A. Poncelet à Paris dans un recueil de fragments de la B. N. n° *11782*, fol. 340 sq. (cf. *Mélanges Godefroid Kurth*, Liège, 1903. II, p. 85-92). Reuil, au diocèse de Meaux, proche la Ferté-sous-Jouarre, était devenu à la fin du XI° siècle un prieuré de l'Ordre de Cluny (cf. *Gallia chr.* VIII, 1671) ; des relations s'établirent apparemment soit avec Signy soit avec Saint-Thierry. Toujours est-il qu'un autre manuscrit de Reuil, également du XII° siècle et conservé à la Bibliothèque Mazarine n° *776*, est un témoin considérable de l'œuvre authentique de Guillaume ; il renferme ensemble, les attribuant expressément à leur auteur, les *Méditations*, dont je ne connais point d'autre exemplaire complet, et les deux traités *De contemplando deo* et *De natura et dignitate amoris*, placés généralement sous le patronage de S. Bernard (ci-dessous n° *1, 2, 4*). On pourrait soutenir que Reuil a tenu directement ces textes de Saint-Thierry qui n'était pas fort éloigné, s'il est vrai que les trois ouvrages indiqués appartiennent à la période de l'abbatiat. Mais la présence simultanée de la *Vie* écrite à Signy donne plutôt à penser que le volume de la Mazarine procède du fonds de Signy.

l'on ne songe plus à reconnaître dans l'énumération un principe d'ordre chronologique, puisque c'est eu égard à la méthode de travail qu'ils sont réunis. Cependant, on peut hésiter sur le premier terme de leur rédaction, l'auteur ne les mentionnant qu'après avoir rappelé son rôle dans l'affaire d'Abélard. Leur nombre, assurément, ne saurait empêcher qu'ils aient été produits en peu d'années, s'il est vrai que la matière était empruntée. Mais il reste que la phrase, extrêmement complexe, dans laquelle ces ouvrages nous sont présentés, indique plutôt, à mon sens, que le traité contre Abélard est sans relation directe avec eux. Je préférerais donc, pour mon compte, inscrire simplement cette série qu'on peut appeler systématique entre la date de l'arrivée à Signy et celle de la *Lettre aux Frères*.

En conséquence de ces observations, mais sans oublier la part de conjectures qui s'y joint, on pourrait proposer ce classement approximatif des ouvrages de Guillaume de Saint-Thierry :

I. SAINT-THIERRY
    (1119-1135)
    Série chronologique :

        1. *De contemplando deo* (3).
        2. *De natura et dignitate amoris* (4).
v. 1128   3. *De sacramento altaris* (5).
        4. *Meditationes* (6).

II. SIGNY
    (1135-v. 1148)
    Série systématique :

        5. *In epist. ad Romanos* (9).
[ap. 1138?] 6. *Sup. Cant. ex libris s. Ambrosii* (10).
av. 1145   7. *Sup. Cant. ex libris s. Gregorii* (11).
        8. *Sententiae de fide* (12).
        9. *De natura corporis et animae* (13).

    Série chronologique :
v. 1138   10. *Super Cantica Canticorum* (7).
1138   11. *Contra Petrum Abaelardum* (8).
v. 1144   12. *Speculum fidei* (1).
        13. *Aenigma fidei* (2).
v. 1145   14. *Ad fratres de Monte Dei.*
v. 1148   15. *Vita s. Bernardi.*

*
* *

J'ai donné quelques renseignements sur la tradition manuscrite. C'est un fait digne de considération que l'œuvre de Guillaume de Saint-Thierry n'a pas été, dans l'ensemble, beaucoup répandue. La majorité des opuscules ne paraît pas avoir dépassé un petit cercle de lecteurs, si nous en jugeons par les exemplaires qui subsistent. De plus, des six écrits qui ont eu l'honneur d'une grande diffusion, quatre doivent sans contredit leur succès au nom prestigieux de l'abbé de Clairvaux : la *Vita Bernardi*, par un juste droit ; mais, il faut bien l'avouer, les traités de la contemplation et de l'amour de Dieu ainsi que la *Lettre aux Frères*, grâce à un patronage qui contrariait la vérité. Le commentaire du Cantique, composé d'extraits de saint Ambroise, a été souvent copié (1), pour quelle raison précise on ne sait trop ; toutefois, l'autorité de l'évêque de Milan ne peut être étrangère à l'aventure. Enfin, le *De sacramento altaris* était assuré d'avance de trouver un public en plein moyen âge, à cause de son sujet. Tout le reste est maigrement représenté dans les bibliothèques (2), autant que j'aie pu le constater, et l'on sait déjà que le texte des *Sentences* n'a pas été retrouvé. C'est à peine si l'on peut citer plus d'un manuscrit des incomparables *Méditations* (3).

16 avril 1924.

ANDRÉ WILMART, O. S. B.

---

(1) J'ai noté les manuscrits suivants : Valenciennes *50* XII° s. (St-Amand), Bruxelles *19066* XIII° (Parc), Reims *142* XII° (St-Thierry), Bruges *102* XIII° (Dunes), Laon *60* XIII° (Vauclair), Orléans *57/54* XII° (Fleury), Paris B. N. *2647* XII°. Pour Paris B. N. *17357* XII° et Vendôme *127*, donné comme du XI° s. par le catalogue moderne, je manque de renseignements certains.

(2) Le commentaire du Cantique d'après S. Grégoire est joint à celui qui est tiré de S. Ambroise, dans Reims *142* et Valenciennes *50*. On avait à Clairvaux le texte du *De nat. c. et animae* : aujourd'hui Troyes *1262*, XV° s. Je ne vois aucun autre ouvrage à Clairvaux, à part ceux qui se recommandent de S. Bernard ; de même à Pontigny, on n'avait rien, à en juger par l'ancien catalogue. En Angleterre comme en Allemagne, l'œuvre de Guillaume de St-Thierry paraît n'avoir jamais pénétré.

(3) J'ai nommé celui de la Mazarine et indiqué l'extrait de Charleville, qui est insignifiant. Cette injustice du sort a été réparée au XVI° siècle ; depuis ce temps, les *Méditations* semblent de nouveau fort oubliées. On mentionne les éditions suivantes : Paris *1499* (sous le nom de S. Bernard) ; puis (les *Méditations* de Guigues étant jointes), Louvain *1546*, Anvers *1550*, *1589*, *1590*, Paris *1600*, Munich *1685*. J'ai pu consulter seulement Anvers *1589* (Plantin 16°, 235 p.) et Paris *1600* (Cavellat 16°, 270 fol.).

CONTRIBUTION
A L'HISTOIRE DES ÉLECTIONS ABBATIALES
AUX PAYS-BAS [1]

A propos de l'élection des abbés Claude Haccart (1661)
et Bernard de la Haye (1671)
au monastère du Saint-Sépulchre a Cambrai

Jusque vers la fin du XVe siècle, l'élection des abbés et des abbesses se fit librement par les membres des communautés eux-mêmes.

« En 1515, le gouvernement [espagnol des Pays-Bas], désireux d'avoir une action directe sur les nombreux et puissants monastères du territoire, surtout sur ceux qui étaient représentés aux États, chercha à faire que les dignités d'abbés et d'abbesses dépendissent de lui, et non de l'élection des moines et des religieuses. Il obtint un indult favorable du pape Léon X, et il interpréta comme s'il avait désormais le droit exclusif de *nommer* les abbés et les abbesses. Les abbayes réclamèrent contre l'interprétation de l'indult, surtout en Brabant; et, après de longues dissensions, les abbayes brabançonnes firent, en 1564, avec Philippe II, un concordat qui finit par être accepté tacitement dans les autres provinces. Depuis lors se forma une tradition uniforme qui resta debout jusqu'à la fin de l'ancien régime. Quand une abbaye d'hommes ou de femmes devenait vacante, le souverain envoyait sur les lieux trois commissaires pour recueillir les voix des religieux et des religieuses; puis, sur la liste de candidats formée par le recolement des voix d'après un système de supputation assez compliqué, il exerçait son choix, et donnait au nouvel abbé et à la nouvelle abbesse des dépêches royales » [2].

---

(1) Nous avons puisé les éléments de cette note dans une série de documents trouvés dans le fonds « *Conseil d'État* » aux Archives générales du Royaume à Bruxelles (liasse 93^A).

(2) Poullet, *Histoire politique nationale*, t. II, p. 379. Louvain, 1882-92.

Cette ingérence du pouvoir civil amena de grosses difficultés, de graves conflits au grand dam de la paix dans les cloîtres, de la prospérité spirituelle des communautés. L'abbaye bénédictine du Saint-Sépulchre à Cambrai ne fut pas exempte de cette immixtion de la part de l'autorité temporelle.

L'abbé Philippe de Surhon — qui fut moine au monastère de Saint-Martin à Tournai — mourut au début de 1660 (1).

Le siège abbatial fut longtemps vacant, les religieux ne sachant s'ils éliraient librement ou si la volonté royale leur imposerait un abbé; leur hésitation provenait de l'interprétation que l'on donnerait à un texte émanant du gouvernement de l'archiduchesse Isabelle, document conservé parmi les archives du monastère (2) : la gouvernante, ayant appris le décès de l'abbé de Saino, veut qu'un successeur capable soit élu puisque les moines du Saint-Sépulchre ont droit d'élection en vertu des « Concordats d'Allemagne »; elle charge cependant messire de la Hamaide, prévôt de l'église métropolitaine de Cambrai, et don Carlos Colonna, membre du conseil de guerre et gouverneur de la ville, de recueillir les suffrages des religieux en spécifiant bien qu'il faut que l'élu soit un sujet « du païs de pardeça ou del Cambraisis ».

Le roi d'Espagne Philippe IV se décide à intervenir et, considérant qu'une longue vacance au siège abbatial pourrait amener de lourds inconvénients, « y siendo de mucho incoveniente que esta tanto tiempo sin superior », il charge, le 12 novembre 1660, le marquis de Caracena de présenter à l'archevêque de Cambrai une lettre par laquelle il lui demande son intervention pour faire élire dom Claude Haccart (3) au Saint-Sépulchre. L'intervention royale se fit plus directe encore : le 13 décembre, le marquis de Caracena envoya une copie de la missive du souverain aux moines, leur ordonnant que les suffrages soient en conformité avec le désir y exprimé.

L'archevêque, Gaspar Nemius, ne pouvant quitter son palais à cause d'une infirmité, convoqua les 13 moines le 13 janvier 1661 à sa résidence afin de procéder à l'élection (*sic*). Après avoir invoqué le Saint-Esprit, le prélat, assisté de son vicaire général Lancelot Jonart et du chanoine Clément Nepveu, recueillit les suffrages en prenant toutes les précautions voulues pour éviter la fraude ou la pression : « les

---

(1) *Gallia Christiana*, t. III, col. 122.

(2) Nous possédons une copie authentique datée du 18 mars 1670 de cet acte du 20 octobre 1621.

(3) Claude Haccart, moine, puis abbé de Saint-Vaast à Arras, fut obligé de résigner ses fonctions lors de la reddition d'Arras à la couronne de France après le traité des Pyrénées (1659). Cf. *Gallia Christiana*, t. III, col. 122.

avons ouys secrètement et séparément l'un après l'autre. » Les 12 religieux présents — le 13ᵉ, infirme, par écrit — déclarèrent choisir librement dom Claude Haccart (1). Tous les membres de la communauté et l'archevêque signèrent, après cette formalité, une déclaration par laquelle ils prétendaient avoir élu dom Haccart canoniquement et en pleine indépendance (2). Le nouvel abbé, lui-même, déclara, le 13 juillet suivant, que l'élection se fit suivant les prescriptions, c'est-à-dire sans que les lettres royales de nomination ne fussent arrivées avant le vote.

En somme, Philippe IV imposa Claude Haccart au Saint-Sépulchre pour le dédommager de sa démission à Saint-Vaast.

L'abbé Haccart mourut en 1670 : la question de la succession à la dignité abbatiale se posait à nouveau.

Le 19 mars 1670, le prieur, au nom du couvent, prévint le roi du décès ; il envoya au Conseil Privé les lettres patentes nommant le prélat défunt ainsi que la copie de la lettre de Philippe IV à l'archevêque de Cambrai, ajoutant qu'il espérait que la même procédure serait adoptée dans cette circonstance. Les vicaires généraux du siège archiépiscopal appuyaient cette demande, insistant sur le fait des précédents : « comme de tout temps s'est prattiqué. »

Le Conseil Privé, en sa séance du 27 mars 1670, décida de se ranger à l'avis des moines ; le 31, le Conseil d'État fit connaître ses propositions au souverain : que les religieux procèdent à l'élection de 3 moines capables et agréables au roi et cela en présence du gouverneur de la ville et du vicaire général. Le même jour, les religieux furent prévenus qu'ils avaient à élire 3 candidats.

Le marquis de Mouroy, gouverneur de Cambrai, et le vicaire général Jacques de Broide se rendirent au Saint-Sépulchre afin d'y colliger les suffrages. Seize moines participèrent au vote :

Dom Denis Gilles, prévôt de l'église de la Chapelle à Bruxelles, recueillit 13 voix (5 premières, 1 seconde, 7 troisièmes), Dom Bernard de la Haye, lecteur de théologie et de philosophie 12 voix (1 première, 9 secondes, 2 troisièmes), Dom Louis Marbaix 12 voix (9 premières, 1 seconde, 2 troisièmes).

Les commissaires notifièrent ce résultat au Conseil d'État, fai-

____

(1) Voir le texte du procès-verbal de cette soi-disant élection en annexe.

(2) Les religieux, malgré cette déclaration, n'étaient pas sans ignorer la situation ; ils diront ouvertement, entr'autres choses, dans une lettre du 11 décembre 1670, au Conseil d'État à Bruxelles : « [dom Haccart] que Sa Majesté de glorieuse mémoire avoit accommodé de la croche de ladite abbaye par raison d'État, et pour le bien de la prise des Pyrennées. »

sant suivre ces renseignements de leurs avis. Celui qui avait réuni le plus de suffrages est maladif et désire vivre au repos, de la Haye est le plus intelligent des trois et le plus apte à remplir les fonctions abbatiales, dom Marbais serait acceptable mais « il auroit demeuré au Quesnoy où il auroit conversé particulièrement avecq les François. » Ils ajoutèrent à ce rapport qu'ils eurent quelques difficultés pour colliger les voix « à cause que le chapitre de la métropolitaine dudit Cambray et les religieux de laditte abbaye soustenoient que l'élection dudit abbé se debvoit faire par les religieux de la dite abbaye, sous l'authorité de Sa Majesté ».

La fin de l'année approchant et le choix du roi n'étant pas encore fait, les huit plus âgés d'entre les moines rappelèrent, par lettre du 11 décembre au souverain, que le siège abbatial était vacant depuis plus de 8 mois et que cette situation « donne lieu à des religieux estrangers d'ambitionner ceste dignité quoy que la communauté soit pourvueue de religieux ».

Bernard de la Haye reçut ses lettres patentes de nomination au début de 1671.

J. LAVALLEYE.

ANNEXE

Electio D. Haccart abbatis Sancti Sepulchri. Aujourdhuy treisième du mois de janvier de cet an mil six cents (*sic*) soixante et ung, Nous, Gaspar Nemius, archevesque et duc de Cambray, assistez de Messire Lancelot Jonart, nostre vicaire général, chanoine et doyen de nostre église métropolitaine et dénommé évesque de Saint-Omer, et de Monsieur Clement Nepveu, chanoine de nostre dite église, secrétaire de nostre siège, ayans pour notre infirmité convoquez en nostre Palais archiépiscopal tous les religieux de l'abbâye de Saint Sépulchre pour procéder à l'élection d'un nouvel abbé, sy que leurs avons déclarez, et près qu'ils ont invoquez le Saint Esprit, les avons ouys secretement et separément l'un après l'autre comme s'ensuit :

1. Domp Jean L'Allemand, prieur et procureur dudit monastère de St-Sépulchre, âgé de 43 ans, profèz de 12 et prêtre de 10 et dit et déclare qu'il a choisy librement Domp Claude Haccart, profès de la maison de St-Vaast en Arras pour abbé de leur maison de St-Sépulchre. estoit signé

D. J. L'Allemand pr. avecque paraphe.

2. Dompnus Nicolaus Blondeau, religiosus monasterii Sancti Sepulchri infrascriptus, aetatis 71, professionis 55, sacerdotii 45, eligit et nominat sine praejudicio Dompnum Claudium Haccart in praelatum et superiorem suum ; hoc 13 januarii 1661. Estoit signé plus bas Domnus Nicolaus Blondeau, qui propter infirmitatem suam misit supradictum suum suffragium clausum et affirmatum.

3. D. Robert de Bouchault, âgé de 60, profèz de 45, prêtre de 33 ans, et dit et déclare qu'il choisit librement pour abbé de leur maison D. Claude

Haccart, profès de l'abbaye de Saint-Vaast en Arras. plus bas estoit signé Domp Robert de Bouchault.

4. D. Michel Clavuet, âgé d'environ 66 ans, profès de 45 et prêtre de 36, etc. (1).

5. D. Guillaume de Brabant, âgé de 61 ans, profèz de 27 et prêtre de 34 etc.

6. D. Denis Gilles, prévôt de la Chapelle à Bruxelles, âgé de 49 ans, profèz de 27 et prêtre de 24, etc.

7. D. Jacques Du Mortier, âgé de 36 ans, profèz de 12 et prêtre de 10, etc.

8. D. Antoine Pentenilles, âgé de 35 ans, profèz de 12 et prêtre de 9, etc.

9. D. Claude de Hove, âgé de 31 ans, profèz de 10 et prêtre de 6, etc.

10. D. Placide Bourgeois, âgé de 31 ans, profèz de 10 et prêtre de 5.

11. D. Bernard de la Haye, nouvellement prêtre, âgé de 24 ans, profèz de 7, etc.

12. D. Victor Le Juste, nouvellement prêtre, âgé de 25 ans, profèz de 6, etc.

13. fr. Louis de Marbaix, âgé de 23 ans, profèz de 6, etc.

Ainsy achevé et besoigné les jour, mois et an que dessus. Plus bas estoit signé Gaspar, archiepiscopus Cameracensis ; Lancelot Jonnart, Nepveu secrétaire, avecque paraphe.

Concorde à son original,

NEPVEU, notaire.

---

(1) La formule d'élection est identique pour tous les moines.

CHRONIQUE BIBLIOGRAPHIQUE

Histoire Monastique Générale

D. L. Redonet : *El trabajo manual en las reglas monasticas*. Discurso
y Contestación. (Real Academia de ciencias morales y politicas).

L'auteur qui nous donne cette excellente étude d'ensemble sur le travail
manuel dans l'Ordre monastique montre qu'il connaît à fond la question et
qu'il a soigneusement consulté et mis à profit la littérature du sujet en
dépouillant les règles, constitutions, usages, entretiens spirituels des fondateurs et réformateurs des Ordres monastiques. La division de l'ouvrage
indique la méthode suivie. Il étudie successivement le travail manuel chez
les anachorètes et les premiers moines (p. 28-36) en Orient d'abord, où les
règles de S. Antoine, de Macaire, de S. Pacôme, de S. Basile, lui offrent une
abondante matière (p. 36-65); puis, passant en Occident, il dégage la part
que les règles étrangères à celle de S. Benoît font au travail des mains
(p. 65-88). La règle bénédictine, qui va désormais régir l'Ordre monastique,
est fort bien étudiée et servira de base à la suite de son travail (p. 86-106);
autour d'elle, et l'appliquant aux besoins et aux aspirations multiples des
époques postérieures, les réformes de S. Benoît d'Aniane, de Cluny, de la
Chartreuse, de Cîteaux et de La Trappe (p. 106-134), ainsi que les réformes
espagnoles (p. 134-148), apportent chacune leur part personnelle et leur
interprétation de la pensée bénédictine. De cet exposé, il ressort que le travail des mains fut toujours en honneur dans l'Ordre monastique, envisagé
à la fois comme un devoir, une noblesse, une œuvre pénitentielle et un
puissant moyen de sanctification en même temps qu'une nécessité sociale
et une possibilité d'exercer la charité, de promouvoir le bien-être au sein
des populations qui par la suite se groupèrent autour des monastères. L'auteur a nettement dégagé les interprétations diverses qui à différentes époques partagèrent sur ce point les familles monastiques se réclamant de la
règle de S. Benoît, par ex. Cluny et Cîteaux, la Congrégation de St-Maur et
La Trappe. Ce qu'il dit des prescriptions et de l'esprit de la règle bénédictine est fort bien compris : le travail est pour le moine un moyen de sanctification; par conséquent inspiré par l'obéissance, il doit être accompli avec
humilité, dans le silence et surnaturalisé par la prière; c'est, en somme,
une forme de prière assujétissant le corps à l'âme afin qu'elle reste plus

---

(1) Madrid, Fortanet, 1919, in-4, 200 p.

intimement occupée des choses divines. L'auteur est amené à rechercher quelle était la durée quotidienne de ce travail, durée très variable d'ailleurs, mais au début partout prépondérante, de même qu'elle le redeviendra avec les réformes issues de Cîteaux. Il étudie de même la nature de ces travaux et l'usage qui était fait des produits; il décrit l'organisation qui présidait au travail monastique, et par là même il est amené à parler du rôle économique des monastères, bien que d'une manière assez sommaire d'ailleurs. Notons en passant le parallèle inévitable entre Cluny et Cîteaux, qui marquèrent deux tendances opposées dans l'interprétation du travail manuel. L'auteur fait aussi une part importante à l'esprit qui réglementait le travail dans les monastères de femmes. — On voit toute l'importance de cette remarquable étude. Non pas qu'elle n'ait point de lacunes; ainsi l'auteur a traité d'une manière par trop insuffisante des arts libéraux dans les monastères, qui eurent pourtant une importance des plus grandes dans leur développement et le rayonnement de leur influence sociale; il y aurait eu lieu de noter aussi l'orientation donnée par certaines réformes, celle de S. Romuald par ex., à l'interprétation du travail; il n'a pas suffisamment insisté non plus sur ce fait capital qui, à partir du XIe siècle, marque une transformation des plus importantes, avec la distinction des religieux lettrés, qui sont davantage occupés désormais aux offices de chœur et aux études, et les frères convers, plus attachés aux travaux manuels; de même qu'il serait intéressant de connaître mieux la part qui revient aux oblats et convers chargés de l'exploitation domaniale des grands établissements monastiques. Ces réserves cependant n'enlèvent rien au mérite et à la valeur de cette étude, qui est assurément une des plus complètes et des plus approfondies sur une question très complexe et jusqu'à nos jours relativement peu connue. La bibliographie, judicieusement choisie, qui termine l'ouvrage sera appréciée par tous ceux qu'intéresse l'histoire des institutions monastiques.

Dom U. Berlière : *Le recrutement dans les monastères bénédictins aux XIIIe et XIVe siècles* (1).

L'auteur aborde ici l'étude d'une des causes les plus graves de la décadence de l'Ordre durant cette période avec celle de l'appauvrissement des monastères. Dès le début du XIIIe siècle on constate un fléchissement dans la qualité du recrutement; ce n'est plus l'élite qui domine, les bénéfices se généralisent au profit de la noblesse qui y place ses enfants, et le monde ecclésiastique lui-même y pousse ses créatures. Trop souvent on entre dans la vie monastique pour s'y faire une position. Le jugement, si sévère soit-il, est malheureusement trop vrai; il suffit de noter les faits que signale Dom B. pour s'en rende compte. D'abord l'admission des Oblats et des enfants, qui, aux beaux jours de Cluny par ex., avait eu des résultats heureux, devint par la suite une cause de troubles telle que Pierre le Vénérable

---

(1) Mémoire... Académie Royale de Bruxelles, Classe des Lettres..., 8 oct. 1923. — Tiré à part, Bruxelles, Hayez, 1924, in-8 de 66 p.

interdit de leur donner l'habit avant l'âge de vingt ans. Puis la noblesse
devient de plus en plus envahissante et considère trop souvent les monastères comme des apanages, à tel point qu'ils deviennent des refuges et des
prébendes pour les bâtards; à ce sujet les textes ne manquent pas. On
conçoit ce que pouvaient donner aussi des vocations forcées, qui n'étaient
point rares. Un autre abus que signale Dom B. est l'admission des religieux
des Ordres mendiants qui prit au cours du XIV⁰ siècle des proportions
excessives. Contre ces abus et ces éléments de faiblesse l'Ordre bénédictin,
après la période magnifique de la réforme clunisienne et la splendeur de
Cîteaux, n'est plus à même de se défendre parce qu'il n'a pas en lui-même
la force de centralisation qui le sauverait; dès lors on assiste à ce phénomène
de monastères gardant, grâce à la valeur d'un chef, une observance très
forte à côté d'autres en pleine décadence. C'est, ajoute Dom B., « leur indépendance qui les sauve, au même titre que leur autonomie peut être une
cause de faiblesse ».

Dom Ursmer Berlière : *La dévotion au Sacré-Cœur dans l'Ordre de
Saint-Benoît* (1).

Ce travail, qui est une reprise des études parues en 1885 et 1886 dans le
Messager des Fidèles, a pour but de montrer la part qui revient à l'Ordre
bénédictin dans la préparation et la diffusion de la dévotion au Sacré-Cœur.
Après avoir exposé les origines théologiques et patristiques de cette dévotion, l'auteur en note les premières manifestations chez les écrivains et les
mystiques bénédictins depuis S. Grégoire le Grand jusqu'à S. Anselme;
puis il montre comment avec l'école cistercienne l'aspect de cette dévotion
se modifie. En Ste Gertrude nous avons comme l'initiatrice et la théolo-
gienne du culte du Sacré-Cœur; ses écrits ainsi que ceux de Ste Mechtilde
eurent une influence considérable. Dès lors cette dévotion se répand, en
Italie avec Ste Françoise Romaine du XIV⁰ au XVI⁰ siècle, puis avec la
Bse Jeanne Bonomo du XVII⁰ au XVIII⁰ siècle; l'auteur en étudie successivement le développement dans les monastères allemands et anglais du XV⁰
au XVIII⁰ siècle, dans les monastères belges aux XVI-XVIII⁰ siècles avec
Louis de Blois et Haeften, chez les Bénédictines et les Bénédictins en France
auxquels deux chapitres sont consacrés (pages 112-137). Cette étude très
documentée est poussée jusqu'à nos jours avec le chapitre sur la restauration bénédictine (p. 154-169) où un rôle de premier plan revient aux monastères de France. En lisant le volume, on est surpris de l'abondance et de la
variété des témoignages de la piété de l'Ordre de Saint-Benoît envers la dévotion au Sacré-Cœur; nous remercions l'auteur de nous avoir donné cet
aperçu si intéressant d'un aspect de l'histoire bénédictine trop peu connu
jusqu'à ce jour.

____

(1) Paris, Lethielleux et Desclée, 1923, in-12 de VII-173 pages (Collection « Pax »,
vol. X).

Santa Francesca Romana : *Fioretti Spirituali. (Visioni e divine Conso-
lazioni)* (1).

Ce n'est point une simple traduction, mais, ce qui est mieux dans le cas,
une adaptation très agréablement présentée faite sur le manuscrit de Giovanni Mattioti, que nous présente le P. Scarpini. En cela il a voulu faire
quelque chose de lisible et en même temps œuvre de piété; reconnaissons
qu'il a atteint ce double but et que ce petit volume fait honneur à la collection « I libri della fede » que dirige le célèbre professeur Giovanni Papini.

François Rousseau : *Un promoteur de l'érudition française bénédictine, Dom Grégoire Tarrisse, premier supérieur général de la Congrégation de Saint-Maur, 1575-1648* (2).

L'auteur de cette biographie a raison de trouver que c'est rendre justice
enfin à Dom Tarrisse de faire connaître l'action de ce moine qui, présidant
aux destinées de la Congrégation de Saint-Maur, lui donna et l'organisation
et l'orientation qui contribuèrent à faire d'elle une des branches les plus
illustres de l'Ordre bénédictin en France. Deux œuvres capitales marquèrent
le gouvernement de Dom Tarrisse qui, élu supérieur général en 1630, eut
à mettre la dernière main aux Constitutions et orienta les Mauristes vers les
études historiques et patristiques. Après avoir raconté les premières années
de Dom Tarrisse, ainsi que les débuts de la Congrégation de St-Maur, l'auteur nous montre le futur supérieur général maître des novices d'abord,
puis successivement prieur de la Daurade et de Saint-Junien de Nouaillé.
Il indique ensuite la part qui lui revient comme supérieur général, installé
à Saint-Germain-des-Prés, dans l'élaboration des Constitutions; il décrit
son gouvernement ainsi que son rôle dans le projet d'union entre Cluny, et
Saint-Maur: trois chapitres sont encore consacrés à ses relations avec le
P. Joseph et les Calvairiennes, de même qu'avec M. Olier et S. Vincent de
Paul. Mais il convenait d'insister particulièrement sur l'orientation que
Dom Tarrisse sut donner à la Congrégation nouvelle vers les travaux intellectuels; car c'est à lui que revient l'initiative du grand mouvement scientifique, littéraire et religieux qui suivit. Ce ne fut pas sans difficultés certes
et sans mérites de sa part; et il est curieux de retrouver à ce moment déci-
sif pour la Congrégation de Saint-Maur toujours les mêmes objections, les
mêmes oppositions de systèmes, les mêmes diversités d'interprétation, les
mêmes impulsions opportunes et utiles se heurtant aux mêmes résistances
tenaces, en un mot les mêmes tendances qui s'affrontent et qui contribuent,
peut-être, à maintenir, au cours de leur développement, un certain équilibre dans la vie des monastères également intéressés à la sauvegarde des
traditions fondamentales et aux adaptations nécessaires. M. Rousseau a bien
résumé à ce propos l'œuvre de Dom Tarrisse : « Qu'on songe aux difficultés

---

(1) Firenze, Librairie editrice florentina, 1923, in-12, xx-150 p.
(2) Paris, Lethielleux ; Lille, Desclée, 1924, in-12, xi-237 p.

« qu'il eut à vaincre pour obtenir de ses frères un labeur mieux approprié
« aux besoins du temps que le travail des mains! Sans compter les luttes
« engagées contre les indociles, mais encore contre les routiniers ou les
« esprits médiocres qui interprétaient la Règle dans un sens trop étroit, il
« lui fallut, après avoir obtenu l'assentiment des chapitres généraux, réaliser
« pratiquement ses projets. Tout était à créer, à organiser, à former, à
« mettre en œuvre », etc. Or, cette œuvre fut de la plus haute importance;
et il suffit, pour s'en convaincre, de citer les continuateurs de sa pensée
qui, tels que d'Achery, Mabillon, Martène, Coustant, Montfaucon, Sainte-
Marthe, bénéficiant des résultats de l'initiative intelligente et courageuse
de Dom Tarrisse, n'auraient certainement pas pu donner ce que nous leur
devons sans l'orientation et l'impulsion dont il fut l'auteur. A ce point de
vue, M. Rousseau nous donne en appendice une série de pièces des plus
intéressantes ayant trait à l'organisation des études et à la constitution de
bibliothèques appropriées. Disons, en terminant, que l'ouvrage de M. R. est
une des meilleures contributions à l'histoire de la Congrégation qui reste
toujours à faire.

MARIA D'ANGELO : *Il cardinale Girolamo Casanate (1620-1700)*. Con
appendice di lettere inedite di Mabillon, Baluze, etc. (1).

Le fondateur de la Biblioteca Casanatense de Rome méritait d'être plus
connu; grâce en partie aux nombreux documents que possède sur lui cette
bibliothèque, le Dr Maria d'Angelo vient de tracer une biographie de ce personnage important qui par sa situation eut un rôle de premier plan dans
les affaires ecclésiastiques du XVII' siècle. Né en 1620, Girolamo Casanate
entra dans l'état ecclésiastique; il fut chargé de nombreuses fonctions et de
missions assez délicates, entre autres de la charge d'inquisiteur de Malte;
il eut à intervenir de même dans les controverses entre le Saint-Siège et la
France concernant la Régale et la part qui lui revient dans le règlement
des questions en litige et l'accord de 1693 est des plus importantes. Parmi
les nombreux correspondants du cardinal Casanate, il faut citer les Mauristes
et Baluze; l'auteur consacre plusieurs pages à ces relations (p. 101-120). En
appendice, il donne un échange de 28 lettres entre le Cardinal et Mabillon,
soit 9 de ce dernier, ainsi que 40 lettres échangées entre Casanate et Baluze.
Ces lettres sont tirées de la Bibl. Nation. fonds St-Germain-des-Prés,
ms. 19649, 19651, 17678; une lettre de Mabillon se trouve à la Bib. Cas., i,
I, 10). La correspondance avec Baluze est extraite de la Bibl. Nat. fonds
Baluze 351 et 352; toutes sont intéressantes par les indications littéraires
qu'elles renferment. Notons encore en appendice le testament du cardinal
pour la fondation de la bibliothèque qui prit son nom par la suite, ainsi
qu'une liste des pièces manuscrites concernant le cardinal Casanate à Rome
et à Paris.

---

(1) Roma, Grafia, S. A. I. Industrie Grafiche, 1923, in-8, 116 p.

HENRI BREMOND : *Histoire littéraire du sentiment religieux en France, tome VI : La Conquête mystique : Marie de l'Incarnation — Turba magna* (1).

On ne saurait résumer un tel ouvrage, tant il déborde de faits et de vie, de même qu'on ne se lasse point de suivre M. l'abbé Bremond, tant il nous intéresse, nous instruit et nous touche ; et c'est pour tous une révélation que cette prodigieuse vitalité de la piété chrétienne aux aspects si variés dont il décrit les manifestations multiples devant le XVII° siècle français. Dans ce volume nous ne voulons retenir ici que ce qui concerne l'Ordre de Saint-Benoît. Plus de 170 pages y sont consacrées à Marie de l'Incarnation, mais elles sont toutes remplies de la pensée, du souvenir et des luttes de Dom Claude Martin, dont la vocation bénédictine se dessine à travers le sacrifice douloureux de sa Mère. Il y a des pages d'une psychologie exquise et d'une émotion profonde dans le chapitre II : « La Mère et le Fils », et le chapitre III : « Les tentations de Dom Claude, etc. ». Voici Dom Claude Martin, religieux de la Congrégation de Saint-Maur ; c'est alors qu'il rencontre Dom Martène, ou plutôt que ce dernier s'attache à lui ; et quel attachement supérieur que celui de ces deux saints religieux! Il faut avoir lu le chapitre VI : « Dom Martin et Dom Martène », pour comprendre ce que fut la vie dans le milieu des grands Mauristes qui malgré leurs prodigieux travaux ne faisaient assurément pas vœu d'érudition. Conduit par M. Bremond, on se sent, à leur contact, réconforté et grandement édifié, et c'est avec un sourire ému qu'en achevant cette lecture on murmure avec l'auteur : « Sancti Claudi et Edmunde, o. p. n. » Ajoutons qu'à chaque page la judicieuse information de M. Bremond nous ouvre les aperçus les plus intéressants sur l'histoire de la Congrégation de St-Maur. La seconde partie du volume groupe sous le titre expressif de *Turba magna* un nombre considérable de personnalités qui toutes eurent une part importante dans le mouvement ascétique et mystique du XVII° siècle.

M. MARION : *Dictionnaire des Institutions de la France aux XVII° et XVIII° siècles* (2).

Cet ouvrage rendra les plus grands services aux historiens ; on y trouve exposé, d'une façon objective et avec une grande précision, tout ce qui touche à nos institutions religieuses et civiles durant les deux derniers siècles de l'Ancien Régime. L'auteur a su résumer de même diverses controverses ainsi que les doctrines et mouvements d'idées les plus importants de l'époque ; il apporte de précieux renseignements sur des institutions moins connues, sur certains termes peu usités. Parmi les articles intéressant à quelque titre l'histoire religieuse et monastique, nous relevons plus parti-

---

(1) Paris, Bloud et Gay, 1923, VI-529 p.
(2) Paris, Picard, 1923, in-8, IX-564 p.

culièrement ceux qui suivent : *Abbayes, Abbés* et *Abbesses, Antonins, Bénédictins*; à propos des *Bénéfices ecclésiastiques*, l'auteur nous en donne la définition, les diverses formes de bénéfices, les divers modes de collation par le roi, le patron, les officiers du parlement, l'évêque, par concours, par le bénéficier lui-même, par le pape, par l'élection pour certaines abbayes et la plupart des prieurés ; notons encore les notices concernant les *Bernardins*, le *Calvaire*, les *Camaldules, Cîteaux* et *Cisterciens*, le *Clergé* où il est fait une part très importante au clergé régulier; puis, *Commanderie, Commende*; à propos du terme *Commission*, il est question de la fameuse commission des réguliers qui supprima en 4 ans plus de 1500 maisons religieuses; suivent : *Feuillants, Génovéfains, Mainmorte, Noviciat, Oblats, Ordres de chevalerie religieuse, Port-Royal, Portion congrue, Prémontrés, Prieur, Profession, Réguliers, Religieux, Vœux.* Certaines notices très complètes nous donnent, en outre, des indications bibliographiques toujours utiles.

A l'article *Archives ecclésiastiques* (1) M. L. Le Grand groupe des indications utiles ayant trait aux archives de fonds monastiques.

Nous signalons de M. Jean Regné un *Plan de monographie communale et paroissiale* (2), très bien conçu et qui pourra servir de guide aux auteurs de monographies locales.

M. l'abbé Langlois a publié deux conférences qu'il a faites sur les deux sujets suivants : *Comment ranger une bibliothèque privée? — Comment fonder une bibliothèque d'œuvre catholique ?* (3) On y trouvera des indications pratiques dont il est utile de tenir compte.

Provinces Ecclésiastiques de Paris et de Sens

Notice de M. P. Richard sur Marguerite de-Vény d'*Arbouze* (4), réformatrice de l'abbaye du Val-de-Grâce (1580-1626).

Minutieuse étude de M. L. Régnier concernant *Les stalles de l'abbaye de Saint-Victor. Contribution à l'histoire de la sculpture parisienne sous François Ier* (5).

Communication de M. Jules Banchereau sur *L'âge de la crypte de Saint-Aignan d'Orléans* (6).

A signaler une plaquette de M. E. C. Florange sur *Le Souterrain — refuge du Remenier ou du prieuré de Saint-Jean-en-Grève, à Blois* (7).

---

(1) Dictionnaire d'Hist. et de Géogr. Ecclés., fasc. 17-18, col. 1558-1577.
(2) Privas, 1924, cours du Temple, 22, in-8 de 7 p.
(3) Paris, 36, rue Vaneau, in-12 de 23 p.
(4) Dictionnaire d'Hist. et de Géogr. Ecclés., fasc. 17-18, col. 1479.
(5) Bulletin archéologique du Comité des Travaux historiques et scientifiques, 1922, 2ᵉ livraison, p. 165-221.
(6) Ibidem, p. 155-163.
(7) Blois, Duguet, in-8 de 21 p.

Notice de M. Langlois sur l'abbaye d'*Arcisses* (1) fondée vers 1119; ainsi que sur *Aréfasle* (2), moine de Saint-Père de Chartres, au XI° siècle, par M. l'abbé Aigrain.

M. Léon Petit nous donne le procès-verbal dressé par l'abbesse et les religieuses lors de *L'incendie de 1747 à l'abbaye de La Joye* (3); d'après l'estimation qui en fut faite les dégâts s'élevèrent à 4160 livres et l'abbaye dut par la suite être réunie à celle de Villiers près La Ferté-Alais.

Dans la série des *Documents sénonais de la collection Tarbé à Sens* (4), publiés par M. Maurice Prou, on trouvera de nombreuses pièces concernant en particulier les abbayes de Sens dont la plus ancienne, de l'année 833, est un diplôme de Louis le Débonnaire en faveur de l'abbaye de Sainte-Colombe; d'autres actes concernent les abbayes de Saint-Pierre-le-Vif, de N.-D. de la Joie-lès-Nemours, etc. Ces documents au nombre de 54 sont accompagnés de notes critiques et historiques très abondantes.

Dans son étude bien documentée sur *La paroisse de Chablis et ses maisons religieuses et hospitalières* (5), M. l'abbé Bonneau parle : du prieuré Saint-Cosme occupé par les chanoines réguliers de Saint-Augustin et donne la liste des prieurs connus depuis 1328 jusqu'à 1791 ; du monastère de Petit-Pontigny dépendant de l'abbaye de Pontigny.

Dans un article très documenté sur les *Relations de l'abbaye de Fleury-sur-Loire avec la Bretagne et les Iles Britanniques, X° et XI° siècles* (6), Dom L. Gougaud montre combien fréquents furent ces rapports et combien grande fut aussi l'influence de cette abbaye qui contribua à la réforme de plusieurs monastères anglais.

M. Raoul Toscan nous a donné sur *La Charité-sur-Loire. Ville d'histoire, Centre de villégiature* (7), un Guide du touriste très bien présenté dans lequel les indications historiques sont accompagnées de gravures et de dessins nombreux.

Il y a d'intéressants détails à glaner dans le travail de M. le chanoine A. Prévost sur : *Les Champenois aux Croisades* (8); on y remarque en particulier le rôle joué par le fondateur de l'ordre du Temple, Hugues de Payns.

Signalons une note dans laquelle M. E. recherche *Quel était l'itinéraire suivi par saint Bernard de Clairvaux à Troyes* (9).

---

(1) Dictionnaire d'Hist. et de Géogr. Ecclés., fasc. 17-18, col. 1585.

(2) Ibidem, col. 1637-1638.

(3) Annales de la Société histor. et archéol. du Gâtinais, t. XXXVI, 1923, p. 261-266.

(4) Bulletin de la Société archéol. de Sens, 1923, p. 5-154.

(5) Bulletin de la Société des Sciences hist... de l'Yonne, 1922, 76° vol., p. 103-177.

(6) Mémoires de la Société d'Histoire de Bretagne, 1923, p. 1-30.

(7) La Charité-sur-Loire, Thoreau, 1924, in-8 de 80 p.

(8) Mémoires de la Société acadèm. de l'Aube, 1921-1922, p. 109-185.

(9) La Revue Catholique (Semaine religieuse du dioc. de Troyes), 13 octobre 1922.

Provinces Ecclésiastiques de Reims et de Cambrai

Dans sa *Bibliographie rémoise et ardennaise* (1), M. Ch. Sarrazin nous donne la liste des publications de M. Henri Jadart de 1868 à 1921, très précieuse pour l'histoire de la région et pour les études de cet érudit sur les bénédictins, notamment Dom Mabillon, Dom Ruinart et Dom Marlot.

Monographie intéressante du docteur A. Lapierre sur *Le Prieuré de N.-D. de Masmes, près Buzancy* (2), fondé au XIII° siècle et dépendant de l'abbaye de Rebais.

Dans les recherches de M. L. Demaison sur *Les incendies de Reims au Moyen-Age* (3) nous relevons ce qui concerne l'abbaye de Saint-Remi, qui eut à souffrir du feu en 1098, vers 1420 et en 1774, ce qui occasionna la perte des archives ainsi que des manuscrits de la bibliothèque.

A propos des *Anciens usages de la Semaine Sainte à Reims* (4), sur lesquels M. Ch. Sarrazin apporte quelques indications, notons que la bénédiction des rameaux se faisait, non dans l'église métropolitaine, mais dans l'église abbatiale de Saint-Pierre-les-Dames.

Notice de Mgr Mantel *A propos de la première pierre de l'église de Saint-Martin-aux-Jumeaux, rue de Beauvais, à Amiens* (5); il s'agit de l'abbaye établie au XI° siècle sur l'emplacement où saint Martin avait partagé son manteau avec un pauvre; elle était desservie par les Chanoines réguliers de Saint-Augustin qui en 1634 se transportèrent dans la rue de Beauvais. Ce dernier immeuble fut détruit par le bombardement allemand le 23 avril 1918.

Dans sa notice traitant *Des plaques de messagers, de gardes, etc.* (6), M. A. de Franqueville signale une plaque de l'abbaye de Corbie, une autre de la Commanderie d'Eterpigny, une de l'abbaye du Gard, une de Saint-Valéry, une de l'abbaye du Paraclet.

A signaler l'étude de M. Octova Thorel, qui nous donne d'intéressants *Détails peu connus ou inédits sur les Minimes d'Amiens* (7).

A propos des démêlés entre l'abbaye de Saint-Valéry-sur-Somme, les châtelains et la ville qui se prolongèrent dans le cours du XV° siècle, M. A. Huguet publie une *Transaction entre l'abbaye de Saint-Valéry et Jeanne d'Artois* (8) survenue en 1412.

Du même auteur nous avons sur *L'abbaye de Saint-Valéry* (9) une conférence faite à la séance des Rosati Picards le 26 août 1921, qu'il vient de

---

(1) Travaux de l'Académie nationale de Reims, 1921-1922, p. 99-156.
(2) Almanach Matot-Braine, Reims, 1924, p. 211-236 (à suivre).
(3) Ibidem, p. 278-296.
(4) Bulletin du diocèse de Reims, 24 mars 1923.
(5) Bulletin trim. de la Société des Antiq. de Picardie, 1923, p. 133-142.
(6) Ibidem, p. 172-218.
(7) Bulletin trim. de la Soc. des Antiquaires de Picardie, 1923, p. 72-109.
(8) Bulletin trim. de la Société d'émul. d'Abbeville, 1923, p. 211-265.
(9) Saint-Valery-sur-Somme, Imprimerie du littoral de la Somme, 1923, in-8 de
75 p.

publier sous forme de notice très intéressante. C'est un aperçu rapide, mais qui dénote une sérieuse documentation, de l'histoire de cette abbaye.

Dans la séance du 1er avril 1921 du 54e Congrès des Sociétés Savantes, notre collaborateur M. J. Depoin a présenté une Communication des plus documentées sur *Le prieuré de Wariville, ses origines et ses archives* (1), dont le fonds très riche conservé aux Archives de l'Oise n'avait pas été exploré encore. Ce prieuré, dont l'existence est constatée dès 1149, fut rattaché de bonne heure à l'Ordre de Fontevrault. Cette pièce capitale de 1149, charte de dotation d'une religieuse, est résumée par M. Depoin, qui en commente les particularités intéressantes pour le monastère, dont, brièvement il marque les étapes jusqu'à la dissolution de la communauté à l'époque de la Révolution. Enfin, M. Depoin donne la liste chronologique des 21 prieurs et la succession presque sans lacunes des 74 prieures de Wariville.

Importante étude de MM. Depoin et Jean Vergnet sur *Boran, le village et le prieuré*, suivie des *Chartes et Documents du prieuré de Saint-Martin de Boran* (2), dont la première pièce est la dotation du prieuré de religieuses que venait de fonder Mathieu II, comte de Beaumont-sur-Oise.

Sous le titre : *Identification de pierres tumulaires* (3), M. E. Platiau reproduit les épitaphes de Dom Cornil Thuyn et de Dom Edmond Ghys, moines de l'abbaye de Clairmarais, au XVIIIe siècle.

Communication de M. J. de Pas à propos d'une *Charte de reconnaissance du corps de saint Omer* (4) en date de 1052.

Autres communications de notre collaborateur Dom A. Wilmart : *Notice biographique de F. Modius*, et *Textes relatifs à la Confraternité de Saint-Bertin* (5); dans ces derniers il est question d'abord de la présence d' « une reine d'Allemagne parmi les confrères », il s'agit de Sancia ou Sanche, troisième fille de Raimond Bérenger IV († 1245), dernier comte de Provence. Un autre document nous donne « le serment des curés dépendant de Saint-Bertin et de Saint-Omer ».

Dans une notice sur *Ardres* (6) signalons ce qui concerne le monastère de Bénédictines.

A noter quelques pages de M. Chartier sur *Dom Benoît Lempereur, dernier prieur de l'abbaye bénédictine de Maroilles (1747-1797)* (7), une des victimes de la Révolution dans la région du Nord.

Dans deux articles *A propos des plaids généraux* (8), M. Masslet du Biest étudie en particulier la coutume des plaids généraux du XIIe siècle provenant de l'abbaye de Corbie.

---

(1) Bulletin philologique et historique (jusqu'à 1715) du Comité des Travaux historiques et scientifiques, année 1921, p. 93-117.

(2) Mémoires de la Société Académ. d'archéol... de l'Oise, 1924, t. XXIV, 2e partie, p. 1-384.

(3) Bulletin histor. de la Société des Antiquaires de la Morinie, 1922-1923, p. 13

(4) Ibidem, oct.-déc. 1923, p. 124-128.

(5) Ibidem, p. 141-156.

(6) Dictionnaire d'Hist. et de Géogr. Ecclés., fasc. 17-18, col. 1621-1624.

(7) Bulletin de Saint Martin et de Saint Benoît, avril 1923, p. 99-104.

(8) Revue du Nord, 1923, p. 36-48; 110-122.

M. le baron de Warenghien publie huit *Lettres de Dom Ryckewaert, abbé de Saint-Winoc à Bergues* (1), ayant trait au procès qui eut lieu en 1743-1745 entre cette abbaye et la ville de Bergues.

De M. H. Bernard : *Note sur le château de Couvin* (2) (Belgique), nombreuses indications concernant le prieuré (antérieur au château) dépendant de l'abbaye de Saint-Germain-des-Prés de 872 à 996.

Le volume consacré par M. Edouard Michel aux *Abbayes et monastères de Belgique, leur importance et leur rôle dans le développement du pays* (3), donne un tableau général très instructif sur les établissements monastiques des provinces belges. Dans un premier chapitre il trace un aperçu rapide de la civilisation monastique du VIᵉ au XIIIᶜ siècle dans les Pays-Bas, puis il montre comment s'est effectuée la civilisation-monastique dans ces régions. Il groupe ensuite par provinces une série de notices concernant 95 maisons à propos desquelles il donne des indications précises sur leur situation, leur intérêt au point de vue excursion, l'état actuel, leur histoire, le tout accompagné d'une bibliographie sommaire. L'ouvrage, enrichi de 48 planches, se présente à la fois comme utile et agréable et marque une heureuse initiative; il serait à souhaiter que des travaux similaires fussent aussi intelligemment réalisés pour nos provinces de France.

Provinces Ecclésiastiques de Rouen et de Tours

Dans la nouvelle collection éditée par la librairie Laurens : *Atlas monumental de la France* (cartes archéologiques, itinéraires artistiques), M. Jules Roussel, conservateur du musée de sculpture comparée du Trocadéro, vient de donner sur *La Normandie* (4) cinq cartes et légendes archéologiques concernant les départements du Calvados, de l'Eure, de la Manche, de l'Orne, de la Seine-Inférieure. Ces cartes très détaillées portent au verso la liste des localités avec indications des monuments ayant un caractère archéologique et artistique marqué; c'est ainsi qu'on y trouve signalés les abbayes et prieurés nombreux qui existaient dans la Normandie.

Signalons la communication de M. Philippe Lauer faite au 54ᵉ Congrès des Sociétés Savantes concernant *Les translations des reliques de saint Ouen et de saint Leuffroy du IXᵉ au Xᵉ siècle et les deux abbayes de la Croix-Saint-Ouen* (5), situées l'une dans le diocèse d'Evreux, l'autre dans le diocèse de Soissons. Il arrive ainsi à établir les relations qui ont existé entre ces deux monastères et à montrer d'autre part la valeur, exceptionnelle selon lui, du

---

(1) Bulletin de l'Union Faulconnier, 1922, p. 370-383.

(2) Revue historique du Plateau de Rocroi, 1923, p. 12-16; 27-32; 44-48; 60-64; 75-80; 93-96; 108-112; 124-128; 131-133.

(3) Bruxelles et Paris, Van Oest, 1923, in-12, 269 p.

(4) Paris, Laurens, 1924, 5 feuillets doubles in-4.

(5) Bulletin philologique et historique (jusqu'à 1715) du Comité des Travaux historiques et scientifiques, année 1921, p. 119-136.

témoignage du diplôme de Charles le Simple (14 mars 918) en faveur de Saint-Germain-des-Prés.

Quelques remarques de M. E. Spalikòwski : *Autour du prieuré des Pénitents de Vernonnet* (1).

Continuation de la biographie concernant *Une abbesse bénédictine du XVIIe siècle. Mme Scholastique-Guyonne de Rouxsel de Médavy* (2).

A titre de simple indication : *L'abbaye de Belle-Étoile* (3) par M. René Herval.

Importante monographie par M. l'abbé Reneault sur : *Le monastère de Bénédictines du Saint-Sacrement à Rouen* (4).

Notice de M. Michel Prévost sur l'abbaye de l'ordre de Prémontré d'*Ardenne* (5) fondée près de Caen dans la première moitié du XIIe siècle.

Dans son rapport de l'*Excursion de la Société historique et archéologique dans le Passais Normand et le Mortainais* (6), M. G. Hubert parle de l'église romane de *Notre-Dame-sur-l'Eau* du XIe siècle, qui fut desservie par des moines de l'abbaye de Lonlay; une partie des bâtiments du prieuré subsiste encore convertie en ferme et porte le nom déformé de « Périolée ». Le même rapporteur donne aussi une intéressante description de *L'Abbaye de Lonlay* (fondée au XIe siècle) avec un plan de 1664 et quelques vues; ainsi que de *L'Abbaye-Blanche* (XIe siècle) avec vue ancienne.

A propos d'une notice de M. A. Surville sur *Domfront et les premiers barons de Lucé* (7), notons ce qui concerne Gautier de Lucé, abbé de Battle (Angleterre) mort en 1171.

Dans la communication de M. Lucien Auvray faite au 54e Congrès des Sociétés Savantes à la Sorbonne le 30 mars 1921, concernant des *Fragments de documents angevins (XVe et XVIe siècles)* (8), il nous faut particulièrement mentionner le *Procès-verbal de la translation des reliques de saint Florent dans une nouvelle châsse, donnée par Louis XI,* translation qui eut lieu le 25 juin 1480. Après quelques pages dans lesquelles M. Auvray étudie les particularités de ce procès-verbal et relate les circonstances dans lesquelles eut lieu cette translation, il donne le document lui-même, qu'il fait suivre de notes critiques précises et abondantes concernant les personnages et les établissements religieux mentionnés dans ce procès-verbal. Dans ces notes l'érudition locale trouvera de nombreux renseignements à glaner sur les monastères de la région.

On trouvera quelques rapides indications concernant les monastères de

---

(1) Revue Catholique de Normandie, mars 1924, p. 139-146.

(2) Ibidem, p. 93-101 ; mai 1924, p. 161-169.

(3) Journal de Rouen, 17 mars 1924.

(4) Fécamp, L. Durand, 1924, 287 pages avec illustr.

(5) Dictionnaire d'Hist. et de Géogr. Ecclés., fasc. 17-18, col. 1602-1604.

(6) Société histor. et archéol. de l'Orne, janv.-avril 1924, p. 35-113.

(7) Ibidem, p. 173-180.

(8) Bulletin philologique et historique (jusqu'à 17-15) du Comité des Travaux historiques et scientifiques, 1921, p. 67-82.

la région dans l'étude de M. le chanoine Ledru : *Le Maine sous les derniers Mérovingiens* (1).

M. l'abbé Leclaire, dans ses *Recherches sur l'emplacement du premier monastère de Saint-Meen* (2), croit pouvoir fixer sa fondation au VIᵉ siècle, au village de Menais près de Loscouet, lequel dépendait jadis de la paroisse de Gaël.

Recherches de même nature sur le monastère de *Ballon* (3) par M. le Comte de Laigue.

Parmi les thèses soutenues à l'École des Chartes (promotion de 1924) signalons celle de M. Étienne Bonnaire : *Histoire des Abbayes de Saint-Rion et de Beauport, au diocèse de Saint-Brieuc, depuis les origines jusqu'en 1630*.

Province Ecclésiastique de Bourges.

Notice très fouillée de M. l'abbé Aigrain sur saint *Aredius* ou Aridius, abbé d'Attane, aujourd'hui Saint-Yrieix, au VIᵉ siècle (4).

Courte Notice sur *Arcs* (5), ancien prieuré dépendant de Saint-Martial de Limoges.

De M. Robert Cluis une *Notice sur Châteauroux et Déols* (6) donnant en quelques pages des indications aux touristes.

Dans les *Communications et notes de lecture*, M. le chanoine Chaludet publie l'acte d'*Union du prieuré d'Ytrac à la sacristie du monastère de Maurs* (7) d'après l'original (fin du XIIIᵉ s.) conservé aux Archives du Puy-de-Dôme.

De même du Dʳ Charvilhat quelques remarques sur un *Sceau-matrice du Grand-Prieuré d'Auvergne de l'Ordre de Malte* (8).

Continuation de l'étude très documentée de M. le chanoine Chaludet sur *Les évêques de Saint-Flour. Pierre de Vissac (1383-1386)* (9) dans laquelle on trouvera de nombreuses indications concernant les maisons religieuses de la région, en particulier l'abbaye de Pébrac.

Notice de M. A. Prévost sur *Archambaud* (10) abbé d'Aurillac, puis évêque de Saint-Flour en 1320.

Dans la *Notice sur l'Hôpital de Brive* (11) par M. J. Lalande on trouvera

---

(1) La Province du Maine... etc. (Société des Archives histor. du Cogner, 1924, janvier-février, p. 3-15 ; mars-avril, p. 49-58.

(2) Association Bretonne, Compte-rendu du Congrès de 1922, Saint-Brieuc, 1923, p. 68-74.

(3) Ibidem, p. 40-53.

(4) Dictionnaire d'Hist. et de Géogr. Ecclés., fasc. 17-18, col. 1632-1636.

(5) Dictionnaire d'Hist. et de Géogr. Ecclés., fasc. 17-18, col. 1592.

(6) Châteauroux, Cluis-Thiot, 1922, in-32 de 38 p.

(7) Revue de la Haute-Auvergne, juillet-déc. 1921, p. 213-216.

(8) Ibidem, janvier-sept. 1922, p. 347-348.

(9) Revue de la Haute-Auvergne, janvier-sept., 1922, p. 258-346.

(10) Dictionnaire d'Hist. et de Géogr. Ecclés., fasc. 17-18, col. 1531.

(11) Bulletin de la Société... archéologique de la Corrèze, janv.-avril 1924, p. 62-88.

quelques indications concernant les biens de certaines maisons religieuses de la région.

M. F. Deshoulières a publié dans la *Collection des petites monographies des grands édifices de France* une étude approfondie sur *Souvigny et Bourbon-l'Archambault* (1) dans laquelle il reprend et complète les notices qu'il avait données dans le *Congrès archéologique de Moulins et Nevers en 1913*. On se souvient que dans la *Revue Mabillon* (janvier et avril 1922) les dates de la construction de l'église de Souvigny avaient été l'objet de la part de M. L. Bréhier et de M. F. Deshoulières d'études se complétant par leurs divergences d'opinions. Le présent travail est une histoire très fouillée de ce monument du plus haut intérêt. De l'église du prieuré, fondé en 920 par Cluny, qui fut consacrée en 1064 par S. Pierre Damien, il ne reste que quelques débris. L'église du XIIᵉ siècle avait très probablement deux transepts comme celles de Cluny et de Saint-Benoît-sur-Loire; les preuves qu'en donne M. D. semblent vraiment concluantes. Le transept de l'église actuelle et la partie droite du chœur furent en partie reconstruits au XVᵉ siècle; de cette époque datent aussi de grandes transformations et la construction des chapelles funéraires des Bourbon. — La seconde partie du volume est consacrée à la ville et au château de Bourbon-L'Archambault, qui, commencé dans le dernier tiers du XIIIᵉ siècle, fut pendant longtemps un des plus magnifiques de France. Un plan du prieuré et de l'église ainsi que de très nombreuses gravures donnent à cet ouvrage une illustration des plus soignées.

Provinces Ecclésiastiques de Bordeaux et d'Auch.

Parmi les pièces entrées récemment aux Archives départementales de la Charente-Inférieure, signalons une liasse concernant le prieuré de Saint-Vivien de Pons, ainsi que divers titres des anciens établissements hospitaliers de cette même ville, remontant au VIIIᵉ siècle (2).

M. G. Lapeyre donne quelques indications sur la commanderie d'*Arcins* (3) qui fut établie vers 1330.

Dans une étude aussi documentée qu'attachante sur *L'adolescence de Rabelais en Poitou* (4), M. Jean Plattard a réussi à reconstituer cette période du séjour de Rabelais en Poitou qui s'étend des années 1520 à 1527. Nous trouvons dans cet ouvrage de précieuses indications sur la formation intellectuelle ainsi que sur les milieux qu'y fréquenta le jeune moine. Après un rapide séjour chez les Franciscains du couvent de Puy-Saint-Martin à Fon-

---

(1) Paris, Laurens, 1923, in-8, 112 p., fig. et plan.
(2) Le Bibliographe Moderne, mai-octobre 1922-1923, p. 135.
(3) Dictionnaire d'Hist. et de Géogr. Ecclés., fasc. 17-18, col. 1581.
(4) Paris, Éditions « Les Belles-Lettres », 1924, in-8, XII-211 p.

tenay-le-Comte, Rabelais sollicita son admission chez les bénédictins de Maillezais, dont Geoffroy d'Estissac était abbé et qu'il suivit à titre de secrétaire. C'est ainsi que ses déplacements amenèrent Rabelais à Ligugé, prieuré dépendant de Maillezais. Dans le chapitre que M. Plattard consacre à Ligugé on trouvera d'intéressantes indications (p. 54-74) ainsi que sur l'abbaye voisine de Fontaine-le-Comte. Plus tard Rabelais se souviendra du charme de ces réunions de gens aimables et cultivés diversant, au « clair matin », des choses de l'esprit. L'auteur parle ensuite du séjour de Rabelais à Poitiers et des relations d'amitié qu'il entretint avec des personnages poitevins. La seconde partie du volume étudie d'après les lettres et les ouvrages de Rabelais les avantages et profits qu'il retira de son séjour en Poitou pour sa culture générale; et à ce point de vue il est juste de reconnaître que si Rabelais fit sa médecine à Montpellier, c'est au Poitou qu'il doit sa science juridique et les observations sur les gens de robe qui abondent dans ses ouvrages.

Dans ses notes de *Sigillographie Bas-Poitevine* M. L. Charbonneau-Lassay décrit *Le sceau de Robert de Saint-Germain-l'Aiguiller (XIV⁰ siècle)* (1) où se trouvait un prieuré dépendant de l'abbaye de Vézelay.

De même, M. Brillaud, dans la section *Archéologie Bas-Poitevine*, étudie *Les fresques de l'église de l'Absie* (2), ancienne église de l'abbaye cistercienne fondée en 1120. Ces deux fresques, représentant, l'une, la messe de saint Grégoire, l'autre, une scène de crucifiement, datent du XV⁰ siècle.

M. l'abbé Degert essaie, dans une étude sur *L'Abbaye de Divielle* (3), de prévoir les origines de cette maison qui semble bien avoir été cistercienne avant d'appartenir aux Prémontrés à la fin du XII⁰ siècle. Au XIX⁰ siècle cette ancienne abbaye revint aux Cisterciens.

Du même, publication d'une *Lettre inédite de Jérôme Deidier*, dont l'auteur fit successivement partie des abbayes de Saint-Sever, de Saint-André d'Avignon et de Mas-Grenier; cette lettre date du 9 décembre 1710 (4).

Quelques notes de M. Rosapelly concernant la *Dispersion des chapiteaux du cloître de l'abbaye de Lareule* (5).

Provinces ecclésiastiques de Toulouse, Albi et Narbonne

Dans une importante étude sous le titre : *Notes sur la sculpture romane en Languedoc et dans le nord de l'Espagne* (6), M. Paul Deschamps procède à une mise au point critique des affirmations tendancieuses et parfois fantai-

---

(1) Revue du Bas-Poitou, 1923, 4⁰ livraison, p. 228-234.
(2) Ibidem, 1924, 1ʳ livraison, p. 20-28.
(3) Revue de Gascogne, janvier-février 1924, p. 23-3o.
(4) Ibidem, mars-avril 1924, p. 79-86.
(5) Revue des Htes-Pyrénées, janvier-février 1924, p. 5-7.
(6) Bulletin Monumental, 1923, vol. 82⁰, p. 3o4-351.

sistes de M. Kingsley Porter dans l'*American Journal of archaeology* (1922, n° 1, p. 1-53). Suivant cet anteur, l'influence de l'art roman français sur les monuments du nord de l'Espagne n'existe pas, et l'inverse serait plus près de la réalité. M. Deschamps n'a pas de peine à établir que cette thèse de l'archéologue américain n'est conforme ni à ce que nous apprend l'histoire, que M. K. Porter semble parfois un peu méconnaître en ce qui concerne notre pays, ni aux événements politiques, ni aux mouvements intellectuels, sociaux, littéraires et artistiques de la France à cette époque. Le rôle et l'influence exercés en particulier par les moines venus de Cluny et d'Auvergne et plus tard par les Cisterciens ne sauraient être contestés; c'est ce que prouve M. Deschamps, en montrant à l'œuvre ces « grands animateurs de l'art chrétien renaissant », confirmant une fois de plus la thèse de l'archéologie française sur les premiers développements de la sculpture romane et l'influence de nos sculpteurs pendant la première moitié du XIIᵉ siècle. Que, d'autre part, certains motifs d'ornementation aient été remarqués par nos artistes dans leurs tournées en Espagne, et qu'ils s'en soient inspirés de retour en France, il n'y a rien de surprenant à cela. En se plaçant à ce point de vue il serait du plus haut intérêt, après avoir lu l'étude de M. Deshoulières, de la rapprocher de celle si suggestive que M. E. Mâle a consacrée dans la *Revue des Deux Mondes* (15 novembre 1923, p. 311-343) à relever *Les influences arabes dans l'art roman*, étude qui affirme nettement aussi le rôle de premier rang et l'expansion très active de nos grands bâtisseurs français que furent tout spécialement les moines clunisiens et auvergnats.

La *Revue Mabillon* (octobre 1923 et janvier 1924) a donné en deux articles ce qui concernait l'histoire proprement dite de *L'Abbaye St-Michel de Gaillac en Albigeois*. Dans ce 3ᵉ fascicule de la collection *Textes et Mémoires relatifs à l'histoire des anciens diocèses du Tarn*, notre très distingué collaborateur M. le chanoine Louis de Lacger a repris cette étude dans un but plus général, et c'est toute l'histoire religieuse et civile de *Gaillac en Albigeois, son évolution historique* (1), qu'il nous donne. Après les origines monastiques et le développement de l'abbaye de Saint-Michel, M. de Lacger étudie les institutions municipales et religieuses de cette ville dans les phases diverses de son évolution jusqu'à nos jours. Ouvrage de vulgarisation, mais excellent, concernant une ville qui, née à l'ombre d'un cloître, reçut de lui son essor économique et politique, ainsi que ses immunités et ses institutions communales.

Importante notice de M. L. de Lacger sur l'abbaye d'*Ardorel* (2) dans le Tarn.

Dans le premier fascicule d'une nouvelle revue consacrée à l'histoire de l'Ordre franciscain, nous relevons, à cause de son intérêt pour l'histoire locale, une remarquable étude du P. Ubald d'Alençon sur les *Cordeliers, Clarisses et Tiers-Ordre à Carcassonne* (3) qui apporte de précieux et très

---

(1) Paris, Picard, et Albi, 1924, in-8, xx-147 p.
(2) Dictionnaire d'Hist. et de Géogr. Ecclés., fasc. 17-18, col. 1617-1621.
(3) Revue d'Histoire Franciscaine, Paris, Picard, janvier 1924, p. 74-102.

abondants renseignements sur l'origine, la situation et le développement de ces maisons d'après un manuscrit conservé aux Archives départementales de l'Aude, cote H. 307.

Notice de M. Rouquette sur le monastère d'*Arboras* (1), fondé au XIII⁰ siècle.

Quelques lignes du même sur *Ardingus* (2), qui aurait été le 4ᵉ abbé de Gellone vers l'an 879 ; ainsi que sur Raymond *Ardit* (3), abbé de Saint-Aphrodise de Béziers, élu en 1431.

Du même une notice sur saint *Ardon* (4), moine d'Aniane mort probablement en 843.

Signalons aussi quelques indications de M. Rouquette sur le monastère du Sembel d'*Ardouanne* (5) fondé en 1864 pour les Bénédictines du Saint-Cœur de Marie.

Provinces ecclésiastiques du Sud-Est

M. l'abbé Arnaud d'Agnel vient de publier un ouvrage sur *Marseille. Notre-Dame de la Garde. Histoire, Archéologie, Beaux-Arts, Religion* (6), magnifiquement illustré et dans lequel il a groupé tout ce qui a trait au célèbre sanctuaire dès ses origines jusqu'à nos jours. Dans une première partie, il retrace l'histoire de la colline de la Garde, de sa vigie et de son fort ainsi que des gouverneurs du fort. Passant à la partie religieuse, l'auteur décrit les origines de la chapelle en 1214 sur la colline appartenant à l'abbaye de Saint-Victor. Après avoir été desservie par deux chapelains successifs, la nouvelle fondation fut érigée en prieuré et devint l'un des quatre prieurés claustraux de Saint-Victor. M. Arnaud d'Agnel consacre à l'histoire du prieuré et des prieurs, au nombre de 36, depuis les premières années du XIVᵉ siècle jusqu'en 1762, des pages très documentées (p. 65-85). Un service d'aumônerie distinct de l'abbaye succéda à celui des moines. — La deuxième partie de l'ouvrage est consacrée à l'étude du monument, de ses modifications diverses et des œuvres d'art (vestiaire et trésor) qu'il renferme. — La troisième partie enfin retrace l'histoire de la dévotion, des pèlerinages et des manifestations religieuses dont le sanctuaire de N.-D. de la Garde fut le centre. — L'illustration de l'ouvrage, abondante, soignée et d'une richesse de choix, fait honneur aux presses Sadag de France, ainsi qu'à la maison Tacussel.

M. Bourrilly étudie les différends entre l'abbé de Saint-Victor et les Mar-

---

(1) Dictionnaire d'Hist. et de Géogr. Ecclés., fasc. 17-18, col. 1470-1472.

(2) Ibidem, col. 1611-1612.

(3) Ibidem, col. 1612.

(4) Ibidem, col. 1615-1616.

(5) Dictionnaire d'Hist. et de Géogr. Ecclés., fasc. 1621.

(6) Marseille, Tacussel, 1923, gr. in-4⁰ de 264 p. avec 60 hors-texte hélio, 2 hors-texte en couleurs.

seillais qui amenèrent *La crise municipale de 1229-1230, à Marseille* (1).

Dans l'étude de M. Oudot de Dainville intitulée : *Une enquête du Parlement de Provence sur le protestantisme et la vie des gens d'église dans le diocèse de Fréjus en 1546* (2), signalons ce qui concerne les prieurés-cures de La Napoule, dépendant de St-Honorat de Lérins ; de Montauroux, dépendant du chapitre de Fréjus ; de Caillan, de Fayence, dépendant de l'évêché de Fréjus ; de Seillans, de Mons, d'Escragnolle, de La Roque d'Esclapon, de Roquebrune, dépendant de Montmajour-lez-Arle ; de N.-D. de Paleyson, dépendant de St-Victor de Marseille ; de Saint-Antoine-lez-Roquebrune, dépendant de l'abbaye du Thoronet ; de Brenon, les prieurés de Bargemon, celui de Trans, celui de Figanières, de Monferrat, de Châteaudouble, ceux de Le Luc, de Salermes et de Villecroze, dépendants de St-Victor de Marseille ; celui de Les Arcs, de St-Martin de Taradeau, de Bagnols, dépendant de l'évêché de Fréjus. — De cette enquête il ressort que si de graves abus existent provenant de causes multiples, la vie chrétienne, la foi et la piété des fidèles restent néanmoins très élevées.

Remarquable et importante publication sur l'*Iconographie provençale. Arles et l'abbaye de Montmajour* (3) due à la collaboration de Mme Jeanne de Flandressy et de M. Mellier.

Courte notice de M. Royer sur *Archinric* (4), 4e abbé de Montmajour au début du XIe siècle.

Notice de M. U. Rouzlès sur *Claude d'Arces* (5), abbé de Boscodon, mort en 1519.

Provinces Ecclésiastiques de Vienne et de Lyon

Notice de quelques lignes sur *Arandon* (6), où se trouvait un prieuré dépendant de l'abbaye de Saint-Pierre de Lyon.

Parmi les acquisitions récentes des Archives départementales de l'Isère à noter une liasse relative à la Grande-Chartreuse (7).

Les *Remarques sur les états successifs d'une salle au prieuré de Chandieu* (8) par MM. Bégonnet, de Mijola et Brassart sont à noter à cause du caractère des peintures dont il est question.

Dans la monographie consacrée par MM. Ch. Dard et J. Martin à *Ozenay et ses hameaux* (9), qui abonde en indications très utiles, il faut cependant

(1) Provincia. Bull. trim. de la Soc. de statistique de Marseille, 1921, p. 134-147.
(2) Revue d'histoire de l'Église de France, janvier-mars 1924, p. 67-85.
(3) Marseille, F. Detaille, in-4°, xiv-444 p., avec 587 illustrations.
(4) Dictionnaire d'Hist. et de Géogr. Ecclés., fasc. 17-18, col. 1549.
(5) Dictionnaire d'Hist. et de Géogr. Ecclés., fasc. 17-18, col. 1525.
(6) Dictionnaire d'Hist. et de Géogr. Ecclés., fasc. 17-18, col. 1427.
(7) Le Bibliographe Moderne, mai-oct. 1922-1923, p. 135.
(8) Bulletin de la Diana, janvier-mars 1923, p. 244-258.
(9) Société des Amis des arts et des sciences de Tournus, 1923, p. 1-128.

signaler l'omission du prieuré dont l'existence au XII° siècle nous est révélée par une charte du Cartulaire de l'évêché de Châlon en date de 1243.

Dans la série de notices que nous donne M. J. Meurgey sur *Les ex-libris tournusiens* (1), il en est qui appartiennent à des abbés commendataires de l'abbaye de Tournus.

Quelques indications biographiques sur *Archambaud* (2), abbé de Tournus, puis évêque de Tulle en 1348. — De même sur saint *Ardaing* (3), 13° abbé de Tournus dans la première moitié du XI° siècle.

. Notice de M. P. Richard sur Jacques III de Vény d'*Arbouze* (4), 50° abbé de Cluny (1622-1629).

A signaler de M. l'abbé de Clock une intéressante monographie de *Pouilly-en-Auxois. Notes historiques* (5).

Notice par M. P. Fournier sur *Arbigny* (6), ancienne commanderie du Temple fondée au XII° siècle.

Début d'une monographie de M. l'abbé Dumontet sur *Notre-Dame de Bracancourt* (7), ancien couvent de Minimes fondé en 1496.

Indications intéressantes à glaner dans l'*Essai sur les marques de possesseurs de livres des bibliothèques langroises et circonvoisines* (8), par le docteur M. Brocard, notamment les *ex-libris* de divers personnages religieux et d'abbayes telles que celles de Montiérender et Morimond.

Notice de M. Alloing sur *Arbent* (9), où existait un prieuré dépendant de l'abbaye d'Ambronay.

Sous le titre : *La Révolution à l'abbaye de Saint-Sulpice* (10) on trouvera quelques détails sur le pillage de cette maison.

Province Ecclésiastique de Besançon
et diocèses de l'Est

L'étude importante de M. le pasteur Mériot sur *Colomban ou le Christianisme dans l'Est* (11) renferme d'abondantes indications concernant la situation religieuse dans l'est de la France au VI° siècle et le mouvement de réforme entrepris par S. Colomban à Luxeuil, Annegray et Fontaines.

---

(1) Ibidem, p. 136-164.
(2) Dictionnaire d'Hist. et de Géogr. Ecclés., fasc. 17-18, col. 1531.
(3) Ibidem, col. 1599-1600.
(4) Dictionnaire d'Hist. et de Géogr. Ecclés., 17-18, col. 1478-1489.
(5) Dijon, Jobard, 1923, in-8 de 67 p.
(6) Dictionnaire d'Hist. et de Géogr. Ecclés., fasc. 17-18, col. 1460.
(7) Annales de la Société d'histoire de Chaumont, tome V, n° 3, p. 71-83 (à suivre).
(8) Bulletin de la Société histor. et archéol. de Langres, 1923, p. 317-348.
(9) Dictionnaire d'Hist. et de Géogr. Ecclés., fasc. 17-18, col. 1456.
(10) Semaine religieuse du diocèse de Belley, 1923, p. 470-472.
(11) Mémoires de la Société d'émulation de Montbéliard, 1922-1923, p. 113-264.

La collection des Inventaires sommaires des Archives départementales du Doubs vient de s'augmenter d'un nouveau volume qui a trait tout particulièrement à l'histoire monastique de cette région. Ce tome Iᵉʳ de la Série H concerne à lui seul l'*Abbaye de Saint-Vincent* (1) de Besançon et renferme 536 numéros. A la suite de l'inventaire des titres de l'abbaye établi par M. Pigalet, archiviste du Doubs, M. A. Dornier a dressé une table générale copieuse et précise.

Dans la *Galerie biographique de la Haute-Saône* (2) (suite), notice concernant le bénédictin Dom Timothée Gastel († 1764), auteur d'un « Traité sur les eaux minérales de Luxeuil ».

Notice de M. Perrod sur le prieuré de Saint-Just d'*Arbois* (3), dont l'origine remonterait au XIᵉ siècle.

Diocèses de l'Est.

M. André Philippe, archiviste des Vosges, a fait au 54ᵉ Congrès des Sociétés Savantes (4 avril 1921) une communication de la plus haute importance sur *Les chartes-parties des Archives départementales des Vosges* (4). Ces chartes-parties originales ou cirographes, au nombre de 21, s'échelonnent de 1136 à 1227; il y a joint, extrait des cartulaires, neuf copies d'actes de même nature dont le plus ancien date de 1059 et le plus récent de l'année 1224 ; soit une pièce pour le XIᵉ siècle, 19 pour le XIIᵉ et 10 pour le XIIIᵉ siècle. Chacun de ces actes qu'il publie est accompagné de notes critiques très précieuses pour l'histoire des établissements mentionnés. Ces documents sont ainsi répartis. Parmi les originaux : une charte de Henri, évêque de Toul (2 janvier 1135), concernant l'abbaye de Chaumousey; une concession par le chapitre de Saint-Dié à l'abbaye de Flabémont (entre 1132-1180); une notice de l'abbé de Mureau des donations faites à son abbaye par les seigneurs de Marnay sur le territoire de Liffol-le-Grand (entre 1157-1184); une donation faite par Garnier de Chaumont à l'abbaye de Droiteval (vers 1157); une concession de l'abbé de Saint-Mihiel à l'abbé de Mureau (entre 1157-1178); une vente par l'abbé de la Crète à l'abbé de Mureau (1170); une concession faite par deux membres du chapitre de Saint-Dié à l'abbaye d'Autrey (1178); un échange de maisons entre l'abbé de Senones et l'abbé d'Autrey (entre 1179-1186); une donation à l'abbaye de Mureau (1184); une autre donation à l'abbaye de Mureau (entre 1198-1200); un arbitrage par l'abbé d'Ecurey d'un différend entre les abbayes de Mureau et de

---

(1) Besançon, imprim. Jacques et Demontrond, 1923.

(2) Bulletin de la Société d'agriculture, lettres... de la Haute-Saône, 1922, p. 104-119.

(3) Dictionnaire d'Hist. et de Géogr. Ecclés., fasc. 17-18, col. 1463-1465.

(4) Bulletin philologique et historique (jusqu'à 1715) du Comité des Travaux historiques et scientifiques, année 1921, p. 153-209.

Bouxières (1211) ; un arbitrage de l'abbé de Saint-Léon de Toul dans une contestation entre l'abbé de Mureau d'une part, l'abbé de Saint-Mansuy de Toul et le prieur de Saint-Jacques-au-Mont d'autre part (1216); un échange entre l'abbaye de Mureau et le prieuré de Saint-Pierre de Châtenois (1219); une sentence arbitrale rendue par l'abbé de Chaumousey et le prieur de Relanges mettant fin à un différend entre l'abbaye de Bonfays et le prieuré de Bonneval (3 mai 1219) ; un accord entre les abbayes d'Etival et de Moyenmoutier (8 avril 1222); un échange entre l'abbaye de Flabémont et Hugue, chevalier de Godoncourt (29 juillet 1227); une concession par l'abbaye de Saint-Mansuy de Toul à l'abbesse de Droiteval (début du XIIIᵉ siècle). Au nombre des copies d'actes dont M. Philippe donne la formule finale en l'accompagnant de notes, nous relevons une donation à l'abbaye de Senones du 25 novembre 1059; un accord passé entre les abbés de Chaumousey et de Saint-Mansuy de Toul (1128-1133); une donation de l'abbaye de Saint-Epvre de Toul à l'abbaye de Mureau (1157-1176); une donation à l'abbaye de la Crète (1158-1170); un accord entre l'abbaye de Vaux-en-Ornois et celle de Mureau (1163); la notification par l'abbé de Senones aux frères de la chapelle Saint-Etienne de Deneuvre (prieuré du Moniet) d'une donation qui leur est faite par Falco de Deneuvre (1188); un engagement par Hugue de Reynel à l'abbé de Mureau des dîmes de Berthéléville (1198); un arbitrage par l'abbé de Clairlieu et le prieur de Saint-Vincent dans un litige concernant l'abbaye de Mureau (1216); des lettres d'accompagnement à la cour franche de Borville intéressant l'abbaye de Senones (20 déc. 1224); enfin, en addition, une donation à l'abbaye de Morimond par l'abbaye de Chaumousey datée de 1168. Un index très copieux des noms de personnes et de lieux termine ce travail qui, par les pièces inédites qu'il nous donne et la précision de l'annotation, sera très utile; nous y relevons un certain nombre d'abbés non mentionnés dans le *Gallia*.

D'après l'original manuscrit existant à la bibliothèque de Saint-Dié, M. G. Baumont nous donne un résumé de *La Relation du voyage à Vienne de Dom Fangé (1753)* (1), écrite par l'intéressé.

Dans une étude très documentée sur *Martin Meurisse, O. F. M., évêque de Madaure, suffragant de Metz, 1584-1644* (2), notre collaborateur M. l'abbé Kaiser, nous montre, à côté de l'historien averti que fut ce personnage, le rôle très actif qu'il eut dans la réorganisation religieuse du diocèse de Metz et la part qui lui revient dans la réforme des anciennes abbayes de la région messine.

M. P. Lesprand nous apporte à propos de *L'abbaye de Saint-Louis de Metz, chapitre noble de dames, 1762-1791* (3), des indications très intéressantes sur la fusion des deux abbayes bénédictines de Saint-Pierre et de Sainte-Marie de Metz dont la réunion constitua le nouvel établissement du chapitre noble,

---

(1) Bulletin mensuel de la Société d'archéol. lorraine et du Musée historique lorrain, 1922, p. 41-60.

(2) Annuaire de la Société d'hist. et d'archéol. de la Lorraine, 1923, p. 1-119.

(3) Ibidem, p. 277-367.

ainsi que sur la dotation de cette maison et la lente élaboration de ses statuts. L'auteur nous donne ensuite la liste des religieuses ainsi que le récit de leur dispersion à la Révolution.

A signaler quelques notes concernant *L'abbaye de Salival* (1), par M. P. Volmerange.

Signalons : *Der Hilferuf einer Aebtissin aus dem Jahre 1650* (2); il s'agit d'une demande de secours et de protection de l'abbesse des cisterciennes de Königsbrück près d'Haguenau.

Dom G. Charvin, O. S. B.

---

(1) Almanach de Marie-Immaculée, p. 91-92.
(2) Cistercienser Chronik, février 1924, p. 35-36.

Imprimerie E. Aubin. — Ligugé (Vienne).

COMPTES RENDUS

Traité de psychologie par G. Dumas, t. I, in-8 de 964 p. ; Paris, Alcan,
108, boulevard St-Germain.

Cet ouvrage capital — qui n'est cependant qu'un tome I" — était presque achevé
en 1914, après trois années d'un travail minutieux. Il est l'aboutissement d'observations, d'expériences et de calculs dus à la patiente sagacité de 25 spécialistes.
Immense recueil de faits, prudemmeut interprétés, sorte d' « encyclopédie psychologique », visant à la plus scientifique objectivité. Un résultat aussi considérable
n'a pu être obtenu, et si promptement, que par le procédé, étendu et judicieux, de
la division du travail. Le procédé avait ses risques auxquels le directeur, M. G. D.,
s'est efforcé de parer dans les limites du possible : « simplifier et unifier » l'œuvre
de 25 collaborateurs n'était point tâche aisée. Le « préfacier », Th. Ribot, estime que
M. D. « s'est acquitté de sa fonction avec honneur »; hommage qui nous semble
mérité.

L'*Introduction* étudie la psychologie : objets et méthodes. — Livre I : *notions préliminaires* : l'homme dans la série animale; son cerveau et son intelligence; son
système nerveux; le problème biologique de la conscience. — Livre II : *les éléments
de la vie mentale* : l'excitation et le mouvement; les sensations, les états affectifs; les
images; excitation psychique et secrétions. — Livre III : *les associations sensitivomotrices* : l'orientation et l'équilibre; l'expression des émotions; le rire et les larmes; le langage. — Livre IV : *les formes générales d'organisation* : l'habitude et la
mémoire; l'association des idées; l'attention; la tension psychologique et ses oscillations. — Chaque chapitre a sa *bibliographie*.

Tel est l'objet du travail. La *méthode*, dit la préface, est celle de la psychologie
« expérimentale et autonome »; c'est « la méthode des sciences naturelles, indépendamment de toute hypothèse métaphysique »; psychologie envisagée comme « partie de la biologie; elle ne peut rester, elle ne peut être une partie de la philosophie ». Déclaration nette et catégorique : les auteurs ont omis, sans les nier, les
autres aspects du problème. Le procédé, au reste, est légitime. Mais il était nécessaire, loyal, de le dire clairement; car le titre de l'ouvrage pourrait induire en
erreur beaucoup d'esprits qui regretteront peut-être cette sorte de matérialisation
de l'ancienne psychologie; ils feront observer que ce déplacement de la question ne
supprime pas les hypothèses, la science n'étant qu'une approximation, souvent
incertaine et toujours revisable : ici encore les interprétations et les conjectures
doivent demeurer dans leur « ordre ». A cette condition et dans ces limites le présent travail rendra les plus grands services.

Reste qu'aucune synthèse ne sera possible, ni souhaitable, qu'au jour — si lointain ! — où l'analyse sera achevée et définitive.

Dom A. Castel.

La société des « Amis de la Bibliothèque de Lyon » vient de prendre une heureuse initiative. Les trésors que renferme la Bibliothèque de la ville comme documents paléographiques, typographiques et iconographiques vont être publiés, au
moins pour les plus importants. Le premier fascicule paru fait bien augurer de ce
que sera la suite, et l'on pourrait justement désirer que le nombre des exemplaires
tirés fût un peu plus élevé. On nous offre d'abord une description et des reproductions du matériel typographique de Corneille de Septgranges qui fut imprimeur
en la bonne ville de Lyon de 1531 à 1556. Ce sont des capitales à ruban très
curieuses avec figurines grimaçantes et bêtes de toutes espèces; puis des capitales
ornées, tirées du Graduel de Vienne, surchargées elles aussi, d'enfants ailés, de

papillons, de hiboux, d'oiseaux et de serpents. — Suit une étude sur la reliure
d'un missel d'Henri III accompagnée de reproductions (dont une en couleur). —
Une étude (dessin) pour le Massacre des Innocents du Tintoret et une bonne repro-
duction du tableau du maître. — Une xylographie très noble en couleur représentant le Christ entre la Vierge et saint Jean. — Enfin le Psautier de Jully, qui est
un beau manuscrit de la première moitié du XIII° siècle, nous est présenté par
M. l'abbé V. Leroquais. On remarquera la grande simplicité, émouvante parfois,
avec laquelle l'artiste, qui est avant tout un croyant, a traité ses sujets. Ici point
de floritures, nulle recherche d'effet, mais un parfait accent de sincérité et de foi
ardente. L'imprimerie Protat de Mâcon qui a été chargée du travail nous est une
garantie de la perfection et de la richesse de sa présentation. Souhaitons que beaucoup de bibliothèques de France suivent les traces de celle de Lyon ; c'est travailler
pour la France que de faire connaître et aimer ses trésors.

Dom M. PERCHANT.

HISTOIRE DE L'ART *depuis les premiers temps chrétiens jusqu'à nos
jours* publié sous la direction de M. André Michel. *Tome VII. L'Art
en Europe au XVIII° siècle.* — Un vol. in-8 grand jésus, 448 pages,
283 grav., 6 planches hors texte (Librairie A. Colin).

La France, comme le fait justement remarquer M. A. Michel, n'a pas été le pays
d'origine, ni la terre d'élection du « rococo », c'est même chez nous que se sont
élevé les premières protestations contre les excès de cette recherche des formes plus
souples et plus mouvantes qui marqua la transition de l'art du XVII° au XVIII° siècle. Tout ceci on le constatera au cours du présent volume. Le véritable goût
français a marqué de son empreinte une riche floraison d'œuvres de tout genre.
L'architecture, la sculpture nous donnent avec Delamaire, l'hôtel de Soubise ; avec
Bouchardon, la fontaine de Grenelle ; avec Courtonne, l'hôtel de Matignon : avec
Héré, la Place Stanislas, le Palais du Gouvernement à Nancy ; avec Nicolas et Guillaume Coston, les chevaux de Marly, si justement célèbres ; avec Aubert, les grandes
Écuries de Chantilly, etc... etc... La peinture ne reste pas en arrière, il suffit de
citer les noms de Jean Jouvenet et de son neveu Jean Restout, de Watteau et de
son école, du portraitiste Nattier pour s'en tenir aux principaux. — Pour l'ensemble du XVIII° siècle MM. Reymond traitent de l'architecture et de la sculpture et
M. A. Pératé de la peinture en Italie. M. Paul Vitry étudie l'architecture et la
sculpture et M. L. Gillet la peinture aux Pays-Bas. M. L. Réau en un chapitre des
plus intéressants sur l'art en Allemagne, en Scandinavie et en Russie montre l'expansion victorieuse de l'art français se substituant aux influences italiennes et hol-
landaises et dont l'*Académie du Nord* fut un foyer. Enfin l'ouvrage se termine par
une étude remarquable de M. Jean Babelon sur la médaille depuis 1650 jusqu'à 1789.

Dom M. PERCHANT.

L'Art et ses applications. Recueil de reproductions d'œuvres exécutées
par les membres de la Gilde des anciens élèves de l'Ecole Saint-
Luc. (Gand, rue des Sœurs-Noires, in-4, 1923.)

Notre époque s'efforce de rendre la vie à l'art religieux ; elle voudrait qu'il ne
soit point vide de pensée, qu'il redevînt, comme il le fut aux époques glorieuses
de l'art, l'expression vivante de l'idéal et des aspirations d'un individu, d'une
région, d'un peuple. Il ne sera, sans doute, pas indifférent de voir ce qui, chez
nos voisins du Nord, a été fait dans ce sens. Leur idéal n'est guère différent du
nôtre ; si parfois leur mode de construction, les matériaux qu'ils utilisent, ne sont
pas d'un emploi courant et facile chez nous, du moins nous pouvons rechercher
les principes qui les ont guidés, la technique saine qu'ils ont suivie. Les principes
nous les trouvons dans ce Recueil dès les premières pages : « tu ne seras plus
« l'esclave de l'habitude, ni de l'opinion, ni des préjugés, ni des écoles, ni même
« de la nature, et tu pourras t'exprimer d'une manière convenable à ton milieu, à
« ton siècle, à ta race, à ta croyance. Tu te serviras pour écrire ta pensée des moyens
« (matériaux) modernes dont tu disposes, et pour ne point errer tu étudieras tes
« ancêtres les grands artisans du moyen-âge. Tu ne les copieras point, mais péné-
« trant leurs secrets tu t'inspireras de leurs principes, et comme eux, en interpré-
« tant la nature tu t'exprimeras par les formes nouvelles d'un art qui soit chrétien,

« rationel et national. » Nous voilà loin de l'interprétation fausse et tendancieuse,
lue il n'y a pas longtemps encore : « Vous avez encore en Belgique des partisans
« aveugles du gothique comme type absolu de l'art chrétien. » Car il ne s'agit pas
de copier, mais de dégager des principes, et, à l'abri d'une saine tradition, de
laisser éclore une personnalité originale. On s'en convaincra en feuilletant ce bel
ensemble de travaux. Tout n'est point parfait, certes, mais nous ne trouvons là
aucune de ces œuvres fantaisistes qui recherchent la nouveauté pour elle-même; on
cherche la beauté, et la nouveauté ne fait que couronner une œuvre dont elle n'est
pas le but.

B. M.

A. Jeanroy : *Le théâtre religieux en France du XIe et XIIIe siècle.*
(Introduction et traductions, Paris, De Boccard, 1924, in-12 de
xxx-159 p.

Ce 3* volume de la collection des « Poèmes et Récits de la vieille France » publiée
sous la direction de M. R. Jeanroy contient trois drames liturgiques en latin (avec
traduction) : les offices du Sépulcre, des Bergers, des Mages ; — un drame liturgique bilingue : le Jeu des vierges sages et des vierges folles ; — deux drames
liturgiques en français : le Jeu d'Adam et la Résurrection du Sauveur ; — deux
miracles : le Jeu de saint Nicolas (de Jean Bodel) et le miracle de Théophile (de
Rutebeuf). — Dans une introduction très instructive, M. J. marque les caractères
distinctifs du théâtre religieux d'origine liturgique et, dans les pièces publiées,
montre des exemples du drame liturgique dans l'église d'abord, puis hors de
l'église, devenant des miracles d'allure plus scénique.

Dom G. Ch.

L'ABBAYE SAINT-SALVY D'ALBI
DU VIᵉ AU XIIᵉ SIÈCLE
(suite) (1)

UNE LAURE COLLÉGIALISÉE

IV. — RESTAURATION DE LA RÈGLE D'AIX-LA-CHAPELLE.

La reconstitution du patrimoine de Saint-Salvy : la communauté des biens, vers 1057. — On sait que le parti de la Réforme au XIᵉ siècle prit possession du siège pontifical en la personne de saint Léon IX, l'alsacien Bruno, évêque de Toul, promu par son cousin, l'empereur Henri III, en 1048. Cet homme énergique entreprit la guerre contre le mariage des prêtres et les investitures laïques au concile de Reims, tenu l'année suivante. Là, nombre d'évêques vinrent confesser le vice originel de leur élévation : des censures rigoureuses furent décrétées contre les prélats nommés par la seule autorité seigneuriale.

Ce mouvement de libération de l'Église à l'égard de la féodalité laïque gagna lentement le Midi de la France, propagé par des légats tels qu'Hildebrand, le futur Grégoire VII. En 1056, fut célébré à Toulouse un concile des évêques de la province de Narbonne, présidé par deux délégués du pape Victor II, les archevêques d'Aix et d'Arles (2). Les canons de Reims y furent promulgués et une procédure fut ouverte contre certains délinquants : tel le métropolitain de la province, Guifred, qui avait acheté son siège au vicomte de la cité, tout comme l'évêque d'Albi, et moyennant une somme de cent sous d'or.

Notre Guillaume ne siégeait pas au concile, n'étant point suffra-

---

(1) Voir *Revue Mabillon*, nᵒ 55, p. 111-149.
(2) LABBE, *Sacros. concilia*, IX, 1084. — HÉFÉLÉ-DELARC, *Hist. des Conciles*, VI, 367. *Hist. gén. Lang.*, III, 320. — A. LUCHAIRE, dans *Hist. de France* de LAVISSE, II², 109-112.

gant de Narbonne, mais bien Froterius, le trafiquant de l'évêché, en tant que titulaire du siège d'Uzès. Le canon quatrième les visait l'un et l'autre, puisqu'il frappait d'excommunication et même de déposition tout prélat qui aurait reçu ou donné de l'argent pour l'obtention d'une dignité ecclésiastique. Il leur importait, pour écarter l'orage, de témoigner du plus grand zèle pour la correction des abus et la restauration des institutions déchues.

Il y a tout lieu de croire que la réorganisation de Saint-Salvy fut un des bienfaits indirects du concile de Toulouse. La relation qui en commémore brièvement les traits essentiels n'est point datée. Rien ne s'oppose à ce que cet événement se place au lendemain de l'assemblée réformatrice. Il comporte deux actes : l'un purement économique, la restitution au bienheureux Salvy de tout l'avoir que l'avidité laïque ou ecclésiastique lui avait dérobé; l'autre, conditionné par le premier, d'ordre moral et disciplinaire, la rentrée des chanoines au monastère et la reprise des exercices de la vie commune.

D'après le procès-verbal officiel qui a survécu (1), la reconstitution du patrimoine commun, l'abandon à la mense conventuelle de la totalité des revenus, la renonciation au partage des « honneurs » ou bénéfices et la restauration de la gestion unique sont dus à l'initiative des deux frères vicomtes d'Albi, les avoués, et de l'évêque simoniaque Guillaume. « Nous restituons, disent-ils, à la communauté, *in communia*, l'honneur dont le prévôt a de droit la jouissance, avec les églises, paroisses, métairies, pâturages, eaux, qui lui appartiennent. Nous donnons aussi ces autres honneurs que nous tenons à désigner par leur nom : le cimetière, du moins ce que nous en possédons, la moitié du port [sur le Tarn], la moitié de l'église de Montils, la *canonique* de la métairie de Foys. Pareillement, nous abandonnons la cabiscolie [ou écolâtrie], et ces présents, *dona*, que reçoit l'abbé ou évêque, ou le prévôt. » Ce louable renoncement avait évidemment comme condition et contre-partie un dessaisissement parallèle consenti par les chanoines, celui-ci autrement coûteux et méritoire. Le mémoire poursuit : « Les chanoines font pareil; ils restituent tous les honneurs de Saint-Salvy qu'ils détenaient soit par leurs charges ou obédiences, soit en fief, soit en commende ou administration, avec les cens et services qui leur revenaient de droit. »

Cela fait, ils prirent des résolutions pour sauvegarder et accroître à l'avenir cette propriété sacrée. Ils la proclamèrent intangible, et s'engagèrent par serment à n'en rien aliéner ni inféoder au détriment de la communauté, *ad damnum ipsius communiae*. « Tout fief,

----

(1) *Gallia chr. nova*, I, Instr. 5, ch. IX. (Circiter 1050.)

libéré par le décès de son tenancier, sera irrévocablement réintégré
à la mense unique. Vingt chanoines sollicitent leur entrée dans la
communauté. Lorsque l'un d'eux décédera, aucun successeur ne lui
sera donné qui n'apporte [en dot] un alleu de biens personnels dans
un proportion concertée entre l'évêque et les frères. » Ainsi le patrimoine commun loin de s'appauvrir et de se dissiper, comme il est
advenu jusqu'ici, s'enrichira indéfiniment par l'accession de nouveaux
membres. Le principe est posé qu'on n'entre pas les mains vides au
monastère de Saint-Salvy. On vient à lui pour le servir, non pour
l'exploiter.

Comme sanction à ces déterminations courageuses qui sont prises
sans doute en chapitre général, les deux évêques accordent aux obser-
vateurs fidèles de cette constitution une « franchise et absolution de
toutes leurs fautes », promettant d'en obtenir d'analogues « du pape
romain et de l'archevêque de Bourges »; ils frappent au contraire
d'anathème et d'excommunication les parjures et les rebelles.

Ainsi, sous la menace des foudres de l'Église, les autorités, inculp-
pées de forfaiture, mettaient fin d'elles-mêmes à une longue suite
d'abus de pouvoir, de détournements de fonds et de rapines. Le
remède apporté à la contagion du siècle se révélait efficace.

La réintégration du cloître et la restauration de la Règle des Clercs.
— Le patrimoine de Saint-Salvy étant reconstitué, rien ne s'opposait
plus financièrement à la reprise de la vie commune. Il n'y fallait que
de l'abnégation, le fonds le plus rare. En fait, le renoncement fut
poussé jusqu'à cette extrémité. Les textes ne le disent pas explicite-
ment, mais nous savons par la suite comment doit s'entendre la
societas communiae. C'était la claustration, selon les prescriptions de
la « Règle des Pères », c'est-à-dire du Concile d'Aix, avec le réfectoire
et le dortoir communs; c'étaient le silence et les sorties contrôlées,
l'obéissance à un abbé ou prévôt, et, il va de soi, le service du chœur
de jour et de nuit. Un tel genre de vie impliquait le célibat et en était
la sauvegarde. En le restaurant, les réformateurs avaient eu principalement en vue d'opposer une digue efficace à la clérogamie envahissante. On s'explique malaisément que des prêtres séculiers, pour la
plupart d'âge mûr, et qui n'avaient sans doute jamais goûté du régime
monastique, dont plusieurs, sans doute, à l'instar de leurs collègues
de la cathédrale et profitant d'une excessive tolérance de l'opinion
publique, avaient fondé une famille, aient renoncé d'un cœur léger
à leur indépendance comme à leur confort et se soient assujettis béné-
volement aux rigueurs d'une règle conventuelle. Ce fut assurément

une merveille de la grâce, mais on peut légitimement supposer que, pour certains, la nécessité impérieuse aida aux sollicitations de l'idéal, ainsi qu'on l'avoue quinze ans plus tard pour les chanoines de la cathédrale (1). Privés de leurs bénéfices, comment ceux qui n'avaient ni réserves ni patrimoine auraient-ils pourvu à leurs besoins ? Le plus surprenant c'est qu'ils aient persévéré. Non seulement ils restèrent groupés, mais ils aspirèrent à une perfection plus haute. Un demi-siècle après, ils ont adopté la règle de saint Augustin. En attendant, ils jouissent d'un argent de poche, d'un pécule. Ils reçoivent des distributions mensuelles pour leur assistance aux offices et peuvent s'approprier les offrandes que leur remettent à titre personnel les fidèles qu'ils ont obligés. Saint Chrodegang n'en exigeait pas l'abandon.

Pour s'expliquer cet élan généreux des chanoines de Saint-Salvy il convient de le replacer dans son moment historique. En 1056, la campagne réformiste bat son plein. L'opinion est saisie. On aperçoit les abus : les âmes se scandalisent. Le peuple chrétien, agité par de véhémentes prédications, réclame à cor et à cri la restauration des mœurs dans le clergé, résolu qu'il est à faire un mauvais parti aux attardés et aux incorrigibles. De gré ou de force, abbayes et prieurés doivent consentir à s'affilier à un chef d'ordre qui les ramènera à la primitive observance. Sans sortir des frontières du diocèse d'Albi, voici que la grande abbaye réformée de Saint-Victor de Marseille reçoit la conduite, en 1057 du prieuré conventuel d'Ambialet, en 1062 de celui de Lagrave, en 1074 de la puissante abbaye de Castres. Par ailleurs, le prieuré de Saint-Pierre de la Salvetat-lès-Montdragon est uni à Rodes de Catalogne en 1072, et, l'année suivante, celui du Ségur à Cluny par Moissac. La Chaise-Dieu s'installera à Saint-Michel de Gaillac en 1080. Ces unions sont généralement imposées par les princes laïques, avoués de ces monastères, et notamment par le vicomte d'Albi et le comte de Toulouse.

C'est donc un mouvement général et incoercible. Le mérite de Saint-Salvy est d'en avoir pris la tête dans le diocèse au lieu de marcher à la remorque, et d'avoir ainsi devancé, dans la voie du rajeunissement spirituel et d'un renouveau plein de promesses, le chapitre cathédral lui-même, partant de lui avoir servi de modèle.

Est-ce au succès de la réforme à Saint-Salvy que l'évêque Guillaume dut d'échapper aux anathèmes et dépositions si copieusement fulminés à cette époque contre les prélats simoniaques, et de mourir paisiblement sur son siège si vilainement acquis ? Son successeur, Fro-

---

(1) *Gallia chr. nova*, I, Instr. 5, ch. x.

tard, frère du vicomte de Lautrec, qui paya le fief épiscopal « de quinze chevaux de grand prix » vers 1062, ne bénéficia point de la même indulgence, quelque zèle qu'il déployât à la réforme de son chapitre cathédral en 1072. Il fut destitué au concile de Toulouse de 1079, et dûment remplacé, ce qui ne laissa pas que de provoquer un schisme local, heureusement éphémère.

Relèvement financier de la Collégiale : dot des oblats. Seconde moitié du XIe siècle. — Le premier acte de la communauté renaissante dut être de reconstituer ses cadres. On se souvient que l'évêque Guillaume avait lassé vacants l'abbatiat, la prévôté et la cabiscolie. Il ne jugea pas à propos de pourvoir la première de ces dignités qui aurait peut-être gêné son arbitraire. Le chapitre fut désormais gouverné par un prévôt. Deux actes notariés, passés au temps du roi Philippe (1060-1108) et de l'évêque Frotard (1062-1079), mettent en scène un prévôt, nommé ici Pierre, là Bernard (1). D'abbé, il n'est pas question. Néanmoins le titre n'est pas aboli ; il figure encore en 1120 dans la bulle du pape Calixte II.

Le spectacle édifiant donné par Saint-Salvy fit de lui un centre d'attraction pour les âmes généreuses. Biens et personnes affluèrent. Une liste des donations en cette seconde moitié du XIe siècle serait inévitablement incomplète. Relevons seulement trois d'entre elles qui sont approximativement datées et ont le spécial intérêt d'être des constitutions de dot en faveur de jeunes novices. D'après les statuts de réforme, on l'a dit, nul n'est admis à la Collégiale sans un capital qui reste acquis à la mense conventuelle. C'est ainsi que « le 4 décembre, estant Grégoire pape (1073-1085) et Henri empereur », Guillaume Aton cède ses droits seigneuriaux sur Montels ainsi que « son fils Pierre pour chanoine, avec le consentement de Reymond, frère du dict Guillaume, et de son fils (2) ». — Vers 1103, en présence de Raymond Guy, seigneur de Paulin, et d'Arnaud de Cessenon, évêque d'Albi, Engelbert Pontz, « s'en allant au Saint-Sépulcre », fait donation au chapitre « d'un sien fils et des honneurs qu'il avoit à Montcouyoul », donation « ratifiée par Ricarde, sa femme, Ermengaude sa fille et Gaubert son frère (3) ». — Enfin, en présence d'Aldegaire, évêque d'Albi (1103-1115), Froterius, seigneur de Giroussens, donne au chapitro l'église du lieu, « pour la réception en chanoinie de Bernard Sigerius, son fils (4) ».

---

(1) *Inventaire des Archives de Saint-Salvy, Revue du Tarn*, IV, 245-250, n°s 32 et 33.
(2) N° 34.
(3) N° 19.
(4) N° 44.

Ce dernier acte nous donne quelque précision sur le montant de la dot d'un jeune chanoine. Outre l'église paroissiale et ses dîmes, le seigneur cède « sept casalz ou terres que sont à [Saint-Michel de] Montils, que donnent chascun un cetier froment par an et huict œufs », soit au total environ neuf hectolitres de grain et un demi-cent d'œufs de rente annuelle.

Nous apprenons, par ailleurs, qu'à une époque indéterminée, « Durand, Isarn, Raymond, Guillaume et Bernard frères, et Héringarda, leur mère, font donation au chapitre d'un frère pour chanoine, avec un patus dans Alby, une basse-cour et maison au Vigan,... et un arpent de vigne au vignoble de Foys (1) », que « Remi et Ricarde, sa fame, avec Bernard et Frotard, ses enfants, donnent un masage, situé à Foys, avec leur dit fils Bernard pour chanoine (2) », que Girault de Beaumont et Aldéarde offrent « Bernard, leur fils, pour chanoine avec quatre cestairées de terre en la paroisse de Lencarque (3) », ce qui met la dot convenue à environ 2 hectares 10 ares.

Quelques traits se dégagent de ce fastidieux inventaire. D'abord que Saint-Salvy se recrute dans un milieu de propriétaires, nobles ou bourgeois, ruraux ou citadins, et que l'obligation de fournir un capital d'entrée, loin de décourager les candidats, les sélectionne plutôt. Désormais, on s'agrège au chapitre par vocation, non pour exploiter le patrimoine des pauvres, mais pour l'amplifier. — On remarquera, en second lieu, que ce contrat de dot est un acte de famille auquel participent non seulement l'intéressé et ses auteurs immédiats, mais encore des collatéraux, oncles ou frères. Ils interviennent pour s'interdire officiellement toute revendication ultérieure sur l'objet de la donation, car celle-ci n'est pas faite au récipiendaire, mais au monastère ; elle implique un abandon total de propriété. Moyennant quoi, le prévôt, voire l'évêque, s'engage à assurer au nouveau frère « le pain et l'eau toute sa vie », comme on lit dans des actes analogues (4). Il suit de là que, selon toute vraisemblance, le novice, plus tard le profès, perd tout droit à la succession de ses parents. Il est déjà nanti ; on lui a fait sa part ; il n'a plus de prétentions à émettre sur le bien de la famille.

Nous en venons ainsi à considérer ces aspirants à la vie canoniale comme des enfants « oblats ». Ce sont d'autres Samuel qu'offrent

---

(1) N° 20.
(2) N° 22.
(3) N° 40.
(4) E.-A. Rossignol, *Monographies des communes du canton de Lautrec* (Toulouse, 1883); p. 294-6 : Réception de frères et sœurs donnés au monastère de La Salvetat-lès-Montdragon.

leurs parents. Le concile in Trullo (692) autorise à les recevoir dès l'âge de dix ans. Saint Benoît ne souffre pas qu'on les engage contre leur gré s'ils ont quatorze ans et au-delà (1). Bien que la profession seule soit irrévocable, un oblat qui sortirait du monastère serait regardé comme déserteur : on ne lui rendrait point son apport. Aussi l'opinion sera-t-elle indulgente pour ceux qui fléchiraient sous le joug et dont le zèle s'alanguirait.

Il y a des vocations plus tardives, plus réfléchies, sinon plus sincères. Voici Raymond Chaudis. Il est feudataire de la Collégiale. Celle-ci a résolu, on s'en souvient, de favoriser la rentrée des fiefs et leur retour à la condition d'alleux. Aussi accepte-t-elle avec empressement les propositions de ce vassal qui offre « relaxation » de tous les fiefs et dixmes qu'il tient de Saint-Salvy, « affin d'estre reçu chanoine et à la charge que les susdites choses seroient unyes à la manse capitulaire (2) ».

Il appert de ces pièces d'archives, dont le sommaire seul nous est parvenu, que la réforme a produit ses fruits, suscitant dons de personnes et dons de biens, et l'on s'explique ainsi que la Collégiale, prospère sinon opulente, ait osé entreprendre la reconstruction de son église et de son cloître, ainsi qu'il sera narré plus loin.

V. — LA RÉGULARISATION DE LA COLLÉGIALE :
LA RÈGLE DE SAINT AUGUSTIN.

L'acheminement vers la pauvreté religieuse. — C'est un fait général que, au tournant du XIIe siècle, tous les chapitres de Cathédrale et de Collégiale passent de l'état séculier à l'état régulier ; de communautés de clercs vivant en commun, les chanoines deviennent des religieux assujettis à des vœux.

Le changement radical porta sur la question de la propriété individuelle. L'ancienne règle laissait aux chanoines la libre disposition de leurs héritages éventuels et aussi des oblations des fidèles. La nouvelle exigea d'eux un dépouillement absolu. Ce régime plus sévère fut placé sous le patronage de saint Augustin, qui, à Hippone, à la fin de sa vie et de son épiscopat, avait imposé, sous peine d'exclusion, aux prêtres, diacres et sous diacres de sa cathédrale la pauvreté

---

(1) Voir l'application de ce principe par la *Regula clericorum* de PETRUS DE HONESTIS, au XIIe siècle. MIGNE, P. L., CLXIII, col. 711. — Cf. HÉFÉLÉ-DELARC, *Histoire des Conciles*, VIII, 256, 280.

(2) *Inventaire*, n° 43.

évangélique, telle que l'avaient pratiquée les premiers chrétiens de Jérusalem sous la conduite immédiate des apôtres (1).

L'origine de ce rigorisme économique, il faut la voir dans le désir qu'avait le parti grégorien d'affermir et consolider la vie de communauté. C'est pour arracher les clercs au concubinage qui les guettait dans le monde, qu'on les avait contraints de regagner le cloître; c'est pour leur enlever. la possibilité même de le déserter, qu'on leur déniait tout droit de propriété individuelle. L'expérience du IX⁰ siècle avait prouvé que les licences accordées par la Règle de 817 conduisaient naturellement à la ruine de la vie commune. Saint Pierre Damien, dans un opuscule adressé au pape Victor II à la veille de la réunion du Concile romain de 1063, se livrait à une critique acerbe de cette règle et s'évertuait à y révéler une contradiction flagrante. Il exhortait le pape à ôter aux pensionnaires des monastères de clercs toute possibilité, partant toute velléité de vie indépendante (2).

Le concile ne le suivit pas jusque-là et se contenta de prescrire la mise en commun de tout émolument d'origine ecclésiastique. Les chanoines garderaient l'usufruit de leur patrimoine (3). Mais le zèle des individus réalisa ce que l'autorité n'avait pas voulu imposer. L'exemple fut donné par Yves de Chartres au Mont Saint-Quentin à Beauvais et par Guillaume de Champeaux à Saint-Victor de Paris. Les chanoines régularisés prirent « les habits blancs avec lesquels Jésus-Christ avait paru dans la Transfiguration et le vêtement dont usait saint Jacques, frère du Seigneur (4) ». Ce fut une métamorphose suscitant l'admiration enthousiaste de femmes telles que l'abbesse du Paraclet, Héloïse. Un nouveau type de vie religieuse avait éclos sur le vieux tronc de la sainte Église, celui de clercs ajoutant aux vertus de l'apostolat l'ascétisme des moines. N'était-ce pas un progrès? Abélard crut devoir prendre la plume pour défendre le primat traditionnel dans l'ordre de la perfection de la vie monastique proprement dite (5).

Le mouvement de la régularisation des chapitres se propagea avec

----

(1) Voir les deux fameux sermons 355 et 356 dans P. L. XXXIX, 1568 à 1581. (Aliàs : *De diversis sermonibus*, 49 et 50). — Possidius, II, 22, 25.

(2) Fleury, *Hist. eccles.*, XIII, 134-136.

(3) « Quidquid eis ab Ecclesia competit, communiter habeant » (Can. IV). Voir le commentaire de Thomassin, *Ancienne et nouvelle discipline*, trad. fr., éd. André; II, 528.

(4) Épître de Letbert, abbé de Saint-Ruf († 1114), dans Martène, *Anecd.* I, 329-33. Elle est d'un fervent admirateur du nouvel Ordre. — Cf. *Hist. litt. de la France,* IX, 577.

(5) Cf. Achille Luchaire, dans l'*Histoire de France* d'Ernest Lavisse, II², 253.

une surprenante rapidité. On aurait dit d'une contagion. On pouvait craindre que l'œuvre fût fragile. Saint-Salvy fut atteint sous l'évêque Aldégaire (1103-1115). De son temps déjà le prévôt Pierre Saisset (*Saxeti*) recevait en « chanoine régulier » Sicarius, fils de Bernard (1). Le terme revient dans les constitutions de dot (2). En 1120, le pape Calixte II délivre un « privilège » aux « chanoines professant la règle de saint Augustin » à Saint-Salvy d'Albi (3).

Dans quelles circonstances s'accomplit cet important changement? Qui en fut l'inspirateur et l'agent? De quelle solennité fut entourée l'introduction de la nouvelle Règle? Sur toutes ces questions nous sommes réduits aux conjectures. Aucun écho ne nous est parvenu de ces graves transformations.

On entrevoit néanmoins par quelles voies la réforme s'est acclimatée. Disparue la génération de 1057, il ne devait rester à Saint-Salvy que des chanoines entrés jeunes au monastère, formés à l'obéissance par le cabiscol, et qui surtout, cause et occasion d'une donation à la Collégiale, lors de leur oblation, avaient aliéné tout droit éventuel à l'héritage de leurs proches. Il n'y avait plus pour eux de patrimoine en perspective. L'une des principales sources d'appropriation de biens temporels s'éloignait de leurs lèvres. L'enthousiasme aidant, ils renoncèrent aussi, semble-t-il, aux distributions quotidiennes et aux honoraires de leurs services. Il faut à leur propos songer à la vague de charité chrétienne qui soulevait les âmes à cette époque. La Chartreuse naît en 1086. Cîteaux en 1099 et Clairvaux en 1115 trouvent Cluny trop tiède et, sous prétexte de retour à la pureté primitive, dépassent le dessein modéré de saint Benoît. C'est ainsi que nos chapitres, pardelà Chrodegang et Amalaire, rejoignent saint Augustin et parviennent à généraliser et même à perpétuer ici et là dans l'Europe occidentale une institution locale et de durée éphémère de l'Église d'Afrique. Entre temps six cent mille guerriers et pèlerins, plus soucieux de gloire éternelle que de bien-être temporel, abandonnent sans esprit de retour leurs foyers de la douce France, et s'aventurent résolument dans les imprévus tragiques d'une expédition humainement déraisonnable, en vue de délivrer le tombeau du Sauveur. Jamais sans doute dans l'histoire le levain de l'Évangile n'a plus splendidement travaillé la vieille pâte de notre humanité. — Les chanoines de Saint-Salvy se montrent à leur façon dociles aux grâces d'abnégation ambiantes, et précèdent, encore de nouveau, leurs collègues de la cathédrale dans

---

(1) *Gallia chr. nova*, I, 49 E.
(2) *Inventaire*, n° 39.
(3) *Pièces justificatives*, charte I.

les voies de la réforme et de la régularité (1). Informé de leur zèle, le pape Calixte II les prend, à leur demande, en 1120, sous sa protection, sans toutefois leur accorder encore l'exemption de la juridiction épiscopale. Celle-ci sera l'octroi du pape Honorius III, un siècle plus tard, en 1219.

Genre de vie d'un chanoine régulier de Saint-Salvy. — Il n'a pas survécu de règlement ou de coutumier de Saint-Salvy, remontant au XII⁰ siècle. Mais nous possédons les statuts rédigés pour cette maison par l'évêque d'Albi, Guilhem Peyre, ancien religieux de la Collégiale, entre 1203 et 1209 (2). Un siècle s'est écoulé ou presque depuis l'adoption de la règle de saint Augustin. Un relâchement s'est produit. L'objet des statuts est de restaurer les usages abandonnés ; il est donc légitime d'en faire état pour esquisser l' « ordre » primitif. — En outre, il nous sera permis d'exploiter la *Regula monachalis* de saint Augustin (3), c'est-à-dire cette exhortation qui tient en moins de cinq cents lignes, que le grand docteur adressa aux moniales d'Hippone, gouvernées peu avant par sa propre sœur. Le moyen-âge morcela en douze paragraphes ce discours continu, et substitua le masculin au féminin dans les versions destinées aux chapitres d'hommes. Hugues de Saint-Victor composa à chacune de ces sentences un commentaire célèbre (4). L'évêque reste sur les sommets. Il prescrit la communauté des biens, la désappropriation individuelle, recommande l'humilité, la prière, le jeûne, la sollicitude envers les malades, la modestie dans les regards, la correction fraternelle, le pardon mutuel des injures, et insiste sur l'obéissance. C'est un esprit qu'il définit plutôt qu'un règlement qu'il édicte.

Pour le détail des actions ordinaires de la journée et la marche de la maison, nous trouverons tous les renseignements désirables soit dans les fragments de règles, faussement attribués à saint Augustin (5), soit dans un coutumier quelconque de chapitre régulier, tel que celui de Sainte-Marie de Porto, près de Ravenne, rédigé

---

(1) Le plus ancien témoignage de la régularisation de Sainte-Cécile qui nous soit connu est la bulle d'Innocent II (1135, n. s.) confirmant le *regularis ordo canonicorum* institué dans cette église. Doat, vol. 105, fol. 64 ; texte édité par E. D'AURIAC, *Hist. de l'ancienne cathédrale et des évêques d'Albi* (Paris, 1858) ; p. 197.

(2) *Gallia christiana nova*, I, Instr. 7, charte XIV, non datée. L'abbé R[aimond] de Candeil, qui assiste l'évêque, siège en 1206 et 1208 : *ibidem*, col. 57. *Hist. Lang.*, V, 1408, 2235.

(3) *Epistola 211 ad monacas Hipponenses circa 423*, P. L., XXXIII, 960-5 ; XXXII, 1377.

(4) *Expositio in Regulam B. Augustini*. P. L., CLXXVI, 881-914.

(5) *Regulae clericis traditae fragmentum* et *Regula secunda*, P. L., XXXII, 1447-52 ; édition des Bénédictins, tome I⁰⁰, Appendice, col. 39-42.

par Pierre de Honestis et qui porte le nom de *Règle des Clercs* (1).

Tous ces textes concordent et s'éclairent mutuellement. Les institutions de saint Benoît se retrouvent partout au-dessous, vivifiées par l'esprit de saint Augustin, qui fut d'ailleurs un des maîtres avoués du grand patriarche. Il n'y a pas lieu pour nous de nous étendre sur un sujet fort connu. Bornons-nous donc à exploiter les documents originaux et partiellement inédits de Saint-Salvy.

Le pape Calixte II adresse sa bulle de 1120 (2) « au prieur Guitard et à ses frères professant la vie régulière dans l'église du bienheureux Salvy. Nous confirmons, leur écrit-il, par l'autorité du présent privilège l'ordre de vie canonique que vous professez selon la règle du bienheureux Augustin. Ainsi, il n'est plus permis à personne, après avoir fait profession, de rien avoir en propre et de sortir du cloître sans le congé de l'abbé ou de la congrégation. » Voilà nettement affirmé que les chanoines de Saint-Salvy sont des religieux *profès*, que la vie *canonique* est une vie *régulière*, consistant essentiellement dans la *pauvreté* et l'*obéissance*. Le pape ajoute plus loin que les privilèges concédés vaudront « pour autant que l'ordre canonique restera en vigueur ».

Les dignités et charges qu'il nomme sont : l'abbatiat, la prévôté, la chantrerie et la sacristie. Le prieuré claustral n'est pas indiqué, bien que la bulle donne au prélat Guitard le titre de prieur : c'est donc que prieur et prévôt, c'est tout un. Les chanoines, au moment de l'adoption de la régularité, auront opté pour un titre nouveau : on reviendra par la suite à l'ancien.

Le privilège essentiel que les religieux ont demandé au pape de leur confirmer, c'est que « nul ne puisse être préposé aux divers bénéfices et aux charges sus-indiquées contrairement à l'avis du chapitre ou de sa partie la plus saine, mais que tout soit distribué entre les frères ». En d'autres termes, les dignitaires du chapitre et les chapelains des paroisses qui en dépendent devront être pris *e gremio*, dans le sein de la communauté. Le pape ne diminue pas la puissance de l'évêque, mais il limite son arbitraire. Dans le fait, c'est l'évêque qui gardera la part prépondérante dans la désignation et l'institution du prévôt; mais celui-ci nommera à tous les emplois, « sauve révérence canonique de l'évêque d'Albi », a soin d'ajouter Calixte II. Guilhem Peyre dit formellement plus tard : « J'accorde maintenant et pour toujours que l'élection du prévôt par les chanoines eux-mêmes tant

---

(1) P. L., CLXIII, 703-748.
(2) Pièces justificatives, charte I.

présents que futurs soit tranquille et en tout absolument libre ; j'approuve la concession faite jadis sur ce point par le vénérable pape Calixte. Cependant l'institution du prévôt aura lieu en présence de l'évêque et sera faite par lui. *Tamen praepositus praesente et faciente episcopo instituatur* (1). » C'est donc que, si la présentation du sujet appartient aux chanoines électeurs, la confirmation et l'institution ainsi que la bénédiction reviennent à l'Ordinaire.

D'autres privilèges de moindre importance sont mentionnés dans la bulle, tels que : l'ancienne coutume d'enterrer à Saint-Salvy quiconque en a exprimé le désir ; le droit d'admettre à la « conversion » les laïques et même les clercs séculiers, contrairement à toute opposition de l'évêque ou du prévôt. — Enfin, le pape énumère les possessions de la Collégiale et les défend contre d'éventuelles exactions, ce qui est une clause de style. Nous reviendrons sur les éléments ecclésiastiques de ce domaine.

La bulle du pape est une sorte de déclaration des droits, les statuts de l'évêque Guilhem un code des devoirs, de ceux du moins qui sont alors négligés. « Par-dessus tout, dit-il (2), que toute la communauté mange en même temps au réfectoire, consomme le même pain, boive du vin extrait du même tonneau. Que les restes soient distribués aux pauvres séjournant à l'hospice. A la tête de l'hospice, que l'on place un chanoine actif et craignant Dieu qui ait cure des pauvres y résidant et leur serve fidèlement les restes de la table conventuelle ; qu'il fasse la collecte de tout ce qui revient à cet établissement, comme cela s'est fait de tout temps. — Les frères dormiront tous au dortoir, et seront tous présents au chœur, aux heures de jour et de nuit, particulièrement aux Vigiles [Nocturnes], à Prime, à Tierce, à la grand' Messe, aux processions, à Vêpres et à Complies. Aussitôt après Complies, les portes de l'église seront plus soigneusement fermées, en sorte que nul ne puisse sortir hors du monastère, si ce n'est pour administrer un malade. Quand on ira en ville, ce sera toujours deux à deux. — Le donat qui se marie perd le bien qu'il a apporté à la Collégiale lors de son admission : il n'a droit à aucune restitution. — Le gardien de l'église, qui est aussi le carillonneur, obéit au chanoine sacriste. — Il sera établi un chanoine-ouvrier dont la fonction sera de recueillir les fonds nécessaires à la fabrique et de les affecter à leur destination. »— Le prévôt est chargé de veiller à l'observation de ces statuts ; l'évêque tient à affirmer que c'est de lui qu'il tient son

---

(1) *Gallia chr.*, I, Instr. 8, charte XV. Doat, vol. 113, fol. 19 ; *Hist. Lang.*, V, 1408, n° 424.

(2) *Gallia chr.*, I, Instr. 7. Doat, vol. 113, fol. 71 ; *Hist. Lang.*, V, 1408, n° 425.

pouvoir coercitif; il lui recommande une équitable sévérité : *et competenti severitate coerceat ille cui potestas a domino episcopo super hoc fuerit attributa.*

Égalité de traitement pour tous les frères, sans distinction d'âge, de dignité et de fonction; communauté de vie au réfectoire et même au dortoir où nous savons par ailleurs que des courtines ou de basses cloisons séparent les lits ; assiduité au chœur la nuit et le jour, mais de telle sorte qu'entre la fin de la grand'messe et le chant des vêpres de longues heures soient accordées aux clercs pour l'étude, le travail manuel et l'exercice du ministère; fréquentation du monde restreinte par l'obligation de ne sortir qu'en compagnie d'un *socius*; stabilité des donats laïques, sanctionnée par l'impitoyable retenue de leur dot s'ils retournent au siècle : autant de stipulations en parfaite harmonie avec les règlements précédemment signalés des chanoines réguliers de saint Augustin.

On aura noté la mention de l'hôpital d'antique institution où l'on héberge et nourrit des pauvres. C'était un bâtiment distinct que les cadastres mentionnent encore au XIVe siècle (1). Quant au chanoine-ouvrier ou maître d'œuvre, son rôle est fort notable à une époque où l'on reconstruit l'église et le cloître et où l'on fait appel en cette vue à la charité des fidèles. Point n'est besoin de supposer qu'il est architecte ni même directeur des travaux. Il est seulement le comptable de l'entreprise, recevant l'argent, payant les travailleurs et acquittant les factures.

Nous ne trouvons nulle part l'énumération de tous les fonctionnaires de la Collégiale. L'abbatiat, mentionné encore par Calixte II, ne reparaîtra plus. Le chef est un prévôt élu, dignité que l'évêque pourra laisser vacante, si les circonstances exigent qu'il gouverne lui-même la communauté par un délégué révocable *ad nutum* : ce qui sera très prochainement le cas. Le chantre a la direction de la petite école d'oblats où l'on apprend la lecture, la grammaire, le plain-chant, et peut-être aussi l'Écriture et la théologie, *sacra pagina*. Le sacriste a dans ses attributions les relations avec l'extérieur : le *custos* ou portier est sous sa dépendance immédiate. Le prévôt distribue, comme

---

(1) Il était situé dans la rue de la Porcherie (*Porcaria*), actuellement rue de l'Oulmet, qui dessinait au sud le périmètre du monastère. Le livre des lausimes de la Collégiale au XIVe siècle, dit *Lou Vedel*, le signale ainsi : « Item, lausi a vos Guilhem Ubac, habitador d'Albi,... lo bostre hostal que es *en la carriera de la Porquaria davan l'ospital de Sant-Salvi.* » *Arch. du Tarn*, G. 372, fol. 100. Cf. I. Saunazy, *Recherches sur Albi* (Paris, 1860), p. 149, 150.

il l'entend, les obédiences ou emplois : il nomme un camérier (1) qui est son « argentier », un réfectorier, un vestier ou vêturier qui administre le vestiaire commun, un cellérier, un grainetier qui recueille le froment des dîmes, un hôtelier qui reçoit les visiteurs de marque, un aumônier chargé des pauvres de l'hospice, sans compter les domestiques, convers ou donats, les boulanger, cuisinier, porcher, vacher (2), car le monastère semble se suffire en tout.

Entre tous ces religieux, les chapelains affectés au service des paroisses dépendantes de la Collégiale forment un groupe à part. Ce sont des hommes d'âge et d'expérience. Leur situation est enviable. Au monastère, dans un cadre trop étroit, on étouffe. Outre les incommodités de la vie commune, on est gêné dans ses allées et venues. A la campagne, on trouve l'air, la lumière, l'espace, la liberté. Le prieuré-cure, c'est la petite famille à trois ou quatre; c'est la vie du pasteur au milieu de ses ouailles. C'est aussi un demi-exil, le plus souvent dans une solitude, dont peuvent souffrir les âmes éprises de régularité et de fraternité religieuses.

Il convient de s'étendre sur la formation de ce groupement de paroisses qui donne au prévôt de Saint-Salvy une autorité d'archiprêtre dans le diocèse.

Les églises membres de la Collégiale : les prieurés. — A l'époque où nous sommes, les anciens Bénédictins acceptent une multitude d'églises qu'ils administrent eux-mêmes ou par l'intermédiaire de leurs donats clercs. Par là, ils rendent de signalés services aux fidèles des campagnes : ils régénèrent en maint endroit la vie chrétienne. Mais cette cure des âmes nuit à l'esprit et à la pratique de la vie monastique. Cîteaux, en ce moment, réagit, s'éloigne des lieux habités, refuse dîmes et paroisses, restaure l'ancien cénobitisme.

Les chanoines réguliers n'avaient pas de tels scrupules. Ils n'étaient

---

(1) Le *Camerarius Sancti Salvii Albie* devient au XIV° siècle le dignitaire le mieux rétribué du chapitre après le prévôt. Il est cotisé à la décime de 1382 pour 30 sous tournois contre 10 sous imposés au sacriste et 2 sous payés par le *Cappellanus altaris Sancti Salvii*. Le prévôt est taxé à 10 livres et le chapitre *in solidum* à 21 livres tournois. Archives vaticanes, *Collectoria* 84, fol. 132, édité dans nos *États administratifs*, p. 138.

(2) Le cloître est encadré à l'ouest et au sud par les rues de la *Galinaria* (rue Sainte-Cécile) et de la *Porcaria* (rue de l'Oulmet). Ces noms leur viennent des communs de la Collégiale affectés au poulailler et à la porcherie. Le poulailler est signalé en 1232 (v. st.) à propos de la délimitation du cimetière qui s'étendait entre Sainte-Martiane et le grand portail de la Collégiale jusqu'à trois cannes et trois paumes *versus gualinieram ecclesie Sancti Salvii. Albia chr.*, VII (1899), 69.

pas des moines adonnés au ministère, mais des clercs paroissiaux
volontairement assujettis à une règle monastique. La cure des âmes
était leur vocation : ils ne s'éloignaient pas de l'esprit de leur institution en acceptant des paroisses urbaines et rurales. Le tout était
qu'ils fussent assez nombreux pour suffire à la besogne.

On a vu que les premières donations dont l'histoire ait gardé la
trace remontent au Xe siècle. Ce domaine ne cesse de s'accroître, mais
il est sujet à bien des vicissitudes. Salviniane, Saint-Etienne du Mascle, Lincarque, Pouzols, Orban, Corras, passent à d'autres mains. Du
plus ancien patrimoine, il ne reste, au XIIIe siècle, que Pouzounac,
Cambon, Monestiés et Saint-Affric d'Albi. Des échanges se poûrsuivent. Saint-Salvy acquiert des droits sur deux ou trois autres paroisses de la cité : Sainte-Martiane, Sainte-Marie du Castelviel, Saint-Pierre, et, finalement les cède au chapitre cathédral (1). Parfois c'est
avec l'évêque qu'a lieu la transaction (2). Rien ici qui puisse nous
surprendre et arrêter notre attention.

Nous possédons l'inventaire du domaine de Saint-Salvy aux XIIe et
XIIIe siècles. Calixte II, en 1120, confirme à la Collégiale la possession de quinze églises qu'il énumère : Pouzounac est omis, sans doute
par mégarde. Ce chiffre est porté à vingt-neuf dans le privilège du

---

(1) Sainte-Martiane et Sainte-Marie sont portées sur la liste de Calixte II en 1120.
Cependant les seigneurs laïques ont des droits sur elles. Les Alaman, vers 1139,
renoncent, en faveur du chapitre de Sainte-Cécile, à leur « fief ecclésiastique » sur
la chapelle de Sainte-Marie du Castelviel. (Doat, vol. 105, fol. 40 ; charte éditée par
E. D'AURIAC, op. laud., p. 183.) — En 1202, les Oalric cèdent au même chapitre les
droits qu'ils avaient sur Sainte-Martiane : d'où un conflit entre Sainte-Cécile et
Saint-Salvy. Nous possédons un dossier important sur cette affaire : trois lettres
d'Innocent III et une de Pélage, cardinal de Sainte-Cécile, datées de Ferentino,
22 mai 1202 (P. L., t. CCXVII, col. 100-102); lettre de l'évêque d'Albi, Guilhem
Peyre, de 1202, transaction de 1205, sentence de 1233, etc., d'après Doat, publiées
par E. CABIÉ, dans Albia christiana, V (1897), 280-3 ; VI, 11 ; VII, 67). Sur la procuration à laquelle les chanoines de Saint-Salvy ont droit à Sainte-Martiane, voir une
sentence du vicomte d'Albi, de février 1167 (n. s.), dans Doat, 113, fol. 15-18. —
Vers 972, la comtesse Garsinde lègue aux trois églises d'Albi, Sainte-Martiane,
Sainte-Marie et Saint-Pierre, certains immeubles dont elle laisse la jouissance au
prévôt Gausbert et au sacriste Bonfils, tous deux chanoines de Saint-Salvy; d'où
l'on peut induire que ces églises appartenaient déjà à la Collégiale. Cf. Testament
de Garsinde, dans MARTÈNE, Thesaurus novus anecd., I, 126; reproduit dans Hist.
Lang., V, Preuves, 278 ; commentaire topographique par E. CABIÉ dans Revue Tarn,
XVII, 195, 197. Saint-Pierre d'Albi n'est pas autrement connu.

Sainte-Cécile, avant 1167, a cédé à Saint-Salvy ses droits sur Moutils, Leutlin,
Fieuzet, Loupiac et Cambon contre l'église Sainte-Croix, canton d'Albi. (Doat,
vol. 113, fol. 5-7; cf. l'acte de 1233 dans Albia chr., VII, 67).

(2) Le 25 septembre 1242, l'évêque Durant cède à Saint-Salvy Cambors et Brugayrolles qui lui ont été attribués par une sentence arbitrale, contre La Capelle de
Puycelci. (Doat, 106, fol. 21 ; Albia chr., VII (1899), p. 139. Cf. Revue Tarn. XXXI,
118).

pape Hónorius III en 1219. Il a donc doublé en un siècle (1). Il res-

(1)   TABLEAU DES POSSESSIONS DE SAINT-SALVY

NOMS MODERNES	LISTE DE CALIXTE II (1120)	LISTE D'HONORIUS III (1219)	LISTE DE LA PANCARTE, XVIᵉ s. (a)
ALBI. St-Affric	Ecclesia S. Africani	E. S. Africani	Prieuré de S. Affric
— Ste-Martiane	E. beate Martiane		
— Ste-Marie	E. beate Marie		
Montsalvy		S. Michaelis de Barzac	Pr. de Montsalvy
St-Benoît de Frédefond		S. Benedicti de Bosco	
Alaux		S. Africani de A-iauz	
Montels-Bellegarde	E. de Montilio	S. Benedicti de Montilio	
Entremonts-Creyssens		S. Saturnini de Intermontes	Pr. d'Entremonts
Cambon	E. S. Petri de Cambo	S. Petri de Cambo	Pr. de Cambon
St-Pierre-des-Conils		S. Petri de Conilio	Pr. de Conils
Gaulène		S. Nycholai de Gaulena	Pr. de Gaulène et Pousonnac
Brugayroles		S. Stephani de Brugarolis.	
Pouzounac		S. Martialis de Pasaunaco	
Monestiés, St-Pierre	E. S. Petri de Monasterio	S. Petri et S. Genovefe de Monasterio	
— Ste-Geneviève	E. Ste Genofeve		
Sarmazes	E. S. Martini de Sermadas	S. Martini de Sarmasis	Pr. de Sarmases
Loupiac	E. de Lupiaco	S. Laurentii de Lopiaco	Pr. de Loupiac
St-Jean de Lauzefam		S. Johannis de Lausafam	
St-Geniès de Lacroux.	E. de S. Genesio	S. Genesii	Pr. de Genieys
Fieuzet	E. de Felret	S. Salvii de Feuzet	
St-Victor de la Rossinerie		S. Victoris	Pr. de la Roussinarié
St-Salvy de Coufouleux		S. Salvii de Cofoleus.	
St-Vast		S. Epartii et S. Marie de Sancto Epartio	
Giroussens		S. Salvii de Girosenz	Pr. de Girossenx
St-Michel de Montils	E. de Montilio	S. Michaelis de Montilio	
Cambors-Valence	E. de Cambor	E. de Camborlio	
Almayrac	E. de Armairaco	E. de Armairaco	
Ste-Quitterie de Lentil	E. de Linthinio	E. de Lentinio	
Canezac		E. de Canazaco	
St-Salvy de Pierrefort		S. Salvii de Petraforti	Pr. de Saint-Salvy de Pierrefort

(a) *Dignités, offices et bénéfices ecclésiastiques du diocèse d'Albi*; pancarte publiée dans nos *États administratifs des anciens diocèses d'Albi, de Castres et de Lavaur* (Paris, 1921); p. 199.

tera désormais stationnaire. C'est un fait général dans l'Albigeois : depuis l'épiscopat de Durant (1228-1254), l'avoir des corporations religieuses en églises paroissiales tend à diminuer plutôt qu'à grossir. Les évêques ne souffrent plus aucune aliénation de leur patrimoine diocésain. Ils sont à même de pourvoir aux besoins des âmes par les ressources de leurs clercs séculiers.

C'est alors, au XIII⁰ siècle, que s'achève l'organisation des prieurés-cures de Saint-Salvy. Auparavant, la Collégiale faisait desservir les paroisses, ses membres, soit par ses propres chanoines (1), soit par ses donats, soit par des prêtres séculiers engagés par elle. Elle n'aurait pu suffire à tant de charges, si elle avait dû détacher un religieux en chacun de ces quinze, de ces trente postes. L'effectif du monastère aurait été réduit à un état squelettique : les oblats en bas âge et les vieillards caducs en eussent formé le contingent numériquement le plus fort. Le service du chœur à Saint-Salvy et celui de la paroisse n'eussent plus été assurés. Le recours aux auxiliaires, donats ou étrangers, s'imposait.

Mais les exigences de l'évêque Durant provoquèrent, semble-t-il, un changement de régime. Les chanoines n'avaient pas seulement demandé au pape Honorius III la confirmation de leurs propriétés mais encore une protection ou suzeraineté, impliquant l'exemption de la juridiction de l'Ordinaire : ils l'avaient obtenue et, comme signe de leur sujétion immédiate au Saint-Siège, ils s'étaient obligés à payer un cens annuel d'une obole d'or (2). Désormais l'évêque n'était plus le maître absolu à la Collégiale : il devait traiter avec le prévôt de puissance à puissance. Responsable de la bonne tenue des paroisses dans son diocèse, légitimement jaloux de ses droits de juridiction, il voulut que la cure des âmes fût exercée par les chanoines eux-mêmes. Le prévôt dut lui présenter ses propres frères comme chapelains, auxquels il donnerait l'institution canonique (3). Le résultat

---

(1) Calixte II accorde *ut per abbatem vel certos prelatos in ecclesiis vestris de claustro fratres constituentur*. Pièces justificatives, charte I. — Le desservant de Saint-Affric d'Albi porte dès 1157 le nom de *prieur*. Doat, 113, fol. 5 v°.

(2) En 1291, Saint-Salvy paie pour 47 années d'arriéré et pour l'année courante la somme de 15 livres et 12 sous tournois. Pièces justificatives, charte III.

(3) Accord survenu, le 25 septembre 1242, entre l'évêque Durant et le prévôt de Saint-Salvy, Gailhard do Rabastens (1227-1259), au sujet des membres suivants de la Collégiale : Giroussens et ses annexes, Saint-Victor, Entremonts, Saint-Benoît de Frédefond, Lausafam, La Capelle de Puycelci. Le prévôt reconnaît : « quod tenetur presentare dicto episcopo in capellaniis predictarum ecclesiarum, quamdiu erunt parrochiani, *capellanos perpetuos de canonicis ecclesie Sancti Salvii*, qui a dicto domino episcopo curam recipiant animarum et ab ipso episcopo in capellaniis dictarum ecclesiarum instituantur et cum opportuerit destituantur ». Doat, 106, fol. 17 : *Albia chr.*, VII, 100. — Même exigence de l'évêque, exprimée dans les mêmes termes, au

ne fut atteint que grâce à un groupement et une union de paroisses entre elles, les plus humbles s'annexant aux plus importantes (1). A la tête de chaque groupe fut placé un chanoine, honoré du titre de prieur, qui s'adjoignit un certain nombre de collaborateurs, clients de l'ordre, donats ou séculiers, prêtres ou frères lais. Ce furent les prieurés-cures. Le chiffre se fixa d'assez bonne heure autour de douze.

Ces personnages comptent parmi les dignitaires de la Collégiale. Ils y font de fréquentes apparitions. Le prévôt les convoque au chapitre pour les décisions importantes. Grâce à eux, les présences aux assemblées capitulaires s'élèvent au chiffre de douze, quatorze et même dix-sept (2). Nous ne saurions garantir que le nombre des chanoines ait jamais dépassé le chiffre de vingt, indiqué au XIe siècle. Mais il se peut que les donats et les convers aient plus que doublé le total.

Il semblerait *à priori* que le curé primitif de la paroisse mère et maîtresse de toutes les autres soit le prévôt. Néanmoins l'évêque exige qu'il délègue ses droits à l'un de ses religieux, responsable devant l'administration diocésaine. C'est lui sans doute qui apparaît sous les noms de « chapelain de Saint-Salvy » en 1233 (3) et 1253 (4), de « prieur de Saint-Salvy » en 1270 et en 1280 (5), de « chapelain de l'autel de Saint-Salvy » en 1382 (6).

Un évêque, tel que Bernard de Castanet (1276-1308), tiendra étroitement en laisse les prieurs de la Collégiale exempte. C'est lui qui les crée sur la présentation du prévôt; il les visite et reçoit d'eux la procuration; il les convoque au synode annuel et perçoit sur eux le tribut de cinq sols, dit *synodaticum*; il les corrige dans leurs excès, et, si leur prévôt les destitue ou les déplace sans raison légitime, c'est son officialité qui connaît de leurs plaintes et casse l'arrêt de révocation (7).

---

sujet des églises de Cambors et de Brugayrolles : même date. Doat, 106, fol. 21 ; *Albia chr.*, VII, 139.

(1) L'évêque Guilhem Peyre (1185-1227) a autorisé l'union à Saint-Salvy de Giroussens des trois petites paroisses voisines : Saint-Pierre de Salles, Arinnac et Saint-Anatole, en sorte qu'on ne sera tenu qu'à une seule procuration pour les quatre églises. Rappelé dans un acte de 1242, édité dans *Albia chr.*, VII, 101.

(2) Dix-sept signatures au bail à besogne de la reconstruction du cloître de Saint-Salvy, passé le 9 novembre 1270. Doat, 113, fol. 68-70.

(3) *Albia chr.*, VII, 67. « Arn[aldus] capellanus. »

(4) E. d'Auriac, *op. laud.*, 208-9. « Petrus, capellanus S. Salvii Albiensis. »

(5) Doat, 107, fol. 180 et ss.

(6) Collectoria, 84, fol. 132. Édité dans nos *États administratifs*, p. 138. « Cappellanus altaris Sancti Salvii. » En 1756, il est rappelé dans une délibération du conseil politique d'Albi que le curé de Saint-Salvy remplit les fonctions de l'ancien « chapelain majeur ». *Arch. com. Albi*, GG. 41, fol. 136.

(7) Acte du 12 novembre 1280, par lequel Bégon, prévôt de Saint-Salvy, présente à l'évêque Bernard de Castanet des sujets pour les huit prieurés suivants : Saint-

Au fait, une paroisse ne saurait appartenir absolument qu'au saint à qui elle est dédiée. La corporation religieuse qui en revendique la possession n'en peut avoir que le patronage et la desservance avec les revenus y afférents. Elle ne cesse point d'être partie intégrante du diocèse. L'évêque est donc son spirituel débiteur. Renoncer à ses droits vis-à-vis d'elle serait abdiquer les devoirs de sa charge. Il respectera assurément les situations acquises ; mais il n'hésitera pas, avec Guilhem Peyre et ses successeurs, à réclamer le tiers des dîmes qui seraient éventuellement rachetées aux laïques (1), ainsi que le concile de Toulouse de 1056 l'y a formellement autorisé (2). Au reste, sur les paroisses que l'évêque rachètera de ses propres deniers, sa part s'élèvera aux deux tiers (3).

On voit que cette prélature de Saint-Salvy, qui vaut à son titulaire, probablement dès le XIIIe siècle, l'octroi par le Saint-Siège des insignes épiscopaux, mitre et anneau (4), ne lui confère pas une autonomie bien étendue. Notamment en ce qui touche à l'administration des paroisses, les effets de l'exemption sont neutralisés par la vigilance de l'Ordinaire, jaloux de maintenir l'intégralité de ses droits.

(*A suivre.*)

L. DE LACGER,
professeur d'histoire ecclésiastique
au grand séminaire d'Albi.

Salvy et Saint-Affric d'Albi, Saint-Pierre de Conils, Saint-Michel de Barzac ou Montsalvy, Saint-Nicolas de Gaulène, Saint-Pierre de Cambon, Saint-Geniès près Rabastens et Saint-Martin de Sarmazes près Cordes. Doat, 107, fol. 180 ; *Revue du Tarn*, XXXI, 118 ; *Hist. Lang.*, V, 1353. Pièces justificatives, charte IV.

(1) En vertu de ce droit, l'évêque perçoit le tiers des dîmes de Giroussens et de ses trois annexes. *Albia chr.*, VII (1899), p. 139. — Il est stipulé, en 1232 (v. s.), que lorsque l'évêque s'est fait reconnaître ses droits de synode et de procuration sur une église paroissiale appartenant à Saint-Salvy, il n'en garde que les deux tiers, l'autre tiers revenant au chapitre de la cathédrale : « Canonici Sancte Cecilie obtineant suam tertiam partem synodorum et paratarum. » *Albia chr.*, VII (1899), p. 68-69.

(2) LABBE, *Sacros. concilia*, IX, 1084.

(3) Bulle de Clément V à l'évêque Bertrand des Bordes, en date du 28 juin 1309. Doat, 108, fol. 221 ; Baluze, 87, fol. 88 ; *Bullarium Albiense*, n° 31 ; *Hist. Lang.*, V, 1364, n° 193.

(4) *Gallia chr.*, I, 49 B.

Rectification

Dans l'article de notre collaborateur Dom Wilmart (juillet-septembre 1924) sur *Guillaume de Saint-Thierry*, au lieu de :

A priori, il n'est pas croyable...

(p. 164, première ligne du second alinéa),

prière de lire :

A priori, il n'est pas incroyable...

L'ABBAYE DE MAZAN DE 1123 A 1500

Le site de Mazan ne ressemble en rien à celui des commanderies militaires de Trignan ou de Jalès (1). Ce n'est plus le paysage ensoleillé et capiteux du Bas-Vivarais calcaire, mais l'étendue froide et mélancolique des hauts pâturages et des sapinières sombres. Sur les bords d'un petit affluent de la Loire, au creux d'un vallon paisible, dont la couronne de grands bois, de prairies et de montagnes rappelle d'assez près celle de la Grande-Chartreuse, se dressent encore les ruines du monastère. Il serait surprenant que le lyrisme des troubadours se fût épanché dans cette solitude et, de fait, les Muses ne l'ont pas visitée (2). Dans la plaine de Jalès ou sur les collines parfumées

---

(1) Sur les annales des commanderies de Jalès et de Trignan, du XII° à la fin du XV° siècle, le lecteur pourra se reporter à nos études et catalogues de la *Revue du Vivarais*, t. XXVII (1920), p. 161-173, p. 200-206 et p. 260-267. — De nombreuses mentions concernent les troubadours et leurs protecteurs : Guillaume de Balazuc, dame Vierne, sa veuve, Pierre de Barjac, Garin d'Apchier, Randon du Petit-Paris. Les annales de Jalès et de Trignan fleurent un parfum de poésie provençale.

(2) Cependant, le troubadour Vellave Pons de Chapteuil doit figurer en bonne place dans l'histoire de notre abbaye. En effet, le 28 septembre 1214, Pons de Chapteuil, se trouvant dans la grange de Bonnefont, tout près du lac de Saint-Front, en Velay, donna à Notre-Dame de Mazan et à Philippe Albert [l'abbé sans doute] les pacages et les herbages du Cros de Montroy, à la réserve du cens. Pierre de Fay et Gerente, ses fils, confirmèrent cette donation. Furent témoins : Bernard d'Anduze [qui devait embrasser la vie monacale (A. Roche, *Armorial des évêques de Viviers*, I, 210); c'était le fils de Bernard VII, seigneur d'Anduze], messire Pierre-Albert de Silvanès, Guillaume de Retournac, moine, Pierre de Venezobres, moine; plus six moines et huit convers de Mazan, et cinq chevaliers.

Le 9 octobre suivant, les experts procédèrent à la délimitation du Cros de Montroy, en présence de douze moines de Mazan et de deux convers.

Le 7 novembre 1214, à Montusclat (aujourd'hui commune du canton de St-Juliende St-Remèze la cigale peut lancer à tous les échos sa note stridente. Sur les hauts plateaux des sources de la Loire, sous la neige ou la brume qui les isole pendant des mois entiers du reste des vivants, il n'y a place que pour la méditation du moine, la vie contemplative du pâtre et le labeur obstiné du paysan.

C'est dans le premier quart du XIIe siècle que l'évêque de Viviers Léger fit choix du terroir de Mazan comme emplacement d'une abbaye Cistercienne. Un illustre chevalier nommé Pierre (1) fournit le terrain. Un autre seigneur du pays, Pierre Itier [de Géorand], fut choisi comme premier abbé. C'était un ancien chanoine de la cathédrale de Viviers. Il convient de souligner le rôle important joué par le grand évêque Léger dans la fondation de la célèbre abbaye. C'est lui qui trouve l'emplacement, qui fait construire l'église, qui convoque le collège électoral des frères et qui donne l'ordination au premier élu.

Cette version, que nous croyons être la vraie (2), ne s'accorde pas avec la tradition rapportée par les Annales de l'ordre de Cîteaux. Le fondateur de Mazan aurait été un moine de Bonnevaux, Amédée d'Auberive ou d'Hauterive. Désireux de vivre dans une solitude plus

---

de-Chapteuil), Pons de Chapteuil fait sceller le tout de son sceau, en présence de sa femme Gérentone et de leurs trois fils Pierre de Fay, Jarente et Guillaume Jourdain (Archives de l'Ardèche, chronologie Mazon, t. I, p. 933-43, vidimus du 14 juillet 1291, papier latin). — Pons et Jarentone paraissent encore avec leurs trois fils, Guillaume Jourdain, Pierre de Fay et Jarenton, dans un acte du 11 août 1211; d'après M. C. Fabre (*Mémoires de la Société agricole et scient. de la Haute-Loire*, XIV, 25-51, notamment p. 31, note), ce Pons est bien le troubadour Pons de Chapteuil qui aima Alazaïs, fille de Bernard VII d'Anduze et femme d'Odilon de Mercœur.

Un des fils de Pons, qualifié de clerc, Guillaume de Chapteuil, fit aussi des legs à Mazan, Chambons et Bonnefoy, le 25 juin 1223 (Archives de la Haute-Loire, G 621).

Quant à Gerente ou Jarente de Chapteuil, il reçoit en fief d'Aymar II, comte de Valentinois (juin 1224), le château du Cheylard et son mandement, à titre rendable, le château et le mandement de Lamastre, sauf le village de Colombier, tous châteaux et lieux situés en Vivarais. Guillaume de Lamastre, intervenant, reconnaît avoir donné le château de même nom à sa fille Aygline, mariée à Jarente. Puis, Pons de Chapteuil, fils émancipé de Jarente, reçoit en fief du comte le château de Brion, et, comme il se trouvait criblé de dettes, Aymar lui remet en échange de l'hommage de Brion 3000 sous viennois et la moitié de Châteauneuf-de-Vernoux. Le comte donne en outre à Jarente de Chapteuil toutes les terres qu'il possédait depuis le ruisseau de Valergas jusqu'au ruisseau de St-Cirgues, sous condition de ne pas aliéner ces fiefs (Archives de l'Isère, B 3894, orig. parch. Cf. Chan. U. Chevalier, *Regeste Dauphinois*, n° 6740).

Cette famille de troubadours Vellaves ne retrouva donc sa fortune, singulièrement compromise en Velay, que grâce à la protection du comte de Valentinois et à ses largesses en Vivarais.

(1) Ce Pierre, époux de Miracle, appartenait sans doute à la famille des seigneurs de Géorand.

(2) Le *Catalogue des actes de l'abbaye de Mazan (1123-1494)*, comprenant 92 numéros, a paru dans la *Revue du Vivarais*, t. XXVIII (1921), p. 86-9, 107-112, 134-42, 169-74, 211-7, 243-6; t. XXIX (1922), p. 44-50, 187-92, 235-41, 272-6.

absolue que celle de l'abbaye Viennoise, Amédée (1) aurait con-

____

(1) M. l'abbé Therme, curé du diocèse de Viviers, tout en me félicitant d'avoir mis en relief le rôle de l'évêque Léger, ne pense pas qu'il faille rompre tout à fait avec la tradition Cistercienne. « Sans doute, dit-il, les *Annales Cisterciences* écrites vers le milieu du XVII⁰ siècle par Ange Manrique, moine espagnol, défigurent la fondation de Mazan ; mais cela tient à ce que cet auteur, en quête de documents, vint en France, et trouvant une vie manuscrite d'Amédée d'Hauterive, composée vers l'an 1160 par un moine de Bonnevaux, sur l'ordre de son prieur Burnon de Voiron, et lisant dans cette vie ce qu'avait fait Amédée pour l'établissement des cisterciens à Mazan, crut que ce personnage avait fondé cette abbaye. Il ne prit pas la peine de consulter les archives de Mazan. La preuve, c'est qu'il nous dit, dans ses « Annales », qu'on ignore quel a été le premier abbé de ce monastère. Comme si le nom de Pierre Itier (ou Pierre-Urbain Itier) était inconnu des moines de Mazan, qui le vénéraient presque à l'égal d'un saint !

Dans les Annales Cisterciennes (chap. II, fondation de Mazan), il y a à distinguer ce qui est mis entre guillemets c'est-à-dire ce qui est extrait de la « vie d'Amédée d'Hauterive ». Cette partie me paraît documentaire. Quant au reste, c'est un résumé fait avec des idées préconçues, par suite élaguable sur plusieurs points. La « vie d'Amédée » étant plutôt sous forme de panégyrique et manquant de certaines précisions, Ange Manrique voulut préciser en la résumant. Ce fut la cause de ses erreurs. Il lui est arrivé ce qui est arrivé à M. Hauréau, qui, en résumant les Annales Cisterciennes, dans l'article qu'il a consacré à la fondation de Mazan (*Gallia*, XVI, 597-607, les a résumées *tout de travers*. Il suffit de comparer les textes. Ainsi il détruit complètement le rôle de l'abbé Jean en le réduisant à une simple permission donnée à Amédée d'Hauterive !

Ce ne sont pas seulement les Annales Cisterciennes qui font de Mazan une fille de Bonnevaux ; ce sont encore ces *tables* soit « chronologiques », soit « chronologiques et généalogiques » à la fois, qui se trouvent dans nombre d'archives de l'Europe et dont quelques-unes remontent jusqu'aux premières années du XIII⁰ siècle. Un religieux du monastère de Sainte-Croix (Autriche), Léopold Januschek, a fait paraître, en 1877, un ouvrage sur l'origine de 42 monastères cisterciens. Il se base surtout sur ces « tables » qu'il a trouvées dans certaines archives d'Angleterre, de France, d'Italie, d'Espagne, de Pologne, d'Allemagne et d'Autriche. Il en a étudié plus particulièrement 25, desquelles 6 sont chronologiques et généalogiques, c'est-à-dire qu'elles font connaître ainsi la filiation des abbayes ; les autres 19 sont chronologiques seulement, c'est-à-dire qu'elles se bornent à faire connaître l'année de fondation des abbayes. Or, d'après ces 6 tables chronologiques et généalogiques, Mazan est fille de Bonnevaux ; il n'y a pas de discordance. Quant à sa date de fondation, d'après 25 tables sur 26, l'abbaye de Mazan a été fondée en 1119, ou plus exactement le 3 des ides de novembre 1119 (11 novembre). Seule la table de l'ancien monastère d'Ebrach (Autriche) porte le 3 des ides de novembre 1120 ; mais c'est sûrement une erreur de quelque copiste. [Fille de Bonnevaux, fondée le 25 septembre 1120 (*Gallia christiana nova*, XVI, *instr.*, c. 31-2), Mazan ne peut être née avant sa mère.]

Cette date du 11 novembre 1119 n'indique pas le commencement de la vie monastique à Mazan, qui, à mon humble avis, n'eut lieu que dans le courant du mois de juin ou au commencement de juillet 1123 ; mais elle marque l'achat du Mas-Adam par Pierre Itier et la donation de certaines terres par le même Pierre Itier, « chevalier illustre ». Ce Pierre Itier possédait le château de Chadenac et, comme dépendances, une notable partie des paroisses de Barnas et de Thueyts. Le château de Chadenac avait été construit par (*Aldigerius*) Audigier, « prepotens », nous dit le Cartulaire de St-Chaffre ; c'était un aïeul de Pierre Itier. — Le château de Géorand existait-il en 1119 ? C'est fort problématique. Ce château avait été précédé par celui de Peyron, situé au Poyet, hameau de la commune du Cros de Géorand. Je pense que ce fut au Peyron que les Itier commencèrent d'habiter. Cette famille possédait

duit treize de ses compagnons dans les montagnes du Vivarais (1).

Il est vrai qu'à partir de 1225 (n° 13), l'abbaye de Mazan se trouva placée sous la dépendance de Bonnevaux (2). Mais auparavant elle relevait directement de Cîteaux (n° 8), et vers la fin du XIV° siècle, la supériorité de l'abbé de Cîteaux se substitua de nouveau à celle de l'abbé de Bonnevaux (n° 77).

Il reste à nos yeux que la fondation de Mazan fut une œuvre locale

------

une partie des paroisses du Roux, de la Chapelle Graillouse, d'Issarlès, la majeure partie de la paroisse de Ste-Eulalie de Mazan, la totalité des paroisses du Cros de Géorand, du Lac d'Issarlès, d'Usclades et de Rieulord. Ce Pierre Itier, « illustre chevalier », descendait probablement de « noble Etienne », mentionné dans le Cartulaire de St-Chaffre, n° 276. Ce dernier était fils cadet d'Itier, seigneur de Mercœur (Auvergne), qui paraît en 895 dans le Cartulaire de St-Julien de Brioude et qui possédait de vastes terres aux sources de la Loire et aux environs (n°° 37, 285). Miracle, femme de Pierre Itier, était probablement fille de Pons de Fay et petite-fille d'autre Pons, qui avait épousé une de Polignac (Cartulaire de Saint-Chaffre, n° 243). Il y est dit que Pierre Itier hérita de la part qui revenait à Pons de Fay. C'était probablement son gendre. Pas d'autre explication plausible.

Pour en revenir à mon sujet, j'ajouterai que la date de la fondation d'un monastère, officiellement reconnue par le Chapitre de Cîteaux, avait une réelle importance : elle donnait à son abbé le rang qu'il devait occuper aux Chapitres Généraux qui avaient lieu tous les ans. On conçoit que les monastères se soient efforcés de faire inscrire une date avantageuse, mais il fallait l'établir par pièces ou par témoignages. Or, comme c'était une habitude chez les Cisterciens, dans les fondations des nouveaux monastères, de s'installer aussitôt sur les terres qu'ils venaient d'acquérir, afin de les mettre en valeur et de construire les bâtiments nécessaires (les « Annales » nous déclarent qu'on fit pour Mazan une *exception* à cette règle), il suit que la date de prise de possession des terres devait paraître suffisante pour marquer la fondation d'une abbaye, d'autant que les Cisterciens occupés surtout de culture considéraient la terre comme le principal élément de leur établissement.

Les « Annales Cisterciennes » s'étendent longuement sur les travaux d'Amédée d'Hauterive à Mazan, relatifs à la culture des terres et à leur défrichement ; par contre, elles ne *disent rien* de ses travaux pour la construction du monastère. C'est fort étonnant ! Il suit que les « Annales », bien comprises, n'empêchent pas d'attribuer la construction du monastère à l'évêque Léger. Voici les deux passages auxquels je fais allusion (Ils sont traduits du latin) :

« Amédée *à peine arrivé dans cette vaste* solitude *commença*, comme on le lui avait
« appris à Bonnevaux, à cultiver les terres incultes, à couper les forêts, à arracher
« les ronces, à faire des jardins et à planter des arbres de diverses espèces. Peu de
« choses suffisaient à son entretien et à celui de ses compagnons. Chaque jour cepen-
« dant ils se livraient aux plus pénibles travaux afin de procurer le *nécessaire* à ceux
« qui allaient bientôt venir. »

« ..... Par un *effet de la miséricorde divine*, une maison capable de contenir un
« grand nombre d'habitants s'éleva bientôt à Mas-Adam et en peu de temps elle fut
« abondamment pourvue de meubles et de divers objets nécessaires. » — On dirait
que c'est une providence (un homme-providence) qui construisit le monastère. Donc quelqu'un autre qu'Amédée d'Hauterive.   [J.-B. Therme.]

(1) *Histoire de Languedoc*, édition Privat, t. IV, *Notes*, p. 601. — Il y a une commune du nom d'Hauterives dans la Drôme (arr. de Valence, cant. du Grand-Serre) et deux Auberives dans l'Isère, l'un dans l'arr. de Vienne, cant. de Roussillon, l'autre dans l'arr. de St-Marcellin, cant. de Pont-en-Royans.

(2) Commune de la Côte-Saint-André, arr. de Vienne (Isère).

d'initiative à la fois monastique et séculière. Un moine Cistercien, ancien membre du chapitre diocésain de Viviers, ayant formé le projet de fonder une filiale de Cîteaux dans les montagnes du Vivarais, son évêque de jadis, le grand bienfaiteur des églises et des monastères, le grand bâtisseur de cathédrales Léger s'employa de toutes ses forces à seconder son dessein. L'emplacement fut cherché dans le pays d'origine du moine, aux sources de la Loire, et, sans plus tarder, les religieux constructeurs se mirent hardiment à l'œuvre.

Témoignage formel de l'acte initial : l'évêque Léger fit construire l'église. Quoi d'étonnant! Ce prélat n'avait-il pas restauré ou même réédifié les grandes églises de Viviers et de Bourg-St-Andéol?

Arrêtons-nous un instant devant les ruines, si imposantes encore, de l'église abbatiale. Ce vaste vaisseau de 52 mètres de long sur 19 de large dans un endroit si désert, à côté d'un assemblage de quatre ou cinq masures, frappe de stupéfaction le voyageur non prévenu. Le dessin de Cassien, que Albert Du Boys a reproduit dans son *Album du Vivarais*, ne donne qu'une faible idée des proportions de l'ensemble de l'édifice. Le crayon de l'artiste n'a retenu qu'une partie de la nef. Exposée aux outrages des intempéries et des hommes, ouverte à tous les vents, dépouillée de sa toiture, crevassée dans sa voûte, la vénérable basilique s'écroulera certainement à bref délai si personne ne s'occupe d'en étayer les ruines. *Etiam periere ruinae...*

Ce qu'il en reste révèle, sans discussion possible, un spécimen de l'architecture Cistercienne du XIIe siècle (1). Conçu sur un plan grandiose, avec nef, bas-côtés et transept, l'édifice ne présente aucun ornement. C'est l'austérité de Cîteaux dans toute sa rigueur. Par l'absence de toute décoration, l'intérieur fait penser à celui de Saint-Andéol du Bourg. Pas de chapiteaux ni de moulures, encore moins de statues! Tandis que la porte et les fenêtres sont surmontées de l'arc plein-cintre, les voûtes, les arcatures et les arcs doubleaux sont en tiers-point. Une coupole octogonale sur pendentif recouvre le carré du transept. Ce mélange du berceau et de l'arc brisé est caractéristique de la période de l'art roman qui annonce les premiers temps de l'architecture gothique.

---

(1) Dans ses *Souvenirs de l'Ardèche* (t. II, 1846, p. 210), Ovide de Valgorge pense avec raison que la basilique ruinée est bien l'église de l'abbaye primitive. Cet auteur a très bien vu ce qu'il appelle le caractère *mixte* de l'édifice, c'est-à-dire le mélange du plein-cintre et du tiers-point.

Les grandes arcades latérales reposent sur de forts piliers et non sur des colonnes. A chaque pilier correspond un arc doubleau. A notre avis, les pilastres tronqués, qui, au lieu de s'élever du sol, reposent sur des consoles, sont une addition de l'époque de la Renaissance.

En outre des fenêtres romanes s'évasant à l'intérieur, la nef est éclairée par une grande baie circulaire, sorte de rosace sans rayons. Les moines de Cîteaux se complaisaient à ce genre d'ouverture. Je crois me rappeler que l'église de l'abbaye Cistercienne de Fontfroide, près Narbonne, renferme des *oculi* d'un dessin similaire.

A l'extérieur, de solides contreforts épaulent les voûtes intérieures. Le clocher très simple, en forme d'arcade, repose sur l'arc du chœur. La toiture d'ardoises ou de lauzes recouvrait, sans l'intermédiaire d'aucune charpente, les reins ou extrados des voûtes. Dans les matériaux de construction, un mélange de granit et de lave nous avertit que nous ne sommes pas très éloignés du champ d'expansion de l'école auvergnate. Mais le maître d'œuvre de Mazan n'a pas songé à en tirer d'heureux effets d'assemblage, comme l'architecte de Thines, par exemple. Le cloître est mentionné à partir de 1164 (n° 2).

Par sa robustesse montagnarde, par sa simplicité de lignes, par son indigence sculpturale et ornementale, le sanctuaire cistercien de Mazan s'accordait harmonieusement avec le site sévère et grandiose qui lui servait de cadre. Il correspondait également au caractère rigide et fruste, je dirai même iconoclaste, d'une population qui ne s'est jamais préoccupée bien profondément de revêtir son idéal religieux de formes artistiques et aimables.

**

Depuis la Révolution, les épaves du riche chartrier de l'abbaye de Mazan font partie des archives départementales. Le Cartulaire de Mazan, c'est-à-dire le recueil dans lequel ont été transcrits les principaux actes de l'abbaye, constitue le plus pur fleuron du trésor des chartes de l'Ardèche. C'est un gros volume in-folio, écrit sur de larges feuilles de parchemin (1). Il fut dressé au milieu du XV° siècle par un notaire de l'Officialité du Puy, Gonet Doron, qui était en même temps maître (régisseur) de la grange abbatiale de Chalmet. Le tabellion Ponot entreprit ce travail à la requête du prieur de l'abbaye. De nombreux titres avaient disparu pendant la guerre de Cent ans. Pour

---

(1) Archives de l'Ardèche, 3 H 1. Les derniers actes sont transcrits sur papier (f" 212-229).

assurer la conservation de ce qui en subsistait, il parut nécessaire
d'en faire la transcription sur un registre spécial. De cette façon, si
les originaux venaient à disparaître, la teneur des actes continuerait
à figurer au chartrier abbatial sous forme de copies authentiques.

Le Cartulaire de Mazan n'est pas une œuvre d'art. Rien de la finesse
des riches manuscrits calligraphiés et enluminés par la main des fils
de saint Benoît. Aussi bien Gonet Doron n'écrivait-il pas ses lignes
dans la retraite studieuse d'une bibliothèque monastique, mais dans
une ferme isolée, à côté du bétail bruyant et des instruments agricoles. Son écriture s'en ressent; elle tient à la fois de la lettre de forme
et de la cursive, des « Notes brèves » et des expéditions soignées. La
lecture n'en est pas plus difficile ni plus facile que celles des « Notes
étendues » des tabellions Albenassiens. Une autre main a complété
l'œuvre de Gonet Doron; mais ces additions sont sans importance.

Le Cartulaire est un document historique de premier ordre. Sous
le second Empire, il fut adressé en communication à des érudits
Parisiens. Hauréau en transcrivit quelques pièces pour la nouvelle
édition du tome XVI de la *Gallia Christiana* (1865). En 1847, une
traduction du Cartulaire avait été faite à l'école des Chartes sous la
direction du secrétaire, Borel d'Hauterive (1). Assez correcte en général, elle renferme néanmoins un certain nombre d'erreurs en ce qui
concerne notamment les noms propres de personnes ou de lieux et
les désignations locales de droits seigneuriaux. Répertoire incompa-
rable de faits, de noms ou de coutumes, le Cartulaire de l'abbaye de
Mazan mériterait sans doute une publication intégrale. Nous avons
pensé, en attendant, que de longues analyses rendraient service aux
chroniqueurs des paroisses et des familles, aux historiens du droit
et des institutions.

*
* *

Le lecteur du tome II de l'*Histoire du Vivarais* se rendra compte
aisément du rôle considérable joué par les moines de Mazan comme
auxiliaires de la politique Capétienne. Tandis que les évêques de
Viviers hésitaient encore entre la souveraineté impériale et la supré-
matie royale, les abbés de Mazan se ralliaient franchement à la cause
des rois de France. Sur ce point, les religieux subissaient évidemment
l'influence plus prochaine des évêques du Puy, acquis depuis longtemps à la monarchie capétienne. Dès l'année 1123-1124, le règne de

____

(1) Archives de l'Ardèche, cote provisoire 3 H 2; registre ms. in-fol. de 1173 p.

Louis VI, roi de France, figure dans la première charte de l'abbaye
(n° 1). En 1213, le règne de Philippe-Auguste est mentionné de la
même façon (n° 7). On sait que, par le pariage de 1284, l'abbaye per-
mit à la royauté d'installer son administration et ses tribunaux dans
un bourg de fondation nouvelle, à Villeneuve-de-Berg, au cœur même
du Vivarais (n° 29). Les relations furent toujours cordiales entre le
monastère et les agents du pouvoir central. Les baillis du Velay et
ceux du Vivarais figurent presque tous dans les actes du Cartulaire.

La liste des abbés a été convenablement établie par M. le chanoine
Rouchier (1). Pour la compléter, l'expurger ou la préciser, il faudrait
des recherches considérables dans les minutes notariales, qu'un érudit local sera mieux à même que nous de poursuivre et de mener à
bonne fin.

Au moment de la crise albigeoise, l'abbé Philippe II montra quelque faiblesse à l'égard des hérétiques ; il fut accusé, notamment en
1225, d'avoir enterré un noble excommunié (n° 13), démarche bien
compréhensible si l'on songe que les Montlaur et les autres chevaliers
de la montagne s'étaient plus ou moins laissé entraîner dans l'hérésie
par l'exemple de leurs suzerains, les comtes de Toulouse. L'orthodoxie des autres religieux n'en fut sans doute pas ébranlée. Alternant
le travail et la prière, les moines semblent avoir mené une existence
paisible et heureuse jusqu'à la guerre de Cent ans. La répercussion
des champs de bataille ne se fit guère sentir dans la région de Mazan
qu'après le traité de Brétigny (1360). Mais trois ans après, les bandes
mercenaires sillonnent le pays (n° 67). En 1375 l'abbaye est obligée
de fortifier sa grange de Thorenche en Forez (n° 69). Un demi-siècle
après, en 1419, l'abbé alléguait encore les courses des gens d'armes
et l'insécurité permanente du pays (n° 85). De cette guerre atroce, le
monastère sortit à peu près ruiné. Pour procurer un soulagement à
sa détresse, le pape lui annexa en 1390 la cure de Mayres (n° 74). Mais
rien n'arrêta la décadence de l'abbaye. En 1479, avec l'abbé Méraud
de Grolée (2), elle était soumise au désastreux régime de la com-

(1) *Hist. de Lang.*, IV, *Notes*, 601-4. — M. l'abbé Therme, curé de Lanarce (Ardèche), a transcrit dans les archives privées des familles et des notaires des centaines
de pièces relatives aux monastères de Mazan, des Chambons et de Bonnefoy, qui lui
permettront d'établir des listes d'abbés et de prieurs plus complètes que toutes celles
parues jusqu'à ce jour. Il estime, dès maintenant, que la liste des abbés de Mazan,
de M. le chanoine Rouchier, tout en étant la meilleure, renferme des noms d'abbés
qui doivent être rayés; qu'elle omet certains abbés dont l'existence peut s'établir;
enfin que, pour plusieurs d'entre eux, on pourrait donner des dates plus avanta-
geuses, qui prolongeraient la durée de leur abbatiat. Voir plus bas en appendice
quelques rectifications.
(2) Le 1er février 1479, « a nativitate sumpto », Méraud consent un bail à nouveau

mende, une des causes certaines de la crise religieuse du XVI⁰ siècle. Les abbés commendataires ne prenaient plus la peine de résider dans leur abbaye. Ils se contentaient d'en percevoir les revenus. Inutile d'ajouter que la discipline intérieure se ressentit fâcheusement de cet abus. Aussi, à la fin du XV⁰ siècle, la décadence de Mazan se précipite. Les guerres de religion lui porteront le coup de grâce et plus jamais l'abbaye ne connaîtra la prospérité ni le prestige des XII⁰ et XIII⁰ siècles.

*_**

La décadence du monastère se traduit notamment par la diminution progressive du chiffre de son personnel. En 1321, l'assemblée capitulaire compte trente-trois religieux : soit onze dignitaires, seize moines et six (1) convers (n° 50). Le total n'est plus que de treize en 1359 et ce quatorze en 1394 (n°ˢ 67 et 77). Les titulaires d'offices sont au nombre de onze en 1321 : l'abbé, le prieur, le portier, le garde-terrier, le grand cellérier, l'hôtelier, le sous-prieur, l'infirmier, le pitancier, le sous-portier, le chantre. Le titre de conresier tombe en désuétude à partir du XIII⁰ siècle : en 1249, le conresier agit comme procureur de l'abbé et du couvent (n° 18). Postérieurement ce rôle est rempli par le syndic ou économe, par exemple en 1284 (n° 27). Un acte de 1312 mentionne le sacriste (n° 44).

Dès la fin du XIII⁰ siècle, on voit apparaître, à côté des moines et des convers, les donats. Ces frères lais vivaient sous le toit de l'abbaye et mangeaient à sa table; ils se donnaient, en personne et dans leurs biens, à la communauté; de là leur nom de donats ou de donates. Ils portaient comme insigne de leur état le capuce monacal (n° 27). En 1302, un gentilhomme d'Aubenas, Guillaume Maurel, se fait recevoir donat de l'abbaye. Du même coup, ses tenanciers deviennent les hommes du monastère. Le seigneur de Montlaur, en qualité de suzerain de Maurel, approuve l'acte de son vassal (n° 37).

---

cons aux habitants de Chaumienne et de La Grâce (Archives de l'Ardèche, 3 H. VIII, copie).

(1) Il semble qu'il faille placer la plus grande prospérité de l'abbaye au XII⁰ siècle, antérieurement à la croisade des Albigeois. C'est alors que Mazau fonde, à son tour, des monastères plus puissants qu'elle-même : en 1136, Salvanès dans le diocèse de Vabres et le Thoronet dans celui de Fréjus; en 1148, Senenque au diocèse de Cavaillon; en 1152, les Chambons dans le diocèse de Viviers (*Hist. de Languedoc*, t. IV, *Notes*, p. 601). Le nombre de convers dépassait huit en septembre 1214. Le total des moines devait donc y être supérieur au chiffre de 1321 et atteindre, sinon dépasser, la quarantaine. — Après les guerres de religion, l'existence de l'abbaye se prolongea pauvrement jusqu'à la Révolution : douze religieux en 1675, onze en 1768 (*Tableau de* PEIGNÉ, et *Rapport de l'intendant d'Aguesseau*, dans *Chroniques de Languedoc*, II, 210).

Tous les donats n'étaient pas aussi fortunés que Guillaume Maurel. Les vieillards et les infirmes, qui n'étaient plus capables d'aucun travail aux champs ou à la ferme, se faisaient admettre dans l'hospice du monastère (n° 45).

Enfin, la domesticité, proprement dite, comprenait un certain nombre de serviteurs à gages (*familiares*). De bonne heure, l'abbaye essaima un peu partout ; des colonies agricoles furent fondées en Vivarais, Velay, Gévaudan, Uzège, Némausais et Forez. Chaque grange était administrée par un moine détaché de la maison centrale : maître, gardien, précepteur ou régent (n°⁵ 31, 48). Le terrain dépendant de chaque grange était mis en valeur par des emphytéotes ou tenanciers censitaires, qui vivaient dispersés dans des mas. En 1209, on donnait le nom de pagésies à ces tenures roturières et de *pagés* ou bénéficiers à ces colons agriculteurs (n° 5). Mais il semble que, dans la montagne, la condition des tenanciers de l'abbaye ait été plutôt voisine du servage. Le mouvement d'affranchissement collectif ne s'y fit guère sentir que vers la fin du XIVᵉ siècle. A partir de 1394 les hommes liges du Chalmet ne furent plus taillables qu'aux cinq cas (n° 76).

Ces hommes liges du monastère, ces tenanciers des mas de la montagne, n'étaient pas assujétis aux chevauchées, ni au guet, ni aux tailles du seigneur dans le mandement duquel ils résidaient ; ils ne devaient le service militaire au château que dans l'étendue de la châtellenie (n° 27). Les alertes de la guerre de Cent ans, en obligeant les gens des mas à se retirer derrière les épaisses murailles des lieux-forts, firent sentir la nécessité d'une garde permanente. En 1363, le seigneur de Montlaur imposa l'obligation aux hommes liges d'Issanlas et autres granges de venir faire le guet à son château de quinzaine en quinzaine (n° 67) ; ce fut le guet par roulement.

Les hommes liges de l'abbaye n'avaient pas que des charges. Ils avaient aussi des droits ; moyennant une redevance annuelle par feu, ils jouissaient de droits d'usage dans l'étendue des forêts et des landes seigneuriales : droit de faire paître le bétail, droit de prendre de l'eau, du bois et des pierres pour les besoins du mas, etc. (n° 27).

Au-dessus de ces tenanciers, grangers, serviteurs, donats, convers et moines, l'abbé était véritablement un grand personnage. Dès l'année 1217, une bulle du pape Honorius III le rendait indépendant de la juridiction et du contrôle de l'évêque diocésain (n°⁵ 9 et 16). Un autre pape lui conférait en 1390 le privilège de porter la mitre, l'anneau et les autres insignes de l'épiscopat (n° 73). Néanmoins, dans son monastère, l'abbé n'était pas souverain absolu. Aucun bien ne pouvait être aliéné par lui sans le consentement de l'assemblée des moines (n° 9) et sans la ratification de ses supérieurs immédiats, l'abbé de Bonnevaux ou l'abbé de Cîteaux (n°⁵ 33, 46, 77).

Le développement territorial de Mazan fut extrêmement rapide. Les libéralités ne lui manquèrent pas. Presque tous les seigneurs fonciers de la région cévenole s'inscrivirent parmi ses bienfaiteurs : l'illustre chevalier Pierre [Itier de Géorand], le premier de tous (n° 1) ; dès 1164, les vicomtes de Polignac (n° 2) ; dès 1205, les comtes de Valentinois (n° 4) ; dès 1209, les seigneurs de Géorand, et dès 1210, les sires des Eperviers (n°ˢ 5 et 6) ; en 1219, les seigneurs de Jaujac (n° 11) ; dès l'année 1237, les puissants seigneurs de Montlaur (n° 15) ; en 1270, la dame du Tournel (n° 22) ; en 1302, Guillaume Maurel, d'Aubenas ; en 1310, Raimond de Vogüé, et en 1410, Gilbert Goy, coseigneur de Thueyts et d'Antraigues (n°ˢ 37, 42 et 81).

En somme, le siècle qui avait vu la naissance de l'abbaye n'était pas révolu que cette nouvelle fille de Cîteaux se trouvait gratifiée déjà d'une dot magnifique. Le Velay, le Vivarais, le Gévaudan et le Forez voyaient se multiplier sur leur territoire les dépendances de Mazan. En 1217, le couvent pouvait dénombrer au Saint-Siège une foule de mas et de granges, notamment Thorenche en Forez, Issanlas, Lafigère et Berg en Vivarais, plus quatre maisons urbaines, au Puy, à Mende, à Viviers et à Aubenas (n° 9). La maison de Viviers devait devenir plus tard l'hôtellerie du Cheval-Blanc (n° 77).

Au treizième siècle et dans la première moitié du quatorzième les acquisitions de Mazan se multiplièrent encore : terres à Mayres en 1283, domaine à Savel dans la paroisse d'Ucel en 1309, terre à Châteauneuf-du-Rhône dans l'Empire en 1299, grange du Chaylar près d'Aubenas en 1321 (n°ˢ 26, 41, 35, 49). La population sans cesse accrue des moines, convers et donats, débordait les bâtiments centraux de l'abbaye et se répandait dans toutes ses dépendances foraines (n° 27).

Si l'élément seigneurial se prêta en général volontiers au développement domanial de l'abbaye, il fut moins accommodant lorsqu'il s'agit de l'associer à ses droits de juridiction. C'est une histoire bien curieuse que celle des efforts de l'abbé pour se tailler une place satisfaisante dans le cadre féodal qui l'enserrait. Comme le seigneur foncier, l'abbé était grand propriétaire terrien. Allait-il se faire, comme lui, justicier ?

Les moines se rendirent compte de bonne heure qu'il ne leur serait pas possible de disputer aux féodaux l'exercice de la haute justice ou justice criminelle. Ils les trouvèrent plus conciliants sur le terrain de la moyenne et de la basse justice, c'est-à-dire de la juridiction pénale ou civile. L'accord de 1256 laissa au seigneur de Montlaur la pléni-

tude de la haute justice et la perception des fortes amendes, mais
conféra à l'abbé de Mazan la basse justice et les petites amendes. Un
baile commun (1) administrerait la haute justice pour le seigneur et
la basse pour l'abbé (n° 21). Le ressort de Fay et du Mézenc fit l'objet, en 1284, d'une association analogue entre l'abbé et Aimar de
Poitiers ; la justice criminelle devait être rendue par le seigneur, la
basse par le mandataire commun du seigneur et de l'abbé ; en matière
civile, le premier appel appartiendrait à l'abbé, le second au seigneur
(n° 27).

On sait qu'en 1284 l'abbé de Mazan appela le roi de France, lui-
même, à participer à son droit de propriété et de juridiction sur le
territoire de Berg (n° 29). Cette association ou pariage, il n'est pas
besoin de le rappeler ici, eut des conséquences politiques et adminis-
tratives d'une portée incalculable. Il semble que, mécontente de la
portion congrue à quoi les seigneurs la réduisaient pour l'ordinaire,
l'abbaye ait cherché sa revanche en faisant appel à plus fort qu'eux,
au roi de France.

*
* *

Si l'on considère une carte détaillée de la région Largentiéroise,
on voit que le monastère de Mazan est situé, pour ainsi dire, à l'intersection de la zone forestière et de la zone pastorale. Comme leurs
héritiers modernes de Notre-Dame-des-Neiges, les moines de Mazan
furent par-dessus tout de grands forestiers. Les seigneurs de la Loire
supérieure n'étaient d'ailleurs pas moins attentifs qu'eux à la bonne
conservation de leurs bois. En 1283, le sire de Montlaur déclarait ne
pas s'opposer aux défrichements des hommes de l'abbaye, mais à la
condition expresse qu'il ne fût pas abattu plus d'une dizaine d'arbres
à la fois (n° 26). Chaque forêt un peu importante avait d'ailleurs son
devois ou quartier réservé. Les usagers des bois « en défens », qui
jouissaient de leur droit à charge de paiement d'un cens annuel, ne
pouvaient couper certaines catégories ou essences d'arbres (n° 51).

On pense si ces grandes forêts, qui subsistent encore de nos jours,
furent âprement disputées entre seigneurs limitrophes. Deux solutions
intervinrent généralement : ou l'usage commun par indivis ou le partage du bois contesté. La première était la source d'une foule de conflits : aussi recourut-on de préférence à la seconde : partage de la
forêt de Bauzon en 1296 entre l'abbaye de Mazan, le seigneur de Bur-
zet et celui de Géorand (n° 32) ; bornage de la forêt de Sepos en 1308

---

(1) Un baile commun fut également accepté en 1276 par l'abbé et le seigneur de
Beaudiner (n° 24).

entre la Chartreuse de Bonnefoy et l'abbaye de Mazan (n° 4o) ; partage en 1325 des bois communs situés aux environs de St-Cirgues entre l'abbaye et le seigneur des Eperviers (n° 52).

Antérieurement à leur compromis, l'abbé et le seigneur des Eperviers nommaient des forestiers communs, qui levaient le forestage. Ils se réservaient le droit (1317), chacun de son côté, d'installer des charbonnières et des moulins à scie (n° 46). On voit que les scieries mécaniques de la forêt domaniale de Mazan ne datent pas d'aujourd'hui.

Les pâturages constituaient, avec les bois de haute futaie, la principale source de richesse du monastère. Les terrains de dépaissance donnaient lieu à des conflits aussi fréquents que les espaces boisés. En 1215 des moines et des convers de Mazan ne craignirent pas de faire périr des brebis d'Aiguebelle (n° 8). Sur les croupes herbeuses du Mézenc, les troupeaux de Mazan se heurtaient à ceux de Bonnefoy ; une médiation réconcilia les deux abbayes en 1240. Les abbés veillaient jalousement à ce que le bétail étranger ne pénétrât pas sur le territoire du monastère ; un règlement de 1249 frappait d'une assez forte amende les bœufs, vaches, chevaux et mulets surpris en flagrant délit de dépaissance. Les dégâts commis par le menu bétail, cochon, brebis, bouc ou chèvre, étaient passibles d'amendes plus faibles (n° 18).

Le passage des troupeaux en territoire seigneurial donnait lieu à la perception du droit de pulvérage. Les moines de Mazan, qui avaient coutume de faire estiver leurs troupeaux du Bas-Vivarais sur les hauts plateaux de la région du Mézenc et de la Loire supérieure, s'appliquèrent de tout temps à obtenir des seigneurs péagers la traversée gratuite de leurs domaines. Cette servitude de parcours ne leur était pas toujours gracieusement reconnue. En 1276 le seigneur de Beaudiner percevait une redevance de fromages et de deniers sur les troupeaux de l'abbaye qui estivaient sur ses terres (n° 24). Les seigneurs du Béage étaient plus accommodants ; dans leurs migrations vers le Mézenc, les troupeaux de Mazan pouvaient s'arrêter et coucher une nuit dans la seigneurie du Béage ; mais ils étaient tenus d'en fumer les terres, à charge pour les tenanciers des parcelles amendées de payer à chaque berger une obole et demie de pain (n° 25). Un acte de 1310 assura le droit de parcours au bétail de Mazan à travers plusieurs seigneuries sans payer le droit de pulvérage (n° 42). En 1325, l'abbaye obtint que ce même droit fût supprimé à travers le mandement de Meyras pour la transhumance annuelle (n° 52).

Le plus grand trajet à effectuer des quartiers d'hiver aux campements d'été incombait sans conteste aux éleveurs de bétail de la grange de Berg et de la maison du Chaylar-lès-Aubenas. C'était tout le domaine Vivarois des seigneurs de Montlaur que ces colonnes pacifiques avaient à traverser dans une tempête de poussière, un concert de beuglements et une fanfare de sonnailles. Un accord de 1337 leur en assura la libre et paisible traversée depuis St-Laurent-en-Coiron jusqu'à Montlaur et Châteauneuf-en-Montagne. Au temps des fortes chaleurs, des grandes pluies et des froids rigoureux, les bergers qui, périodiquement, poussaient moutons et bœufs vers les hauts pâturages de l'abbaye pourraient dorénavant pénétrer dans les forêts du seigneur de Montlaur et ramasser tout le bois sec nécessaire à leurs besoins (n° 63).

Il ressort de ce qui précède que l'élevage était l'occupation principale, primordiale même, du monastère et de ses hommes. Le produit des troupeaux devait alimenter, pour les deux tiers au moins, le trésor abbatial. Par ailleurs, du reste, la vie pastorale a été la caractéristique de l'activité cistercienne. Pour ne citer qu'un exemple, l'abbaye de Fontfroide, près de Narbonne, entretenait d'immenses troupeaux de moutons sur les croupes et les plateaux de la sèche et venteuse Corbière.

La bulle pontificale de 1217 nous apprend que l'abbaye de Mazan avait aussi des prés, des vignes et des terres labourables (n° 9). De ces trois catégories de cultures, la première place revenait sans contredit à la production du foin. Le grain venait en second lieu. Quant au vin, il n'était guère récolté que sur les coteaux des environs d'Aubenas et de Villeneuve-de-Berg. Pour l'arrosage des prairies, l'abbaye de Mazan pratiquait des prises d'eau et construisait des barrages. En 1308, Mazan et Bonnefoy projetaient des levées pour arroser leurs prairies respectives (n° 40). La faculté mutuelle de construire des digues et des moulins à blé était reconnue au seigneur de Montlaur et à l'abbaye de Mazan par l'accord de 1283 (n° 26). Il n'était pas toujours facile de contenter à la fois la prairie et le moulin. Les médiateurs s'y efforçaient : en 1309, le seigneur de Montlaur reconnut le droit à l'abbé de relever son moulin à blé de Savel, sur l'Ardèche, vers le Pontet, dans la paroisse d'Ucel, mais à la condition d'en partager avec lui les revenus. Quant à la prise d'eau que l'abbé utilisait pour arroser sa prairie du gué d'Ucel, elle ne pourrait fonctionner que pendant l'arrêt du moulin de Pons Maurel (n° 41).

Sans parler des dîmes, qui étaient la source d'ardents conflits entre l'abbaye et les desservants des paroisses, les religieux tiraient quelques profits supplémentaires, en même temps que quelque distraction, de la pêche et de la chasse. Dès l'année 1209, les moines pêchaient au filet dans le lac d'Issarlès et dans la Loire ; ils avaient une barque sur le lac et une cabane de pêcheur sur la rive ; la Chartreuse de Bonnefoy et les autres riverains jouissaient d'ailleurs des mêmes droits que Mazan (n° 5). Dans la Loire, en 1321, les religieux de Mazan pratiquaient la pêche à l'aide de paniers et de barrages (n° 50).

Sur le chapitre de la chasse, les seigneurs de la contrée étaient beaucoup plus exigeants et exclusifs. Le sire de Montlaur, notamment, se réservait en 1256 tout le gibier tué ; il ne laissait à l'abbé que la peau (n° 21). En 1283, le même baron s'attribuait le monopole des faisans et des coqs de bruyère (n° 26). Le seigneur de Fourchade était plus raisonnable ; il abandonnait au couvent le produit des petites chasses : lapins de garenne, lièvres, oiseaux de passage (n° 34). Enfin, le seigneur de Géorand, le plus ancien des bienfaiteurs du monastère, consentait à partager avec les moines le gros gibier de son domaine (1321) ; pour éviter des discussions inévitables entre groupes rivaux, le seigneur et l'abbé choisissaient des chasseurs communs (n° 50).

Gros et petit gibier devait être distribué aux hommes des mas environnants, car les religieux s'interdisaient l'usage de la viande (1).

Tel est, sommairement esquissé, le tableau de l'existence, rude et saine à la fois, des solitaires du vallon de Mazan. Pendant quatre siècles du moyen âge, ces vaillants pionniers des hautes Cévennes ont défriché avec un égal succès le sol et les âmes. La civilisation matérielle, comme la civilisation morale, leur est redevable de ses plus belles conquêtes. Survenant dans un milieu de féodaux, durs et âpres, les premiers frères ont eu beaucoup de peine à se faire une place au soleil. A force de religieuses réprimandes et d'inlassable charité, ils sont parvenus à attendrir l'âme rude et altière de ces chevaliers de la brousse.

Dans le cadre déjà comble de la féodalité, ils ont réussi — au prix de combien d'efforts et de longue patience! — à se tailler un patrimoine considérable.

---

(1) Le 5 mars 1344, Étienne, abbé de Mazan, est autorisé par le pape à manger de la viande en voyage (GRAEFF, *Clément VI et la province de Vienne*, dans *Bulletin de l'Académie delphinale*, t. II, année 1908, n° 398). Il semble qu'à la mort de cet abbé des compétitions graves se soient élevées sur le choix de son successeur. Le 19 décembre 1358, le pape annula l'élection faite par les religieux et désigna comme abbé Pierre, prieur claustral (ALBANÈS et CHEVALIER, *Bull. ecclés. de Valence*, t. XVII, p. 88-9, n° 31).

A titre gracieux, mais non moins souvent à titre onéreux, les premiers occupants ont consenti aux nouveaux venus qui un lambeau
de forêts, qui une parcelle de pâturage, celui-ci un droit de dépaissance, celui-là une servitude de parcours. Devenu grand propriétaire
foncier, l'abbé s'est élevé tout naturellement au niveau social des
grands terriens, mais sans obtenir d'être rangé au nombre des seigneurs hauts-justiciers. Il a dû se contenter des attributions plus
modestes de la basse justice, mais aussi plus conformes à sa mission
pacifique et évangélique.

Au surplus, dans cette société féodale, qui l'encerclait de toutes
parts, l'abbé a su conserver l'indépendance de l'ancien propriétaire
d'alleu. Si aucun souverain ne l'a investi de la plénitude des droits
régaliens, il n'a pas eu à s'inféoder à sa personne par les liens de
l'hommage et de la vassalité.

La terre monastique a conservé son caractère originel de propriété
franche et libre. Elle ne s'est pas, non plus, démembrée au profit de
feudataires. Il est vrai que l'abbaye n'a pas vu graviter autour d'elle
une pléiade brillante de chevaliers vassaux. Elle n'a pas constitué en
somme de seigneurie dans toute l'acception régalienne de ce mot.

Elle a eu pourtant ses hommes liges ; mais c'étaient de pauvres
paysans, que la robe de bure brune ou blanche et la mince ceinture
de cuir aux reins faisaient facilement confondre avec les moines eux-
mêmes. D'ailleurs, les religieux donnaient l'exemple ; ils défrichaient,
labouraient et semaient, les frères convers du moins.

Ils ont laissé deux témoignages irrécusables de leur activité : leur
église et leur forêt. L'église, hélas ! s'effrite tous les jours ; mais leur
forêt resplendit tous les printemps d'une vigueur nouvelle. Ces robus-
tes fayards, peut-être aussi ces sapins élancés, ce sont les moines de
Mazan qui en ont lancé au vent la première graine. A la lisière des
masses sombres de la forêt, leur cognée s'est arrêtée, respectueuse de
tant de splendeur et de richesse. Et quelle prudence dans la pratique
des coupes intérieures ! Ces moines Cisterciens, ces grands défricheurs
de landes, ces grands éleveurs de troupeaux, ont été vraiment aussi de
grands forestiers, et — c'est par là que nous finirons — les ancêtres
les plus authentiques des conservateurs actuels de la forêt domaniale.

JEAN RÉGNÉ,
Archiviste de l'Ardèche.

APPENDICE

A LA NOTICE SUR MAZAN

A la liste donnée par M. le chanoine Rouchier, de 1123 à 1214, il faut ajouter 3 abbés et en retrancher un. Si donc on veut conserver les noms donnés par M. Rouchier (moins celui qui n'est pas défendable), on pourrait établir cette liste comme il suit :

Pierre I Itier { 1123 / 1136

Durand { 1151 / vers 1154 / 1157 / entre 1157 et 1161

Raymond I ?

Pierre II { 1164 / vers 1177

Hugues I ?

Philippe I, 1194

Pierre III Eleit { 1194 / 1202

Philippe II, 1205

Pierre IV { 1205 / 1207 / 1209 / 1210, vers 1210 / vers 1213

Quant à l'abbé Benoît, inscrit par M. Rouchier entre l'abbé Pierre et l'abbé Philippe, il doit être rayé du catalogue, puisque Philippe III paraît dès 1214 ; et que d'ailleurs nous ne connaissons cet abbé que par Colombi, qui le place en 1209. A cette dernière date, Mazan avait pour abbé un nommé Pierre, attesté en 1205, 1207, 1209, 1210. Colombi a dû prendre la lettre P pour un B. (Au surplus, vide *Gallia christ.*, xvi, c. 599.)

PIERRE II. — Il apparaît déjà dans la donation d'Héracle de Polignac, en 1164.

Il est nommé dans le *Cartulaire de St-Chaffre*, n° 210, où nous voyons qu'il transigea avec Pons de Chalencon, abbé de St-Chaffre. Cette charte n'est pas datée. A quelle époque vivait Pons de Chalencon ?

M. le chanoine Ulysse Chevalier, dans son Introduction au *Cartulaire de St-Chaffre*, p. xxiv, place Pons de Chalencon entre l'abbé Francon et l'abbé Pierre de Servissac, c'est-à-dire entre 1190 et 1203 ; mais, se ravisant plus bas (p. li), il déclare qu'il est préférable de remonter Pons de Chalencon entre Arnaud et Guillaume de Varces, c'est-à-dire entre 1176 et 1179. — M. Jacotin (*Preuves de la maison de Polignac*, t. I, p. 125, n° 71) se rallie à cette seconde opinion ; d'après lui, la transaction de Pierre, abbé de Mazan, avec Pons de Chalencon aurait eu lieu vers 1177.

PHILIPPE II. — L'existence de cet abbé est démontrée par l'enquête qui eut lieu le 8 octobre 1247 et dans laquelle Bertrand de Seyssac, chanoine du Puy, Bernard, maître de l'école mage du Puy, et Pons de Glavenas entendirent 33 témoins. Plusieurs de ces témoins avaient assisté à l'accord entre Mazan et Bonnefoy, survenu une quarantaine d'années auparavant. Les uns déclarent que cet accord fut conclu grâce aux bons offices de Bertrand de Chalencon, évêque du Puy et d'Aimar de Poitiers ; d'autres déclarent qu'alors le prieur de Bonnefoy s'appelait Guillaume de Fourchades et l'abbé de Mazan, *Philippe*.

M. le chanoine Rouchier, lui-même, reconnaissait l'existence de cet abbé Philippe, dans la liste des prieurs de Bonnefoy qu'il adressa aux nouveaux éditeurs de l'*Histoire du Languedoc* (t. IV, p. 649) : « Guillaume de Fourchades (1197-1201) s'accorda, dit-il, avec Philippe, abbé de Mazan ».

En quelle année eut lieu cet accord obtenu grâce à Bertrand de Chalencon et Aimar de Poitiers ?

M. Arnaud (*Hist. du Velay*, t. I, p. 141) le place au 5 juin 1200. M. le chanoine Rouchier nous paraît suivre cette opinion. Mais Poncer (*Mémoires historiques sur le Vivarais*, t. III, p. 64 et 110) le place au 5 juin 1205 ; de même les annotateurs de l'*Hist. du Lang.* (t. VIII, p. 1926). Ce second sentiment me paraît préférable.

M. Hauréau (*Gallia*, XVI, c. 599) nie l'existence des abbés Raynaud, Hugues et Philippe, parce que dans le bornage de Vauclare, Pierre II (Pierre III) est désigné comme étant le 3e abbé de Mazan : « Petrus tertius abbas Mansiadæ. » C'est par Pierre, 3e de nom, qu'il faut traduire.

A St-Chaffre, ne désignait-on pas déjà les abbés de même nom par le rang qu'ils avaient entre eux, comme il paraît par le Cartulaire, où nous lisons « Guillaume premier, Guillaume deuxième, etc. » ?

De plus, vers 1203, selon l'estimation de M. Chassaing (*Cartulaire des Templiers de Saint-Barthélemy du Puy*, charte IV), nous trouvons ce même Pierre devenu précepteur des Templiers du Puy. La charte IV n'est pas datée. M. Chassaing l'intercale entre une charte de 1190 et une de 1210 ; elle mentionne une vente faite en faveur des Templiers de Saint-Barthélemy du Puy, « en la tengudo d'en *Peire Eleit* que avia estat abas *de Mas Adam* ».

En ce qui concerne Raynaud et Hugues, M. le chanoine Rouchier se contente de citer leurs noms sans les appuyer ni d'une date ni d'un fait. Quant à l'abbé Philippe, il dit que son nom figure dans le testament d'Hugues d'Ucel (*Hist. du Lang.*, IV, 602) ; mais M. l'abbé Roche (*Armorial des évêques de Viviers*, t. I, p. 177) écrit que « Hugues d'Ucel disposa de ce « qu'il possédait des mines de Largentière en faveur de nos évêques vers « 1169 ». S'agit-il, ici, d'une clause de ce testament ? Dans ce cas, une de ces deux dates : celle de 1194 ou celle de 1169 serait bien fragile !

Pour toutes ces raisons, je ne pense pas que l'on puisse retenir les noms des abbés Raymond, Hugues, Philippe, sans les faire suivre, jusqu'à plus ample informé d'un point d'interrogation. D'un autre côté, si les abbés Raynaud, Hugues, Philippe ont été réellement abbés de Mazan, il faut placer Bernard d'Anduze (le 11e abbé de Mazan) après Philippe III.

[J.-B. THERME.]

APPENDICE

A LA NOTICE SUR L'ABBAYE DES CHAMBONS

Au cours des siècles modernes, de 1500 à 1789, l'abbaye des Chambons subit à peu près les mêmes vicissitudes que sa fondatrice, l'abbaye de Mazan. Tandis que cette dernière, pourvue d'une garnison catholique de quatre soldats en 1573, est ravagée, sept ans après, par les religionnaires, ce qui n'empêche pas la garnison d'être diminuée au lieu d'être renforcée (Mazon, *Huguenots du Vivarais*, II, 229 ; III, 23, 85-9, 327, 337), l'abbaye des Chambons, gardée par vingt soldats en 1573, est attaquée, onze ans après, par Rodier de la Tronchière ; jusqu'en 1587 et même jusqu'en 1599, les incidents du même ordre se produisent sur les chemins qui avoisinent le monastère (Mazon, *Huguenots*, II, 235 ; III, 191, 327, 343 ; IV, 144).

La troisième grande abbaye du Vivarais, la Chartreuse de Bonnefoy, est peut-être plus maltraitée encore : surprise par les protestants en août 1579, elle subit une autre attaque, qui cette fois est repoussée, le 15 octobre 1585 (Mazon, II, 111 ; III, 231).

Aucune des trois abbayes n'est représentée aux États du pays de Vivarais ; mais, dès le 15 octobre 1585, les États du Gévaudan accueillent le procureur de l'abbé des Chambons : Mᵉ Gervais Chantuel, greffier ; puis, Mᵉ Pierre Claustre, le 10 janvier 1601 ; Louis de Chalendar de Cornillon, prieur des Assions, le 7 mai 1604 ; Pierre Laurens, religieux et syndic des Chambons, le 29 nov. 1606 ; Jean Esparbier, chanoine de Mende, le 27 mai 1640 (Ferd. André, *Délibérations des États de Gévaudan*, I, 187-8 ; III, 66, 338, 517 ; IV, 38 ; V, 122).

Aux XVIIᵉ et XVIIIᵉ siècles, la crise du recrutement monastique ne cesse de s'aggraver dans les trois monastères : 12 religieux en 1675 dans chacune des deux abbayes cisterciennes (*Chroniques de Languedoc*, II, 210) ; 6 chartreux à Bonnefoy, 9 religieux aux Chambons et 11 à Mazan en 1768 (*Tableau de Peigné*). Les revenus abbatiaux et conventuels suivent la même courbe descendante :

16 à 18000 livres aux Chambons en 1675 ;

9200 livres à Mazan, 10142 à Bonnefoy et 13000 aux Chambons en 1768.

L'intendant de Languedoc, Basville, fixe à 9500 livres le produit de la mense abbatiale des Chambons en 1697, à 5400 seulement le revenu de l'abbé de Mazan (Archives de l'Hérault, ms. des Mémoires de Basville, fᵒˢ 31, 34).

En somme, aucune des trois principales abbayes du Vivarais n'a réussi à se relever complètement des violents assauts du XVIᵉ siècle. Après la saignée de la Réforme et la lente agonie de l'Ancien régime, la Révolution n'a eu qu'à donner le coup de grâce.

Il convient néanmoins de souligner le fait qu'à la Chartreuse de Bonnefoy, qui n'a pas subi l'influence démoralisatrice du régime commendataire, introduit en 1479 à Mazan et en 1487 aux Chambons, l'idéal monastique s'est maintenu plus pur et plus élevé que partout ailleurs.

Jean Régné,
Archiviste de l'Ardèche.

RECUEIL DES CHARTES ET BULLES DE CLAIRVAUX

(*suite*)

Analyse des chartes

Étant donné leur nombre et leur longueur, il n'a pas été possible de publier in-extenso les chartes de Clairvaux ; nous n'en donnons qu'une analyse, suffisante pour la majorité des lecteurs ; seules les bulles seront éditées dans toute leur teneur.

L'orthographe est celle adoptée par les Dictionnaires topographiques. Les chartes sont suivies de l'indication du cartulaire avec le numéro en chiffre romain. Elles sont en très grande partie tirées du fonds de Clairvaux aux archives de l'Aube, coté 3 H.

Abréviations :

A = Cartulaire, ms. 703 de la Bibliothèque de Troyes.

B = Autre Cartulaire, registre 3 H 9 des Archives de l'Aube.

C = Cartulaire, ms. latin 10947 de la Bibliothèque nation., Paris.

D = Cartulaire, nouv. acq. lat. 1208 de la Bibliothèque nation., copie moderne de B.

1. — 1115, Langres. — Joceran, évêque de Langres, confirme les donations faites à Clairvaux (charte très suspecte). Éd. Chifflet, *S. Bernardi genus illustre assertum*, p. 153 ; *Gallia Christiana*, t. IV, *Instrum.*, col. 156-157 ; Migne, P. L., t. 185, col. 1147 ; copie dans 3 H 321 ; Bibl. Troyes, ms. 2414 ; ms. 731, p. 157 ; mention, D'Arbois de Jubainville, *Études sur l'état intérieur des Abbayes cisterciennes*, p. 185.

2. — 1121. — Joceran, évêque de Langres, dit que Bernard, abbé de Clairvaux, s'est présenté devant lui, le suppliant de lui accorder un privilège d'immunité. Étaient présents : Humbaud, évêque de Lyon ; Vilain, doyen ; Ayrard et Garnier, archidiacres ; a aussi signé Gocelin, archidiacre de Langres. Écrit par Durand, chancelier et notaire. — A, Grangia abbatie IV, p. 13-14.

3. — 1121. — Adon, abbé de Saint-Oyend, fait don à Clairvaux de la dîme de la terre que l'abbé Bernard a acquise à Saint-Usage. Cette concession serait annulée si le monastère venait à tomber dans le relâchement. Témoins : Garnier, prévôt de Bar-sur-Aube ; Archiguald, prieur de la Ferté-sur-Aube, et Robert, prieur de Sermaize. — A, Fontarcia XXX, p. 174-175.

4. — Après 1122. — A la prière de Guillaume, évêque de Châlons-sur-Marne, Ponce, abbé de Cluny, donne à Bernard, abbé, et au couvent de Clairvaux les dîmes de la paroisse d'Arconville. Pierre, successeur de Ponce, confirme cette libéralité en présence de Bernard, prieur, et de son frère; de Jarenton; de Geoffroi, prieur de Margerie, et de Wigon, chambrier. — A Fravilla XX, p. 145.

5. — 1131, Molesme. — De bon cœur Gui, abbé de Molesme, cède à Clairvaux ses droits à Heis, moyennant un cens annuel de douze deniers. Témoins : David, prieur ; Aymon, sous-prieur ; Martin, troisième prieur; Rainger, chambrier; Robert, sous-chambrier; Gautier, cellérier; Robert, sous-cellérier ; Pierre de Ravières et Emorrand, chapelain. — A, Bellus Mons, III, p. 204-205 ; C, fol. 151.

6. — 17 février 1132, Lyon. — Le pape Innocent II confirme les possessions et les privilèges de l'abbaye de Clairvaux. — Éd. d'Achery, *Spicilegium*, t. II, p. 577; Migne, P. L., t. 179, col. 126; copie 3 H 261 ; indic. : Jaffé, *Regesta*, 5403; mention, Vacandard, *Vie de saint Bernard*, t. I, p. 324, et Mabillon, *S. Bernardi opera omnia*, t. I, col. 319-320.

7. — 1135. — Vilain, évêque de Langres, approuve les donations faites à Clairvaux dans le finage de Ville-sous-la-Ferté, Juvancourt, Perrecin, Champignol et Fraville. Il rappelle la charte de Joceran ci-dessus. Signatures ou seings de Ponce, archidiacre ; Hurric, prévôt; Hugue, sous-diacre; Durand, doyen ; Gui, prêtre ou curé de Saint-Mammès, chanoines; Clément, chapelain, et Bernard, prêtre. — Orig., 3 H 322, sceau ; B, Carte communes, I, p. 1-5 ; D, p. 1-6.

8. 1136, Molesme. — Bernard, premier abbé de Clairvaux, obtient du couvent de Molesme la dîme des travaux des frères de Clairvaux sur Champigny, en présence d'Atho, prieur ; de Pierre et Frédéric, sous-prieurs et de tout le monastère. — A, Champigni XXXIV, p. 252.

9. 1136-1138. — Défense, sous peine de suspense, par Guillaume, évêque de Langres, au prieur de La Ferté de s'élever contre la donation faite à Clairvaux par le chevalier Baudouin de La Ferté, de la dîme de cette paroisse et d'autres revenus. — B, Porta, LI, p. 55; D, p. 71.

10. — 28 avril 1142, Lamégo. — Désireux d'avoir la Sainte Vierge pour avocate, et avec le consentement de ses sujets, Alphonse-Henriquez, roi de Portugal, constitue son royaume vassal de Notre-Dame de Clairvaux et accorde au monastère une rente de 50 maravédis. — Bibl. nat., *Moreau*, vol. 60, fol. 155 et 222 ; Manrique, *Annales Cisterc.*, t. I, p. 425-426 : Henriquez, *Fasciculus Sanctorum ordinis Cisterc.*, t. I, p. 80-82.

11. — 1142. — A la demande de Bernard, abbé, Thierry, comte de Flandre, exempte Clairvaux et ses filles actuelles et futures des droits de tonlieu et de péage dans tout son comté, en présence de Roger, prévôt de Bruges ; Guillaume, châtelain de Saint-Omer; Raoul, châtelain de Bruges ; Gislebert, châtelain de Bergues; Baudouin de Bailleul; Robert, abbé des Dunes; Osto et Robert, chevaliers du Temple. — Orig., 3 H 316; B, Comitum Flandrie I, p. 159; D, p. 146. Éd. : Migne, P. L., t. 185, col. 983-984 ; Peigné-Delacourt, *Cartul. de l'abbaye de Notre-Dame d'Ourscamp*, p. 163; d'Arbois de J., *Études....*, p. 408-409; B. N., *Moreau* 1165, fol. 125.

12. — 1143, Bar-sur-Aube. — Thibaud IV, comte de Blois, donne à Clairvaux sa vigne sise à Baroville avec d'autres vignes, au lieu dit Morvaux. — Arch. Aube, Pièce scellée; B, Comitum Campanie, II, p. 134; D, p. 123;

mention, d'Arbois de J., *Histoire des Ducs et des Comtes de Champagne*, t. II, p. 382.

13. — 1145, La Ferté-sur-Aube. — En partant pour la croisade, Josbert de La Ferté fait donation à Clairvaux de tout ce qu'il a à Perrecin. Notifié par Thibaud, comte de Blois. — Orig., 3 H 324 ; B, Comitum Campanie V, p. 135 ; D, p. 124. Éd. : d'Arbois de J., *op. cit.*, t. III, p. 431 ; copie 3 H 321 ; mention, d'Arbois de J., *op. cit.*, t. II, p. 159-160, 391, 392, et t. III, p. 11, et Roserot, *Répertoire historique de la Haute-Marne*, 364.

14. — 1147. — Pancarte de Godefroi de Rochetaillée, évêque de Langres, approuvant les dons faits à Clairvaux presque dans les mêmes termes que le n° 7 ci-dessus. Seing de Jocelin, Ponce, Warnier, Guiard et Foulque, archidiacres et du doyen Humbert. — Orig., 3 H 178 sceau ; B, Carte communes, II, p. 5-9 ; D, p. 7-12.

15. — 1147. — Autre pancarte de Godefroi de Rochetaillée, évêque de Langres, notifiant des donations concernant la grange d'Outre-Aube, à Longchamp. — A, Ultra Albam I, p. 39-44. Copie 3 H 315.

16. — 1147. — Autre pancarte de Godefroi de Rochetaillée, évêque de Langres, approuvant des donations concernant la grange de Fraville, entre autres celle de Pierre de Cluny qui confirme toutes les dîmes accordées par Ponce son prédécesseur. Tescelin de Mondeville et Jobert, son fils, se faisant religieux convers, donnent la part de leur héritage situé à Meurville. Dodon de Mondeville, à la même occasion, abandonne la moitié de sa vigne de Fraville. Seings des archidiacres et du doyen comme ci-dessus n° 14. — A, Fraville I, p. 123-126.

17. — 1147. — Pancarte de Godefroi de Rochetaillée, évêque de Langres, approuvant plusieurs dons faits à la grange de Fontarce, notamment celui des dîmes de Saint-Usage par l'abbé de Saint-Oyend. Seings des archidiacres et du doyen comme ci-dessus, n° 14. — A, Fontarcia I, p. 157-158. — Éd. incomplètement par Lalore, *Les Sires et les Barons de Chacenay*, p. 16-18.

18. — 1147. — Godefroi de Rochetaillée, évêque de Langres, notifie des aumônes faites à la grange de Beaumont et à Heis ; parmi les témoins, Vilain, ancien évêque de Langres ; Gautier, abbé de Morimond : Hugue, duc de Bourgogne. Est rappelée la libéralité de Gui, n° 5 ci-dessus, et celle d'Adon, n° 3. Seings des archidiacres et du doyen comme ci-dessus, n° 14. — A, Bellus Mons I, p. 201-204 ; C, fol. 150.

19. — 1147. — Autre charte de Godefroi, identique au n° 18 ci-dessus. — A, Bellus Mons s. n., p. 204.

20. — 1147. — Anséric, sire de Montréal, exempte Clairvaux de lui payer aucun droit de transit à Dijon. — Orig., 3 H 174 ; B, Pedagia XXIV, p. 287 ; Éd. : d'Arbois de J., *Études*, p. 394-395.

21. — 1147. — Pancarte de Godefroi, évêque de Langres, notifiant plusieurs libéralités faites à Clairvaux. Seings des archidiacres Jocelin, Ponce, Warnier, Guiard et Foulque, et du doyen Humbert. — A, Champigni I, p. 241.

22. — 1147. — Jacques et Anséric de Chacenay, frères, partant pour les Lieux Saints, donnent à Clairvaux tout ce que leur père avait déjà accordé.

Jacques y ajoute l'usage de sa terre : pâtures, eaux et bois. Notifié par Godefroi de Rochetaillée, évêque de Langres. — A, Fontarcia II, p. 158-159; Éd. Lalore, *Les Sires et les Barons de Chacenay*, p. 18-19.

23. — 1140 à 1149. — Accord ménagé par Godefroi, évêque de Langres, entre Clairvaux et Grosbert de Gronnay au sujet de Champigny. Témoins les archidiacres et clercs Pierre de Reynel; Garnier le Roux; Étienne de Montbard; les chanoines Hugue Trusaud; Hugue de la Rivière et Gautier de Troyes; les abbés Girard de Molesme, Eude de Pothières; Baudouin de Châtillon; les doyens Hugue de Belan, Raoul de Bar, Boson de Montbard; les barons Eude, duc de Bourgogne; Guillaume, comte de M..., Guillaume et Rainaud ses fils; Gui, comte de Bar; Rainier de la Roche; Gosbert de La Ferté; Hilduin de Vendeuvre; Mathieu de Châtillon; Rainier de Pothières, Hugue Chalciata (Chaussée); Hugue de Thil et Ernaud de Rusce. — A, Champigni II, p. 242.

24. — 1150, Perrecin. — A peine en possession de la terre de Bar-sur-Aube, Henri Ier, fils de Thibaud II, comte de Champagne, rend un jugement contre les habitants de Longchamp au sujet des hommes qui prétendaient avoir droit d'usage dans le territoire de Perrecin. — Orig., 3 H 324; B, Comitum Campanie IX, p. 136-137; D, p. 126; copie 3 H 321; mention, d'Arbois de J., *op. cit.*, t. III, p. 24 et *Histoire de Bar-sur-Aube*, p. xxiv.

25. — Du 1er août 1150 au 7 avril 1151, Saint-Léger-en-Iveline. — Le roi Louis VII approuve la vente faite aux héritiers de Guéry de Rueis des biens dont ce dernier avait disposé en faveur de Clairvaux. — Orig., Arch. nat., K 23, n° 15[14], pièce scellée; Tardif, *Monuments historiques*, carton des rois, p. 270; Luchaire, *Études sur les actes de Louis VII*, p. 50.

26. — 1151, Florent. — Thibaud, comte de Blois, confirme tous les dons faits par son oncle et par lui-même, notamment à Perrecin et à Baroville et tout ce que Clairvaux pourrait acquérir dans sa seigneurie. — B, Comitum Campanie III, p. 134; D, p. 123; mention, d'Arbois de J., *op. cit.*, t. II, p. 397.

27. — 1137-1151. — Aganon de Bar donne à Clairvaux tous les prés qu'il avait dans la terre de Saint-Pierre. — A, Fontarcia XLII, p. 179; édité en partie par Lalore, *op. cit.*, p. 12.

28. — Avant 1152. — Thibaud, comte de Blois, confirme les aumônes faites à Clairvaux par son oncle le comte Hugue. — B, Comitum Campanie I, p. 134; C, fol. 123; mention, d'Arbois de J., *Hist. des Ducs et des Comtes de Champagne*, t. II, p. 119.

29. — 1152. — Henri de Carinthie, évêque de Troyes, soumet à l'abbaye de Clairvaux celle de Boulancourt, qui était occupée par des chanoines. — Orig., Arch. Hte-Marne, fonds Boulancourt, liasse 3; Éd. *Gallia christ.*, t. XII, col. 268; d'Achery, *Spicileg.*, t. X, p. 640; *S. Bernardi opera*, t. I, col. 389; anal. Bréquigny, *Table chronol. des diplômes...*, t. 3, p. 203; A. Prévost, *Le Diocèse de Troyes, histoire et documents*, t. I, p. 202-203; Roserot, *op. cit.*, 397.

30. — 1127-1152. — Avec Henri son fils, Thibaud, comte de Blois, confirme le don fait à Clairvaux par Gautier Pinet et son frère Henri, de ce qu'ils possédaient au finage de Putigny; de plus les donateurs n'exigeront pas de droit de péage dans leur domaine; approuvé par Hugue, vicomte de La Ferté. — B, Comitum Campanie IV, p. 135 ; D, p. 124; copie 3 H 174.

31. — 1143-1153. — Galeran II, comte de Meulan, exempte Clairvaux de tout droit de péage à lui dû. Témoins : Henri de Ferrières; Guillaume de Pin et Robert de Fromeville; Bernard, archidiacre; Raoul et Jean, chanoines de Paris. — Orig., 3 H 174; B, Pedagia X, p. 283 ; éd. Migne, P. L., t. 185, col. 1753 ; d'Arbois de J., *Études*, p. 387.

32. — 1154. — Bar-sur-Aube — Le comte de Champagne, Henri Ier, exempte Clairvaux de tout tonlieu, péage, coutume, etc., dans son comté. — Orig., 3 H 324; B, Comit. Campanie VI, p. 135-136; D, p. 126 ; Éd. d'Arbois de J., *Études*, p. 409-410; mention, d'Arbois de J., *Hist. des Ducs et des Comtes de Champagne*, t. III, p. 329.

33. — 1154, Troyes. — Le comte Henri Ier, ayant donné à Philippe de Verricourt un pré que les moines de Beaulieu possédaient à Rosnay et avec leur consentement, leur accorde en échange un pré à Baroville. Témoins : Nicolas, chapelain de Henri ; Guillaume, son notaire; Eudes de Montomer ; et Rainaud, prévôt de Rosnay. — B, Comit. Campanie X, p. 137 ; D, p. 127. Inconnu de d'Arbois de J.

34. — 1137-1154. — Louis VII, s'adressant à ses prévôts, sergents et fidèles, déclare qu'il a exempté Clairvaux de tout droit de péage à lui dû. — Orig., 3 H 174; B, Pedagia II, p. 281 ; Éd. d'Arbois de J., *Études*, p. 383 ; Luchaire, *Études sur les actes de Louis VII*, p. 323.

35. — 1155. — Gui, abbé de Molesme, abandonne les douze deniers de cense dus à son monastère pour les droits cédés à Beaumont et à Heis. Publié par Godefroi de Rochetaillée, évêque de Langres. Seing de Humbert, doyen de Langres ; Ponce, archidiacre; Clarembaud, doyen de Mussy, et Nivard, abbé de Molesme. — A, Bellus Mons II, p. 204 ; C, fol. 151.

36. — 1157, Troyes. — Le comte de Champagne, Henri Ier, donne à Clairvaux une forge de Vassy, sur la demande des frères Gaucher et Rainaud. Témoins : Anseau de Traînel; Jean Hurpoil; Milon de Flandre ; Geoffroi, maréchal ; chancelier, Guillaume. — Orig., 3 H 324 ; B, Comitum Campanie VIII, p. 136. Éd. d'Arbois de J., *Hist. des Ducs et des Comtes de Champagne*, t. III, p. 447; mention, d'Arbois de J., *Études*, p. 318, et *Hist. des Ducs et des Comtes*, t. III, p. 240 et 334, et Roserot, *op. cit.*, 424.

37. — 1157, Troyes. — Même charte. — A, Forgie I, p. 389.

38. — Avant 1158. — Jacques de Chacenay donne à l'église Saint-Laurent de Champigny tout usage dans ses bois. Témoins : Guiard, Sultan; Henri Fèvre; Pinellus, prévôt; Philippe, portier; Rainaud, cellérier; Rainaud, moine. — A, Champigni VIII, p. 243. Éd. Lalore, *Les Sires et les Barons de Chacenay*, p. 19-20.

39. — 6 janvier 1159, Clairvaux. — Barthélemy, seigneur de Vignory, renonce à toutes les actions qu'il pourrait avoir le droit d'intenter et donne la carrière de Blésy. Principaux témoins : l'abbé d'Aubrive; Wiard d'Ambonville; Fastredus, abbé. Helvis, femme de Barthélemy, donne son consentement en présence de Pierre, curé de Bar; Geoffroi de Vignory ; Ferri, curé de Longchamp, et Mathieu, curé de Vignory. — Orig., 3 H 324;

B, Wangionis rivi I, p. 104; D, p. 241; mention; d'Arbois de J., *Études*,
p. 25, et Roserot, *op. cit.*, 437.

40. — 1159, Kremsmunster. — Frédéric Ier Barberousse, empereur d'Allemagne, approuve les donations faites à Clairvaux par Gui et Barthélemy de
Vignory. Témoins : Reinald, chancelier, archevêque élu de Cologne; Évrard,
évêque de Bamberg; Henri, duc de Saxe; Bérold, duc de Thuringe; et Adam,
abbé d'Ebrach. — Orig., 3 H 174. B, Pedagia XV, p. 285; Éd. Migne, P. L.,
t. 185, col. 1753.

41. — 1159. — Vilain, abbé de Molesme, remet à Clairvaux la dîme
réclamée sur les finages de Champigny et de Beaumont et le cens sur Heis.
Seing de Vilain, de Thomas prieur, de Herluin sous-prieur, de Haimon
camérier, d'Évrard, cellérier, de Raoul, sacriste, de Pierre, chantre. Fait par
la main de Godefroi, évêque de Langres. — A, Champigni XXXIII, p. 251-
252.

42. — Au plus tard 1161. — Gautier II, comte de Brienne, donne à Clairvaux une rente de cent sous sur le péage de Brienne pour fournir un plat
de supplément à chaque moine un jour par an. Témoins : Nicolas son chapelain; Girard, curé de Brienne; le chevalier Dodon de Spoy ; Milon, cellérier; Pierre de Reynel; Wibert de Piney, etc. — Orig., 3 H 322; B, Élemosine III, p. 73; D, p. 82; copie 3 H 174 avec vidimus de 1309; mention :
Bibl. Troyes, ms. 731, p. 137; anal. : *Bibl. École des Charles*, t. XXXIII,
p. 154, et d'Arbois de J., *Études*, p. 128.

43. — 1162. — L'exemption de toutes dîmes est accordée à Clairvaux par
Godefroi de Rochetaillée, évêque de Langres; Gui archidiacre; Pierre, doyen
de Bar; Hugue, doyen de Charmes; et les curés de Longchamp, Bayel, Baroville, Arconville, Champignol, Fontette, Vitry-le-Croisé, Maranville, la Ferté
et Belan; en présence de Roger, abbé de Septfontaines; Raoul, abbé de
Longuay; Nicolas, maître de Morment, et Gillebert, moine et chapelain de
l'évêque. — A, Grangia abbatie VI, p. 14; C, fol. 3; copie 3 H 321.

44. — 1162. — Même exemption publiée par le même évêque de Langres. — A, Grangia abbatie VII, p. 15.

45. — 1162. — Rainaud de Grancey donne à Clairvaux tous ses usages de
Lanty. Témoins : Bonard de Lanty; Rainard; Barthélemy; Rainald frères.
De même Helviz de Bayel accorde à l'abbaye ses prés d'Ermenonville et trois
arpents de terre. Témoins Remy, curé de Bayel; Werric, fils d'Eude le Maire
et Milon le Boiteux. Publié par Godefroi, évêque de Langres, qui rappelle
dans la même pancarte plusieurs autres libéralités. — A, Champigni VI,
p. 243.

46. — 1140-1163. — Alvide de Silvarouvre fait donation à Clairvaux de tout
ce qu'elle possédait au-delà de l'Aube vers la forêt du Comte. Milon le Gros,
de qui elle le tenait, recevra un cens annuel de deux sous. Constaté par
Godefroi, évêque de Langres. — Orig., 3 H 318; A, Ultra Albam XIX,
p. 47-48.

47. — 1140-1163. — Léobaud de Rennepont et Élisabeth, sa femme,
accordent à Clairvaux tout ce qu'ils ont à Jurville, sauf l'usage de leur maison. Témoins : Abelin de Vignory; Éverard Camisia; Henri de Vignory.
Notifié par Godefroi, évêque de Langres. — A, Ultra Albam IV, p. 44-45.

48. — 1140-1163. — Bonard d'Aizanville donne à Clairvaux toute sa terre de Jurville qu'il a reçue du Comte Henri, contre deux champs à Cirfontaine, devant la maison des lépreux. Témoins : Ernoul, curé de Cirfontaine ; Girard, curé de Maranville, et Léobaud d'Aizanville. — A, Ultra Albam VII, p. 45.

49. — 1140-1163. — Pierre de Gurgy a cédé à Clairvaux tout ce qu'il avait à Jurville. Approuvé par Éverard, son frère. Témoins : Hugue de Bricon ; Éverard son fils et Payen de Ville. Il a aussi cédé l'usage de toute sa terre de Ville. — A, Ultra Albam VIII, p. 45-46.

50. — 1140-1163. — Roger, fils de Hugue Rahère, a donné à Clairvaux tout ce qu'il avait à Jurville et à Varencey. Approuvé par Merosa, sa femme. Gautier fait une semblable donation. Témoins : Raoul, doyen de Bar ; Girard, curé de Maranville ; Gautier de Cirey et Wiard de Cirey. — A, Ultra Albam IX, p. 46.

51. — 1140-1163. — Ricard Vettreius donne à Clairvaux tout ce qu'il avait à Jurville. Sa femme Benceline approuve, ainsi que ses filles Jaca et Élisabeth. Notifié par Godefroi, évêque de Langres. — A, Ultra Albam X, p. 46.

52. — 1140-1163. — Eude de Champigny et sa femme, Sibille, approuvent l'aumône faite à Clairvaux par Josbert, de La Ferté. Témoins : Josbert, de la Ferté ; Wiard de Verceilles et Jocelin, clerc de l'évêque par qui la charte est publiée. — A, Grangia abbatie XIII, p. 16.

53. 1140-1163. — Ernoul, surnommé Putepeine, a donné à Clairvaux tout ce qu'il avait en terres et prés depuis Periset jusqu'au pré d'Ambert sur l'Aujon ; Témoins : Gui, curé de Colombé ; Hugue, curé de Juzennecourt ; Frédéric, curé de Longchamp, et Éverard de Ville. Notification de Godefroi, évêque de Langres. — A, Ultra Albam XII, p. 46.

54. — 1140-1163. — Donation à Clairvaux par Dreux de Saint-Usage du pré Bérenger sis à Rouvre. Témoins : Robert, fils d'Arnoul ; Jean clerc et Albéric de Noé. Notifié par Godefroi, évêque de Langres. — A, Ultra Albam XV, p. 47.

55. — 1140-1163. — Landricus Chevalchia approuve le don fait à Clairvaux par Hugue son père. Témoins : Gui de Coublant et Hugue Chevalchia ; Rainaud de Clairvaux et Constant, prêtre. — A, Ultra Albam XVI, p. 47.

56. — 1140-1163. — Rainier de Marac renonce à toute prétention sur la terre de Champigny et de Beaumont. Témoins : Thierry, chanoine de Morment ; Josbert de La Ferté, Lambert de Vaudremont et Pierre de Sexfontaine. Notifié par Godefroi, évêque de Langres. — A, Champigni III, p. 242.

57. — 1140-1163. — Belin de Thoires donne à Clairvaux certaines portions du finage de Champigny. Témoins : Hugue de Thoires, Wirric de Belan et Thibaud, tailleur. - A. Champigni IV, p. 242.

58. — 1140-1163. — Raimond et Rainaud, fils de Nariot de Belan, reconnaissent qu'ils ont cherché querelle à tort à Clairvaux au sujet d'une terre que leur père avait donnée au finage de Riel. Témoins : Hairic et Guichard paysan de Riel-le-Grand ; Milon paysan de Riel-le-Petit. Notifié par Godefroi, évêque de Langres. — A, Champigni V, p. 243.

59. — 1140-1163. — Hugue de Brion a donné à Clairvaux tout ce qu'il avait dans la terre de Delfec. Témoins : Garnier archidiacre et Rainier de Pothières et Barthélemy Coquille. Notifié par Godefroi, évêque de Langres. — A, Champigni VII, p. 243.

60. — 1120-1163. — Étienne, évêque de Metz, exempte les Cisterciens de tout droit de tonlieu et de péage à Vic et à Marsal, où étaient leurs salines. B, Marsal XVIII, p. 250 ; D, p. 178.

61. — 1140-1163. — Donation à Clairvaux par Hildier et Hugue, frères, d'Eclance, de ce qu'ils ont à *Mont-Moyen* et de douze cens, de l'usage d'Arconville et de leurs droits à Perrecin. Notifié par Godefroi de Rochetaillée, évêque. — A, Fravilla II, p. 126.

62. — 1140-1163. — Wiard de Chamun fait à Clairvaux l'aumône de ses pâtures avec le consentement de sa mère et de ses enfants. — Orig., 3 H 316. sceau; A, Pasture XI, p. 394.

63. — 1140-1163. — Martin Éverard et Thomas, d'Urville, abandonnent à Clairvaux tous leurs droits dans leur alleu et dans leurs pâtures, ainsi que leur terre de Bocarville. Notification de Godefroi de Rochetaillée. — A, Fravilla III, p. 126.

64. — 1140-1163. — Gillebert de Bligny fait don à Claivaux de son pré Leyn. — Notifié par Godefroi de Rochetaillée, évêque de Langres. — A, Fravilla IV, p. 126.

65. — 1140-1163. — Éverard, d'Urville, donne à Clairvaux la moitié du pré Leyn. — A, Fravilla V, p. 126.

66. — 1140-1163. — Une femme d'Engente, Thèque, donne une vigne pour l'âme de Constant Cornu son mari. Témoins : Pierre, curé de Baroville ; Thierry, curé d'Engente ; et le Chevalier Alard. Notifié par Godefroi de Rochetaillée, évêque de Langres. — B, Cellaria I, p. 233 ; D, p. 158.

67. — 1140-1163. — Nouvelle notification par Godefroi de Rochetaillée de la donation de Thèque ci-dessus. — Orig., 3 H 316, sceau fragmentaire ; B, Columbeium LXXXIV, p. 193.

68. — 1140-1163. — Le chevalier Éverard, de Chervey, abandonne à Clairvaux tout ce que cette abbaye avait dans son *casamentum* (fief) dans les pâtures de Bligny, sauf la coutume due pour les prés. Notifié par Godefroi de Rochetaillée, évêque de Langres. — A, Fravilla VI, p. 127.

69. — 1140-1163. — Pinel de Chacenay cède à Clairvaux tout ce que le monastère tenait de ses prédécesseurs. Témoins : Lambert, curé de Chacenay ; Jean, curé de Vitry-le-Croisé ; Amalric, curé de Chervey, et Jean, fils de Henri de Chacenay. — A. Fontarcia III, p. 159.

70. — 1140-1163. — Moyennant un denier de cens par an, Arnoul, Maniénus et Odolie, sa femme, donnent à Clairvaux leur pré de la Noue Buzun. Notification de Godefroi de Rochetaillée, évêque de Langres. — A, Fontarcia IV, p. 159.

71. — 1140-1163. — Don fait par Hildiarde, de Chacenay, à l'abbaye de Clairvaux du Val dit Fabrevallis et d'un denier de cens. Notifié par Godefroi de Rochetaillée, évêque de Langres. — A, Fontarcia V, p. 159.

72. — 1140-1163. — Godefroi de Rochetaillée, évêque de Langres, fait savoir que Martin de Jaucourt renonce à toutes prétentions au sujet de Hymereis. — Orig., 3 H 315 ; A, Fontarcia VI, p. 159.

73. — 1140-1163. — Clément de Fontette, Beceline, sa femme, et leurs enfants donnent à Clairvaux le pré des noues de Buslu et renoncent à toute réclamation sur Hymereis. — A, Fontarcia VII, p. 159.

74. — 1140-1163. — Aimon de la Porte donne à Clairvaux la terre appelée Delfec. Notification de Godefroi de Rochetaillée, évêque de Langres. — A, Fontarcia VIII, p. 159.

75. — 1140-1163. — Robert, fils de Méric, de Vitry-le-Croisé, renonce à ses prétentions sur les terres et sur les prés autour de la fontaine Hymereis, près de Fontarce et dans tout le finage. — A, Fontarcia IX, p. 159-160.

76. — 1140-1163. — Eude de *Lines* cède le pré du Chêne dans l'enclos de Fontarce moyennant un cens annuel de quatre deniers à prendre à Eguilly. La même redevance sera due pour le pré Roandum. Notification de Godefroi de Rochetaillée, évêque de Langres. — A, Fontarcia X, p. 160.

77. — 1140-1163. — Josbert de Champignol donne en aumône à Clairvaux la terre qu'il possède à Orfontaine. Notifié par Godefroi de Rochetaillée. — A, Fontarcia XI, p. 160.

78. — 1140-1163. — Approbation donnée par dame Damerons et par Josbert de l'aumône du pré du Breuil faite à Clairvaux par Aubry. — A, Fontarcia XII, p. 160.

79. — 1140-1163. — Hugue et Roland, enfants d'Adeline, femme de Barthélemy Coquille, confirment le don que leur mère avait fait, en leur absence, de tout ce qu'elle possédait à Perrecin. — Orig., 3 H 323 ; A, Grangia abbatie IX, p. 15 ; C, fol. 3.

80. — 1140-1163. — Wichard, fils d'Évrard de Veuxhauls, donne à Clairvaux ce qu'il a au finage de Longchamp depuis Maranville jusqu'à Juvancourt. Il y ajoute le pré de *Granosa noa*, une terre et des prés, à l'occasion de l'entrée en religion de son fils Liébaud. — A, Ultra Albam V, p. 45.

81. — 1140-1163. — Godefroi de Rochetaillée, évêque de Langres, notifie la donation faite à Clairvaux par Robert Jument et Albréa sa femme, de tout ce qui leur appartenait à Longchamp et à Jurville, tant en plaines qu'en bois. — A, Ultra Albam XI, p. 46.

82. — 1140-1163. — Henri, fils de Freère, de Perrecin, a donné, tout jeune enfant, tous ses droits sur Perrecin. Devenu adulte et partant pour la croisade, il confirme sa primitive donation à Clairvaux. Témoins : les archidiacres Garnier, Ponce et Foulque. Notifié par Godefroi, évêque de Langres. — A, Grangia abbatie X, p. 15-16.

83. — 1140-1163. — Milon d'Aisey et Jean son gendre cèdent à Clairvaux la terre de Perrecin que leur avait donnée Pierre d'Aisey et sur laquelle ils élevaient des prétentions. Ils cèdent aussi une terre à Champigni. Notifié par Godefroi, évêque de Langres. — A, Grangia abbatie XII, p. 16.

84. — 1140-1163. — Lors de la prise d'habit de son fils Gui, Rainaud de Perrecin a donné à Clairvaux tout ce qu'il avait à Perrecin au-delà de l'Aube et toutes les coutumes qui lui étaient dues. Témoins : Ferry, curé ; Guichard ; Roland et Silvestre. Il a aussi donné la terre de Baioiches et de

Vareilles. Notifié par Godefroi, évêque de Langres. — A, Grangia abbatie XI, p. 16.

85. — avant 1163. — Charte de Godefroi, évêque de Langres, comme la précédente. — A, Ultra Albam V ; B, Elemosine XLVIII, p. 83.

86. — avant 1163. — Charte de Godefroi, évêque de Langres, mentionnant une donation de Clarembaud de Chappes. — B, Elemosine XLIX, p. 83.

87. — 1140-1163. — L'évêque de Langres, Godefroi, donne à Clairvaux l'usage de la terre de Saint-Mammès et de Gevrolles, avec le consentement de l'archidiacre Ponce de Reynel ; Guiard, trésorier ; Hugue de la Rivière et Humbert, doyen. — A, Grangia abbatie V, p. 14.

88. — 1140-1163. — Adeline, femme de Barthélemy Coquille, fait don à Clairvaux de tout ce qu'elle avait au territoire de Perrecin. Notifié par Godefroi, évêque de Langres. — A. Grangia abbatie VIII, p. 15.

89. — 1140-1163. — Josbert d'Euffigneix ; Hugue et Boson, ses frères, ont cédé à Clairvaux tous leurs droits sur Perrecin. Témoins : le doyen de Charmes et Hugue son grand-oncle, curé de Gurgy, et Herlebaud d'Aubepierre. Notifié par Godefroi, évêque de Langres. — A, Grangia abbatie XIV, p. 16.

(A suivre.)

Chanoine A. Prévost.

Errata (Introduction)

P. 148 de la Revue, ligne 17, au lieu de *Cartes*, lisez *Carte*.

P. 155, ligne 5, au lieu d'*archiduc*, lisez *archidiacre*.

P. 156, ligne 2, au lieu de *Padules*, lisez *Paludes*.

UN PROBLÈME ÉCLAIRCI

L'AGNATION RESTITUÉE DE SAINT GUILLAUME (DE DIJON)

En présentant, avec une haute compétence, une série de remarques sur saint Guillaume abbé de Dijon, ses origines et ses actes, M. l'abbé Chaume (1) est arrivé à établir sa proche parenté avec la plus haute noblesse de la Bourgogne et de l'Austrasie.

Sa source est une vie de saint Guillaume, œuvre d'un historien estimé pour sa précision : le moine Raoul, dit le Ras (en latin *Glaber*). Il devait ce surnom, selon toute apparence, à ce qu'il fut l'un des premiers à suivre la réaction qui se fit contre les *Barbes Sales* auxquelles le comte Guillaume de Dijon, devancier d'Otte-Guillaume, dut son grotesque surnom.

La *Vita Guillelmi abbatis Divionensis* forma-t-elle, tout d'abord, un opuscule détaché? C'est, on n'en peut douter, sous cette forme que se présentait l'original, offert à l'abbé de Dijon, successeur de Guillaume, et composé par lui à l'aide de la riche documentation que les disciples de l'abbé lui fournirent. Mais le texte que nous connaissons a-t-il été pris sur cet original ou sur une de ses copies? M. Maurice Prou, que nous avons consulté, nous a fait remarquer que Mabillon, au XVIIe siècle l'avait éditée le premier, *ex codice manuscripto Sancti Benigni* (2). D'autre part les inventaires compulsés par M. l'abbé Chaume, qui sont antérieurs à la publication des *Acta Sanctorum*, ne font aucune mention d'un manuscrit original de Raoul le Ras. D'où cette conclusion paraît s'imposer : le texte fut pris dans un recueil collectif, passionnaire ou lectionnaire. Nous avons eu l'occasion de feuilleter un de ces recueils, de format atlantique, chef-d'œuvre de calligraphie, ce n'était qu'un quartal, tristement mutilé ; il en existe de complets que l'on pourrait consulter.

---

(1) *Revue Mabillon*, n° 54, avril-juin 1924, pp. 68 et suivantes (avec tableau généalogique).

(2) *Acta Sanctorum ordinis Sancti Benedicti*, sæc. VI, part. 1.

L'éminent professeur qui a donné à la *Revue Mabillon* son étude si
pénétrante sur saint Guillaume, l'a ornée d'un tableau généalogique
rassemblant toute la parenté de son héros. Mais il se trouve amené
à loger au milieu, avec des points d'interrogation, un personnage
qu'il appelle *Vibo, natione Suevus.* Nous concevons ses hésitations.
La formule est insolite ; bien mieux, elle comporte, pour le temps,
une contradiction *in terminis.*

Vibo est l'hypocorisme de *Vibertus, Guibertus,* prénom neustrien,
tout au plus bourguignon. Quand un Souabe le portait, il devait
revêtir une forme plus rude. *Witperth,* d'où l'hypocorisme *Witzo,*
fort dissemblable à *Vibo.*

Raoul le Ras n'a pu commettre une si forte erreur. Son manuscrit
devait être calligraphié en belles onciales. Or il n'y a rien qui ressemble plus à *Uibo* que *Nit'o,* c'est-à-dire *Nitzo* en employant le *tz*
germanique. Nitzo est l'hypocorisme du prénom de *Nithard,* porté
par un Souabe. M. l'abbé Chaume le reconnaît à propos d'un abbé
de Metlach de ce nom.

Dans un mémoire que nous avons donné à la revue luxembour-
geoise *Ons Hémecht* et qui fut tiré à part (1), nous avons établi la
généalogie des Nithard. Le premier personnage de ce nom appartient
à l'ascendance du célèbre Engilbert, abbé laïc de Saint-Riquier et
membre de l'Académie du Palais. On sait que Charlemagne ne con-
sentit jamais à se séparer de ses filles ; il les retint dans son palais ;
mais non comme un collège de vestales. Deux d'entre elles, seulement, étaient filles de reines et ne pouvaient épouser que des princes.
L'aînée, Berthe, née en 773, faillit lui échapper, car elle fut fiancée
à Constantin VII, fils de l'impératrice de Byzance. Mais les sujets de
cette souveraine la renversèrent, et Berthe revint au palais d'Aix,
où son père lui fit contracter un mariage morganatique avec Engilbert (2). La princesse donna le jour à deux fils, Nithard III et Har-
duin (3). Ils ont dû naître vers 810.

Nithard III fut appelé par le sénéchal Alard, comte de Paris, à la
cour de Charles le Chauve, époux d'Erméndru, nièce d'Alard. Il

---

(1) *Études sur le Luxembourg à l'époque carolingienne. I. Le domaine de Mersch,* in-8
de 200 p.

(2) Ce mariage est certain, car Engilbert, décrivant les charmes de Berthe et ses
somptueuses toilettes, la dénomme *femina,* dans le livre II de l'Histoire poétique de
Charlemagne, le seul des quatre écrits en vers par cet historiographe officiel du
prince, et qui nous est parveuu grâce à une copie de Canisius.

(3) Les textes imprimés portent *Hartnidus* au lieu de *Hartuinus.* Hardoin, comte
en Normandie, eut pour femme Arendru et pour fille Ansgart, première femme de
Louis le Bègue.

hérita de la charge d'historiographe du roi, et il écrivait, au jour le
jour, si l'on peut dire, les commentaires de sa vie, mais en prose
tout simplement. La mort interrompit brusquement son œuvre : il
périt en défendant sa patrie contre les Normands en 842 (1).

Il laissait un fils homonyme, Nithard IV. Leuchart se consacra à
l'éducation de cet enfant unique, elle resta veuve durant plus de
quarante ans. Leuchart, de souche ducale, était apparentée à la fois
aux Ouri (*Odalrich*) et aux Bouchard (*Burghardt*), personnages considérables de la *Francia orientalis*.

Les premiers dominaient sur le lac de Constance, leur capitale
était Lenzburg. Les seconds étaient ducs héréditaires d'Alamannie.
Il devait ces honneurs à leur parenté avec la reine Audiart (*Hildegar-
dis*), seconde femme de Charlemagne. Cette souveraine était fille de
Géroul (*Geroldus*) comte d'Anglachgau (2) et d'Emme, petite-fille de
Godefroi (*Gothofred*) duc d'Alamannie en 712 (3). Audicart eut trois
frères : Géroul II duc de Bavière, tué en 799 ; Ouri I et Otte (4). Il est
possible que leur souche se rattache à Géroul (*Gerulfus*) qui, au début
du VIIIe siècle, joua dans le diocèse de Mayence le même rôle que
Milon dans ceux de Trèves et Reims.

Ouri I eut deux fils : Ouri II et Robert. D'Ouri II vint Ouri III qui
eut des charges importantes sous Charles le Chauve, et notamment
le duché de Bourgogne ; Leuchart fut la sœur d'Ouri III.

Cette parenthèse terminée, l'union de Leuchart avec Nithard III
fait comprendre pourquoi son fils Nithard IV écrivit à Charles le
Gros, roi d'Alamannie, pour l'engager à suivre les conseils du duc
Burghardt Ier, lorsque en 886 le dernier fils de Louis le Germanique (5) fut appelé à rétablir — bien passagèrement, hélas ! — l'hégé-
monie carolingienne après la disparition des fils de Louis Bègue et
d'Ansgart (6).

M. l'abbé Chaume (7) rappelle fort à propos que Leuchart, qui
avait pris le voile des veuves (*Leutchardis Deo devotu*) obtint de Gales

---

(1) Airioul (*Hariulf*), *Chronicon Centulense*.

(2) Ce titre lui est donné par les *Acta Academiæ Theodoro-Palatinæ*, d'après une
notice du règne de Pépin.

(3) Emme eut un second mari, Robert, chargé par Charlemagne de soumettre le
duc rebelle de Bavière, Tasselon II. Leur fils Gui, duc de Bretagne sous Charlemagne,
fut père de Guichin (*Gui le Jeune*), comte du Saosnois, et aïeul de Robert le Fort.

(4) Mabillon a retrouvé les traces de celui-ci dans son *Iter italicum*.

(5) Les écrivains français l'appellent Charles le Gros, mais ses peuples, déplorant
son trépas dans la traversée des Alpes, où il fut empoisonné par son médecin,
Sédékias, l'appelèrent Charles le Martyr.

(6) Lettre publiée dans l'*Étude sur Mersch*, p. 55.

(7) *Revue Mabillon*, p. 96.

(ou Galon) évêque de Metz, en 884, une charte de précaire englob
de considérables domaines en Ardennes et en Vèvre (1) en fav
d'elle-même, de son fils Nithard IV et de ses petits-fils Véri (*Wige*
et Nithard.

Nithard IV était un des principaux magnats de la cour de Lohier
quand, en 861 (2), ce prince jura de reprendre la reine Thiéberge
fut l'un de ses garants (3).

Le duc Burghardt, qu'il recommandait à l'empereur Charles,
un triste destin. En plein mail, tandis qu'il passait en revue
contingents rangés sous sa lance ducale, un brusque soulèvem
éclata (4). Au cours de la bagarre, il fut massacré. Sa veuve *Reg*
lint (5) chassée de la contrée avec ses deux fils, Burghardt II et Od
rich, alla demander asile et protection au Saint-Père.

A ce moment (908) Charles le Simple faisait figure de défenseu
la Papauté. Sous son règne, Benoît IX vint en France, en 912.

Véri, le frère de *Nitzo* (6), neveu comme lui de Burghardt Ier, é
l'un des plus sûrs fidèles de Charles le Simple : bien mieux, il é
devenu son beau-frère, en épousant Ermendru (*Ermentrudis*), fi
comme lui de Louis Bègue et de sa seconde femme Aélis.

Charles, reconnu en Lôtharingie après la mort de Louis III, obt
sûrement de Conrad Ier le rétablissement de Burghardt II, qui
918 exerçait la charge de son père.

C'est alors que *Nitzo* fit en Italie les expéditions que relate l'his
rien Raoul, et conquit en Lombardie le comté de Volpiano, qu
transmit à son fils Robert, père de quatre fils : Godefroi, Nitha
Robert et Guillaume.

C'est ici le lieu d'examiner comment Otte Guillaume, comte

---

(1) Ils sont identifiés dans l'*Étude sur le domaine de Mersch*, pp. 31 à 38.

(2) Et non en 881, comme le porte une coquille typographique qui n'est
imputable à M. l'abbé Chaume.

(3) Parisot, *Le Royaume de Lorraine*, p. 279.

(4) Ces faits sont relatés dans diverses chroniques éditées par Pertz, *Monumé
Germaniæ historica*, t. II et III.

(5) *Reghilint* est la *Reginelda* (Ragnilde) mal lue *Reginerda*, du *Liber Confratern
tum Sancti Galli*, dans Pertz, *Scriptores*, III, 250.

    Manegold
    Landolf, comte en Thurgovie
    Hermenfrida = Adelberth I.

Odelrich. Burghardt I duc († 908).   Gothofred moine de St-Gall.
      ép. Ragnilde.

(6) Véri ou Guerri (*Vodelricus, Godelricus*) est la forme neustrienne d'Ouri (*Ode
cus*). Un texte formel du XIᵉ siècle concernant les comtes de Lenzburg dit que l'
d'eux fut appelé, d'un nom affectueux, Ouzon, c'est-à-dire Outzo, forme analogue
Nitzo.

Mâcon, pouvait être « affinitate propinquus » de l'abbé de Saint-Bénigne.

Guillaume ayant épousé Ermendru, héritière du comté de Mâcon, c'est par elle que naît une parenté avec saint Guillaume (1).

Le prénom Ermendru présente, en cette circonstance, une importance exceptionnelle. Ayant été porté par une reine carolingienne française, il ne peut, tant que dure le pouvoir de la dynastie, être porté en France que par une descendante de souverains. L'échelonnement se fait par deux degrés (2).

Une Ermendru est la petite-fille d'une autre. De Louis Bègue et de sa seconde femme Aélis, naît une Ermendru qui relève le nom de sa grand'mère. Elle épouse le duc Henri d'Austrasie, tué en 886, en défendant Paris contre les Normands. De là une fille, Counion (*Cunégonde*) unie à Véri, frère aîné de *Nitzo*. Sifroi Kunuz (fils de Cunion) a pour fille une Ermendru unie à un Italien (3). Ce fut une bienfaitrice de Metlach (4), apparemment la mère de l'abbé Nithard auquel Gerbert écrivit deux lettres (5) et aussi de la comtesse de Mâcon, femme de Leutard II, mère d'Aubri III et d'Ermendru, unie à Otte Guillaume. Par sa femme, Otte devint le cousin issu de germain de l'abbé de Saint-Bénigne : l'expression de Raoul, *affinitate propinquus*, est pleinement justifiée.

J. DEPOIN.

---

(1) Voir, sur le sens des termes *affinitas* et *propinquus*, notre étude sur les *Relations de parenté*, publiée dans les *Mémoires de la Société historique du Vexin*, t. XXVIII.

(2) Le fait est attesté pour une autorité contemporaine, Constantin, l'auteur de la vie d'Auberon II, évêque de Metz, cousin-germain de l'abbé Guillaume.

(3) Voir une charte d'elle dans le *Mittelrheinisches Urkendenbuch*, de Heinrich Beyer.

(4) D'après le texte formel de Raoul le Ras.

(5) *Gerberti Epistolæ*, édit. Havet, n°° 64 et 72.

RÉPERTOIRE DES FONDS MONASTIQUES
CONSERVÉS DANS LA SÉRIE H
DES ARCHIVES DÉPARTEMENTALES DU DOUBS

Introduction

Les érudits et ceux surtout qu'intéresse l'histoire de la Franche
Comté seront heureux, nous osons l'espérer, d'apprendre que la
Revue Mabillon va entreprendre dans les *Archives de la France Monastique* la publication des analyses de nos fonds religieux sous le titre
de « *Sources de l'histoire comtoise tirées des fonds monastiques de la
Province conservés aux Archives du Doubs* », avec *répertoire initial*
pour faciliter les recherches.

Ces fonds précieux, conservés en totalité ou en partie dans le riche
dépôt du Doubs, se composent de 6000 liasses ou registres, qui ont
trait à 200 établissements religieux environ, et dont moitié au moins
datent du moyen-âge : c'est dire l'intérêt qu'ils présentent pour l'histoire.

Le plan que nous avons suivi est le suivant : abbayes d'hommes et
de femmes et prieurés dans chaque Ordre religieux, Bénédictins,
Augustins, Cisterciens, Prémontrés, etc., puis l'Ordre de Malte avec
les Commanderies de St-Antoine d'Aumonières, Besançon, Bourbonne-les-Bains, Ruffey, qui lui ont été unies ; les couvents d'hommes
et de femmes, et en dernier lieu les hôpitaux. Il va de soi que dans
chaque classe nous avons mis en première ligne les monastères situés
à Besançon, parce qu'ils sont de beaucoup les plus importants et par
l'intérêt historique qu'ils offrent et par la quantité d'articles dont ils
se composent. A elles seules les abbayes de Saint-Paul et de Saint-
Vincent comprennent près de 1100 articles.

Les numéros de de notre répertoire correspondent aux numéros
du classement de la série H par article tel qu'il existe actuellement
aux archives départementales du Doubs. Quant à nos analyses, nous
croyons qu'elles répondent à un besoin réel et qu'elles sont appe-
lées à rendre service en faisant connaître aux travailleurs locaux les

richesses documentaires contenues dans ce fonds monastique important, et en permettant aux chercheurs étrangers d'avoir à leur disposition un aperçu sommaire des ressources qu'il renferme au point de
vue de l'érudition provinciale et de l'histoire monastique.

A. DORNIER.

Ordre de Saint-Benoît

I. — MONASTÈRES D'HOMMES

Abbaye de St-Vincent de Besançon
(536 articles)

1. Histoire de l'abbaye, rédigée en 1720. — 2. Cartulaire (1179-
1680). — 3. Autre cartulaire (1196-1680). — 4-16. Inventaires généraux et partiels.

Titres généraux. — 17-19. Institution du 1er abbé ; privilèges ; fondations ; donations, etc. (1092-1404). — 20. Droits paroissiaux (1213-
1535). — 21. Privilèges divers ; unions de cures et du prieuré de
Damparis (1302-1379). — 22. Prérogatives ; titre de vicaire de l'archevêque ; redevances ; règles de l'abbaye, etc. (1404-1600). —
23-24. Réforme de l'abbaye (1610-1623). — 25. Usage des ornements
pontificaux ; pensions ; préséances, etc. (1617-1639). — 26. Grange
de Valleroy ; agrégation à l'université (1653-1699). — 27-29. Rang des
religieux dans les cérémonies ; indulgences ; biens de la mense conventuelle ; prieuré de Fontaine ; succession Mangin : titres relatifs
à Dom Vincent Duchesne (1697-1783). — 30-34. Titres concernant
les abbés de St-Vincent (1092-1630). — 35. Visites (1602-1613). —
36-39. Procès de l'abbé Guillaume Simonin avec les religieux
(1606-1631). — 40. Famille de Guillaume Simonin (1622-1660). —
41-49. Administration de Dom Joseph Saunier (1630-1683). — 50.
Abbés Boisot, Petit, de Grammont (1610-1706). — 51-53. Abbé de
Jouffroy d'Uzelle (1676-1766). — 54. Abbé d'Escars (1679-1780). —
55-58. Congrégation de St-Vanne (1266-1777). — 59. Congrégation
de St-Maur (1618-1763). — 60. Constitution Unigenitus (1721-1730).
— 61. Rentes et quittances (1665-1754). — 62. Rapports des monastères franc-comtois avec la congrégation de St-Vanne et l'Ordre de
Cluny (1567-1775). — 63. Prieuré d'Annegray ; abbaye de Baume-les-

Messieurs (1640-1728). — 64. Abbaye de Bèze ; prieurés de Château-sur-Salins, de Cusance, de St-Jérôme de Dole (1614-1750). — 65-66. Abbaye de Faverney (1655-1771). — 67. Prieurés de Jouhe, de Fontaine, de Fouchécourt, de Jussey et monastère de la Cava (1614-1756). — 68. Prieuré de St-Désiré de Lons-le-Saunier ; abbaye de Lure et Murbach (XVII°-XVIII° s.). — 69. Abbayes de Luxeuil, de St-Vincent de Metz (1634-1713). — 70. Prieurés de Montroland et de Morey (1657-1758). — 71. Prieuré de Morteau (XVIII° s.). — 72. Prieurés de Moutherot-les-Traves et de Mouthier-Hautepierre ; Abbayes de Mouzon, de Moyen-Moutier et de Remiremont (1630-1724). — 73. Abbaye de St-Avold ; prieuré de St-Marcel de Jussey ; Abbaye de St-Mihiel ; prieurés de N. D. Libératrice de Salins et de Vaucluse ; Ursulines de Vesoul ; prieuré de Voisey (1029-1781). — 74-76. Titres relatifs à dom Constantin Stor et sa famille (1587-1678). — 77-88. Procès de la Congr. de St-Vanne avec Cluny et diverses parties (1624-1776). — 89-94. Fondations (1301-1741).

Succession Briseux, de Baume. — 95-97. Famille Briseux (1564-1585). — 98-100. Famille de La Ferté (1471-1691). — 101. Famille de La Tour (1628-1684). — 102. Famille Pierrard-Dépotot (1606-1700). — 103-104. Famille Robin (1578-1598). — 105-107. Terres de Clerval et Passavant (1407-1618). — 108-132. Rentiers et procès de la famille Briseux ; ses biens situés à Adam-les-Passavant, Adrisans l'Aigle, Autechaux, Baume, Chaux-les-Clerval, Enans, Fourbanne, Guyans-Vennes, Hyèvre, La Barre, Luze et Chagey, Roulans, Trouvans, Viethorey, etc. (1562-1715). — 133-138. Famille Coquillot-Pillot (1158-1755). — 139-141. Famille Doroz (1599-1684). — 142-156. Famille Gros (1590-1699). — 157-159. Famille Marchand (1649-1726). — 160-162. Famille Marvelise (1577-1652).

163-165. Visites de l'Abbaye (1625-1768). — 166-168. Chapelles (1305-1675). — 169-177. Confréries (1692-1751). — 178. Relations avec l'Université. — 179-184. Offices de Grand-prieur, cellérier, chantre, infirmier, réfectorier, sacristain (1373-1736). — 185. Patronages et pouillés (1385-1774). — 186. Discipline, offices, indulgences, St-Suaire (1637-1762). — 187. Professions des religieux (1634-1678). — 188. Pensions ; sépultures (1615-1753). — 189-191. Paroisse de St-Marcellin (1253-1752). — 192-207. Église, bâtiments et enclos de l'Abbaye (1188-1782). — 208-221. Immeubles de l'abbaye dans diverses rues de Besançon (1250-1785). — 222-234. Propriétés de l'Abbaye : terres, prés, vignes etc., situées, sur le territoire de la ville (1188-1773). — 235-242. Procès de l'abbaye (1605-1790).

Abbaye de Damparis. — 243-248. Acensements, donations, fondations, arpentements, revenus, visites, procès, comptabilité (1485-1789).

Prieuré de Bonnevaux. — 249-261. Donations ; prises de possession du prieuré ; bulles ; procès ; tenues de justices ; ses biens situés à Bouclans, Bonnevaux, Fallerans, Foucherans, Montgesoye, Naisey, Trepot (1185-1779).

Prieuré de Bourbonne-les-Bains ou de *Plainemont.* — 262-279. Titres généraux, revenus, baux, comptabilité, procès ; union avec la mense de St-Vincent ; cure de Bourbonne ; propriétés du prieuré à Fresne-sur-Apance, Genrupt, Martinvelle, Montcourt, Montcharvot, Passavant, Serqueux, Villars-le-Pautel (ou Aisey) (1319-1782).

Prieuré de Cromary. — 280-286. Immeubles, cens, procès, rentier (1396-1786).

Prieuré de St-Ferjeux. — 287-303. Titres généraux, délibérations, propriétés, paroisse, fondations, église et bâtiments, droits d'amortissement, rentes, dépendances du prieuré, etc. (1140-1787).

Ermitage de St-Léonard. — 304-305. Titres généraux, donations, revenus, procès (1227-1763).

Prieuré de Villars-St-Marcellin. — 306-327. Titres généraux, dîmes, donations, revenus de Genrupt, cure, patronage, église, registres paroissiaux, reconnaissances, amodiations, comptabilité, procès (1249-1789).

Seigneurie de Perrouse. — 328-350. Titres généraux, rentes, tailles, reconnaissances, rentiers, justice, procès, titres de familles, etc. (1257-1789).

Seigneurie de Senaide. — 351-362. Titres généraux, reconnaissances, accensements, baux, moulin, procès (1173-1779).

Titres locaux. — 363-364. Aboncourt, Aigremont, Ambre, Arc-et-Senans (1282-1782). — 365. Auxon-Dessous, Avanne, Avrigney, Authoison (1619-1784). — 366. Battenans, Baumotte-les-Pin (1210-1790). — 367. Besnans (1275-1784). — 368. Betoncourt-les-Menetriers, Beure, Blondefontaine, Bonnay (1250-1789). — 369-370. Bouclans (1285-1765). — 371. Bouhans (1266-1713). — 372. Boult, Bussières, Chalezeule (1184-1745). — 373. Chambornay-les-Bellevaux, Chatenois, Champvans et Eclans, Châtillon-le-Duc, Châtillon-sous-Maiche (1232-1747). — 374. Chaucenne, Chemaudin, Chencey-Buillon (1252-1715). — 375. Choye (1543-1790). — 376. Cirey-les-Bellevaux, Cordiron, Corre, Cour-les-Baume, Cramans, Darney (1146-1782). — 377-384. Devecey (1203-1782). — 385. Dijon, Dole, Fontain (1258-1790). — 386-387. Fontain (1535-1731). — 388-389. Fontenois-les-Montbozon, Foucherans et Fallerans, Fraisans, Dampierre, Rans, Ranchot, Etrepigney (1245-1724). — 390. Franois, Germigney, La Barre, Lanthenans (1576-1598). — 391. Larians, Laval, La Villedieu-les-Quenoche (1243-1681). — 392. Liesle, l'Isle-sur-le-Doubs, Luxiol (1592-1765). — 393. Mailley,

Maison-du-Bois, Mamirolle, Maussans, Mazerolle et Vaux (14..-
1682). — 394. Merey-Vieilley, Miserey, Montagney, Montbarrey, Santans, La Loye (1295-1760). — 395-397. Montbarrey (1562-1718). —
398. Montbozon et Thienans, Montfaverge, Montfort, Montigny-les-
Arbois, Montussaint (1222-1775). — 399. Morogne, Morre (1229-1732).
— 400-401. Mothey-Besuche, Nods, Oiselay, Ormoy (1251-1779). —
402. Ouge, Ounans, Pin-l'Emagny (1659-1771). — 403-404. Pin-l'E-
magny (1752-1767). — 405. Pirey et Avanne (1244-1715). — 406. Pon-
tarlier, Pont-sur-l'Ognon, Pouilley-les-Vignes (1185-1502). — 407.
Raincourt, Recologne-les-Ray (1251-1752). — 408. Rochefort, Ron-
champ, Rougemont, Roye, St-Nicolas-aux-Bois, Sauneries de Salins
(1216-1778). — 409-420. Santans (1199-1782). — 421. Savigny-en-
Revermont, Senans, Servigney-les-Montbozon (1339-1786). — 422. Ser-
vin, Soing, Theuley-les-Lavoncourt (1235-1787). — 423-424. Thise
(1160-1790). — 425. Thurey, Trouvans, Uzelle et Fontenelle-Montby
(1529-1785). — 426. Vadam-les-Arbois (1502-1529). — 427. Valentin,
Valleroy-les-Raze, Valleroy-les-Thurey (1553-1784). — 428. Vanclans,
Vandelans, Vauchamps (1597-1787). — 429-430. Vauconcourt, Vau-
drey, Vaux-les-Prés (1224-1777). — 431. Verchamps (1707-1787). —
432. Vernierfontaine (1761-1766). — 433. La Vieille-Loye (1612-1675).
— 434. Vieilley, Viethorey (1725-1790). — 435-436. Villers-le-Temple,
Villers-Pater (1329-1788). — 437. Villers-sous-Montrond, Voillans
(1377-1742). — 438. Voray. Vougécourt (1148-1782).

Comptabilité. — 439-471. Manuels de cens (1439-1771). — 472-487.
Rentes (1419-1789). — 488-500. États des revenus du monastère
(1610-1780). — 501-502. Impositions (1581-1672). — 503-505. Don
gratuit (1693-1780). — 506-508. Amortissements (1684-1750). — 509.
Capitation, sel (1672-1771). — 510-515. Journaux des recettes et
dépenses journalières (1632-1787). — 516-522. Comptes généraux des
recettes et dépenses (1527-1714). — 523-536. Pièces justificatives des
comptes (1616-1790).

Abbaye de Baume-les-Messieurs

(article unique)

Bulle du pape Clément III relative aux églises et chapelles de la
dépendance de l'abbaye et énumération de ces églises et chapelles
(1190). — Desserte de l'église de Conliège. — Bulle de l'antipape
Victor IV (1162). — Cession faite par l'abbé au comte de Bourgogne
de la montagne sur laquelle est bâti le château de Montaigu (1610). —
Comptes des revenus de l'abbaye des années 1616 et 1660. — Saisie
des revenus pour l'entretien du monastère (1681). — Procès entre

l'abbé et les religieux (1700). — Dîmes de Perrigny. — Droit de fournage (1754). — Bulle de sécularisation (1759). — Plans divers du monastère.

(Les archives du Jura possèdent le fonds principal de cette abbaye, 76 registres et 80 cartons (1078-1790).

Abbaye de Cluny

(article unique)

Recueil de pièces imprimées qui établissent l'exemption et la juridiction de l'abbaye sur la ville et Bans de Cluny : — Fondation de l'abbaye par Guillaume le Pieux duc d'Aquitaine (910). — Bulles des papes Jean XI, Benoît VIII, Léon IX (1049), Luce II (1144), Eugène III (1145), Innocent III (1204), Grégoire X (1272), Nicolas III (1278), Pie IV (1563), etc. Concile de Chalons tenu en 1063 où sont reconnus et confirmés les privilèges de l'abbaye; autres confirmations des privilèges et exemptions de Cluny, par le concile de Rome (1077), le cardinal Pierre, légat du St-Siège (1078), etc. — Mémoire de Dom Augustin Lely, dom Antoine Frère et autres religieux de l'Étroite observance de Cluny, résidants dans les maisons de cet ordre situées en Franche-Comté, contre les supérieurs de ces communautés au sujet de l'usurpation, par la Congrégation de St-Vanne, de sept maisons de Cluny (XVIIIᵉ s.).

(Voir aux Archives de la Côte-d'Or. 10 art. (1101-1557).

Abbaye de Faverney

(article unique)

Traité de communion et de société de biens entre Alice, comtesse de Bourgogne, et l'abbaye (1276). — Procès avec les habitants de Menoux. — Compte de 1671. — Amodiation des revenus du monastère. — Saisie des biens de l'abbaye (1698). — Procès entre l'abbé et les religieux. — État des biens, droits et rentes du monastère, etc. (1276-1780).

(Pour le fonds principal, voir l'inventaire des Archives de la Haute-Saône, série H. 433 à 577.)

Abbayes de Lure et Murbach

(2 articles)

1. Provision de l'office de procureur fiscal de l'abbaye au profit de

Jean-Jacques Senglin, de Lure (1707). — Déclaration des revenus du monastère (1764). — Procès : avec les habitants de Plancher-Bas, au sujet de la propriété des Grands Communaux; — avec les officiers municipaux de Lure, au sujet de la distribution du bois aux fermiers de l'abbaye (1770); avec les habitants d'Andornay, Magny-Jobert, Lioffans, Palante et avec le prince de Wurtemberg au sujet des droits de justice sur ces localités et de propriétés de forêts. — Remontrances des députés du clergé de Franche-Comté au sujet des charges des chapitres séculiers et réguliers (XVIIIᵉ s.).

2. — « Statuts du chapitre de l'Insigne église collégiale, équestrale et princière de Lure » (1564-1788).

(Pour le fonds principal, voir l'inventaire des Archives de la Haute-Saône, série H. 578 à 600.)

Abbaye de Luxeuil

(11 articles)

1-2. Cartulaires : copies de titres de 1123 à 1535. — 3. Copie des lettres patentes de Charlemagne confirmant les concessions faites à l'abbaye par ses prédécesseurs (815); autres confirmations données par ses successeurs; donations, rentes, etc., au profit du monastère, etc. (815-1504); original des lettres de franchise des habitants de Luxeuil (1291); etc. — 4. Sentences de mort pour meurtre; droit de formariage sur les sujets d'Alaincourt : procès, etc. (1509-1600). — 5. Procès; réparations à l'église abbatiale; bois; marchés divers; successions mainmortables, etc. (1582-1673). — 6. Envoi en possession du prieuré de Clémont en Bassigny; droit d'aide; procès avec les habitants de Pomoy; parcours, etc. (1671-1773). — 7. Procès relatif aux droits et prérogatives de l'abbaye et enquête sur l'origine du monastère (1504). — 8-11. Comptes des recettes et dépenses de l'abbaye (1487-1615).

(Pour le fonds principal, voir l'Invent. des Archives de la Haute-Saône, série H. 601 à 679.)

Abbaye de Saint-Claude

(16 articles)

1. Catalogue sur parchemin des manuscrits de l'abbaye (XIᵉ s.). Délimitation de la terre de St-Claude; bulles de papes; fiefs de Mijoux; forteresses de Thielle, de Boudry, du Val de Travers, de Neuchâtel, etc.; office de Grand juge (1407). — Vente des pierres précieuses de la grande châsse de St-Claude (1488), etc. — 2. Procès cri-

minels; office de réfectorier; successions mainmortables, etc. (1495-1512). — 3. Justice de l'abbaye; origine des religieux; privilèges; office de chambrier; pendaison, etc. (1536-1571). — 4. Attentat à l'autorité de l'abbaye; mainmorte; lettres de grâce, etc. (1571-1643). — 5. Procès criminels et civils; amodiations de revenus; vente de l'argenterie de l'église; famille Friquet; injures faites aux religieux, etc. (1580-1634). — 6. Baux; dégâts causés par les troupes de Maillard (1638); procès contre les habitants de Martigna; bulles de sécularisation; affranchissement de mainmorte; empiétements commis par les Suisses; preuves de noblesse exigées pour l'entrée dans le monastère, etc. (1635-1643). — 7. Difficultés au sujet de la réception de l'avocat Dutartre et du sieur de Pimorin; droit de l'abbaye d'accorder des lettres de grâce; procès; réparations aux bâtiments, etc. (1643-1750). — 8. Chapelle de N.-D. de Ruffey; ses revenus, etc. (1247-1508). — 9. Prieuré de Jasseron (dioc. de Lyon); ses biens; charte de franchise de Jasseron (1283), etc. (1283-1523). — 8-16. Comptes des revenus de l'abbaye, avec pièces justificatives (1636-1662).

(Voir aux Archives du Jura le fonds principal de ce monastère, 77 registres, 280 cartons (VIIIe s.-1790).

Bénédictines

Abbaye de Baume-les-Dames

(60 articles)

1. Inventaire et visites de l'abbaye. Analyse des titres depuis 1143. — 2. Donations faites aux monastères par les souverains; mainmise sur les revenus de l'abbaye; traité relatif au droit de justice; moulin d'Autechaux; droit de committimus; violences contre l'abbesse, etc. (1178-1789). — 3. Fondations; traités de réception de religieuses; anniversaires; obituaire, etc. (1400-1762). — 4. Chapelles (1378-1790). — 5. Constitutions de rentes (1243-1399). — 6-14. Manuels de la recette des cens et rentes dus à l'abbaye (1528-1717). — 15. États des revenus du monastère (1531-1727). — 16-17. Dîmes; amodiations, (1279-1790). — 18-19. Baux des revenus des bois de la Vrevielle et Vrepillière, situés entre les finages de Verne, Autechaux et Luxiol (1691-1787). — 20. Livre des reconnaissances faites par plusieurs sujets de l'abbaye de ce qu'ils tiennent à Tournans, Baume, La Bretenière, Rougemontot, Trouvans, Montmartin, etc. (XVIIIe s.). — 21. Papete-

ries de Baume (1464-1768). — 22. Rivière du Cusancin : droit de pêche (1448-1748).

Titres locaux : — 23. Adam-les-Passavant : biens d'Henri Nuldin ; bois Rodolphe (1685-1711). Autechaux : dîmes (1631). Baume (ville) : vente de la *Tour du Marché* (1342) ; Grange-Ravey (1680) ; reconnaissances de rentes, etc. (1342-1728). — 24. Baume (prairie) : pré « Dampvarin » ; tanneries ; pré du Breuil, etc. (1522-1709). Battenans : ventes d'immeubles à l'abbaye (1723). Branne : dîmes (XVIIe s.). Cour : droit de pêche (1580). Cusance : procès (1670). — 25. Fontaine-les-Clerval et l'Hôpital St-Lieffroy : dîmes ; procès, etc. (1596-1710). Fontenotte : dîmes (1594-1655). Grosbois : dîmes (1675). Hyevre-Magny : dîmes (1464-1773). Laissey : dîmes (1699). Lomont et Chazot : dîmes (1337-1750). Luxiol : dîmes (1685-1769). Mesandans : dîmes (1657). Ougney-les-Champs : dîmes (1634). — 26-27. Pont-les-Moulins : moulins ; cens et dîmes ; procès des religieuses avec les habitants (1454-1747). — 28. Sainte-Hilaire : rente Clerget, de Vennans (1722). Saint-Juan : patronage de la cure ; domaine de l'abbaye ; procès (1349-1732). Tressandans : cens (1603). Vergranne : arpentement du domaine du monastère (1683). — 29. Verne : baux, entretien et réparations de la Grangerie ; reconnaissances de Verne et Luxiol ; procès, etc. (1320-1786). — 30. Villers-le-Sec : reconnaissances (1580). Voillans : rentes et dîmes, etc. (1271). — 31 à 55. Comptes des recettes et dépenses de l'abbaye (1424-1786). — 56-59. Procès divers soutenus ou intentés par l'abbaye (1585-1790). — 60. Inventaire des titres de la mense conventuelle (1788).

Abbaye de Château-Chalon

(3 articles)

1. Tenues de justice de l'abbaye ; procès ; patronage de l'église de Gevingey ; dîmes de St-Germain ; tabellioné ; succession Boucleret ; droits de justice à Macornay et Largillay ; dîmes de Menotey, etc. (1465-1765). — 2. Visites de l'abbaye (1590-1786). — 3. Inventaire des titres rédigé en 1762.

CHRONIQUE BIBLIOGRAPHIQUE

Histoire Monastique Générale

L'ouvrage si connu de Dom Morin : *L'Idéal monastique*, a été l'objet de diverses traductions. En allemand : *Mönchtum und Urchirche* (1) par B. Von Spiegel, O. S. B. ; — en néerlandais par Dom Albert von Roy : *De Benedictijner geest en de levensopvatting der christenen* (2); en catalan : *L'Ideal Monàstic i la vida cristiana dels primers temps* (3), par R. F. B.

A signaler parmi les travaux parus sur la vie bénédictine et le régime intérieur des monastères, l'esprit qui les anime : Dom P. Chauvin : *L'action bénédictine* (4), conférence dans laquelle l'auteur rappelle comment le travail sous ses formes diverses constitue un des éléments essentiels de la vie bénédictine.

Sempé, S. J. : *Coup d'œil sur le rôle historique des Bénédictins : les principales formes de la vie bénédictine; la journée bénédictine* (5).

A. Sturm, O. S. B. : *Humor, Christentum, Mönchtum* (6), généralisations.
Toutes ces idées se retrouvent développées dans la nouvelle édition de *Une Journée chez les Moines* (7).

Signalons deux articles concernant, le premier : les origines de la profession monastique qui dans les monastères pacômiens se traduisait par la prise de l'habit religieux, tandis que S. Benoît exige un acte écrit : Dom Rothenhaeusler : *Die Anfänge der Klösterlichen Profess* (8). Le second article a trait aux jours de jeûne dans la discipline ecclésiastique et monastique : Dom Th. Michels : *Montag, Mittwoch und Freitag als Fasttagsystem in Kirchlichen und monastischen Ueberlieferung* (9).

---

(1) Munich, Theatiner Verlag, 1922, in-8 de 190 p.
(2) Nimègue, 1923, Van Leenwen, 1923, in-8 de VIII-169 p.
(3) Montserrat, 1923, in-16 de 276 p.
(4) Lumen, janvier 1923, p. 59-70; février 1923, p. 131-143.
(5) Messager du Cœur de Jésus, 1923, p. 44-53; 171-180; 236-245.
(6) Benediktinische Monatschrift, 1923, p. 174-184.
(7) Maredsous, 1922, in-16 de VIII-144 p.
(8) Benediktinische Monatschrift, 1922, p. 21-28.
(9) Jahrbuch für Liturgiewissenschaft, 1923, p. 102-108.

Parmi les études ayant trait à la personne de S. Benoît, à sa règle, à son œuvre, signalons encore :

Dom A. L'Huillier : *Le Patriarche saint Benoît* (1), réédition abrégée, mais peu modifiée dans ses idées générales, du travail paru en 1908.

Dom P. Renaudin : *Saint Benoît dans l'histoire I. Le témoignage des siècles* (2), recueil dans lequel l'auteur a groupé un grand nombre de jugements qui ont été portés sur saint Benoît et son œuvre.

K. Tüshaus : *Vater Benediktus* (3), ainsi que Forbes : *Sanct Benedict* (4) n'apportent rien de nouveau. Par contre, il y a plus de fruit, sinon au point de vue historique, à lire Van der Meer de Walcheren : *de Heilige Benedictus* (5) ainsi que les pages de M. Leclerc : *Saint Benoît, sa vie, sa règle et influence de cette règle sur les institutions monastiques en Occident* (6). Notons encore à côté du panégyrique donné par le R. P. Gillet, O. P. à St-Benoît-sur-Loire en 1922 : *Saint Benoît et la Civilisation chrétienne* (7) un article intéressant de S. Colombo : *La missione civile del Cristianismo nell' età barbarica* (8) où l'auteur montre l'influence exercée par la règle de S. Benoît.

L'ouvrage du R. P. O'Connor, O. P. : *Monasticism and Civilization* (9), étudie lui aussi le rôle social du monachisme, et spécialement l'action civilisatrice de l'ordre bénédictin, dans le monde.

Ayant trait au mouvement littéraire monastique et aux écoles, parmi les travaux omis dans les chroniques précédentes, on peut noter :

Aug. Grazioli : *La Chiesa e gli studi letterari nel Medio Evo* (10), ainsi que Dom Weld Blundell : *Medieval schools and Rules* (11), n'apportent aucune idée nouvelle. Les études de A. Schneider : *Die Erkenntnislehre bei Beginn der Scholastik* (12), sur la théorie de la connaissance, et de W. Kalberer : *Die Anfänge der Schule der Benediktinerordens. Enstehung, Unterricht und Erziehungsmethode, unter der Berücksichtigung des Klosters St Gallen* (13), présentent par contre un véritable intérêt.

---

(1) Bruxelles, Action Catholique, 1923, in-8, iv-295 p.
(2) Abbaye de Clervaux, Grand duché de Luxembourg, 1924, in-8, 472 p.
(3) St-Ottilien, 1923, in-8, 130 p.
(4) Londres, Burns, 1921, in-16, 121 p. et 4 gr.
(5) Bois-le-Duc, Teuling, 1922, in-8, 131 p.
(6) *Collationes Namurcenses*, 1922-1923, p. 303-314.
(7) Ligugé, Aubin, 1922.
(8) *Scuola Cattol.*, 1er oct. 1922, p. 255-266.
(9) New-York, Kenedy, 1921, in-8, ix-253 p.
(10) *Scuola Catt.*, 1er févr. 1922, p. 97-120.
(11) *Ampleforth Journal*, 1923, p. 15-23.
(12) *Philosoph. Jahrbuch*, 1921, p. 225-264 ; 339-369.
(13) Berlin, Litfass, 1920, in-8, 62 p.

Au point de vue liturgique et piété, notons les études suivantes : Dom
Van Houtryve : *Le culte de Marie dans l'ordre de Saint-Benoît* (1); Dom Del
Marmol : *Quelques précisions sur le culte de la Vierge au XII° siècle. Influence
des moines anglais sur son développement* (2); ainsi que, du même : *Le
dogme de l'Immaculée Conception défendu par les Bénédictins anglais au
XII° siècle* (3). Sous la signature D. P. H., quelques pages sur *Le Culte de
Marie chez les fils de Saint-Benoît* (4). Enfin de Dom Démaret : quelques
aperçus sur *La prière pour les morts dans l'Ordre de Saint-Benoît* (5).

Wilmot-Buxton : *Alcuin* (6), monographie d'une certaine importance sur
ce personnage.

M. Bulhner : *Einhards Künstler-und-Gelehrtenleben*. Ein Kulturbild aus
der Zeit Karls des Gr. und Ludwigs des Frommen (7). Vue d'ensemble très
intéressante de la culture littéraire et artistique à l'époque carolingienne à
propos d'Eginhard dont l'auteur retrace la vie et met en relief l'action personnelle ainsi que le rôle dans les abbayes dont il devint le bénéficier.

Dans une série de conférences M. A. Fliche a étudié *La crise religieuse
depuis la mort de Grégoire VII jusqu'à l'avènement d'Urbain II (1085-1088)* (8).
A ce propos nous signalons, édité par E. Caspar : *Das Register Gre-
gors VII* (9), dans les *Monumenta Germaniae Historica*. Epistolae selectae,
t. II, fasc. II.

Étude du R. P. Martin, O. P., sur « *Pro Petro Albaelardo* ». *Un plaidoyer
de Robert de Melun contre S. Bernard* (10).

Dans la collection « Spicilegium sacrum Lovaniense », le R. P. Chassat,
S. J., a publié une étude critique des plus documentées sur *La Somme des
Sentences. Œuvre de Hugues de Mortagne vers 1155*, dans laquelle il montre
que l'auteur de ce célèbre ouvrage n'est autre que Hugues de Mortagne
qui se retira au prieuré de St-Martin de Séez.

Notons l'*Éloge de Suger, abbé de Saint-Denis* (12), par Mgr Baudrillart.

La thèse de doctorat de M. l'abbé A. Adam : *Guillaume de Saint-Thierry.*

---

(1) Mémoires... Congrès Marial... Bruxelles, Action Cathol., 1922, p. 253-279.
(2) Ibidem, t. I, p. 231-241.
(3) Revue liturgique et monastique, 1922, p. 14-19.
(4) Ibidem, 1922, p. 244-247; 1923, p. 312-319.
(5) Bulletin de l'Œuvre expiatrice. La Chapelle-Montligeon, 1921, p. 50-62, 98-108,
145-154, 218-223.
(6) New-York, Kenedy, 1922, p. 223.
(7) Bonn, Schrœder, xiv-452 p.
(8) Revue Cours Confér. 28 févr. 1923, p. 532-540; 15 mars, p. 632-638; 30 avril,
p. 934-941.
(9) Berlin, Weidmann, 1923, in-8, p. 347-711.
(10) Revue des Sciences philos. et théolog., 1923, p. 308-333.
(11) Louvain, 1923, in-8, vi-212 p.
(12) Semaine relig. de Paris, 17 juin 1922, p. 862-869; 24 juin, p. 902-909.

Sa vie et ses œuvres (1), constitue un travail de grande valeur sur ce personnage qui, d'abord abbé bénédictin, se fit cistercien et devint le biographe de S. Bernard, après l'avoir défendu dans la polémique entre Cîteaux et Cluny. Théologien spéculatif et mystique, G. de Saint-Thierry est un écrivain ascétique trop peu connu; l'ouvrage de M. l'abbé Adam lui rend justice et le met à la place qu'il mérite dans l'histoire littéraire bénédictine.

A signaler aussi de Dom Wilmart : *Une conjecture mal fondée au sujet des Sentences de Guillaume de Saint-Thierry* (2).

De même, Dom Wilmart, dans un article intitulé : *La préface de la lettre aux Frères de Mont-Dieu* (3), n'hésite pas à attribuer cet opuscule célèbre à Guillaume de Saint-Thierry,

Lindhardt : *Die Mystik des hl. Bernhard von Clairvaux* (4).

E. Kern : Continuation de l'étude déjà signalée sur *Il sistema morale o delle virtù nel pensiero di S. Bernardo di Chiaravalle* (5).

R. P. Matthaus Kurz : *Der Gegenstand der Beschauung nach dem hl. Bernhard* (6).

Dans une note : *Utrum S. P. N. Franciscus cognoverit Regulam S. Benedicti* (7), le R. P. Lampen, O. F. M., se demandant si saint François connaissait la règle bénédictine, conclut par l'affirmative et le montre par des comparaisons de textes.

Mlle Eugénie Droz a consacré une étude d'un grand intérêt à *Jean Castel, chroniqueur de France* (8), abbé de Saint-Maur-des-Fossés († 1476), dans laquelle elle fait un examen critique des ouvrages qui lui sont attribués.

Dom Gaston Charvin, O. S. B.

N. B. — *La Chronique bibliographique régionale paraîtra dans le fascicule de janvier.*

---

(1) Bourg, Journal de l'Ain, 1923, in-8, 111 p.
(2) Revue Bénédictine, mai 1924, p. 263-267.
(3) Ibidem, mai 1924, p. 228-247.
(4) Munich, 1923. Verlag Natur u. Kultur, in-8, viii-248 p.
(5) Rivista storica benedittina, 1924, p. 000.
(6) Cistercienser-Chronik, août 1924, p. 161-163.
(7) Archivum Franciscanum Historicum, juillet 1924, p. 445-448.
(8) Bulletin philol. et histor. du Comité des Travaux histor., 1919, p. 95-113.

Le Gérant : E. Aubin.   Imp. E. Aubin. — Liguégé (Vienne).

TABLE DES MATIÈRES DE L'ANNÉE 1924

COMPTES RENDUS

I. — R. Garrigou-Lagrange, O. P. : *Perfection Chrétienne et Contemplation*, selon S. Thomas et S. Jean de la Croix. (St-Maximin (Var),
1922. 2ᵉ édition, in-8, xiv-776[124] p. Prix : 15 fr.)

II. — F.-D: Joret, O. P. : *La Contemplation mystique*, d'après S. Thomas d'Aquin. (Lille, Desclée, 1923, in-8, viii-312. Prix : 7 fr.)

I. — Ces pages ont paru en grande partie dans « La Vie Spirituelle ». Le but que
poursuit l'auteur en les réunissant en volumes est de faire connaître ce qu'est la
vie unitive et de démontrer que la contemplation infuse ou passive est dans la voie
normale de la sainteté. La majeure partie du tome II examine et discute des objections, « synthétise la doctrine exposée et ajoute ainsi des confirmations nouvelles ».

Le chapitre 1ᵉʳ : « Le Problème mystique actuel », donne un résumé de tout l'ouvrage. En voici une brève analyse : « La théologie ascétique et mystique, y est-il
dit, est une application de la théologie à la direction des âmes vers une union toujours plus intime à Dieu. Elle doit faire usage de la double méthode inductive et
déductive, étudier les faits à la lumière des principes révélés et des doctrines théologiques déduites de ces principes. » Parmi ces doctrines, il en est une qui joue ici
un rôle fondamental : c'est la distinction entre le surnaturel essentiel (quoad sub-
stantiam) et le surnaturel inférieur (quoad modum). Les théorie des XVIIᵉ et
XVIIIᵉ siècles qui semblaient rattacher l'union mystique aux grâces dites « gratis
datae » et séparaient l'Ascétique de la Mystique, allaient contre cette distinction et
altéraient la surnaturalité essentielle de la vie de la grâce, de la foi, de la charité et
des dons du Saint-Esprit. Aussi de nos jours, a-t-on une tendance à revenir à la
thèse ancienne que défend l'auteur : « Pour toute âme intérieure, il est louable de
désirer la grâce de la contemplation mystique infuse, ordinairement accordée aux
parfaits et s'y disposer avec l'aide de Dieu. » La doctrine spirituelle est une : l'Ascétique traite de la vie chrétienne des commençants qui pratiquent des vertus dont
le « mode reste humain »; la Mystique traite de la voie des progressants et surtout
des parfaits où se manifeste le « mode divin » des dons du Saint-Esprit. La contemplation infuse n'est donc que le « prélude normal de la vie du ciel ». Quant aux
grâces extraordinaires d'ordre inférieur (extase en tant que telle, prophéties, etc...),
elles rentrent dans la catégorie du surnaturel « quoad modum » et ne doivent pas
être désirées.

Les art. III et IV du ch. iv forment le centre de l'ouvrage. Le P. G.-L. y démontre
par des textes de S. Jean de la Croix (dont quelques-uns traduisent l'édition Gerardo
autrement que Hoornaert) que la perfection de la charité présuppose les purifications passives du sens et de l'esprit, et qu'elle ne se trouve réalisée ici-bas que dans
l'union transformante ou mariage spirituel. Voici la conclusion de ces articles :

« La vie mystique est caractérisée par une passivité spéciale avec prédominance des
dons du Saint-Esprit. Elle commence normalement avec les purifications passives
dans la voie illuminative. En principe, il ne faut pas une vocation spéciale pour y
parvenir. De fait, faute de certaines conditions parfois indépendantes de notre
volonté, des âmes même généreuses n'y parviendraient qu'après un temps plus
long que la durée ordinaire de notre existence ici-bas. »

Les textes de S. Jean de la Croix qui écrit pour les âmes « décidées à passer par
la nudité de l'esprit » nous paraissent décisifs. Nous n'en dirons pas autant de ceux
qui sont cités p. 195 et suiv., de même à l'art. « Accord des Maîtres, p. 662 et ss.
Cette partie historique de l'ouvrage ne nous paraît pas être à la hauteur de la partie descriptive où l'auteur invoque les témoignages de saint Jean de la Croix et de
sainte Thérèse.

Quoi qu'il en soit, le P. G.-L. ouvre d'immenses horizons aux âmes avides de perfection et décidées à ne pas se contenter « d'une bonne petite vie illuminative et

unitive ». Il semble qu'on doive défendre sa doctrine contre le reproche qu'on pourrait lui faire de porter les uns à la présomption et les autres au découragement (p. 499).

D'aucuns penseront qu'il vaudrait mieux parler davantage de la pratique des vertus, et moins de mystique. Nous leur répondrons avec S. Thomas : « La contemplation de Dieu qui est propre aux parfaits porte à l'action, la dirige et la rend plus surnaturelle et plus féconde. »

II. — Dans ce volume, le P. Joret a réuni une série d'articles parus dans « La Vie Spirituelle » et eu l'heureuse idée de les remanier considérablement. Il est à regretter que le P. G.-L. n'ait pas fait de même. Son grand ouvrage y eût gagné une qualité qui lui manque et que possède celui-ci : une plus grande facilité de lecture.

Autre différence : « Le P. J. a fait des efforts pour adapter au plus grand nombre d'âmes possible l'exposé d'une doctrine si bienfaisante » qui, d'ailleurs, est la même que celle du P. G.-L. Aussi n'en parlerons-nous pas. On ne trouvera pas ici les longues discussions théologiques très abstraites, et aussi très convaincantes du P. G.-L. Et pourtant, la doctrine exposée est solide, car l'auteur a demandé « aux plus autorisés parmi les mystiques la description de leurs expériences », tandis que « l'œuvre de S. Thomas, parcourue dans toute son ampleur lui a fourni l'explication théorique des phénomènes en question ».

On ne pouvait réaliser d'une façon plus heureuse l'union de la méthode descriptive et de la méthode inductive.

Dom P. de Corbiac.

Mgr Farges : *Autour de notre livre « Les Phénomènes mystiques ». Réponses aux controverses de la presse*, 2ᵉ série. (Chez l'auteur, 48, rue Madame, Paris. 3 francs ; franco 3 fr. 50).

A la suite de son livre *Les Phénomènes mystiques*, paru à la Maison de la Bonne Presse, Mgr Farges avait publié une *première série* de réponses aux controverses de la presse (3 fr. 50, chez l'auteur). Il vient de publier, et on trouvera chez lui, une *deuxième série* que cette note a pour objet d'annoncer. Cette brochure se compose : 1° d'une réponse à *La Vie Spirituelle* sur la *Sensation du Divin* ; 2° d'une réponse à la *Revue d'ascétique et de mystique* sur la « *Saisie immédiate de Dieu dans les états mystiques* », par le R. P. Picard, S. J. ; 3° d'un commentaire des *Conclusions approuvées par le Congrès thérésien* (mars 1923) qui constituent un fort utile document.

M. V. Hostachy : *Joie et Sainteté* (2ᵉ série). *Nouvel essai d'études d'âmes*. (Desclée et Cie, Lille-Bruges, in-12 de XLIII-270 p. ; 7 fr.)

Dans un volume précédent, auquel toute la presse catholique — on pourrait dire la presse tout court — avait fait l'accueil le plus bienveillant, le P. H. avait montré, en exemples de vie, combien la sainteté et la joie s'accompagnent, celle-ci conditionnant la première, car « les saints tristes sont de tristes saints ». Il nous avait conté, avec un entrain joyeux, une sympathie communicative, l'histoire véridique et merveilleuse des saintes Claire et Gertrude, Thérèse d'Avila, Catherine de Sienne et Jeanne de Chantal, celle-ci plus grave cependant et comme maternelle.

Cette seconde série, provoquée peut-être par le succès de la première, nous donne les portraits d'Angèle de Foligno, Brigitte de Suède, Catherine de Gênes, Marguerite-Marie.

Cette joie dans la sainteté n'est pas, nous l'espérons, le privilège de la femme. Quand le R. P. fera-t-il passer sous nos yeux, la série, très riche, des saints, des hommes, chez qui la joie a rayonné si suavement? Nous attendons de lui cette double série parallèle. Elle sera accueillie avec reconnaissance.

Dom A. Castel.

M. M. Gorce : *Saint Vincent Ferrier (1350-1419)*. (Paris, Plon-Nourrit, 1924, in-8 de VI-303 p. Prix : 12 fr.)

Présentée d'une manière originale et neuve, cette biographie d'un saint des plus extraordinaires, dont l'influence fut considérable sur son époque, sera lue avec intérêt.

L'auteur décrit d'abord le milieu familial et sa formation théologique domini-
caine, ses premières expériences politiques à Valence et à la Cour pontificale d'Avignon, qui permirent au disciple de mûrir sa pensée et contribuèrent à développer
en lui, soit par influence, soit par réaction, un idéal à la fois très positif et très philo-
sophique de la société humaine groupée sous l'autorité du pape. — Nous le voyons
ensuite dans son extraordinaire épopée apostolique de prédicateur et de civilisateur,
parmi les foules enthousiastes, enseignant et défendant, dans l'attente d'une fin de
monde peut-être imminente, son idéal de chrétienté. Son rôle de la plus haute
importance dans la fin du grand schisme, son action politique en Espagne, son
intervention pacificatrice en France après la guerre de Cent ans, autant de questions
du plus grand intérêt que l'auteur a traitées avec un sens critique averti et une
connaissance du milieu et de l'époque.   Dom G. Ch.

**Abbé L. Bournet : *La Querelle Janséniste*. (Paris, Téqui, 1924, in-12
de 404 p. Prix : 8 fr.)**

L'auteur a réuni dans ce volume une série de leçons données au séminaire de
Versailles sur le Jansénisme. Il étudie, d'après les derniers travaux parus, ses origines doctrinales et morales, les fondateurs du mouvement, Saint-Cyran et Jansé-
nius, ses partisans, les familles Arnaud, Port-Royal, etc.; puis dans le chap. 4°,
il fait un exposé rapide des grandes controverses jansénistes : l'Augustinus, la
Communion fréquente, les cinq Propositions, les Provinciales, le Formulaire, la
Paix Clémentine; il consacre ensuite un chapitre à la fin de Port-Royal. Cette vue
d'ensemble s'achève par le tableau des querelles jansénistes au XVIII° siècle et des
conséquences qu'elles entraînèrent. Chacune de ses leçons est suivie d'une bonne
bibliographie sur le sujet traité.   Dom G. Ch.

**Abbé F.-Renaud : *Les Associations diocésaines. Études sur le statut de
l'Eglise de 'France*. (Dunod, 47-48, quai des Grands-Augustins,
Paris-VI°, in-8 de 223 p. Prix : 7 fr. 50.)**

Cet ouvrage, quand il parut il y a un an, fit quelque bruit; le sujet certes y
prêtait, bien que l'auteur ait évité tout ce qui pouvait ranimer des passions assou-
pies. Problème cependant toujours actuel et qui se trouve posé ici sur le terrain
des faits et des textes. « Il s'agit, dit l'auteur dans un bref mais très clair avant-
propos, de la situation dans laquelle se trouve aujourd'hui l'Eglise de France, et si
cette situation n'est pas satisfaisante, des remèdes qu'on y peut apporter. Ce travail
n'est donc pas une œuvre d'histoire et il n'y a pas à y chercher de jugements sur le
passé. Ce n'est pas non plus un exposé doctrinal et on n'y trouvera pas de thèses
sur les rapports de l'Eglise et de l'Etat. C'est un simple essai sur les possibilités
d'organisation pratique de l'Eglise en France, dans l'hypothèse actuelle. » La première partie pose le problème, discute les expédients possibles, et propose une
solution. La seconde partie, la plus étendue, contient sous le titre d'Annexes : les
textes législatifs relatifs 1) au Concordat, 2) à la Séparation et aux Associations
diocésaines; les statuts des dites Associations et l'avis — sur leur « légalité » —
formulés par MM. H. de Villeneuve, H. Berthelemy et R. Rendant.

On sait que, depuis la parution de ce livre, le Saint-Siège fait savoir qu'il autori-
sait la tentative d'Associations diocésaines, conforme au plan proposé. Cet acte officiel ne peut qu'ajouter encore à l'utilité pratique de l'ouvrage de M. Renaud.
                                                               Dom A. Castel.

**Louis Flandrin : *Saint Paul*. (Collection « L'Art et les Saints ».
Paris, H. Laurens, in-8 de 64 p. avec illustrations. Broché, 3 fr.)**

La vie si pleine et si mouvementée du grand converti, devenu le plus ardent des
convertisseurs, se déroule sous nos yeux, telle que l'a fixée l'admirable récit des
Actes des Apôtres, mais soulignée par les interprétations des artistes chrétiens
depuis le IV° siècle jusqu'à nos jours; ivoires des premiers siècles, miniatures du
Moyen-Age, vitraux, émaux, statues, tableaux, tapisseries défilent en un pêle-mêle
impressionnant : naïves et frustes effigies des âges primitifs, chefs-d'œuvre de la
Renaissance ou du XVII° siècle et de l'époque moderne. Fra Angelico, Raphaël et

Michel Ange,.Véronèse et Murillo, Poussin et Le Sueur, rivalisent entre eux devant
nous pour reproduire les principaux épisodes de la carrière du grand apôtre ou les
traits traditionnels de sa figure, et il est d'un grand intérêt de voir le type consacré
du saint persister à travers toutes les différences de styles, d'époques et d'écoles.

A. Dieudonné : *Les Monnaies françaises*, ou l'histoire de France par
les monnaies. (Paris, Payot, 1923, in-16, relié, de 153 p., avec
5o illustr. Prix : 5 fr.)

Particularisme et centralisation sont les tendances qui ont inspiré tour à tour le
développement du monnayage en France. A l'époque gauloise il se ressent de l'organisation des clans, tandis que sous les Mérovingiens il offre les noms latins d'innombrables localités, résidences des orfèvres monnayeurs; pour les barons féodaux,
un commerce restreint, l'enchevêtrement des droits de propriété et de souveraineté
ont longtemps justifié leur privilège. Par contre, après l'empire romain et Charlemagne, les Capétiens se servirent de la monnaie pour unifier le pays. Elle se ressentit de leur embarras, sous Philippe Le Bel, ou pendant la guerre de Cent ans :
de là les altérations; le monnayage féodal y gagna quelque répit, et l'art gothique
plus de variété. Mais le désir qu'on avait d'un instrument pour le commerce national l'emporta. Dans la tempête des guerres de religion, les variations de la valeur
nominale, qui étaient objet de spéculation, persistèrent. Mais, à partir de Louis XIII,
le système du louis fut plus simple et plus stable; il suffit à la Révolution d'une
mise au point pour adapter celui-ci au système décimal, et l'histoire de ce compromis est celle de la monnaie contemporaine. C'est ainsi que l'historien des *Monnaies
royales françaises depuis Hugues Capet jusqu'à la Révolution* a traité à la fois la partie
artistique et économique d'une question qui constitue un chapitre généralement
peu connu de notre histoire.   Dom G. Ch.

Semaine d'Ethnologie Religieuse : *Compte rendu analytique de la
IIIe session.* (Maison Saint-Augustin, Enghien (Belgique), 1923, in-8
de 496 pages, 5 planches. Prix : 26 fr.)

Après une interruption de neuf années, occasionnée par la Grande Guerre, la
Semaine d'Ethnologie Religieuse a tenu sa IIIe session à Tilbourg (Hollande), du 6 au
14 septembre 1922. Le présent volume offre au public le résumé de trente-deux
conférences, dues à des spécialistes de l'histoire des religions. Une première partie
étudie diverses *questions d'introduction* et précise l'évolution des théories et des méthodes, au cours des dernières années. Dans la seconde, sont abordés deux problèmes
principaux : *le sacrifice* et *les mystères*. Après un exposé général du sujet, suivent
des enquêtes en des régions bien délimitées. Pour le second problème, il a paru
utile de rapprocher des mystères de l'antiquité classique, selon la méthode inaugurée au XVIIIe siècle par le Père Lafitau, les cérémonies usitées chez les non-civi-
lisés dans leurs initiations tribales et leurs sociétés secrètes. Ainsi se présentent à
l'esprit des comparaisons fort suggestives. En dernier lieu seulement, quand chacun
de ces rites et de ces cultes a été étudié en lui-même, est discutée la question captivante des rapports du Christianisme avec les religions païennes. Des tables très
soignées permettent une consultation rapide ; des bibliographies sobres et précises
fournissent les indications nécessaires aux travailleurs qui voudraient pousser plus
loin leurs recherches.

Ouvrages envoyés par la librairie Téqui
(82, rue Bonaparte, Paris-6e)

Chan. J. Millot : *Toute grâce par Marie.* Trente-deux lectures pour le mois de Marie.
(In-12, 320 p. Prix, 6 fr.)

Dr A. Marchand : *Les Faits de Lourdes. Trente guérisons enregistrées au bureau médical
1919-1922.* (2e édit., 1924, in-12, xix-296 p. Prix, 7 fr.)

René Gaël : *Les grandes guérisons de Lourdes. Celle qui ressuscita.* (7ᵉ mille, 1924, in-12. de viii-241 p.). Il s'agit du cas de Mlle Ernestine Guilloteau.

Cᵐᵉ de Lagrèze-Champol : *L'Infirmerie de Saint-Lazare. Plaies morales et détresses sociales.* (In-12, 1924, 138 p. Prix : 3 fr.)

Claude du Mesnil : *Le Livre de l'Amour.* (In-12, 1924, xix-306 p. Prix, 6 fr.)

— *Le salut assuré par la dévotion à Marie.* Témoignages et exemples. (5ᵉ éd., in-32, 1924, xi-185 p. Prix, 2 fr.)

— *Almanach de la Bonne Nouvelle,* année 1925, in-8 de 96 p. avec vignettes.

Ouvrages envoyés par la librairie Ém. Vitte
(3, place Bellecour, Lyon)

Atlas-Géographie ou Nouveau Manuel de Géographie générale à l'usage de l'enseignement primaire et secondaire, comprenant la description physique, politique et économique des cinq parties du monde. *Cours supérieur,* comprenant 136 p. de texte, 46 cartes polychromes et 16 gravures. 8ᵉ édition mise en rapport avec les dernières conventions diplomatiques et les découvertes géographiques les plus récentes. (In-4°, cart. Prix, 10 fr. 50.)

Mgr Elie Blanc : *Dictionnaire alphabétique et logique* de la langue, de la géographie et de l'histoire. (4ᵉ éd. revue et mise à jour, 1923, in-12 de 1200 p. Prix, 12 fr. 50.)

Grâce à une heureuse combinaison de l'ordre alphabétique et de l'ordre raisonné, ce dictionnaire est le seul qui permette d'étudier la langue française d'une manière méthodique; par son caractère synthétique il contribue à l'unité d'enseignement de connaissances diverses. La partie géographique a été mise à jour des dernières modifications.

J.-A. Bernard : *Histoire de la Grande Guerre 1914-1920.* Supplément à l'*Histoire contemporaine.* (1920, in-16 de 268 p. avec cartes et gravures. Prix, 5 fr.)

C'est un des meilleurs résumés des événements durant cette période. La première partie donne l'histoire même de la guerre, avec les principales dispositions du traité de Versailles; la seconde, l'histoire intérieure des divers Etats pendant la guerre.

Ouvrages envoyés par la librairie Marietti, à Turin
(23, via Legnano, Italie)

Divi Thomae Aquinatis : *De Regimine Principum ad regem Cypri et De Regimine Judaeorum ad ducissam Brabantiae,* politica opuscula duo ad fidem optimarum editionum diligenter recusa. Joseph Mathis curante. (1924, in-8 de xvi-124 p. Prix, 12 lires.)

Édition critique de ces deux traités de S. Thomas, précédée d'une introduction et présentée sous un format pratique.

R. P. Matthaeus Conte a Coronata, O. M. : *Jus publicum ecclesiasticum. Introductio ad institutiones canonicas ad usum scholarum.* (1924, in-8 de 288 p. Prix, 12 lires.)

Exposé à la fois juridique et historique du droit public ecclésiastique, étudiant : les notions générales préliminaires; la capacité juridique parfaite de l'Eglise; ses relations avec les autres sociétés; les questions juridiques particulières; notions historiques sur les sources du droit; appendice sur la loi des garanties.

R. P. Lacau : *Précieux trésors des indulgences.* (1924, in-12 de xv-304 p. Prix, 9 fr. 50.)

Petit manuel à l'usage du clergé et des fidèles, mettant à la portée de tous, avec les indications doctrinales nécessaires, un répertoire des plus précieux.

R. P. Sebastianus Uccello : *Biblia Mariana, seu Commentarium biblico-patristicum* in litanias lauretanas necnon in varia B. V. Mariae nomina, titulos ac praeconia alphabetico disposita. Accedit *Commentarium mariale-eucharisticum* ex Patrum scriptis aequo excerptum. (1924, in-16 de viii-400 p. Prix, 12 lires.)

R. P. Sebastianus Uccello : *Enchiridion sacerdotale* ad eucharisticam adorationem atque praedicationem faciendam juxta quadruplicis sancti sacrificii finis methodum sacrae Scripturae verbis concinatum. Accedit *Epitome eucharistica* ex SS. Patrum ac sacr. Scriptorum dictis. (1924, in-16 de 356 p. Prix, 7 lires.)

Lectiones pro festis universalis Ecclesiae commemoratis ad matutinum legendae juxtâ rubricas. (1924, in-16 de 33 p. Prix, 3 lires).

Ouvrages envoyés par la librairie Herder
Fribourg en Brisgau (Allemagne)

R. P. Athanasius Miller, O. S. B. : *Die Psalmen. Einführung in deren Geschichte, Geist und liturgische Verwendung.* Vol. 4° de la Collection « Ecclesia Orans ». (1924, 8° éd., in-12 de viii-242 p. Prix, 4 fr. 50 suisses.)

Dr. J. B. Leschnik : *Das innerliche Leben.* (1923, in-12 de viii-134 p. Prix, 2 Mk. 10.)

Garcia Cisneros : *Schule des geistlichen Lebens auf den Wegen der Beschauung,* traduction par M. Maria Raphaela Schlichner, O. S. B. (1923, in-12 de xii-262 p. Prix, 4 G. Mk.)

Ouvrages envoyés par la librairie Aubanel
Avignon (Vaucluse)

R. P. Ehrard : *Traité scientifique et mystique de la vraie foi.* (1924, in-18 de 571 pages. Prix, 8 fr.)
—   *A la recherche de la vérité.* (1924, in-18 de 123 p. Prix, 1 fr. 75.)
—   *Le Phénomène de la Conversion.* (1924, in-18 de 262 p. Prix, 5 fr.)
—   *Du Style épistolaire.* (1924, in-18 de 280 p.). Leçons de littérature spécialement rédigées pour les pensionnats de jeunes filles.

J. Payret : *Fleur d'Ajonc la Korriganne.* (1924, in-16 de 157 p.).

P. Charles Durand : *Histoires vécues. Souvenirs d'un missionnaire.* (Saint-Etienne, l'Apôtre du Foyer, 1923, in-12 de viii-349 p.) On y sent l'âme d'un prêtre faite de dévouement et de bonté, dont l'expérience reste confiante malgré de douloureuses constatations.

.Dom G. Ch.

ARCHIVES DE LA FRANCE MONASTIQUE

ABBAYES ET PRIEURÉS DE FRANCE

NOTICES HISTORIQUES ET BIBLIOGRAPHIQUES

Par le R. P. Dom BESSE

Congrégations monastiques et canoniales. (INTRODUCTION).
1 vol. in-8, XXXII-352 p. . . . . . 18 fr.

TOME Ier. Provinces ecclésiastiques de Paris (Diocèses de Paris, Chartres, Blois, Orléans et Meaux).
1 vol. in-8, XXIV-396 p. . . . . . 18 fr.

TOME II. Provinces ecclésiastiques d'Aix, Arles, Avignon et Embrun. . . . . 18 fr.

TOME III. Provinces ecclésiastiques d'Auch et de Bordeaux. . . . . 18 fr.

TOME IV. Provinces ecclésiastiques d'Albi, de Narbonne, de Toulouse. 18 fr.

TOME V. Province ecclésiastique de Bourges. 1 vol. in-8 . . . . 18 fr.

TOME VI. Province ecclésiastique de Sens. 1 vol. in-8 . . . . 18 fr.

TOME VII. Province ecclésiastique de Rouen. 1 vol. in-8 . . . . 18 fr.

TOME VIII. Province ecclésiastique de Tours. 1 vol. in-8 . . . . 20 fr.

TOME IX. Province ecclésiastique de Lyon (*Pour paraître ultérieurement*).

LES MOINES DE L'ANCIENNE FRANCE

TOME PREMIER

Période gallo-romaine et mérovingienne, par le R. P. Dom BESSE.
1 vol. in-8, XII-571 p. . . . . 20 fr.

L'Académie française a décerné à cet ouvrage le prix du baron de Courcel (1907)

Les Dépendances de l'Abbaye de Saint-Germain-des-Prés,
par DOM ANGER. 3 volumes —; le vol. 18 fr.

Documents et Mélanges Mabillon. Publiés à l'occasion du deuxième anniversaire séculaire de sa mort. 1 volume in-8 de XLVIII-376 p. 18 fr.

Mémoires du R. P. Dom Audebert *de la Congrégation de Saint-Maur, 1643-1654.* Publiés par le R. P. Dom GUILLOREAU. Un vol. in-8 . . . . 18 fr.

Histoire de l'Abbaye de Sainte-Croix de Bordeaux,
par M. CHAULIAC. 1 volume in-8 de 408 p. . . . . 18 fr.

Recueil de Chartes et Documents de Saint-Martin-des-Champs, monastère parisien, par J. Depoin, *secrétaire général de la Société historique du Vexin* (5 volumes in-8).
Tomes I, II, III : le vol. : 18 fr. — Tomes IV, V : le vol. . . . . 20 fr.

L'Abbaye exempte de Cluny et le Saint-Siège. Étude sur le développement de l'Exemption Clunisienne des Origines jusqu'à la fin du XIIIe siècle, par G. LETONNELIER, *archiviste-paléographe, licencié ès lettres.* Un vol. in-8° . . . . 20 fr.

Les Chartes de l'Ordre de Chalais (1101-1400), 3 vol., par J.-CH. ROMAN, *archiviste-paléographe.* Le vol. in-8° . . . . . 20 fr.

2ᵉ SÉRIE : Nº 14.   QUATORZIÈME ANNÉE : Nº 54   AVRIL-JUIN 1924.

ARCHIVES

DE

LA FRANCE MONASTIQUE

REVUE MABILLON

Fondateur : Dom Besse

SOMMAIRE

DIRECTION : ABBAYE SAINT-MARTIN DE LIGUGÉ (départ. de la Vienne)
FRANCE

Société Mabillon
pour le développement
des Études d'Histoire Monastique en France

Sont inscrits à tire de :

1°) *Membre Fondateur*, les souscripteurs payant une cotisation annuelle de **200 francs**.

2°) *Membre Donateur*, les souscripteurs payant une cotisation annuelle de **100 francs**.

3°) *Membre Associé*, les souscripteurs payant une cotisation annuelle de **50 francs**.

Les souscriptions annuelles sont rachetables par un versement définitif de 1500, 1000, 500 fr.

Les noms des souscripteurs seront — à moins d'indication contraire des intéressés — inscrits en tête de la Revue avec le compte-rendu de l'exercice annuel.

La **Société Mabillon** a pour organe la **Revue Mabillon** (*trimestrielle*). Elle publie aussi *2 volumes* par an dans la collection des **Archives de la France Monastique**.

Le prix de l'abonnement simple (*Revue et volumes*) est de **30 francs**, port en sus. — Cet abonnement part de janvier et est payable d'avance.

Pour l'Angleterre, **1 £** ; pour l'Amérique, **5** dollars ; pour la Suisse, l'Espagne, la Hollande et les pays au change supérieur, **30 francs or**.

Les frais d'expédition sont au compte du destinataire.

France (port en sus)	**3 fr. 25**
Belgique (port en sus)	**4 fr. 80**
Pays d'Amérique (port en sus)	**7 fr. 05**
Autres Pays (port en sus)	**6 fr. 30**

L'abonnement à la *Revue Mabillon*, *seule*, est, pour la France, de **15 fr.** (port compris).

Voir à la 4ᵉ page de la couverture l'état et les disponibilités de nos Collections.

AVIS

On est prié de tenir compte de l'*adresse unique* pour toutes les communications concernant la *Revue Mabillon* (Rédaction, administration, paiements et réclamations).

Les Revues de Sociétés savantes ainsi que toutes autres publications envoyées en échange de la *Revue Mabillon* doivent être de même adressées au **Directeur de la REVUE MABILLON à Ligugé** (*département de la Vienne*), **France**. Toute autre indication peut être une cause d'erreur ou de retard dans la transmission.

Compte chèques-postaux : *Paris*, 487.06

R. C. : Poitiers, n° 5408.

ARCHIVES DE LA FRANCE MONASTIQUE

ABBAYES ET PRIEURÉS DE FRANCE

NOTICES HISTORIQUES ET BIBLIOGRAPHIQUES

Par le R. P. Dom BESSE

Congrégations monastiques et canoniales. (INTRODUCTION).
1 vol. in-8, XXXII-352 p..... **18 fr.**

TOME Ier. Provinces ecclésiastiques de Paris (Diocèses de Paris, Chartres, Blois, Orléans et Meaux).
1 vol. in-8, XXIV-396 p. .... **18 fr.**

TOME II. Provinces ecclésiastiques d'Aix, Arles, Avignon et Embrun.................... **18 fr.**

TOME III. Provinces ecclésiastiques d'Auch et de Bordeaux..... **18 fr.**

TOME IV. Provinces ecclésiastiques d'Albi, de Narbonne, de Toulouse. **18 fr.**

TOME V. Province ecclésiastique de Bourges. 1 vol. in-8........ **18 fr.**

TOME VI. Province ecclésiastique de Sens. 1 vol. in-8........... **18 fr.**

TOME VII. Province ecclésiastique de Rouen. 1 vol. in-8 .... **18 fr.**

TOME VIII. Province ecclésiastique de Tours. 1 vol. in-8.......... **20 fr.**

TOME IX. Province ecclésiastique de Lyon (*Pour paraître ultérieurement*).

LES MOINES DE L'ANCIENNE FRANCE

Tome Ier : Période gallo-romaine et mérovingienne, par le R. P. Dom BESSE. — 1 vol. in-8, XII-571 p................................... **20 fr.**

L'Académie française a décerné à cet ouvrage le prix du baron de Courcel (1907)

Les Dépendances de l'Abbaye de Saint-Germain-des-Prés, par DOM ANGER. 3 volumes —; le vol. .... **18 fr.**

Documents et Mélanges Mabillon. Publiés à l'occasion du deuxième anniversaire séculaire de sa mort.
1 volume in-8 de XLVIII-376 p. **18 fr.**

Mémoires du R. P. Dom Audebert *de la Congrégation de Saint-Maur, 1643-1654*. Publiés par le R. P. Dom GUILLOREAU. Un vol. in-8.............. **18 fr.**

Histoire de l'Abbaye de Sainte-Croix de Bordeaux, par M. CHAULIAC. 1 volume in-8 de 408 p. .... **18 fr.**

Recueil de Chartes et Documents de Saint-Martin-des-Champs, monastère parisien, par J. Depoin, *secrétaire général de la Société historique du Vexin* (5 volumes in-8).
Tomes I, II, III : le vol. : **18 fr.** — Tomes IV, V : le vol............... **20 fr.**

L'Abbaye exempte de Cluny et le Saint-Siège. Étude sur le développement de l'Exemption Clunisienne des Origines jusqu'à la fin du XIIIe siècle, par G. LETONNELIER, *archiviste-paléographe, licencié ès lettres*. Un vol. in-8° . . . . **20 fr.**

Les Chartes de l'Ordre de Chalais (1101-1400), 3 vol., par J.-CH. ROMAN, *archiviste-paléographe.* Le vol. in-8° . . . . **20 fr.**

La « Vie des Justes », par Dom MARTÈNE, publiée par Dom HEURTEBIZE, tome Ier (*sous presse*).

Les Écoles épiscopales et monastiques avant les Universités, par LÉON MAITRE (2e édition) (*sous presse*).

2ᵉ SÉRIE : N° 15. — QUATORZIÈME ANNÉE : N° 55. JUILLET-SEPTEMBRE 1924.

ARCHIVES

DE

LA FRANCE MONASTIQUE

REVUE MABILLON

Fondateur : Dom Besse

SOMMAIRE

DIRECTION : ABBAYE SAINT-MARTIN DE LIGUGÉ (départ. de la Vienne) FRANCE

Société Mabillon
pour le développement
des Études d'Histoire Monastique en France

Sont inscrits à tire de :

1°) *Membre Fondateur*, les souscripteurs payant une cotisation annuelle de 200 francs.

2°) *Membre Donateur*, les souscripteurs payant une cotisation annuelle de 100 francs.

3°) *Membre Associé*, les souscripteurs payant une cotisation annuelle de 50 francs.

Les souscriptions annuelles sont rachetables par un versement définitif.

Les noms des souscripteurs seront — à moins d'indication contraire des intéressés — inscrits en tête de la Revue avec le compte-rendu de l'exercice annuel.

La **Société Mabillon** a pour organe la **Revue Mabillon** (*trimestrielle*). Elle publie aussi 2 *volumes* par an dans la collection des **Archives de la France Monastique**.

Le prix de l'abonnement simple (*Revue et volumes*) est de **30** francs, port en sus. — Cet abonnement part de janvier et est payable d'avance.

Pour l'Angleterre, **1 £** ; pour l'Amérique, **5** dollars ; pour la Suisse, l'Espagne, la Hollande et les pays au change supérieur, **30** francs **or**.

Les frais d'expédition sont au compte du destinataire.

France (port en sus)	3 fr. 25
Belgique (port en sus)	4 fr. 80
Pays d'Amérique (port en sus)	7 fr. 05
Autres Pays (port en sus)	6 fr. 30

L'abonnement à la *Revue Mabillon*, *seule*, est, pour la France, de **15** fr. (port compris).

Voir à la 4ᵉ page de la couverture l'état et les disponibilités de nos Collections.

AVIS

On est prié de tenir compte de l'*adresse unique* pour toutes les communications concernant la *Revue Mabillon* (Rédaction, administration, paiements et réclamations).

Les Revues de Sociétés savantes ainsi que toutes autres publications envoyées en échange de la *Revue Mabillon* doivent être de même adressées au **Directeur** de la **REVUE MABILLON** à **Ligugé** (*département de la Vienne*), **France**. Toute autre indication peut être une cause d'erreur ou de retard dans la transmission.

Compte chèques-postaux : *Paris, 487.06*

R. C. : Poitiers, n° 5408.

ARCHIVES DE LA FRANCE MONASTIQUE

ABBAYES ET PRIEURÉS DE FRANCE

NOTICES HISTORIQUES ET BIBLIOGRAPHIQUES

Par le R. P. Dom BESSE

Congrégations monastiques et canoniales. (INTRODUCTION).
1 vol. in-8, XXXII-352 p. ...... **18 fr.**

TOME Iᵉʳ. Provinces ecclésiastiques de Paris (Diocèses de Paris, Chartres, Blois, Orléans et Meaux).
1 vol. in-8, XXIV-396 p. ...... **18 fr.**

TOME II. Provinces ecclésiastiques d'Aix, Arles, Avignon et Embrun. .... **18 fr.**

TOME III. Provinces ecclésiastiques d'Auch et de Bordeaux..... **18 fr.**

TOME IV. Provinces ecclésiastiques d'Albi, de Narbonne, de Toulouse. **18 fr.**

TOME V. Province ecclésiastique de Bourges. 1 vol. in-8........ **18 fr.**

TOME VI. Province ecclésiastique de Sens. 1 vol. in-8.......... **18 fr.**

TOME VII. Province ecclésiastique de Rouen. 1 vol. in-8 .... **18 fr.**

TOME VIII. Province ecclésiastique de Tours. 1 vol. in-8........... **20 fr.**

TOME IX. Province ecclésiastique de Lyon (*Pour paraître ultérieurement*).

LES MOINES DE L'ANCIENNE FRANCE

Tome Iᵉʳ : Période gallo-romaine et mérovingienne, par le R. P. Dom Besse. — 1 vol. in-8, XII-571 p.............................. **20 fr.**

L'Académie française a décerné à cet ouvrage le prix du baron de Courcel (1907)

Les Dépendances de l'Abbaye de Saint-Germain-des-Prés,
par Dom ANGER. 3 volumes —; le vol. .... **18 fr.**

Documents et Mélanges Mabillon. Publiés à l'occasion du deuxième anniversaire séculaire de sa mort.
1 volume in-8 de XLVIII-376 p. **18 fr.**

Mémoires du R. P. Dom Audebert *de la Congrégation de Saint-Maur, 1643-1654.* Publiés par le R. P. Dom GUILLOREAU.
Un vol. in-8............. **18 fr.**

Histoire de l'Abbaye de Sainte-Croix de Bordeaux,
par M. CHAULIAC. 1 volume in-8 de 408 p .... **18 fr.**

Recueil de Chartes et Documents de Saint-Martin-des-Champs, monastère parisien, par J. Depoin, *secrétaire général de la Société historique du Vexin* (5 volumes in-8).
Tomes I, II, III : le vol. : **18 fr.** — Tomes IV, V : le vol............. **20 fr.**

L'Abbaye exempte de Cluny et le Saint-Siège. Étude sur le développement de l'Exemption Clunisienne des Origines jusqu'à la fin du XIIIᵉ siècle, par G. LETONNELIER, *archiviste-paléographe, licencié ès lettres.* Un vol. in-8° . . . . **20 fr.**

Les Chartes de l'Ordre de Chalais (1101-1400), 3 vol., par J.-Ch. ROMAN, *archiviste-paléographe.* Le vol. in-8° . . . . **20 fr.**

Les Écoles épiscopales et monastiques avant les Universités, par LÉON MAÎTRE (2ᵉ édition).

La « Vie des Justes », de Dom MARTÈNE, publiée par Dom HEURTEBIZE, tome Iᵉʳ.

2ᵉ SÉRIE : Nᵒ 16.   QUATORZIÈME ANNÉE : Nᵒ 56.   OCTOBRE-DÉCEMBRE 1924.

ARCHIVES

DE

LA FRANCE MONASTIQUE

REVUE MABILLON

Fondateur : Dom Besse

SOMMAIRE

DIRECTION : ABBAYE SAINT-MARTIN DE LIGUGÉ (départ. de la Vienne)
FRANCE

—

1924

Société Mabillon
pour le développement
des Etudes d'Histoire Monastique en France

Sont inscrits à tire de :

1°) *Membre Fondateur*, les souscripteurs payant une cotisation annuelle de **200 francs.**

2°) *Membre Donateur*, les souscripteurs payant une cotisation annuelle de **100 francs.**

3°) *Membre Associé*, les souscripteurs payant une cotisation annuelle de **50 francs.**

Les souscriptions annuelles sont rachetables par un versement définitif.

Les noms des souscripteurs seront — à moins d'indication contraire des intéressés — inscrits en tête de la Revue avec le compte-rendu de l'exercice annuel.

———

La **Société Mabillon** a pour organe la **Revue Mabillon** (*trimestrielle*). Elle publie aussi 2 *volumes* par an dans la collection des **Archives de la France Monastique.**

Le prix de l'abonnement simple (*Revue et volumes*) est de **30 francs**, port en sus. — Cet abonnement part de janvier et est payable d'avance.

Pour l'Angleterre, **1 £** ; pour l'Amérique, **5** dollars ; pour la Suisse, l'Espagne, la Hollande et les pays au change supérieur, **30 francs or.**

Les frais d'expédition sont au compte du destinataire.

France (port en sus)	3 fr. 25
Belgique (port en sus).	4 fr. 80
Pays d'Amérique (port en sus)	7 fr. 05
Autres Pays (port en sus).	6 fr. 30

L'abonnement à la *Revue Mabillon, seule*, est, pour la France, de **15 fr.** (port compris).

Voir à la 4ᵉ page de la couverture l'état et les disponibilités de nos Collections.

———

AVIS

On est prié de tenir compte de l'*adresse unique* pour toutes les communications concernant la *Revue Mabillon* (Rédaction, administration, paiements et réclamations).

Les Revues de Sociétés savantes ainsi que toutes autres publications envoyées en échange de la *Revue Mabillon* doivent être de même adressées au **Directeur** de la **REVUE MABILLON** à **Ligugé** (*département de la Vienne*), **France**. Toute autre indication peut être une cause d'erreur ou de retard dans la transmission.

Compte chèques-postaux : *Paris, 487.06*

R. C. : Poitiers, n° 5408.

ARCHIVES DE LA FRANCE MONASTIQUE

ABBAYES ET PRIEURÉS DE FRANCE

NOTICES HISTORIQUES ET BIBLIOGRAPHIQUES

Par le R. P. Dom BESSE

Congrégations monastiques et canoniales. (INTRODUCTION).
1 vol. in-8, XXXII-352 p. . . . . . 18 fr.

TOME Ier. Provinces ecclésiastiques de Paris (Diocèses de Paris, Chartres, Blois, Orléans et Meaux).
1 vol. in-8, XXIV-396 p. . . . . . 18 fr.

TOME II. Provinces ecclésiastiques d'Aix, Arles, Avignon et Embrun. . . . . 18 fr.

TOME III. Provinces ecclésiastiques d'Auch et de Bordeaux. . . . 18 fr.

TOME IV. Provinces ecclésiastiques d'Albi, de Narbonne, de Toulouse. 18 fr.

TOME V. Province ecclésiastique de Bourges. 1 vol. in-8 . . . . . . 18 fr.

TOME VI. Province ecclésiastique de Sens. 1 vol. in-8 . . . . 18 fr.

TOME VII. Province ecclésiastique de Rouen. 1 vol. in-8 . . . . 18 fr.

TOME VIII. Province ecclésiastique de Tours. 1 vol. in-8 . . . . 20 fr.

TOME IX. Province ecclésiastique de Vienne (*Pour paraître ultérieurement*).

LES MOINES DE L'ANCIENNE FRANCE

Tome Ier : Période gallo-romaine et mérovingienne, par le R. P. Dom BESSE. — 1 vol. in-8, XII-571 p. . . . . 20 fr.

L'Académie française a décerné à cet ouvrage le prix du baron de Courcel (1907)

Les Dépendances de l'Abbaye de Saint-Germain-des-Prés, par Dom ANGER. 3 volumes —; le vol. . . . . 18 fr.

Documents et Mélanges Mabillon. Publiés à l'occasion du deuxième anniversaire séculaire de sa mort. 1 volume in-8 de XLVIII-376 p. 18 fr.

Mémoires du R. P. Dom Audebert *de la Congrégation de Saint-Maur, 1643-1654.* Publiés par le R. P. Dom GUILLOREAU. Un vol. in-8 . . . . 18 fr.

Histoire de l'Abbaye de Sainte-Croix de Bordeaux, par M. CHAULIAC. 1 volume in-8 de 408 p. . . . . 18 fr.

Recueil de Chartes et Documents de Saint-Martin-des-Champs, monastère parisien, par J. Depoin, *secrétaire général de la Société historique du Vexin* (5 volumes in-8).
Tomes I, II, III : le vol. : 18 fr. — Tomes IV, V : le vol. . . . . 20 fr.

L'Abbaye exempte de Cluny et le Saint-Siège. Étude sur le développement de l'Exemption Clunisienne des Origines jusqu'à la fin du XIIIe siècle, par G. LETONNELIER, *archiviste-paléographe, licencié ès lettres.* Un vol. in-8° . . . . 20 fr.

Les Chartes de l'Ordre de Chalais (1101-1400), 3 vol., par J.-Ch. ROMAN, *archiviste-paléographe.* Le vol. in-8° . . . . . 20 fr.

Les Écoles épiscopales et monastiques avant les Universités, par Léon MAÎTRE (2° édition). Un vol. in-8° . . . . . 20 fr.

La « Vie des Justes », de Dom MARTÈNE, publiée par Dom HEURTEBIZE, tome Ier. Un vol. in-8° . . . . 20 fr.